I0641695

G.

COURS

D'HISTOIRE ET DE GÉOGRAPHIE.

———

Tome deuxième.

HISTOIRE DE FRANCE.

Le Cours d'Histoire et de Géographie, rédigé pour l'usage des *Écoles normales primaires et des Écoles primaires supérieures*, par MM. F. Ansart et A. Rendu fils, se compose des volumes suivants :

    Tome Ier. Histoire ancienne et Histoire romaine, mise en rapport avec l'*histoire du peuple juif*, par M. *A. Rendu*. Un vol. in-12, 7e édition, broché. . . . . 1 fr. 50 c.

    Tome IIe. Histoire de France, mise en rapport avec l'*histoire du moyen âge et des temps modernes*, par F. Ansart. 5e éd. augmentée de questionnaires. Un vol. in-12, broché, 1 fr. 75 c. Le cartonnage se paye en sus, 25 c. par volume.

Précis de Géographie moderne, rédigé pour l'usage de toutes les maisons d'éducation, par *F. Ansart*. 22e édition. Un vol. in-12, cartonné. . . . . 1 fr. 60 c.

Atlas Historique et Géographique (Petit), à l'usage des *Écoles Normales primaires, des Écoles Primaires supérieures et des Classes élémentaires des Collèges*, par le même. *Autorisé par le Conseil de l'Instruction publique*. Un vol. grand in-8°, composé de 40 cartes, cartonné. . . . . 7 fr.

Cet Atlas est divisé en trois parties qui peuvent se vendre séparément.

    1re Partie. *Histoire Ancienne et Histoire Romaine.* Un vol. gr. in-8°, 12 cartes, cartonné. . . . . . 2 fr. 50 c.

    2e Partie. *Histoire du Moyen Age, Histoire Moderne et Histoire de France.* Un vol. gr. in-8°, de 12 cartes, cart. 2 fr. 50 c.

    3e Partie. *Géographie contemporaine.* Un vol. gr. in-8°, de 16 cartes, cartonné. . . . . 2 fr. 50 c.

Chaque Partie, avec les Cartes muettes, gr. in-8°, cart. 3 fr. 50 c.

On trouve aussi à la même Librairie les ouvrages suivants de F. Ansart.

PRÉCIS DE GÉOGRAPHIE ANCIENNE ET MODERNE COMPARÉE, rédigé pour l'usage des Colléges et de toutes les Maisons d'éducation, ouvrage renfermant tous les détails qui peuvent faciliter l'étude de l'Histoire et l'intelligence des auteurs classiques, *autorisé par le Conseil de l'Instruction publique;* 22e éd., revue avec soin, 1 vol. in-12, cartonné   3 fr.

    On vend séparément :

Le Précis de Géographie ancienne, 1 vol. in-12, cart. 1 fr. 60

Le Précis de Géographie moderne, 1 vol. in-12, cart. 1 fr. 60

PETITE HISTOIRE SAINTE, Approuvée par NN. SS. les Archevêques de Paris, d'Albi et de Tours, le Cardinal-Évêque d'Arras, et les Évêques de Cambrai, d'Amiens, de Saint-Dié, de Beauvais et de Pamiers, et *Autorisé par le Conseil de l'Instruction publique.* 1 vol. in-18, avec 2 Cartes, cartonné.   75 c.

VIE DE NOTRE-SEIGNEUR JÉSUS-CHRIST, Littéralement extraite des Textes des Saints Évangiles, et suivie d'un Précis de la Doctrine Chrétienne, ouvrage revêtu des mêmes approbations que le précédent. 1 vol. in-18 de 180 pages, cart.   75 c.

PETITE HISTOIRE DE FRANCE, nouvelle édition complétement revue, rédigée *sur un plan nouveau*, et augmentée d'Exercices et de Cartes Géographiques et des Portraits des rois (1853); *Autorisée par le Conseil de l'Instruction publique.* 1 vol in-18, cart. 75 c.

Paris. — Imprimerie de Mme Ve Dondey-Dupré, rue Saint-Louis, 46, au Marais.

COURS
D'HISTOIRE ET DE GÉOGRAPHIE,

RÉDIGÉ POUR L'USAGE

DES ÉCOLES NORMALES PRIMAIRES

ET DES ÉCOLES PRIMAIRES SUPÉRIEURES

D'APRÈS

le nouveau Programme arrêté pour cet enseignement
par M. le Ministre de l'Instruction publique.

PAR

MM. Félix ANSART et A. RENDU Fils.

AUTORISÉ PAR LE CONSEIL DE L'INSTRUCTION PUBLIQUE.

Tome deuxième.

HISTOIRE DE FRANCE,

MISE EN RAPPORT AVEC L'HISTOIRE DU MOYEN AGE ET DES TEMPS MODERNES,

PAR F. ANSART.

CINQUIÈME ÉDITION, REVUE D'APRÈS LE DERNIER PROGRAMME,
Et augmentée d'un Questionnaire ;

Par Éd. ANSART Fils,

Professeur d'histoire et de géographie, membre de la Société de géographie.

PARIS.

Librairie Ecclésiastique, Classique et Élémentaire

DE CH. FOURAUT,

(ANCIENNE MAISON ÉDOUARD TETU ET COMP.)
Rue Saint-André-des-Arts, 47.

1853

Révolution; république; empire. — QUATRE LEÇONS.

HISTOIRE DE FRANCE.

CHAPITRE PRÉLIMINAIRE.

PLAN ET DIVISIONS.

L'histoire de France a pour objet de nous donner une connaissance approfondie des faits de toute nature qui ont assuré à notre patrie le haut rang qu'elle a toujours tenu dans le monde. Étudier les origines et les mœurs des races diverses dont la fusion lentement opérée sur notre sol a enfin produit la nation française ; suivre le développement graduel de toutes les institutions qui, en opérant cette fusion, ont constitué la force, la puissance et, nous pouvons le dire, la prépondérance de notre belle patrie ; apprécier enfin les faits de tous genres qui, dans le cours de tant de siècles, sont venus y modifier plus ou moins profondément et les institutions et les hommes : telle est la tâche qui nous est imposée.

Pour procéder avec ordre, commençons par tracer les grandes divisions de l'histoire de la France.

Cette histoire peut, comme l'histoire générale, être partagée en trois grandes périodes : les temps anciens, les temps intermédiaires et les temps modernes.

La période *Ancienne* sera renfermée tout entière dans un premier livre fort court. Il sera consacré à faire connaître la vieille *Gaule ;* à rappeler ses conquêtes, puis son asservissement par les Romains ; à exposer quelle complète transformation elle éprouva pendant le cours de la longue période de la domination romaine ; à tracer enfin le tableau rapide de l'invasion barbare, qui jeta dans la Gaule ces conquérants *Visigoths*, *Bourguignons* et *Francs*, qui sont venus s'y mêler aux populations primitivement établies sur son sol. — L'histoire de la France pendant le *Moyen âge* exigera deux livres, dont le premier comprendra l'histoire de la nation franque sous les deux premières de nos races royales, époque de transition pendant laquelle tous les éléments qui devaient former la nation française achèvent de se réunir et de se combiner. Le second livre, commençant à l'avénement de Louis XI, renfermera la longue période pendant laquelle la royauté reste aux prises avec la *Féodalité*. — Le quatrième livre contiendra toute l'histoire de la France pendant les *Temps Modernes*, c'est-à-dire l'histoire de la royauté absolue, depuis le règne de Louis XI jusqu'à la révolution française. — Un dernier livre, enfin, racontera les luttes orageuses de la révolution, et les glorieux triomphes de l'empire français (1).

Nous plaçons à la fin de chaque chapitre un résumé synchronique des événements accomplis dans le monde pendant la période correspondante. Ce synchronisme, en rattachant à notre histoire nationale les faits étrangers contemporains, nous permettra de donner un cours complet et abrégé d'histoire.

---

(1) Pour acquérir la connaissance tout à fait indispensable des lieux qui ont servi de théâtre aux événements racontés dans cette histoire, à ses différentes périodes, consulter mes cahiers de *Géographie historique*, n°s 6 et 7. On trouvera dans le premier (n° 6) la géographie historique de la Gaule ancienne et de la France au moyen âge; et dans le second (n° 7), la géographie historique de la France aux principales époques des temps modernes.

Six des cartes qui composent le *Petit Atlas historique* joint à ce même Cours représentent la France aux époques les plus importantes de son histoire, savoir : 1° *avant la conquête de César;* 2° *avant l'invasion des Barbares;* 3° *au temps de Charlemagne;* 4° *après l'expulsion des Anglais*, c'est-à-dire à la fin du moyen âge; 5° *à la mort de Louis XIV;* 6° enfin *dans son état actuel.*

LIVRE PREMIER.

LA GAULE AVANT L'ÉTABLISSEMENT DE LA MONARCHIE FRANQUE.

CHAPITRE PREMIER.

LA GAULE JUSQU'A L'ÉPOQUE DE LA CONQUÊTE ROMAINE.

1. LIMITES ET POPULATIONS DE LA GAULE. — Le fertile et beau pays qui porte aujourd'hui le nom de France était anciennement désigné sous celui de *Gaule*, et comprenait alors toute la contrée renfermée entre l'Océan, les Pyrénées, la mer Méditerranée, les Alpes et le Rhin dans toute l'étendue de son cours. Ces limites naturelles, que les Français ont plus d'une fois cherché à reconquérir, et qu'ils n'ont jamais pu se décider à considérer comme perdues sans retour, comprenaient, outre la France actuelle, la partie des États Sardes et de la Suisse qui se trouve à l'occident et au nord de la chaîne principale des Alpes, toute la portion des états de la Confédération Germanique qui s'étend sur la rive gauche du Rhin, toute la Belgique et une partie des Pays-Bas. Les nombreuses tribus qui en couvraient le sol lorsque les Romains y pénétrèrent appartenaient à plusieurs races différentes. — Au midi, sur toute la côte qui s'étend des Alpes aux Pyrénées, étaient répandus les *Ligures* ou *Liguriens*, Espagnols d'origine, et au milieu desquels étaient venues s'établir, à une époque fort reculée, diverses colonies *Phéniciennes*, et, six cents ans avant l'ère chrétienne, la colonie *Grecque Phocéenne de Massilie* (Marseille). Ces colonies avaient apporté dans la Gaule des germes de civilisation qui s'y étaient développés rapidement. Le Ligure, petit, maigre, mais nerveux, sobre et économe, endurci à la fatigue, cultivait la vigne et l'olivier importés par les Marseillais auxquels il en revendait les produit ; mais, corsaire intrépide, il s'élançait sur les mers pour piller les navires chargés de riches cargaisons qu'amenait dans ces parages le florissant commerce de cette même Marseille et des nombreux comptoirs éta-

blis par elle sur toute la côte. Ces dangereux voisins allèrent jusqu'à menacer l'opulente cité dont les dépouilles
tentaient leur rapacité, et c'est pour repousser leurs attaques que Marseille appela les Romains dans la Gaule. —
Plus à l'occident, mais toujours au midi, une autre race
d'origine Ibérienne ou Espagnole occupait tout le territoire
compris entre les Pyrénées et la Garonne. L'*Aquitain*,
vif, intelligent, brave, mais fanfaron et rusé, recueillait
avec soin les riches paillettes d'or que l'Adour, l'Ariége et
les autres torrents descendus des Pyrénées roulent abondamment dans leurs sables. — Au centre de la Gaule, les
populations s'étaient déjà succédé et s'étaient confondues.
Arrivées sans doute de l'Orient à travers la Germanie, et
réunies sous le nom de *Galls* ou *Gaulois* et sous celui de
Celtes, elles occupaient tout le pays compris entre la Garonne et la Seine, qui avait pris d'eux le nom de *Celtique*. Cultivateur et guerrier tout à la fois, le Celte labou-
rait la terre sans quitter ses armes. C'est dans cette partie
de la Gaule que se trouvaient les nations les plus popu-
leuses et que se formèrent les plus puissantes confédéra-
tions; telles que celles des *Arvernes*, qui ont laissé leur
nom à l'Auvergne; des *Eduens*, sur les rives de la Saône;
des *Bituriges*, dans le Berri; des *Armoricains*, dans la
péninsule de Bretagne, au milieu des récifs de laquelle
s'éleva cette Venise primitive (Vannes), dont la marine
exportait toutes les productions de la Celtique, amenées
par la Loire dans les ports de cette côte. On croit que c'est
leur langage qui s'est conservé jusqu'à nos jours dans la
presqu'île de Bretagne, moins exposée que le reste de la
Gaule aux invasions étrangères. — Mais c'était dans le
nord, au milieu des espaces laissés vides par l'immense
forêt des Ardennes, qu'habitait la plus brave des races
gauloises, au témoignage de César. Le *Belge*, venu de la
Germanie, comme les populations de la Gaule centrale,
mais à une époque plus récente, occupait toute la région
septentrionale jusqu'à la Seine. Son intrépide courage mit
plus d'une fois en péril le conquérant des Gaules, sans
cesse harcelé dans sa marche par l'incomparable cavalerie
des *Trévères* (habitants du pays de Trèves), et un moment
vaincu par la terrible infanterie des *Nerviens* (territoires
de Tournai et de Cambrai), retranchée derrière les haies
impénétrables dont ces belliqueux laboureurs coupaient
leur pays.

2. ESPRIT GUERRIER ET CONQUÊTE DES GAULOIS.

— « Le caractère commun de toute la race gallique, dit un auteur ancien, c'est qu'elle est irritable et folle de guerre, prompte au combat ; du reste, simple et sans malignité. Si on les irrite, les Gaulois marchent droit à l'ennemi et l'attaquent de front, sans s'informer d'autre chose. Aussi, par la ruse, on en vient aisément à bout ; on les attire au combat quand on veut, où l'on veut, peu importent les motifs ; ils sont toujours prêts, n'eussent-ils d'autres armes que leur force et leur audace. » Cette bravoure téméraire explique les succès et les défaites des Gaulois. — Malgré les rivalités et les guerres intestines qui décimaient sans cesse leurs nombreuses tribus, les populations de la Gaule se multipliaient d'une manière prodigieuse ; aussi se livraient-elles avec passion aux expéditions guerrières et lointaines. Dès les temps les plus reculés (vers l'an 1600 avant Jésus-Christ), les Gaulois ou Celtes avaient franchi les Pyrénées et pénétré jusqu'aux extrémités de l'Espagne. Un peu plus tard (vers l'an 1400), les *Ambra* ou *Ombres*, c'est-à-dire les vaillants et les nobles, sortis de la Gaule centrale, avaient franchi les Alpes et inondé toute l'Italie septentrionale où d'autres tribus celtiques parties des environs du Mans (les Cénomans), des bords de la Loire (les Boïens), du plateau de Langres (les Lingons), et des environs de Sens (les Sénonais), allèrent les rejoindre au temps du règne de Tarquin l'Ancien (l'an 587), et imposèrent leur nom (Gaule cisalpine) à toute la portion de la péninsule Italique où ils se fixèrent. Ce furent ces Gaulois qui, deux siècles plus tard (l'an 389 avant Jésus-Christ), prirent et brûlèrent la ville de Rome, et forcèrent les faibles restes du peuple Romain, réfugiés en vain dans le Capitole, à racheter leur vie au poids de l'or, que le barbare vainqueur leur arracha en s'écriant : *Malheur aux vaincus !* — Un demi-siècle après, d'autres descendants des Celtes sont rencontrés sur les bords du Danube par Alexandre le Grand. Il croit les trouver tremblants au bruit de sa naissante renommée ; mais ils lui répondent avec fierté qu'*ils ne craignent que la chute du ciel*. Ils le montrèrent bien, lorsque, après la mort du conquérant, et tandis que ses faibles successeurs s'arrachaient les lambeaux de son empire, ils en inondèrent toutes les provinces, ravagèrent la Grèce sous la conduite de Brennus (l'an 279 avant Jésus-Christ), et toute l'Asie occidentale, dont ils faisaient et défaisaient à leur gré les souverains, vendant au plus offrant l'appui de leur redoutable épée (voir notre *Histoire Ancienne*, n° 150). Enfin, chargés de dépouilles, ils fondèrent dans l'Asie-Mineure un état (la Galatie) que leurs brigandages rendirent la terreur de ses voisins. Il fut aussi l'un des derniers à défendre son indépendance contre les Romains, qui reconnurent à leur bravoure ces Gaulois de l'Asie.

5. INSTITUTIONS POLITIQUES ET RELIGIEUSES DE LA GAULE. — On jugera par toutes ces conquêtes quelle influence les Gaulois auraient pu exercer dans le monde ancien, si l'union leur eût permis de disposer de toutes leurs forces et de songer à de grandes choses. Mais la Gaule, fractionnée en plus de quatre cents peuples rivaux, si l'on en croit l'historien Appien, ne reconnut jamais un chef unique. Jamais ses innombrables cités ne parvinrent à s'unir entre elles, même dans les circonstances les plus décisives pour l'indépendance de la Gaule. Quelques-uns de ses rois réussirent à diverses reprises à réunir sous leur sceptre un nombre assez considérable de ces tribus indépendantes dont nous avons parlé plus haut; mais jamais il n'exista un royaume ou empire Gaulois. Chaque *Cité*, composée d'une ville capitale et d'un territoire plus ou moins étendu, sur lequel étaient répandus d'autres villes, bourgs ou villages, avait son gouvernement et sa constitution particulière. Ici, le pouvoir était entre les mains d'un roi, là, une sorte de sénat composé des grands, des nobles, des chevaliers et des prêtres, élisait les magistrats civils et les chefs militaires, avec ou sans la participation du peuple. A des époques fixes, les députés des cités de chaque confédération se réunissaient pour régler les affaires de la confédération, et, dans les circonstances graves, des assemblées générales, formées des députés de toutes les cités, délibéraient sur les grands intérêts de la nation. L'esprit d'association et de clientèle resserrait les relations des cités comme des individus. Les cités les plus considérables prenaient sous leur protection les cités plus faibles, comme les hommes riches et puissants réunissaient sous leur patronage un nombre plus ou moins grand de clients.

Mais toute cette organisation politique, tous ces pouvoirs furent longtemps dominés par une puissance suprême. Les rois de la Gaule eux-mêmes, dit un historien, sur leurs trônes dorés, et au milieu de toutes les pompes de leur magnificence, n'étaient pas les véritables souverains de ce pays. Ils tremblaient devant une puissance plus formidable que la leur. C'était celle des *Druides*, ministres de la religion Gauloise, et qui, du fond des sombres forêts de chênes où ils se réunissaient pour accomplir les cérémonies de leur culte sanguinaire, exerçaient un redoutable empire sur les rois comme sur les peuples. Instituteurs de la jeunesse, dépositaires de toutes les connaissances et d'une doctrine occulte qu'ils ne transmettaient qu'à leurs adeptes, pénétrant dans les conseils des rois, exerçant dans certaines causes importantes les fonctions de juges, les Druides avaient établi leur domination par l'empire de la superstition et par la supériorité de leurs connaissances. Sous ce dernier rapport, les plus savants même des Romains leur rendent un hommage qui paraît mérité. Il est même certain que les lettres ne leur étaient point étrangères, puisque, outre les *druides* proprement dits, qui exerçaient les fonctions du sacerdoce, et les *ovates* ou devins, chargés de rendre les oracles, une troisième classe de druides, les *bardes*, avaient pour attribution particulière de chanter les dieux et les héros, et d'enflammer par leurs hymnes guerriers le courage des combattants. Les femmes, dont les Gaulois écoutaient les conseils avec confiance, leur reconnaissant une sorte d'inspiration divine, remplissaient en diverses circonstances le rôle de prophétesses.

Quant à la religion des anciens habitants de la Gaule, il est fort difficile d'en parler aujourd'hui. Elle n'a laissé que des monuments grossiers, mais répandus dans toutes les parties de la Gaule; ce sont de grandes pierres dressées debout (menhirs) ou placées horizontalement sur d'autres (dolmens), et des tertres élevés recouvrant ordinairement la sépulture de quelque homme brave ou puissant. Les cérémonies du culte étaient aussi simples que ces monuments. Une des principales avait pour objet la recherche et la récolte du *gui*, plante parasite qui croît, mais fort rarement, sur le chêne, l'arbre sacré des druides. Elle était tout à la fois un symbole mystique et un remède universel.

Il paraît certain que la principale divinité des Gaulois était *Teut* ou *Hésus*, le terrible dieu de la guerre, qui avait tout créé, comme il avait le pouvoir trop souvent manifesté de tout détruire, qui révélait par les éclats de la foudre sa redoutable puissance, et dont les druides désarmaient la colère en lui immolant, au fond du sanctuaire de leurs impénétrables forêts, de nombreuses victimes humaines, choisies à leur gré dans toute la nation. La terre, les éléments et les innombrables génies répandus dans les airs, et que les Gaulois croyaient présider à tous les actes de la vie, étaient aussi l'objet de leurs adorations. Leur morale était beaucoup moins compliquée ; elle se réduisait à trois points : *Servir les dieux, ne point faire de mal, être et se montrer brave.* Une immortalité de bonheur attendait l'homme vertueux au sortir de cette vie.

QUESTIONNAIRE.—1. Quelles étaient les limites de la Gaule?— 2. Quelles sont les nations qui peuplèrent la Gaule et à quelles races appartiennent-elles ? — 3. Faites connaître le caractère des Gaulois, leurs conquêtes, leur gouvernement et leur religion. — Comment la Gaule était-elle divisée et qu'est-ce qu'une cité gauloise?— Quels étaient les ministres de la religion et quelle influence exercèrent-ils ?

Voir, pour les événements contemporains, le tome Ier, *Histoire ancienne.*

CHAPITRE DEUXIÈME.

LA GAULE SOUS LA DOMINATION ROMAINE, SON ÉTAT A LA FIN DU QUATRIÈME SIÈCLE.

4. CONQUÊTE DE LA GAULE PAR LES ROMAINS. — Ce fut l'an 154 avant notre ère que parut dans la Gaule la première armée Romaine, appelée, comme nous l'avons dit plus haut (chif. 1), par les Marseillais, alors en guerre avec les populations liguriennes de leur voisinage. Rome eut bientôt vengé ses alliés ; mais quand ses armées avaient mis le pied dans une province, elles n'en sortaient qu'après l'avoir soumise. Dès l'année 123, la colonie Romaine des *Eaux-Sextiennes* (Aix) s'élevait à quelque distance de Marseille. Peu de temps après, cette portion de la Gaule commença à prendre le nom de *Province Romaine* (encore aujourd'hui la Provence). Enfin, l'an 53 avant Jésus-Christ, apparut dans la Gaule le Romain qui devait venger sur elle l'incendie de Rome et le honteux rachat du Capitole. Nous n'insisterons pas sur les détails de cette guerre, déjà racontée dans l'Histoire Romaine (voir le tome Ier). Rappelons seulement, pour l'honneur de nos ancêtres, que la conquête de la Gaule ne fut opérée par le plus ha-

bile et le plus célèbre des généraux romains qu'au prix
de huit laborieuses campagnes, et d'une foule de combats sanglants, qui mirent plus d'une fois en péril les Romains et leur chef, sans cesse obligés de recommencer une
guerre qu'ils croyaient terminée. Les diverses cités de la
Gaule s'illustrèrent à l'envi dans cette glorieuse résistance,
et César trouva dans l'Arverne Vercingétorix, un rival digne de lui. Ce ne fut qu'après la prise de huit cents de
leurs villes et le massacre ou la captivité de deux millions
d'entre eux, que les Gaulois, épuisés de forces et de sang,
courbèrent enfin la tête sous le joug des Romains. — Désormais soumise, la Gaule n'eut plus qu'une gloire, ce fut
celle de fournir à Rome les plus braves guerriers de ses
armées. Ce fut avec des légions composées en grande partie
de Gaulois (1), dont il avait su apprécier la valeur, que
César vainquit Pompée : ce furent des légions gauloises
qui, dans les luttes tant de fois renouvelées entre les concurrents qui se disputaient l'empire, assurèrent la victoire
à ceux pour lesquels elles combattaient ; ce fut enfin avec
des légions recrutées dans son gouvernement des Gaules
que Constantin le Grand triompha de tous ses rivaux.
Asservie qu'elle était alors elle-même, la Gaule décidait
ainsi de l'empire du monde.

Ce n'est pas, du reste, que l'esprit de liberté et d'indépendance y fût complétement anéanti ; mais ses fers avaient
été rivés avec trop d'habileté pour qu'elle les pût briser ;
et d'ailleurs, ses populations toujours divisées ne surent
pas mieux s'entendre pour s'affranchir du joug que pour
le repousser. En vain quelques braves, révoltés des injustices des gouverneurs romains, conspirent pour la
liberté ; en vain le Batave Civilis, vainqueur des premières
armées qui lui sont opposées, ose écrire sur ses bannières :
Empire gaulois (voir l'*Histoire Romaine*, n° 190) ; l'empire ne devait pas être *transféré*, et il fallut que la Gaule
se résignât à accepter pour prix de sa liberté les avantages
d'une civilisation plus parfaite. Peut-être ne les eût-elle
pas trouvés trop chèrement achetés sans les vexations horribles dont ils furent accompagnés.

5. RÉSULTATS DE LA CONQUÊTE. — César, trop

---

(1) Il faut citer particulièrement la légion de l'*Alouette*, ainsi
nommée de l'oiseau des plaines de la Gaule, qu'elle portait pour
signe distinctif.

1.

habile pour ne pas apprécier toutes les ressources, et par
conséquent, toute l'importance de la province qu'il venait
d'ajouter à l'empire romain, s'était efforcé de faire oublier
à la Gaule les calamités de l'invasion, par les importants
priviléges qu'il lui accorda, et en appelant à l'honneur in-
signe de s'asseoir dans le sénat romain ceux de ses guerriers
dont la bravoure et la fidélité s'étaient signalées en combattant pour sa cause à la journée de Pharsale. Auguste
et quelques-uns de ses successeurs suivirent une politique
plus habile encore. Ils s'appliquèrent à détruire la nationalité gauloise en enlevant à la Gaule ses institutions politiques et religieuses pour lui donner une organisation toute
romaine. Toutes les villes importantes, et particulièrement
celles qui s'étaient illustrées par leur résistance, virent
leurs noms changés contre d'autres formés de ceux de
César et d'Auguste, mais qui, pour la plupart, ne purent
prévaloir sur les dénominations nationales. Les noms et
l'étendue de ses provinces subirent aussi d'importants
changements. L'ancienne *Province romaine* (voir notre
Géographie, n° 757) prit de *Narbo* ou Narbonne, sa capitale, le nom de *Narbonnaise*, et vit s'élever à son extrémité opposée le port militaire de *Forum-Julii* (Fréjus),
situé à la portée de l'Italie, et où stationnait une flotte impériale, destinée à protéger les côtes de la Gaule et à assurer
ses communications régulières avec la capitale de l'empire.
La Narbonnaise reçut en outre plusieurs colonies romaines.
L'*Aquitaine*, qui formait avec elle la partie méridionale
des Gaules, vit son étendue considérablement accrue par
l'adjonction de toute la partie de l'ancienne Celtique comprise entre la Garonne et la Loire, et *Burdigala* ou Bordeaux, son importante métropole, put se vanter d'avoir,
comme Rome elle-même, son sénat et ses consuls. La Celtique, foyer du druidisme, ainsi que de la puissance et
des vieilles traditions gauloises, perdit son nom, qui fut
remplacé par la dénomination de *Lyonnaise*, tirée du nom
de sa nouvelle capitale, Lyon ou *Lugdunum*, ville toute
romaine, fondée depuis la conquête, sur les rives du Rhône,
dont les embouchures ne sont qu'à 650 kilomètres de celles
du Tibre. Devenue à cette époque la capitale des Gaules,
la résidence habituelle des empereurs, lorsqu'ils séjour-
naient dans cette province, et décorée d'importants priviléges, parmi lesquels il faut citer un hôtel des monnaies,
Lyon acquit à cette époque une importance à laquelle cette

ville doit le rang qu'elle a toujours occupé depuis. La *Belgique* enfin, trop éloignée pour que la surveillance impériale s'y exerçât aussi facilement, fut divisée en deux provinces : toute la partie qui avoisine le Rhin, occupée par des tribus germaniques récemment établies sur son territoire, prit le nom de Germanie, et l'importante ville de Trèves, *Augusta Treverorum*, placée sur les limites des deux provinces de Belgique et de Germanie, ne tarda pas à devenir la résidence du préfet du prétoire ou gouverneur général des Gaules. Il s'y trouvait en même temps plus à portée de réprimer les invasions continuelles des Barbares d'outre-Rhin, que l'impuissante barrière de ce fleuve n'empêchait pas de déborder sans cesse sur la Gaule. — Par la suite, les révoltes survenues dans plusieurs des provinces de l'empire ayant déterminé l'inquiète susceptibilité des empereurs à diminuer l'importance de ces provinces en les subdivisant pour en augmenter le nombre, on en compta dans la Gaule jusqu'à dix-sept (voir notre *Géographie*, n° 753), ayant chacune un gouverneur civil subordonné au gouverneur général ou préfet du prétoire des Gaules. — L'administration militaire, entièrement distincte de l'administration civile, avait pour chef, comme dans les autres préfectures de l'empire, un maître général de la milice, ayant sous ses ordres les comtes militaires et les ducs qui commandaient les garnisons placées dans les villes fortes et sur les frontières, et les chefs des légions qui occupaient dans les différentes parties de la Gaule ces nombreux camps retranchés, connus vulgairement sous le nom de *camps de César*, et dont l'emplacement avait été choisi avec un discernement qui a fait de tout temps l'admiration des plus habiles capitaines. Des routes ou *voies militaires* tracées dans toutes les directions, et dont on retrouve aussi partout les vestiges, permettaient à ces légions, chargées de veiller à la tranquillité des provinces, de se porter rapidement sur tous les points. Un grand nombre de villes reçurent d'importants établissements militaires, et surtout des fabriques d'armes offensives et défensives et de machines de guerre, comme Autun, Mâcon, Reims, Soissons, Amiens, Strasbourg, Trèves, etc. D'autres virent s'élever dans leur sein des écoles destinées à faire pénétrer dans la Gaule la connaissance et le goût de la littérature et de la législation romaines. Ce fut des écoles de Marseille, Arles, Lyon, Autun, Narbonne, Toulouse et Bordeaux, que sortirent la plupart des littérateurs qui soutinrent dans les premiers siècles de notre ère l'honneur des lettres romaines. « Ces études, en absorbant l'activité inquiète du caractère gaulois, dit l'historien moderne de la Gaule, servirent merveilleusement de passage aux institutions de la conquête... L'amour de l'ordre s'insinua peu à peu dans tous les esprits, et la Gaule fut résignée : vint bientôt le christianisme, qui accéléra et consolida l'ouvrage. » (*Am.* THIERRY.)

6. LE CHRISTIANISME DANS LA GAULE. — L'abolition du druidisme et des vieilles croyances nationales des Gaulois avait été l'un des soins de la politique romaine; mais les campagnes et les bois leur avaient servi d'asiles, et nous ignorons jusqu'à quel point le culte imposé des divinités de l'Empire s'était propagé dans la Gaule, lorsque l'Évangile y fut apporté vers le milieu du second siècle. Les premiers Gaulois chrétiens dont le souvenir ait été conservé sont les premiers martyrs qui ont versé leur sang pour la foi dans cette contrée. Ils appartenaient aux églises de Lyon et de Vienne, fondées par saint Pothin et saint Irénée, et moururent sous le règne de l'empereur Marc-Aurèle (l'an 179 de Jésus-Christ). Moins d'un siècle après, saint Denys et ses compagnons, apôtres de la Gaule centrale, scellaient de leur sang la doctrine qu'ils y avaient apportée (voir notre *Histoire Romaine*, n° 194); déjà l'Évangile avait pénétré dans toutes les parties de la Gaule; les métropoles de toutes ses provinces, Arles, Narbonne, Toulouse, et même Trèves, Cologne et plusieurs autres, avaient leurs évêques, et le siége métropolitain de Tours, fondé par saint Gatien, était illustré vers la fin du quatrième siècle par l'épiscopat de saint Martin, vénéré dans les premiers siècles de la monarchie française comme le plus célèbre des apôtres de la Gaule.

Les persécutions furent moins violentes et moins longues dans cette contrée que dans plusieurs autres provinces, soit à cause de son éloignement du centre de l'empire, soit parce que plusieurs de ceux qui la gouvernèrent, tels que Constance Chlore, père du grand Constantin, et ce prince lui-même, se montrèrent favorables aux chrétiens. Sous ce dernier, le triomphe de la religion chrétienne dans l'empire romain favorisa la prédication de l'Évangile, dont la propagation ne fut plus contrariée dans la Gaule que par l'attachement des habitants de la campagne (*pagani*, les paysans, et par suite les païens) à leurs antiques superstitions. C'est à cet obstacle que les écrivains ecclésiastiques de cette époque attribuent la lenteur des conversions dans la Gaule, qui n'était pas encore totalement chrétienne quand les Barbares y parurent.

Déjà cependant le clergé y tenait un rang élevé, grâce aux priviléges qu'il avait obtenus de Constantin et de quelques-uns de ses successeurs. Exempté par eux de tout service onéreux, de toute taxe personnelle, enfin de toute espèce de charge publique ou privée, ayant sa juridiction distincte, le clergé n'avait pas tardé à former un corps nombreux, riche et puissant. Un édit de Constantin avait permis aux fidèles de léguer aux églises la totalité de leurs biens, et cet empereur lui-même avait donné l'exemple de semblables libéralités ; on conçoit facilement combien d'imitateurs il dut avoir dans un temps où, l'ignorance étant jointe à la superstition, tout homme qui avait commis un crime se persuadait qu'il en arrachait le pardon à Dieu en faisant à ses ministres ou aux églises de grandes donations de terre ou d'argent. Enfin les charges énormes qui pesaient sur toutes les autres classes de la société assuraient au clergé les plus grandes facilités pour recruter ses rangs, où tous ceux auxquels la loi laissait cette faculté s'empressaient d'entrer pour se soustraire aux ruineux impôts dont il nous reste à expliquer en peu de mots le système et les conséquences.

7. ORGANISATION MUNICIPALE ET FINANCIÈRE. — Parmi les causes qui contribuèrent le plus à la chute de l'empire romain en Occident, il faut mettre au premier rang, comme le fait remarquer un illustre publiciste, la destruction, la complète disparition de la classe moyenne de la population. A l'arrivée des Barbares cette classe n'existait plus. C'est pourquoi il n'y avait plus de nation.

« Cet anéantissement de la classe moyenne fut surtout le résultat d'un régime municipal qui l'avait rendue tout ensemble l'instrument et la victime du despotisme impérial. » (M. GUIZOT.)

L'administration civile de chacune des cités de la Gaule était confiée à un officier impérial, revêtu du titre de comte, et placé sous les ordres du gouverneur de la province. Mais dans chaque cité existait en même temps une sorte de corps municipal, nommé *Curie*, composé de tous les habitants des villes qui possédaient une propriété fon-

cière de plus de vingt-cinq arpents. Les *Curiales* ou dé-
curions avaient pour fonctions d'administrer toutes les
affaires de leur cité, ses dépenses et ses revenus, et surtout,
de percevoir les impôts établis au profit du trésor impérial,
et du recouvrement desquels ils répondaient sur leurs
biens propres. Or, les dépenses énormes et les folles prodigalités des empereurs ayant rendu les impôts excessifs
(celui de la capitation fut porté jusqu'à la somme de trois
cent trente-six francs par tête, sans compter l'impôt fon-
cier que payait chaque arpent de terre), les curiales,
après avoir ruiné leurs compatriotes pour les forcer au
payement de ces impôts, furent ruinés à leur tour par les
exigences du fisc, et, comme les lois ne leur permettaient
pas de se soustraire aux fonctions curiales, dont les hauts
fonctionnaires publics, l'armée et le clergé seuls étaient
affranchis, leur misère devint bientôt extrême, et leur
ruine ne tarda pas à être complète. — Ce fut ainsi que se
consomma en peu de temps l'entier anéantissement de
toute cette classe de propriétaires, devenus désormais trop
pauvres même pour faire valoir les terres que les lois qui
les tenaient emprisonnés dans la curie leur défendaient
d'aliéner. Il en résulta pour les paysans eux-mêmes un tel
excès de détresse, qu'ils s'organisèrent, sous le nom de
Bagaudes, en troupes de brigands, qui couraient les provinces, pillant tout sur leur passage. Il fallut envoyer contre
eux les armées destinées à la garde des frontières, et quand
les Barbares parurent sur ces frontières dégarnies, il ne
restait en quelque sorte plus dans la Gaule, outre la population esclave, que trois espèces de personnes; savoir:
cette classe nombreuse à laquelle son travail journalier ne
suffisait plus même pour assurer sa subsistance, et que son
excessive misère rendait indifférente à toute espèce de
changement; celle des fonctionnaires publics et des soldats,
que l'invasion barbare balaya devant elle, et celle du clergé,
impuissante à défendre le pays par la force, mais dont l'influence s'exerça, comme nous le verrons bientôt, de la manière la plus heureuse pour adoucir les maux de l'invasion.

QUESTIONNAIRE. — 4. A quelle occasion les Romains pénétrèrent-ils
dans la Gaule; par qui et comment leur fut-elle soumise? — 5. Comment
la Gaule fut-elle divisée par César, puis par les empereurs? — 6. Quels
furent les apôtres de la Gaule et comment le christianisme s'y répandit-
il? — 7. Quelle était l'organisation municipale et financière de la Gaule?
Qu'était-ce que la curie?

Voir, pour les événements contemporains, le tome 1er, *Hist. anc.*

CHAPITRE TROISIÈME.

INVASION DES BARBARES, BURGONDES, VISIGOTHS ET FRANCS.

8. PREMIÈRE INVASION BARBARE. — Dès le milieu du troisième siècle de notre ère (l'an 256), des troupes de Barbares déjà connus à cette époque sous le nom de *Francs*, méprisant les légions dégénérées préposées par les empereurs romains à la garde du Rhin, avaient franchi ce fleuve et porté le ravage dans la Gaule, et jusqu'aux extrémités de l'Espagne. Vingt ans après (l'an 277), Probus rejeta au delà du Rhin d'autres Francs qui, avec quelques tribus de Lygiens, de Bourguignons et de Vandales, comme eux de race germanique, avaient pris et pillé soixante-dix villes gauloises. Constance Chlore et Constantin le Grand eurent aussi à repousser les invasions des Francs; enfin, il fallut au césar Julien, chargé par l'empereur Constance du gouvernement de la Gaule, plusieurs campagnes (voir tome Ier *Histoire Romaine*) pour chasser de la Gaule les Allemands et les Francs : encore accorda-t-il à l'une des tribus de ce dernier peuple l'autorisation de se fixer sur la rive gauche du Rhin, entre Mayence et les embouchures de ce fleuve, position qui leur fit donner le nom de *Francs Ripuaires*. Déjà quelques autres tribus avaient obtenu des établissements dans cette contrée, qui manquait de bras pour cultiver la terre et de guerriers pour la défendre. Les Francs, admis en grand nombre dans les légions romaines, parvinrent bientôt aux premières charges de l'empire, et le Franc Arbogaste, nommé par Valentinien II maître général de la milice des Gaules, se trouva assez puissant pour placer un de ses secrétaires sur le trône impérial (voir tome Ier *Histoire Romaine*, n° 202 . — Enfin arriva le jour de la grande invasion. Le 31 décembre de l'an 406, les Suèves, les Alains, les Bourguignons et les Vandales franchissent le Rhin, que les Francs Ripuaires, fidèles alliés de l'empire, essayent vainement de défendre. Toutes ces hordes barbares inondent la Gaule et se répandent, sans trouver aucune résistance, dans toutes ses provinces, ne laissant derrière elles que ruines et dévastation.

9. BURGONDES OU BOURGUIGNONS. — Une seule de ces nations songea à se créer des établissements dans la Gaule. Tandis que les autres Barbares la traversaient pour aller se jeter sur l'Espagne, les Burgondes ou Bourguignons se fixèrent avec des vues d'avenir dans toute la contrée comprise entre le Rhin et la Saône. Déjà, avant son entrée dans la Gaule, ce peuple se distinguait entre tous ceux de la Germanie par son industrie et surtout par son habileté à travailler le bois et le fer. Non moins braves que les autres Barbares, les Bourguignons avaient des mœurs plus douces et plus pacifiques. « Impatronisés sur les domaines des propriétaires gaulois, ayant reçu ou pris à titre d'hospitalité les deux tiers des terres et le tiers des esclaves, ce qui probablement équivalait à la moitié du tout, ils se faisaient scrupule de rien usurper au delà. » (*Aug.* THIERRY.) Enfin, ils accueillirent avec empressement les missionnaires que leur envoyèrent les évêques de la Gaule pour achever de les convertir à la religion chrétienne.

Jovin, qui avait pris la pourpre dans les Gaules, avait cherché à s'assurer l'appui des Bourguignons en leur concédant les contrées où ils s'étaient établis. Après la défaite de cet usurpateur, l'empereur Honorius, trop faible pour les en chasser, en confirma la possession à Gondicaire, leur chef ou *Hendin*. Ainsi se trouva définitivement constitué le premier royaume barbare dans les Gaules (l'an 413 de Jésus-Christ).

10. VISIGOTHS. — Vers le même temps, il s'en élevait un plus puissant encore dans la Gaule méridionale. C'était celui des Visigoths, autre peuple barbare sorti des contrées septentrionales de l'Europe. Après avoir traversé en vainqueurs toutes les provinces européennes de l'empire d'Orient, ils avaient pris Rome et ravagé toute l'Italie (voir tome 1er *Hist. Rom.*, n° 214). Devenus les alliés du faible Honorius, qu'ils délivrèrent des concurrents qui lui disputaient l'empire, et au nom duquel ils allèrent combattre les Barbares qui désolaient l'Espagne, ils obtinrent, pour prix des services rendus par eux à l'empereur, la cession de ce qu'ils avaient conquis en Espagne et la province Gauloise de la seconde Aquitaine, avec la ville de *Toulouse*, dont Wallia, leur chef, fit sa capitale (l'an 419 de Jésus-Christ). Les successeurs de ce prince y ajoutèrent toutes les provinces comprises entre les Pyrénées et la Loire, et rendirent ainsi le royaume des Visigoths le plus puissant des nouveaux états fondés par les Barbares.

11. Francs. — Il nous reste à parler du peuple qui devait substituer sa domination à toutes celles récemment établies dans la Gaule, et même à celle des Romains, dont il acheva d'y anéantir les faibles restes. Les *Francs*, dont nous avons déjà signalé plus haut (8) les invasions réitérées dans la Gaule, étaient moins une nation qu'une confédération de peuplades belliqueuses de la Germanie, qu'avait unies entre elles un intérêt commun de défense. Ils paraissent avoir occupé primitivement tout l'espace compris entre le Rhin, le Main et le Wéser. Nous avons parlé plus haut (n° 8) de celle de leurs tribus qui s'était établie sur la rive opposée du Rhin, sous le nom de *Francs Ripuaires*. Quand les Francs des deux rives du fleuve virent les autres peuples de la Germanie se répandre dans la Gaule, ils résolurent de s'y assurer aussi des établissements. Pendant que les Bourguignons s'établissaient à l'orient et les Visigoths au midi, les Francs envahirent le nord. Diverses tribus, ayant chacune leur chef distinct, se fixèrent aux environs de Cologne, de Thérouanne, de Tournai, de Cambrai, et pénétrèrent même jusqu'au Mans. Mais la plus célèbre, celle des *Francs Saliens*, resta quelque temps confinée sur les rives de la Meuse et de l'Escaut. C'est dans cette contrée et sur cette tribu seulement que régnèrent, si toutefois ils ont jamais existé, les princes que l'on a l'habitude de placer à la tête des rois de France. On comprendra combien ils méritent peu ce titre, si l'on réfléchit qu'à l'époque où ils régnèrent sur le petit canton occupé par les Francs Saliens, la vaste contrée qui a formé depuis le royaume de France était occupée presque tout entière par les peuples que nous avons nommés plus haut, et par les Romains qui en conservaient encore toute la partie centrale.

QUESTIONNAIRE. — 8. A quelle époque les Francs parurent-ils dans la Gaule? — Quand et comment la Gaule fut-elle envahie par les Barbares? — Quels sont les peuples barbares qui se fixèrent dans la Gaule? — 9. Quels étaient les mœurs des Bourguignons, où s'établirent-ils et en quelle année? — 10. Où et en quelle année s'établirent les Visigoths? — 11. Quels furent les premiers établissements des Francs dans la Gaule après l'invasion?

Voir, pour les événements contemporains, le tome 1er.

LIVRE DEUXIÈME.

LA FRANCE SOUS LES MÉROVINGIENS ET LES CAROLINGIENS.

CHAPITRE PREMIER.

ÉTABLISSEMENT DE LA MONARCHIE FRANQUE. CLOVIS.

12. ÉTABLISSEMENT DE LA MONARCHIE. — C'est sur les bords de la Meuse et de l'Escaut, ainsi que nous l'avons montré dans le chapitre précédent, qu'il faut placer le berceau de la monarchie Franque. Car si nous refusons le nom de rois de France aux chefs que les guerriers Francs inauguraient en les élevant sur le bouclier, et que distinguait leur longue chevelure (1), signe du haut rang qu'ils occupaient dans la nation, nous devons reconnaître les ancêtres des rois de la première race dans ces chefs choisis, à ce qu'il paraît, de temps immémorial dans la même famille, sans toutefois que la loi de l'hérédité fût encore admise chez les Francs Saliens lorsqu'ils vinrent s'établir dans la Gaule. — Nous ne parlerons pas ici de *Pharamond*, dont nous ne connaissons que le nom et dont l'existence même a été mise en doute par la plupart des historiens; mais *Clodion* ou Chlogion, que l'on place après lui (427-448), est déjà mieux connu de nos vieux chroniqueurs. C'était, dit Grégoire de Tours, un homme illustre et puissant qui régnait à *Dispargum* (aujourd'hui Duysborck, entre Bruxelles et Louvain). Il défit les Romains qui occupaient la ville de *Cambrai*, s'en empara, et conquit tous les pays jusqu'à la Somme.

Sous le règne de son successeur *Mérovée* (448-458),

---

(1) De là le surnom de *Chevelu*, attribué à quelques-uns de nos premiers rois; de là aussi, l'usage souvent pratiqué, comme nous le verrons, dans les premiers siècles de notre histoire, de couper les cheveux aux princes que l'on voulait exclure du trône.

dont le nom rappelle celui qui est resté à la première de nos races royales, une invasion plus redoutable qu'aucune des précédentes, celle des Huns, arrivés des extrémités de l'Asie sous la conduite d'un chef qui s'appelait lui-même le *fléau de Dieu*, vint fondre sur la Gaule désolée. Il s'y trouva pourtant assez de braves soldats pour affronter le terrible Attila, le plus célèbre et le plus féroce de tous les conquérants barbares. La crainte des maux dont les menaçait l'approche de ce farouche guerrier, qui se vantait que l'herbe ne repoussait jamais où son cheval avait passé, réunit contre lui tous les peuples de la Gaule. Appelés aux armes par le vaillant Aétius, qui gouvernait toute la partie de ce pays encore soumise à l'empire romain, et qui leur avait appris, par les victoires mêmes qu'il avait remportées sur eux, à reconnaître sa supériorité, ils se réunirent sous son commandement. Déjà, Attila avait pénétré dans le centre de la Gaule, brûlant et saccageant tout sur son passage. Laissant de côté la ville de *Paris*, préservée de sa fureur, suivant une antique tradition, par les prières de sainte Geneviève, il vint mettre le siége devant *Orléans*. La résistance énergique des habitants de cette ville, encouragés par leur évêque, le vertueux Anianus (saint Aignan), l'arrête et l'étonne. A l'approche de l'armée qui s'est réunie pour le combattre, il hésite et repasse la Seine ; mais Aétius marche à sa poursuite et l'atteint dans les plaines de *Châlons-sur-Marne* (l'an 451). Cent soixante-deux mille, et même, suivant quelques auteurs, trois cent mille Huns demeurèrent sur le champ de bataille. Mérovée contribua, dit-on, par son courage à cette mémorable victoire, qui coûta la vie au brave Théodoric, roi des Visigoths. Quelques années après, Aétius, qui avait illustré par ce triomphe son commandement dans les Gaules, fut poignardé par l'empereur Valentinien, lâchement jaloux de sa brillante renommée. La mort de cet illustre soutien de l'empire laissa la Gaule romaine sans défenseur. Mérovée en profita pour étendre ses États, qu'il transmit bientôt après à *Childéric Ier*, généralement regardé comme son fils.

Ce jeune prince (458-481), après quelques années d'un règne signalé seulement par de honteuses débauches, fut chassé par les Francs, irrités de sa conduite licencieuse. Néanmoins ils ne le remplacèrent point ; et on les voit avec étonnement se soumettre au comte romain *Ægidius* ou Gilles, successeur d'Aétius. Sans doute le souvenir de la victoire de Châlons fit supposer à ces braves guerriers qu'ils pouvaient sans honte faire un pareil choix. Toutefois cette domination étrangère ne tarda pas à leur peser, et ils rappelèrent, après quatre années d'exil, Childéric, qui illustra la fin de son règne par de nombreuses victoires. On dit même qu'il pénétra jusqu'à la Loire, mais vraisemble-blement sans y former d'établissement fixe; car il paraît avoir eu pour capitale *Tournai,* où l'on a découvert son tombeau en 1635.

13. Clovis (481-511). — Clovis, fils de Childéric, avait seize ans à peine lorsque les Francs Saliens l'élevèrent sur le bouclier. Avant de raconter les conquêtes qui il-lustrèrent le règne de ce prince, le véritable fondateur de la monarchie française, rappelons en quelques mots quel était, à l'époque de son avénement, l'état de la vaste con-trée qu'il devait réunir presque tout entière sous sa domi-nation. Roi lui-même de la tribu des Francs Saliens, qui pouvait armer quatre à cinq mille guerriers, il possédait seulement le petit pays renfermé entre l'Escaut et la Meuse avec Tournai, résidence de son père, pour capitale ; et il se trouvait entouré d'autres tribus Franques, qu'il fit sans doute entrer dans son alliance, mais qui avaient chacune leur chef tout à fait indépendant. — Au centre de la Gaule, le patrice romain Syagrius, fils et successeur d'Ægidius, gouvernait la contrée comprise entre la Somme et la Seine, et avait *Soissons* pour résidence. La chute de l'empire romain d'Occident, qui s'était écroulé sous les coups des Barbares, en 476, avait fait de ce patrice héré-ditaire un petit souverain indépendant ; néanmoins il était encore considéré comme le représentant, dans les Gaules, de cette puissance romaine que le Gaulois était habitué depuis cinq siècles à traiter avec respect. — Les *Cités Ar-moricaines* de l'ouest (voir n° 1), où s'était toujours main-tenu un esprit d'indépendance, avaient profité de l'af-faiblissement de la puissance impériale pour se remettre en liberté (vers l'an 408), et. afin d'être en état de se dé-fendre elles-mêmes contre les Barbares, elles avaient re-nouvelé leur antique confédération, dans laquelle étaient même entrées toutes les villes comprises entre la Seine et la Loire. La péninsule Armoricaine, où s'étaient réfugiés depuis quelques années beaucoup d'habitants de la Grande-Bretagne, forcés par des invasions étrangères à quitter leur patrie, avait pris de ces nouveaux venus le nom de

Bretagne, qu'elle conserve encore. — Au midi de la confédération Armoricaine s'étendait le royaume des *Visigoths*, qui, par suite des accroissements considérables qu'avait reçus sa puissance depuis l'époque de sa fondation (n° 10), était devenu le plus important des Gaules. — A l'Orient, les *Bourguignons* (n° 9) avaient étendu leur domination depuis les sources de la Saône jusqu'à la Méditerranée; mais ce vaste royaume, par suite de partages opérés par les fils de ses derniers souverains, se trouvait divisé en plusieurs petits États dont *Genève*, *Châlon-sur-Saône*, *Lyon* et *Vienne*, étaient alors les capitales. — Au nord des Bourguignons enfin, une tribu d'*Alemans* sortis de la Germanie occupait, le long de la rive gauche du Rhin, une lisière de pays assez étroite, mais qui s'étendait depuis Bâle jusqu'à Mayence.

14. Victoire de Clovis sur Syagrius (486). — Clovis, impatient de justifier le choix des guerriers qui, malgré sa grande jeunesse, l'avaient élu pour leur chef, fait un appel à toutes les tribus Franques, et traversant la forêt *Charbonnière*, partie occidentale de celle des Ardennes, il arrive jusque sous les murs de *Soissons* défier au combat le patrice Syagrius, auquel il laisse le choix du jour et du lieu de la bataille. Elle se livra à quelque distance au nord de cette ville (l'an 486). Les Romains ne purent supporter le choc impétueux des Francs, qui les poursuivirent jusque dans leur capitale, qui devint celle des Saliens. Syagrius chercha un refuge à la cour du roi des Visigoths; mais réclamé avec menace par le vainqueur et lâchement livré par celui auquel il avait demandé un asile, il fut mis à mort. Il importait à la politique de Clovis d'anéantir avec la domination romaine jusqu'au dernier représentant de la puissance impériale, afin d'enlever aux Gaulois le prétexte d'une honorable fidélité.

15. Vase de Soissons. — Clovis ne se montra pas moins habile dans sa conduite à l'égard du clergé catholique, dont l'influence était immense dans la Gaule, comme nous l'avons fait connaître plus haut (n° 6). Saint Remi, évêque de Reims, l'une des villes que la défaite de Syagrius avait livrées au vainqueur, envoya redemander au roi des Francs un vase d'une grandeur et d'une beauté remarquables, qui avait été pris dans le pillage d'une église. Clovis, désirant donner satisfaction à l'évêque, promit de le lui rendre, et le demanda à ses compagnons d'armes au moment du partage du butin, qui eut lieu dans la ville de Soissons ; tous consentaient à le lui laisser, lorsque l'un d'eux, plus emporté que les autres, déchargea sur le vase un coup de sa francisque ou hache d'armes, en s'écriant : « Tu n'auras, comme les autres, que ce que le sort te donnera. » Le pouvoir des rois Francs n'était pas assez grand pour que Clovis osât punir cet outrage. Il remit un autre vase à l'envoyé, et attendit pour se venger l'époque de la revue annuelle du champ de Mars (voir n° 17). Là, sous prétexte que les armes du soldat étaient mal en ordre, il lui arrache sa francisque, la jette à terre, et tandis que celui-ci se baisse pour la ramasser, il lui fend la tête d'un coup de sa hache d'armes, en disant : « Ainsi tu frappas le vase dans Soissons. » Cette vengeance, toute brutale qu'elle était, obtint, à ce qu'il paraît, l'approbation des Francs, qui se retirèrent pénétrés de crainte, s'il en faut croire Grégoire de Tours ; il est certain du moins que cet acte d'audace contribua à affermir le pouvoir royal, dont l'étendue avait été jusque-là, comme le prouve cette anecdote même, aussi incertaine que ce pouvoir lui-même était faible.

16. Bataille de Tolbiac (496). Conversion de Clovis. — La conversion de Clovis au christianisme eut sur l'accroissement de sa puissance une influence bien plus décisive encore. Quelques années après la victoire de Soissons, il avait épousé Clotilde, nièce de Gondebaud, roi des Bourguignons. Cette princesse, la seule reine catholique qu'il y eût alors parmi les nations barbares, usa de tout l'ascendant que lui donnaient sur son mari sa beauté et ses vertus pour le décider à embrasser la foi. Clovis hésitait cependant encore, lorsque la guerre éclata entre les Francs et les Alemans des bords du Rhin. Les deux armées se rencontrèrent en 496) dans la plaine de Tolbiac (aujourd'hui Zulpic, près de Cologne), et les Francs commençaient à plier, lorsque Clovis, levant les mains au ciel, s'écria : *Dieu de Clotilde, fais-moi vaincre, et je croirai en toi.* Ramenant aussitôt ses guerriers à la charge, il remporte une victoire complète. Fidèle à sa promesse, il consentit à recevoir les pieuses instructions de saint Remi, et fut bientôt après baptisé par le saint évêque avec toute sa famille. « *Baisse humblement la tête, Sicambre,* lui dit le pontife lorsqu'il s'avança pour recevoir l'eau du baptême ; *adore ce que tu as brûlé, brûle ce que tu as adoré.* »

Le spectacle tout nouveau pour eux de cette sainte cérémonie, célébrée le jour de Noël (de l'an 496) avec toute la pompe du culte catholique, fit une vive impression sur les Barbares; trois mille imitèrent l'exemple de leur chef. — La conversion de Clovis, auquel le pape saint Anastase conféra le titre de *roi très-chrétien* (1), conservé, avec celui de fils aîné de l'Église, par tous ses successeurs, lui assura la prompte soumission de toute la Gaule centrale et occidentale, dont les habitants étaient catholiques. Elle lui prépara d'autres succès encore, en lui donnant pour alliés tous les évêques catholiques de la Gaule, qui souffraient avec peine la domination des Bourguignons et surtout celle des Visigoths, qui ayant embrassé, avant leur entrée dans la Gaule, l'hérésie de l'arianisme, l'avaient apportée avec eux dans les contrées où ils s'étaient établis, et l'avaient communiquée aux Bourguignons, qui étaient devenus catholiques à leur arrivée dans les Gaules (n° 9).

17. CONQUÊTE DE L'AQUITAINE (507). — Une double guerre contre la *Bourgogne*, qui fut soumise à un tribut, occupa ensuite Clovis; mais une entreprise plus importante le préoccupait; les évêques de l'Aquitaine, vexés par les Visigoths ariens, l'appelaient de tous leurs vœux. Nous avons déjà parlé de ces grandes assemblées annuelles de la nation appelées *Champs de Mars*, parce qu'elles se tenaient au mois de mars, dans une vaste campagne où les guerriers francs se réunissaient pour délibérer tout armés sur les objets qui intéressaient la nation, et particulièrement sur les expéditions militaires à entreprendre. Au champ de Mars de l'an 507, Clovis dit à ses compagnons d'armes : « Je ne puis souffrir que ces Visigoths ariens possèdent les plus belles province de la Gaule. Marchons avec l'aide de Dieu, et, après les avoir vaincus, réduisons le pays en notre pouvoir. » Ce discours plut, dit Grégoire de Tours, aux guerriers Francs, qui firent serment de ne point se couper la barbe qu'ils n'eussent vaincu les Visigoths. La bataille connue sous le nom de bataille de *Vouillé*, se livra (507) aux environs de Poitiers. Elle fut extrêmement sanglante : Alaric y périt de la main de Clovis, qui faillit lui-même être percé d'un coup de lance. Cette victoire mit fin dans la Gaule au royaume

_____

(1) Clovis était alors le seul roi *catholique* de l'Europe.

de Toulouse, qui y subsistait depuis quatre-vingt-huit ans. Clovis pénétra en vainqueur jusqu'aux Pyrénées, sans pouvoir toutefois rejeter entièrement au delà de ces montagnes les Visigoths, qui, secourus par leurs frères les Ostrogoths d'Italie, sujets de l'illustre Théodoric, conservèrent la *Septimanie*, province qui occupait toute la côte de la Méditerranée, depuis le Rhône jusqu'aux Pyrénées. Les Bourguignons, qui avaient pris parti pour Clovis contre les Ostrogoths, y perdirent la *Provence*, qui passa sous la domination de Théodoric. Clovis se consola de l'échec que ses armes avaient éprouvé de ce côté par une expédition heureuse contre la *Bretagne*, dont le roi Budic se reconnut son tributaire, et par la soumission volontaire de l'*Armorique*. — A la suite de ces conquêtes, le roi des Francs reçut de l'empereur d'Orient, Anastase, les ornements du consulat ; il s'en revêtit solennellement à Tours, dans la basilique de Saint-Martin, posa la couronne sur sa tête ; puis, étant monté à cheval, il parcourut la ville, jetant de l'or et de l'argent au peuple, qui répétait dans ses acclamations les noms de consul et d'Auguste, titres encore vénérés des Gallo-Romains, et qui lui furent toujours donnés par la suite.

18. **Dernières années de Clovis.** — Les vastes États conquis par le roi des Francs devaient suffire à son ambition : ils embrassaient, en effet, presque tous les pays conquis entre l'Océan, les Pyrénées, les Cévennes, le Rhône, le Rhin depuis Bâle jusqu'à son embouchure, et même, à ce qu'il paraît, le pays originairement possédé par les Francs sur la rive droite de ce fleuve. « On s'abuserait, du reste, étrangement si l'on attachait aux conquêtes et à la monarchie de Clovis les idées que réveillent aujourd'hui de semblables mots. Il s'en fallait bien qu'il régnât partout où il avait porté ses armes, ni qu'il possédât tout ce qu'il avait conquis. » (M. Guizot. Les Francs n'étaient pas assez nombreux pour occuper militairement et avec sûreté un vaste territoire. Le roi, et, à son exemple, les principaux chefs, s'appropriaient les meilleurs domaines des provinces conquises : quelques-uns s'y établissaient eux-mêmes, mais le plus grand nombre revenaient avec le roi et leur butin dans le nord et l'est de la Gaule, où résidait en réalité la nation des Francs, qui ne dépassaient guère *Paris*, dont leur chef fit sa capitale. C'est là ce qui explique l'importance qu'attachait Clovis à la possession

complète de ces dernières contrées, et la politique barbare qui le porta à exterminer les petits rois francs de *Cologne*, de *Thérouanne*, de *Cambrai*, et du *Mans*, dont le meurtre souilla la fin de son règne. « Ayant tué de même beaucoup d'autres rois et ses plus proches parents, dans la crainte qu'ils ne lui enlevassent l'empire, dit Grégoire de Tours, il étendit son pouvoir dans toute la Gaule. » Mais par ces assassinats des princes de sa famille, Clovis donna un exemple qui ne fut, comme nous l'allons voir, que trop fidèlement suivi par ses descendants.

Le concile d'Orléans (511), où furent promulgués plusieurs canons importants pour la discipline de l'Église, le règlement des mœurs publiques, l'extension du droit d'asile accordé aux églises, et les rapports entre l'Église et l'État, fut le dernier événement important du règne de Clovis, qui se plut à en sanctionner les actes.

QUESTIONNAIRE. — 12. Quels furent les premiers chefs des Francs, et quel était leur signe distinctif? — Que sait-on de Pharamond et de Clodion?—Quels furent les événements du règne de Mérovée?—Quelle sainte illustre vécut sous son règne? — D'où vient le nom donné aux rois de la première race?—Racontez le règne de Childéric 1er. —Par qui les Francs le remplacèrent-ils un instant?—13. Quel est le véritable fondateur de la monarchie des Francs? — A quel âge et en quelle année Clovis devint-il roi? — Quelle était la tribu franque dont Clovis était roi et quelle était sa résidence?—Quels étaient les peuples qui se partageaient la Gaule à cette époque?—Quelles étaient les possessions des Romains, des Visigoths, des Bourguignons, des Alemans et des cités armoricaines?—14. Comment Clovis montra-t-il qu'il était digne du commandement? — Où vainquit-il les Romains et quel fut le sort de leur chef Syagrius?—15. Racontez l'histoire du vase de Soissons. — Que prouve-t-elle? — Comment Clovis se vengea-t-il? — 16. Quelle femme Clovis avait-il épousée? — Ne chercha-t-elle pas à convertir son mari à la religion chrétienne? — Racontez la bataille de Tolbiac.—Clovis fut-il fidèle à sa promesse? —Par qui fut-il instruit et baptisé?—Les Francs suivirent-ils son exemple? — Quels avantages Clovis retira-t-il de sa conversion? — 17. Quelles expéditions fit Clovis après son baptême?—Qu'était-ce que les Champs de Mars?—Quelle entreprise fut proposée par Clovis au Champ de Mars de l'année 507?— Où se livra la bataille contre les Visigoths? — Quelles furent les suites de cette expédition?—Par qui Clovis vit-il alors son amitié recherchée?—Où alla-t-il recevoir les ornements consulaires? — 18. Quelle était l'étendue des États de Clovis? — De quel pouvoir Clovis jouissait-il sur les pays conquis?—Quelle ville Clovis choisit-il pour sa capitale?—Par quels meurtres Clovis souilla-t-il la fin de son règne?—Qu'est-ce que le concile d'Orléans et qu'y fut-il décidé?

ÉVÉNEMENTS CONTEMPORAINS. — 395. Arcadius, empereur d'Orient; Honorius, d'Occident. — 401. Alaric envahit l'Italie. — 406. Grande invasion. — 409. Fondation du royaume des Suèves en Espagne. — 410. Prise de Rome par Alaric. — 412. Fondation du royaume des Visigoths par Ataulfe. — 429. Fondation du

royaume des Vandales, en Afrique, par Genséric. — 450. Fondation
du royaume de Kent, par les Saxons, dans la Grande-Bretagne. —
451. Invasion d'Attila en Italie et fondation de Venise. — 455. Prise
de Rome par Genséric, roi des Vandales. — 476. Chute de l'empire d'Occident. L'Hérule Odoacre, roi d'Italie. — 491. Fondation
du royaume de Sussex dans la Grande-Bretagne. — 507. Les Visigoths sont rejetés en Espagne par Clovis.

CHAPITRE DEUXIÈME.

PARTAGES ET GUERRES CIVILES. L'AUSTRASIE ET LA NEUSTRIE.

19. PREMIER PARTAGE (1).

Rois de Metz.	Roi d'Orléans.	Roi de Paris.	Roi de Soissons.
THÉODORIC ou THIERRI Iᵉʳ. 511-534.	CLODOMIR. 511-524.	CHILDEBERT Iᵉʳ. 511-558.	CLOTAIRE Iᵉʳ. 511-558.
THÉODEBERT Iᵉʳ. 534-548.			roi de Soissons et de Metz.
THÉODEBALD. 548-555.			555-558.

CLOTAIRE Iᵉʳ, seul roi de toute la monarchie, 558-561.

Les lois établies chez les peuples d'origine germanique
appelaient tous les fils à succéder avec un droit égal aux
domaines de leur père. Le soin qu'avait pris Clovis d'exterminer tous les autres princes de la famille mérovingienne, et le prestige dont ses conquêtes avaient entouré

(1) Plusieurs historiens qui donnent sans difficulté le titre de
rois de France aux prédécesseurs de Clovis, le refusent à ceux
des descendants de ce prince qui n'ont pas régné à Paris ; et cependant les rois d'Austrasie, de Soissons, d'Orléans, de Bourgogne et d'Aquitaine y ont autant de droits que les vingt-deux
auxquels il est exclusivement attribué par ces historiens : nous
ne négligerons donc pas leur histoire, qui est celle de nos provinces orientales et méridionales ; mais, pour éviter la confusion,
à chaque partage de la monarchie, nous réunirons dans un petit
tableau les noms des princes qui ont régné pendant la durée de
ce partage.

sa puissance, ayant aussi assuré à ses enfants l'hérédité de sa couronne, ses quatre fils succédèrent à son titre comme à ses domaines, sans que personne songeât à contester ce droit à aucun d'eux. Ce fut le premier exemple de ces partages de la monarchie, qui devinrent, comme nous le verrons bientôt, la source d'une foule de crimes atroces et de guerres civiles. La manière dont les quatre fils de Clovis partagèrent les États de leur père paraîtrait incompréhensible, si l'on ne se rappelait la nature des possessions dont ils se composaient. (Voir le numéro précédent.) Mais les bizarreries de ce partage s'expliquent naturellement par le désir que devait avoir chacun des frères de réunir dans son lot, en quantité à peu près égale, les établissements Francs et les domaines royaux, dispersés dans toute l'étendue des Gaules, et peut-être aussi les productions des diverses provinces. Ainsi *Théodoric* ou *Thierri I*er, l'aîné des fils de Clovis, réunit aux provinces Franques des deux rives du Rhin jusqu'à la Meuse, les villes de Reims, de Châlons-sur-Marne, de Troyes, et, en outre, plusieurs autres situées dans l'Aquitaine, dont il fallut toutefois refaire la conquête. *Metz* était la capitale de ce prince. Le second, *Clodomir*, roi d'*Orléans*, eut en partage la Gaule centrale avec le Maine et l'Anjou, auxquels il joignit encore la Novempopulanie, province de l'Aquitaine, située au pied des Pyrénées. *Childebert*, roi de *Paris*, possédait à la fois les provinces entre la Somme et la Seine, plusieurs des villes de l'Aquitaine, et Paris pour capitale. Enfin, le plus jeune des quatre, *Clotaire*, roi de *Soissons*, obtint, outre cette ville et celles de Laon, Saint-Quentin et Amiens, tout le pays entre la Somme, l'Océan et les embouchures de la Meuse et du Rhin, et reçut aussi, comme les autres, une portion de la fertile Aquitaine.

20. CONQUÊTES ET EXPÉDITIONS GUERRIÈRES. — Il semblerait que l'effet d'un tel partage devait être d'arrêter les progrès de la puissance naissante des Francs; il n'en arriva pourtant point ainsi. C'est que ce partage ne fut, comme nous l'avons expliqué, qu'un partage de possessions territoriales, sans que la nation se considérât elle-même comme partagée. « Les Francs s'appartenaient à eux-mêmes. » Chacun des princes avait bien ses compagnons d'armes, ses fidèles ou *Leudes*, comme on les appelait alors; mais ces leudes eux-mêmes conservaient, à ce qu'il paraît, la liberté d'aller combattre sous le comman-

dement d'un autre chef, puisqu'on vit ceux de Thierri lui
déclarer que, s'il ne voulait pas se mettre à leur tête, ils
iraient combattre sous la conduite de l'un de ses frères. Il
suffisait donc d'un chef pour conduire les guerriers francs
au combat, et il s'en trouva toujours parmi les princes
placés sur le trône.

Les expéditions entreprises par les fils de Clovis forment
à elles seules toute l'histoire des règnes de ces princes, et
accrurent notablement l'étendue de la domination Franque.
— Un chef Saxon qui avait fait une invasion dans la Bretagne fut défait et tué par Thierri (en 515). Ce même roi
profita des dissensions survenues entre les princes qui gou-
vernaient la *Thuringe* pour réunir à ses États (en 530)
ce royaume, qui les touchait à l'est, et qui comprenait une
partie assez considérable de l'Allemagne actuelle. — Les
Saxons, peuple du nord de cette contrée, avaient aidé
Thierri dans sa conquête. La réussite de cette entreprise
détermina les Alemans et les Bavarois, qui occupaient
les contrées situées au midi de la Thuringe, à reconnaître
aussi la suprématie des fils de Clovis. — D'autres expéditions plus importantes occupaient ceux-ci dans la Gaule.
Les Visigoths et les Bourguignons en possédaient encore
plusieurs provinces (nos 13 et 17): les princes Francs
étaient impatients de compléter la conquête de leur père.
Un prétexte s'offrit bientôt pour attaquer les premiers.
Amalaric, leur roi, avait épousé une sœur des rois Francs;
mais ce prince arien la maltraitait à cause de sa religion;
elle implora le secours de ses frères, qui coururent la
venger (531). Childebert prit et pilla *Narbonne*, capitale
d'Amalaric, délivra sa sœur, et ramena ses guerriers chargés
des riches dépouilles des Visigoths; mais il n'eut pas l'habileté de s'affermir dans sa nouvelle conquête. Amalaric
avait péri dans cette guerre; son successeur reprit la
Septimanie, où Childebert fit (en 542) une nouvelle expédition, qu'il poussa même jusqu'à Saragosse en Espagne;
mais un riche butin fut encore le seul fruit que les Francs
retirèrent de cette expédition, qui n'eut pas pour l'extension de leur puissance des résultats plus positifs que la
précédente.

Il n'en fut pas de même en *Bourgogne*, où les princes
Francs avaient porté la guerre, dès l'an 523, à l'instigation de leur mère Clotilde, impatiente de venger sur les
fils de Gondebaud le massacre que ce prince avait fait de

tous ceux de sa famille. Clodomir, qui avait continué la guerre à lui seul, périt (en 524) à la bataille de *Véséronce*, près de Vienne ; mais Childebert et Clotaire achevèrent (en 533) la conquête de la Bourgogne, et s'assurèrent la soumission des vaincus en leur laissant leurs lois et les formes de leur gouvernement.

Cette conquête avait mis de nouveau les Francs en contact avec les Ostrogoths, qui possédaient, ainsi que nous l'avons dit plus haut (n° 17), la *Provence*, enlevée aux Bourguignons par leur roi Théodoric. Vitigès, l'un de ses successeurs, abandonna cette province à Théodebert, qui avait lui-même succédé (en 534) à son père Thierri. Le roi goth espérait, par cette concession, s'assurer les secours dont il avait besoin pour se défendre contre l'empereur d'Orient, Justinien, qui s'était aussi, de son côté, allié avec Théodebert en lui faisant l'abandon de ses droits sur l'Italie. Le prince franc les trompa tous les deux. Ne rêvant rien moins que la conquête des États de l'un et de l'autre, il passa les Alpes à la tête de cent mille guerriers, et se jeta sur l'Italie, où il fit un riche butin aux dépens du roi et de l'empereur. Mais les maladies contagieuses se mirent dans son armée, qu'il ne ramena qu'avec peine. Les riches dépouilles qu'ils avaient rapportées excitèrent cependant la cupidité des Francs et de toutes les tribus germaniques qui combattaient avec eux. De nombreuses bandes d'aventuriers Francs et Alemans se jetèrent sur l'Italie, que les Grecs et les Ostrogoths continuaient à se disputer. Les plus célèbres sont celles qu'y conduisirent, sous le règne de Théodebald, successeur de Théodebert, les ducs Leutharis et Buccelin, et qui furent taillées en pièces par le patrice Narsès (554).

21. MASSACRES ET GUERRES CIVILES. — Clodomir, roi d'Orléans, avait péri, comme nous l'avons vu plus haut, dans une expédition en Bourgogne ; mais il avait laissé plusieurs fils, dont la reine Clotilde avait pris la tutelle. Childebert et Clotaire, voulant s'approprier leurs États, les tirèrent des mains de leur aïeule, sous le prétexte de les faire reconnaître comme rois par la nation ; mais quand ils les eurent en leur pouvoir, ils envoyèrent à la vieille reine des ciseaux et une épée nue, en lui faisant dire de choisir quel sort elle préférait pour ses petits-fils : « S'ils ne doivent pas être rois, répondit la fière Clotilde, j'aime mieux les voir morts que tondus. » Ce fut en effet leur arrêt de mort. Le farouche Clotaire égorgea de sa main les deux aînés; un troisième, sauvé par quelques serviteurs fidèles, se coupa lui-même les cheveux, et mourut abbé d'un monastère qu'il avait bâti à Nogent sur la Seine, petit village près de Paris, qui prit de ce prince le nom de Saint-Clodoald ou *Saint-Cloud*. Clotaire et Childebert se partagèrent la dépouille de Clodomir. — Bientôt une autre succession fit éclater entre eux la première des guerres civiles que se firent les descendants de Clovis. C'était celle de Théodebald, roi de Metz, mort sans enfants, après un règne de six ans (548-555), et qu'ils avaient déjà convoitée à la mort de Thierri. La guerre fut sanglante, mais sans résultat pour Childebert, qui resta privé de la part qui devait lui revenir dans cet héritage. Il s'en vengea en excitant Chramne, l'un des fils de Clotaire, à se ré- volter contre son père; mais il mourut lui-même bientôt après (en 558), ne laissant que des filles : de sorte que le roi de Soissons, Clotaire Ier, demeura seul maître de toute la monarchie Franque. Le malheureux Chramne, resté seul exposé au ressentiment de son père, alla solliciter l'appui de Conobre, souverain de la Bretagne, province qui défendait encore son indépendance; mais ils furent vaincus, et Chramne, réduit à chercher un asile dans la chaumière d'un paysan, y fut étranglé et brûlé avec sa femme et ses filles, par l'ordre de son père. — Un an après (561), au jour même où avait eu lieu cette horrible exécution, remarque Grégoire de Tours, Clotaire mourut à Compiègne, dans la cinquante-et-unième année de son règne, en s'écriant au milieu de ses douleurs et de ses angoisses : « Hélas! qui pensez-vous que soit ce roi du ciel qui fait mourir ainsi les plus grands rois de la terre ? »

QUESTIONNAIRE. — 19. Comment les quatre fils de Clovis lui succédè- rent-ils? — Quelle fut la part de chacun d'eux ? — 20. De quelle nature était ce partage, et empêcha-t-il les Francs de poursuivre leurs conquê- tes?—Quels peuples furent soumis par Thierry ? — Pourquoi les Francs firent-ils la guerre à Amalaric, roi des Visigoths ? — Quels furent les évé- nements de cette guerre, quels princes francs y prirent part ? — Qui poussa les princes francs à soumettre la Bourgogne? — Racontez la mort de Clodomir. — Quels furent les princes qui achevèrent la conquête de la Bourgogne ?—Quels furent les deux premiers successeurs de Thierri Ier à Metz? — Racontez les expéditions entreprises par les Francs sous ces deux règnes. — 21. Quel fut le sort des enfants de Clodomir ? — A qui appartenait le royaume de Metz à la mort de Théodebald? — Comment Clotaire devint-il seul roi des Francs ? —Racontez la révolte de Chramne et la mort de Clotaire.

22. DEUXIÈME PARTAGE (1).

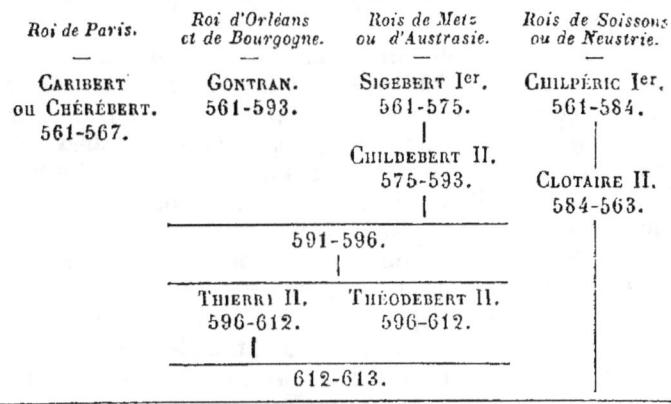

Roi de Paris.	Roi d'Orléans et de Bourgogne.	Rois de Metz ou d'Austrasie.	Rois de Soissons ou de Neustrie.
CARIBERT ou CHÉRÉBERT. 561-567.	GONTRAN. 561-593.	SIGEBERT Ier. 561-575.	CHILPÉRIC Ier. 561-584.
		CHILDEBERT II. 575-593.	CLOTAIRE II. 584-563.
	591-596.		
	THIERRI II. 596-612.	THÉODEBERT II. 596-612.	
	612-613.		

CLOTAIRE II, seul roi de toute la monarchie, 613-628.

« Chilpéric, après les funérailles de son père, s'empara de ses trésors, et par ses présents il plia les plus importants parmi les Francs à reconnaître son pouvoir. Aussitôt il se rendit à Paris et s'en empara; mais il ne put le posséder longtemps, car ses frères se réunirent pour l'en chasser, et firent ensuite entre eux quatre un partage régulier. Le sort donna à *Caribert* le royaume de Childebert, et *Paris* pour résidence; à *Gontran* le royaume de Clodomir, dont le siége était *Orléans*, et la Bourgogne; *Chilpéric* eut le royaume de son père Clotaire, et *Soissons* fut sa ville principale; à *Sigebert* échut le royaume de Thierri et *Reims* pour résidence. » (Grégoire de Tours.) Ce partage ne put néanmoins mettre fin aux querelles, qui éclatèrent surtout avec une nouvelle fureur à la mort de Caribert, survenue six ans après (en 567). En partageant entre eux ses États, ses frères ne purent s'accorder sur la possession de *Paris*. Ils décidèrent donc que cette capitale de l'empire des Francs leur appartiendrait en commun, et qu'aucun d'eux n'y pourrait entrer sans le consentement des deux autres. Mais tous les droits résultant de cette succession ne

(1) Nous avons réuni dans ce tableau, comme nous l'avons fait pour le premier partage, tous les rois qui ont pris part à cette seconde division de l'empire Franc, jusqu'à la nouvelle réunion de toutes ses parties sous Clotaire II.

furent définitivement réglés que fort longtemps après,
par le traité d'*Andelot*, signé (en 587) par Gontran et
Childebert II.

Si l'on en excepte une double expédition de Sigebert
contre les Avares (566-568), et les victoires remportées
(en 570 et 576) par Mummolus, l'un des généraux de Gontran, sur les Lombards et les Saxons, leurs alliés, qui
avaient envahi la Provence, les cinquante-deux années pendant lesquelles l'empire resta partagé, depuis la mort de
Clotaire Ier jusqu'à l'époque où il devait se trouver de nouveau réuni sous un second Clotaire, ne furent guère remplies que par les fastidieuses querelles des princes, qui
cherchaient à se précipiter du trône les uns les autres, et
par les crimes horribles que leur mutuelle ambition leur
fit commettre. Gontran, roi d'Orléans et de Bourgogne,
qui régna le plus longtemps (trente-deux ans), et que ses
sujets n'appelaient que *notre bon roi Gontran*, avait pourtant commis plusieurs meurtres. Chilpéric, roi de Neustrie,
dont le second fils, Théodebert, s'illustra par son courage
et périt dans les guerres civiles, dut aux crimes de son
épouse Frédégonde, les surnoms de *Néron* et d'*Hérode* de
la France. Son règne de vingt-trois ans ne fut qu'une longue guerre contre son frère, le faible Sigebert, roi d'Austrasie, et contre Childebert II, fils de ce prince, et dominé
comme lui par la fameuse *Brunehaut*. Ce dernier roi réunit à ses États ceux de son oncle Gontran ; mais en mourant il sépara de nouveau ces deux royaumes, et donna
l'Austrasie au plus jeune de ses fils, *Théodebert II*, et Orléans avec la Bourgogne à l'aîné, nommé *Thierri II*. Ce
dernier, après avoir arraché à son frère la couronne et la
vie, réunit à son tour tout ce qu'avait possédé son père, et
même la plus grande partie du royaume de Neustrie.

23. L'AUSTRASIE ET LA NEUSTRIE. — Des quatre
royaumes formés par les deux partages entre les fils de
Clovis et ceux de Clotaire, les deux principaux, les deux
qui devaient survivre aux autres, furent, comme on vient
de le voir, l'Austrasie et la Neustrie, séparées l'une de
l'autre par la forêt des Ardennes et par le cours de la Meuse.
Il est nécessaire d'arrêter un instant notre attention sur
ce partage du royaume des Francs, qui avait une bien autre
importance que celle d'une division géographique, comme
le remarque l'habile historien qui en a le premier admi-
rablement exposé les conséquences. « Il y a une cause,

continue M. Guizot, à la disparition successive des autres
royaumes Francs et à la prédominance comme à la lutte
constante de ces deux-là. Les événements qui ont amené
ce résultat ont pris leur source dans l'état des peuples et
des pays.

» Les contrées qui formaient l'Austrasie étaient, dans la
Gaule, les premières qu'eussent habitées les Francs ; elles
touchaient à la Germanie, et se liaient aux tribus de l'ancienne confédération Franque qui n'avaient pas passé le
Rhin. De plus, après leurs expéditions de pillage et de
guerre, ces peuples, au lieu de se fixer dans leurs nouvelles conquêtes, revenaient souvent avec leur butin dans
leur ancien établissement..... Enfin la civilisation et les
mœurs romaines n'avaient jamais pris pied sur les bords
du Rhin aussi solidement que dans l'intérieur de la Gaule;
les continuelles invasions des bandes barbares les en avaient
à peu près expulsées. La population et les mœurs germaines dominaient donc dans l'Austrasie.

» Dans les pays qui formaient la Neustrie, au contraire,
les Francs étaient moins nombreux, plus dispersés, plus
séparés de leur ancienne patrie et des Germains leurs compatriotes. Les Gaulois les environnaient de toutes parts.
Les Francs étaient là comme une colonie de barbares transportée au milieu du peuple et de la civilisation romaine.

» La prédominance appartint d'abord au royaume de
Neustrie..... Quoi de plus simple ? C'était en Neustrie que
s'était établi Clovis avec la tribu alors prépondérante parmi
les Francs. La conquête de la Gaule était le but vers lequel se portaient tous les efforts des Barbares, et la position plus centrale de la Neustrie donnait, sous ce rapport,
à ceux qui l'occupaient beaucoup d'avantages. Là ils trouvaient les richesses romaines et ces débris de civilisation
qui procurent tant de moyens de supériorité. Là aussi les
habitudes de la population romaine et l'influence du clergé
favorisèrent le prompt développement de l'autorité royale.

» L'Austrasie, au contraire, était en proie aux fluctua-
tions continuelles de l'émigration germaine : à peine une
tribu s'y était-elle fixée, qu'une autre venait lui disputer
son territoire et son butin : les Frisons, les Thuringiens,
les Saxons pesaient sans cesse sur les Francs établis aux
bords du Rhin. Il fut facile au peuple et aux rois de Neustrie d'acquérir rapidement une consistance et un pouvoir
qui manquèrent longtemps aux Austrasiens.

2.

» Mais la lutte des deux royaumes ne tarda pas à éclater. Dès la fin du sixième siècle, elle existait sous les noms de Frédégonde et de Brunehaut : la rivalité de ces deux fameuses reines ne fut que l'effet et le symbole d'un débat plus général, du mouvement qui, après avoir jeté les Francs sur la Gaule, poussait la France germaine contre la France romaine. »

Les deux noms de *Frédégonde*, type le plus vrai du génie barbare, et de *Brunehaut*, personnification du génie romain aux prises avec la barbarie, résument en effet à eux seuls toute l'histoire de cette époque. Brunehaut, femme de Sigebert, était fille du roi des Visigoths d'Espagne ; Frédégonde, née dans une condition obscure, mais très-remarquable par sa beauté, devint l'épouse du roi Chilpéric, après avoir fait assassiner Galsuinthe, femme de ce prince et sœur de Brunehaut. Ce crime fut le signal d'une guerre acharnée entre ces deux femmes, qui luttèrent entre elles de scélératesse et de perfidies. On compte au nombre des victimes de Frédégonde : deux reines, Audovère et Galsuinthe, premières femmes de Chilpéric ; les enfants qu'il avait eus de ces deux femmes ; ce prince lui-même, assassiné par un des pages de la reine, et qui partageait peut-être ses désordres ; le roi Sigebert ; l'évêque de Rouen, Prétextat, et une foule d'autres personnes de distinction. Plusieurs de ces meurtres furent imputés par le fils de Frédégonde, Clotaire II, à Brunehaut, lorsque la victoire lui eut livré cette reine, qui avait combattu sa rivale par les mêmes moyens que celle-ci employait contre elle. Il lui reprocha, devant l'armée constituée en cour de justice, d'avoir fait mourir dix rois Francs, deux maires du palais et un grand nombre d'illustres personnages. Mais elle était coupable d'un crime plus grand que tous ceux-là aux yeux de l'aristocratie des deux royaumes : elle s'était efforcée de substituer à la monarchie aristocratique des Francs la royauté pure dont le modèle se retrouvait à la fois dans la Bible et dans les souvenirs de la domination impériale. De nombreuses exécutions avaient puni, mais sans l'abattre, la résistance obstinée des leudes. Aussi la victoire de Clotaire fut-elle le triomphe de l'aristocratie franque conjurée tout entière contre cette odieuse ennemie. Aucune voix ne s'éleva donc pour sa défense. Déclarée coupable, Brunehaut, fille, sœur, tante, nièce, mère, aïeule, bisaïeule de tant de rois, fut, par l'ordre de Clotaire II, attachée par les cheveux, par un bras et par une jambe, à la queue d'un cheval indompté, qui la mit en pièces (en 613). Frédégonde était morte tranquillement dans son lit (en 597 ou 598). Ces deux femmes, aussi décriées par leurs vices que par leurs crimes, se firent cependant remarquer aussi par de grandes qualités. Frédégonde gouverna avec tant d'habileté, que jamais il ne s'éleva la moindre sédition dans les États dont elle eut l'administration ; Brunehaut se signala plus d'une fois par son courage au milieu même des combats, et elle fit exécuter de grands travaux d'utilité publique, au nombre desquels il faut citer les belles chaussées qu'elle construisit ou répara et qui portent encore son nom. Parmi les événements qui signalent leur rivalité, nous nous bornerons à indiquer la bataille de Droissy, près Soissons (en 593), où les Neustriens vainquirent les Austrasiens en les attaquant à l'improviste, et en s'avançant contre eux sous l'abri d'une sorte de forêt mouvante formée de branches d'arbres portées par les soldats. Défaits une seconde fois à Latofao (en 596), les Austrasiens prirent leur revanche (en 600) à Dormelles, près de Montereau, et à Étampes (en 604).

Pendant les querelles suscitées par Brunehaut entre ses deux petits-fils, Théodebert II, roi d'Austrasie, et Thierri II, roi de Bourgogne, les Austrasiens essuyèrent deux sanglantes défaites à Toul et à Tolbiac (en 612 . Théodebert II périt à la suite de la dernière.

Nous devons rappeler encore, comme un monument de la puissance de l'aristocratie à cette époque, le fameux *traité d'Andelot*, conclu (587) entre Gontran et Childebert, et dans lequel les leudes, quoique vaincus alors dans leur lutte contre la royauté, eurent le crédit de faire insérer une clause qui leur confirmait la possession héréditaire des bénéfices dont ils étaient en possession.

24. CLOTAIRE II, SEUL ROI (613-628). — Thierri II, roi d'Austrasie et de Bourgogne, était mort quelques mois avant le supplice de Brunehaut, laissant quatre fils en bas âge ; le soin que prit Clotaire II de les envelopper dans la condamnation de leur bisaïeule lui assura la domination exclusive de tout l'empire des Francs, qui s'étendait à cette époque de l'Elbe aux Pyrénées. Il est à remarquer toutefois que cette vaste monarchie resta partagée en trois royaumes, ceux d'*Austrasie*, de *Neustrie* et de *Bourgogne*, qui conservèrent tous les trois leur administration indépendante. Elle était confiée, dans chaque royaume, à un *maire du palais*, officier dont l'existence politique était encore récente à cette époque, mais dont le pouvoir, toujours croissant depuis ce moment, devra bientôt fixer notre attention. Cette administration, toute distincte qu'elle était, ne put cependant suffire longtemps à la jalouse susceptibilité de l'aristocratie austrasienne, qui se voyait avec peine soumise à un roi de Neustrie. Il fallut que Clotaire donnât pour roi à l'Austrasie son fils aîné *Dagobert* (en 622), et qu'un traité conclu entre le roi de Neustrie et son fils (en 625) fixât de nouveau les limites des deux royaumes. — Nous ne trouvons d'ailleurs d'autre fait remarquable à signaler dans les dernières années du règne de Clotaire II que l'ordonnance promulguée par ce prince à Paris, en 614, sous le nom de *constitution perpétuelle*, et qui fut signée par soixante-dix-neuf évêques et par les représentants de l'aristocratie des trois royaumes réunis en concile. Cet édit avait pour but de porter remède à une partie des maux causés par les guerres civiles. On y remarque en outre, relativement à la nomination des évêques, à l'établissement des impôts et à l'administration de la justice, diverses clauses qui restreignaient d'une manière notable l'autorité royale.

25. Dagobert I (628-638). — Dagobert, déjà roi d'Austrasie depuis six ans, lorsque arriva la mort de son père, usa de sa puissance pour se faire reconnaître aussi dans les royaumes de Neustrie et de Bourgogne, à l'exclusion de son frère *Caribert*. Néanmoins ce prince, proclamé roi par quelques-uns des leudes de Neustrie, finit par être reconnu comme tel par son frère lui-même, qui lui abandonna la partie occidentale de l'*Aquitaine*, où il régna jusqu'en 631. Dagobert, à peine monté sur le trône, parcourut toutes les provinces de ses trois royaumes, réprimant partout les violences des grands et rendant la justice avec un zèle et une impartialité qui lui ont fait donner par les historiens le titre de *Salomon des Francs*. Il sut aussi choisir de sages et habiles ministres, parmi lesquels on distingue : *Pépin le vieux* ou de *Landen*, maire du palais d'Austrasie, tige de la seconde race des rois de France, les évêques Caribert et Arnoul, *saint Éloi* enfin, qui, par ses talents pour l'orfèvrerie, parvint à la charge de monétaire ou trésorier du roi. Ce prélat, qui portait lui-même des ceintures d'or enrichies de pierreries, fit pour Dagobert un trône d'or massif. Ces richesses, alors assez communes à la cour des rois Francs, provenaient du commerce avec l'Orient, des guerres d'Italie dont les Francs avaient rapporté de riches dépouilles, et malheureusement aussi des impôts sous le poids desquels gémissait le peuple. — Il paraît que l'industrieux saint Éloi n'était pas moins habile négociateur; car il détermina Judicaël, duc des Bretons, à venir faire sa soumission à Dagobert (en 636). — Ce prince n'entreprit d'ailleurs aucune guerre importante; il eut seulement à combattre (632-633) les Slaves de la Germanie, gouvernés à cette époque par un marchand Franc, nommé Samon, qui les avait affranchis du joug des Avares établis dans l'Europe centrale depuis le milieu du sixième siècle; les Austrasiens dont ils attaquaient les frontières, ne se décidèrent à les repousser que lorsque Dagobert leur eut donné pour roi son jeune fils. En 635, les Gascons se révoltèrent sans succès en faveur des enfants de Caribert, exclus par Dagobert de la succession de leur père. L'aîné, nommé Childéric, avait pris le titre de roi (en 631); mais il mourut bientôt empoisonné, dit-on, par ordre de son oncle; le second, nommé Boggis, fut, à ce qu'assurent les historiens, la tige des ducs d'Aquitaine, qui continuèrent à gouverner cette province, lors même que les autres Mérovingiens eurent été renversés du trône par les Carolingiens.

La révision et la publication des lois des peuples soumis à la monarchie des Francs fut le plus grand service rendu à l'État par Dagobert, auquel on reproche d'ailleurs avec raison le désordre de ses mœurs, puisqu'on lui vit jusqu'à trois femmes à la fois. Il mourut à *Saint-Denis* (648), et fut inhumé dans l'église de cette abbaye, dont ses libéralités l'ont fait regarder comme le fondateur.

QUESTIONNAIRE. 22. Comment fut partagé l'empire des Francs entre les quatre fils de Clotaire ? — Qu'arriva-t-il à la mort de Caribert ?— Quels événements signalèrent toute la période qui suivit le deuxième partage de l'empire franc ? — Faites connaître le roi Gontran. — Quels surnoms mérita le roi de Neustrie, Chilpéric ? — Par qui fut gouvernée l'Austrasie pendant la durée du second partage ? — 23. Quels sont les deux noms qui résument toute l'histoire de la rivalité de l'Austrasie et de la Neustrie ? — Faites connaître Brunehaut et Frédégonde, ainsi que l'origine de la haine mutuelle qui leur fit commettre tant de crimes.— Quelles furent les principales victimes de Frédégonde ? — Quel était le crime de Brunehaut aux yeux de l'aristocratie franque ? — Quel fut le supplice de Brunehaut? —Comment mourut Frédégonde?—Ces deux femmes ne sont-elles célèbres que par leurs crimes ?—Quelles furent les plus célèbres batailles données pendant cette période?— Qu'est-ce que le traité d'Andelot ? — 24. Comment Clotaire devint-il seul roi de la monarchie franque? — Racontez la fin de son règne.—A qui était confiée l'administration spéciale de chacun des royaumes réunis sous Clotaire ? — 25. Comment la succession de Clotaire II fut-elle partagée entre Dagobert et Caribert?—Quels furent les principaux ministres de Dagobert? — Donnez une idée du luxe de la cour de Dagobert? — Quels peuples Dagobert eut-il à combattre? — Comment les Austrasiens le forcèrent-ils de leur donner un roi?—Quel fut le sort des enfants de Caribert ? — Quel éminent service a rendu Dagobert et quels sont les reproches que l'on peut faire à ce prince? — Où mourut-il ?

ÉVÉNEMENTS CONTEMPORAINS. — 519. Fondation du royaume de Wessex dans la Grande-Bretagne. — 520. Fondation du royaume d'Essex dans la Grande-Bretagne. Avénement de Justinien à l'empire d'Orient. — 528 à 540. Guerres de Justinien contre les Perses. — 534. Destruction du royaume des Vandales, par Bélisaire, général de Justinien. — 545. Peste affreuse en Europe. — 547. Invasion des Angles dans la Grande-Bretagne. Fondation du royaume de Northumberland. — 550. Établissement des Tchèques en Bohême. — 554. Destruction du royaume des Ostrogoths par Narsès, général de Justinien. — 558. Établissement des Avares dans la Dacie. — 568. Fondation du royaume des Lombards par Alboin. Fondation des derniers royaumes anglo-saxons en Grande-Bretagne. — 584. Établissement de l'heptarchie anglo-saxonne. — 585. Fin du royaume des Suèves en Espagne. — 610. Héraclius, empereur d'Orient. — 615. Prise de Jérusalem par les Perses. — 622. Fuite de Mahomet, ou *hégire*, de la Mekke à Médine (de là date l'ère des Musulmans). — 632. Mort de Mahomet. Abou-Bekr, premier khalife, publie le Koran. — 634. Omar Ier, second khalife. — 638. Conquête de la Syrie et de l'Égypte par les Musulmans.

CHAPITRE TROISIÈME.

MAIRES DU PALAIS, DÉCADENCE ET CHUTE DES MÉROVINGIENS.

26. TROISIÈME PARTAGE.

Rois d'Austrasie.	*Roi de Neustrie et de Bourgogne.*
SIGEBERT II. 638-656 (1er février). CHILDEBERT, fils du maire Grimoald. 656.	CLOVIS II. 638-656.

CLOVIS II, seul roi de toute la monarchie, 656.

Dès l'an 633, Dagobert avait dû imiter son père et don-

ner satisfaction à l'esprit d'indépendance qui se développait
de plus en plus dans l'Austrasie, en faisant couronner roi
de ce pays son fils aîné *Sigebert*, âgé seulement de trois
ans. Ce fut peut-être le souvenir de sa propre injustice à
l'égard de son frère Caribert qui le détermina à faire de
même proclamer roi de Neustrie et de Bourgogne *Clovis II*,
son second fils, dès le moment de sa naissance (634). A la
mort de leur père, les deux jeunes rois, âgés l'un de huit
ans et l'autre de cinq, lui succédèrent sans opposition, sous
la tutelle des maires du palais, Pépin en Austrasie, et Æga,
en Neustrie. A ces deux princes commence la longue suite
de ces rois presque tous morts dans l'enfance ou dans
l'adolescence, et que leur âge tint par conséquent, pour la
plupart, nécessairement éloignés des affaires publiques;
aussi devons-nous faire remarquer qu'on ne saurait avec
justice appliquer le nom de *rois fainéants*, dont l'histoire
les a tous flétris, qu'au bien petit nombre de ceux qui,
parvenus à l'âge de régner par eux-mêmes, préférèrent à
la gloire qu'ils auraient pu acquérir en gouvernant leurs
peuples avec sagesse, les indignes plaisirs dans lesquels les
maires prenaient soin de les tenir plongés, afin d'exercer le
pouvoir à leur place.

MAIRES DU PALAIS. — C'est en effet de cette longue
série de minorités que datent, avec l'affaiblissement de
l'autorité royale, les accroissements de la puissance des
maires du palais. Ces officiers, dont le nom apparaît pour
la première fois, ainsi que nous l'avons remarqué (24),
au milieu des débats suscités par les rivalités des fils de
Clovis, mais dont l'existence remonte sans doute à l'origine de la royauté franque, n'étaient d'abord, comme l'indique leur titre même, que les intendants de la maison
des rois, nommés et révoqués à volonté par le souverain.
Toutefois, les avantages attachés à cette dignité durent la
faire promptement rechercher par les seigneurs les plus
illustres. Procurant en effet à ceux qui en étaient revêtus
l'intimité et la confiance de leurs maîtres, elle leur assurait les moyens de rendre plus considérable leur part dans
les libéralités royales et d'augmenter leur crédit. Les maires
du palais étaient donc déjà les plus riches et les plus puissants d'entre les leudes, lorsque les querelles de leurs
princes vinrent leur fournir l'occasion de transformer une
charge purement domestique en une dignité de l'État.
Quand les guerres civiles éclatèrent entre les fils de Clovis,

les maires se trouvaient à la tête de l'aristocratie des divers royaumes ; et, comme ils en étaient en quelque sorte les représentants, lorsque les minorités survinrent, la noblesse s'arrogea le droit de les élire, en Austrasie surtout, où cette aristocratie était plus homogène et plus compacte qu'en Neustrie. Aussi, cette institution poussa-t-elle en Austrasie de plus profondes racines que dans la Neustrie : « La mairie du palais y échut héréditairement à la famille la plus puissante entre les grands propriétaires, celle des Pépin. De 630 à 752, depuis Pépin de Landen (n° 25) jusqu'à Pépin le Bref, son pouvoir fut constant et son élévation progressive. Lorsque, dans la première moitié du huitième siècle, la Neustrie fut tombée en proie à des discordes sans cesse renaissantes, au milieu des chutes continuelles de ses maires du palais aussi bien que de ses rois, les Francs d'Austrasie se trouvèrent au contraire ralliés autour d'une famille puissante et glorieuse. » (M. GUIZOT.)

Il fallut toutefois bien des années avant que les Francs perdissent leur respect héréditaire pour la famille de leurs rois chevelus. *Grimoald*, fils de Pépin le Vieux et son successeur à la mairie d'Austrasie, en fit l'épreuve, lorsque, à la mort de Sigebert II (en 656), il osa faire disparaître le jeune Dagobert, fils de ce prince, pour placer sur le trône son propre fils, Childebert. L'indignation des Francs fit justice de cet attentat : ils chassèrent l'usurpateur et le livrèrent avec Grimoald au roi de Neustrie, qui les fit mettre à mort. Les trois couronnes de Neustrie, de Bourgogne et d'Austrasie se trouvèrent alors réunies de nouveau, mais pour quelques mois seulement, sur la même tête. Clovis II n'avait de commun avec l'illustre fondateur de la monarchie que le nom seulement. Il continua de s'adonner à d'indignes voluptés, tandis que son maire *Erchinoald*, qui avait réuni les mairies des trois royaumes, en même temps qu'il en réunissait lui-même les trois couronnes, gouvernait en son nom avec sagesse. Clovis ne se souvint qu'il était roi que dans une grande famine, pendant laquelle il employa à nourrir les pauvres tous ses trésors et jusqu'aux lames d'argent dont le pieux Dagobert avait fait couvrir tout le chevet de l'église de Saint-Denis. Il périt épuisé de débauches à vingt-deux ans (656). La reine Bathilde lui avait donné trois fils, qui étaient encore en bas âge. Erchinoald, pour être plus certain de conserver toute la puissance, et peut-être aussi ayant en vue de rétablir l'unité franque, laissa la royauté indivise entre ces trois princes et associa leur mère au gouvernement; mais à la mort de cet habile ministre (660), l'Austrasie refusa de reconnaître pour maire son successeur, le farouche *Ébroïn*, guerrier violent, ministre perfide, despote cruel, dit un historien. Ce royaume reprit alors son maire et son souverain particulier.

27. Quatrième partage.

Rois de Neustrie et de Bourgogne.	*Roi d'Austrasie.*
Clotaire III. 660-670. Thierri III. 670-671.	Childéric II. 660-671.

Childéric II, roi de toute la monarchie, 671-673.

Childéric II n'avait pas plus de huit ans lorsqu'il fut proclamé roi d'Austrasie, sous la tutelle du maire Wulfoald, élu par les grands de ce royaume; son frère *Clotaire III*, qui en avait dix au plus, continua de régner sur la Neustrie et la Bourgogne, tandisque leur jeune frère *Thierri III* restait exclu de la succession paternelle. — La reine-mère Bathilde gouverna encore, pendant près de quatre ans, la Neustrie avec une grande sagesse, au nom de son jeune fils et de concert avec le maire Ébroïn; mais fatiguée enfin des intrigues et des violences de ce ministre, elle se retira (664) dans le monastère de *Chelles*, qu'elle avait fondé, et laissa le pouvoir à ce maire ambitieux, qui ne tarda pas à se rendre odieux par ses injustices et sa tyrannie. Clotaire III étant mort sans enfants (670), il lui substitua son frère Thierri III; mais ce jeune roi ne fit que paraître sur le trône. Les grands, irrités du despotisme d'Ébroïn, se révoltèrent et proclamèrent le roi d'Austrasie, Childéric II, roi de toute la monarchie. Ébroïn fut renfermé dans le monastère de *Luxeuil*, et Thierri III, auquel on avait coupé les cheveux, trouva un asile dans l'abbaye de *Saint-Denis*. Childéric II imita les débauches de son père, et, après un règne sans gloire, il fut assassiné avec sa femme et son fils par un seigneur qu'il avait déshonoré en le faisant fustiger.

28. CINQUIÈME PARTAGE.

Rois de Neustrie et de Bourgogne.	*Roi d'Austrasie.*
THIERRI III,	DAGOBERT II.
roi pour la seconde fois.	674-679.
674-691.	L'Austrasie
CLOVIS III.	reste sans rois
691-695.	sous les ducs
CHILDEBERT III.	MARTIN
695-711.	et
DAGOBERT III.	PÉPIN.
711-715.	679-714,
CHILPÉRIC II.	et sous
715 717.	CHARLES MARTEL.
Détrôné.	714-717.

CLOTAIRE IV, roi de toute la monarchie, 717-719.

Les grands de Neustrie substituèrent à Childéric II Thierri III, dont les cheveux étaient repoussés depuis trois ans qu'il était renfermé à Saint-Denis. Le farouche Ébroïn, sorti aussi de son monastère, se remit par la violence en possession de la charge de maire du palais, et signala son pouvoir par des actes de cruauté, au nombre desquels on lui reproche surtout l'assassinat de saint Léger, évêque d'Autun. Les seigneurs Austrasiens, conservant leur haine pour ce ministre et leur esprit d'indépendance, s'affranchirent du joug et allèrent chercher en Irlande *Dagobert II*, fils de Sigebert II, exilé par Grimoald en 656. Mais fatigués bientôt de ce prince, que ses vices et sa stupidité avaient rendu l'objet du mépris universel, ils le firent, après quatre ans de règne, dégrader par un concile d'évêques, et ensuite poignarder en 679.

29. MAIRIE DE PÉPIN D'HÉRISTAL. — La mort de Dagobert II devait réunir toutes les couronnes des Francs sur la tête de Thierri III; mais l'Austrasie redoutant la sanguinaire domination d'Ébroïn, et toujours animée du même esprit d'indépendance, ne voulut plus reconnaître de roi, et proclama comme ducs ou chefs militaires *Pépin d'Héristal* et *Martin*. Ébroïn les battit à *Latofao* (en 680) et fit assassiner Martin; mais il fut tué lui-même l'année suivante. — Thierri et les maires qui remplacèrent successivement Ébroïn mécontentèrent les seigneurs Neus-

triens, qui allèrent en Austrasie implorer la protection du
duc Pépin. Celui-ci vint avec eux attaquer Thierri et son
maire, nommé Bertraire, et les vainquit à la sanglante bataille de *Testry*, en Vermandois (en 687). Cette journée,
pendant laquelle on se battit de part et d'autre avec un
égal acharnement, assura le triomphe de l'Austrasie sur la
Neustrie, de la France Germanique sur la France Gallo-
Romaine. La victoire de l'un des deux peuples sur l'autre
prépara en même temps la substitution d'une dynastie nouvelle à la dynastie dégénérée de Clovis. Thierri III, dans
la personne duquel la royauté avait été vaincue à Testry,
conserva sa couronne, mais se vit forcé de reconnaître
pour son maire Pépin d'Héristal, qui, depuis cette époque,
fut réellement le véritable souverain de la monarchie des
Francs. Thierri régna encore trois ans, sous la tutelle de
cet habile ministre, et laissa à son fils, Clovis III, sa couronne, qui passa ensuite à *Childebert III*, second fils de
Thierri III, et, après lui, à *Dagobert III*, fils de Childebert. Pépin laissa ces trois princes monter successivement
sur le trône de la Neustrie, qu'il considérait comme sa
conquête depuis son triomphe à Testry. — Pendant ces
trois règnes, que ne signale d'ailleurs aucun événement
important, Pépin fit respecter l'empire des Francs de tous
ses voisins par sa valeur, comme il sut réprimer au dedans
les troubles par sa fermeté. Les Frisons, les Alemans et
quelques autres nations germaines avaient secoué le joug
des Francs; Pépin les fit rentrer dans le devoir, et favorisa de tous ses moyens les missionnaires envoyés dans ces
contrées par les papes, avec lesquels il renoua des relations
interrompues par l'invasion des Lombards en Italie. Ses
successeurs suivirent, comme nous le verrons, cette habile
politique et en recueillirent les fruits.

Possesseur de la souveraineté en Austrasie, Pépin regardait tellement aussi la Neustrie comme un héritage appartenant à sa famille, qu'au moment de mourir (en 714) il
désigna comme maire de ce royaume son petit-fils Théodebald, encore enfant, sous la tutelle de son aïeule Plectrude. Le roi Dagobert III n'avait alors que quatorze ans;
son maire du palais était plus jeune encore : Plectrude se
trouvait donc de fait la souveraine de la Neustrie, sous le
nom de deux enfants. Un gouvernement aussi étrange
souleva les seigneurs, qui chassèrent Théodebald et Plectrude, et choisirent pour maire Rainfroy. Ce ministre gou-

verna au nom de Dagobert, qui vécut encore deux ans.

30. **MAIRIE DE CHARLES MARTEL.** — A la mort de Dagobert III (715), le maire de Neustrie, Rainfroy, au lieu de remettre la couronne à son fils Thierri, en avait disposé en faveur de Daniel, fils de Childéric II, âgé de quarante-cinq ans environ, qu'il fit sortir de l'abbaye de Saint-Denis, et qu'il plaça sur le trône, sous le nom de *Chilpéric II.* Pendant ce temps, les Austrasiens avaient reconnu pour leur duc un fils de Pépin d'Héristal, nommé *Charles.* Ce jeune prince, exclu par son père de sa succession, la recouvra par sa valeur, et voulut aussi, comme Pépin, soumettre la Neustrie. Il marcha contre Chilpéric, qui, secondé par son maire Rainfroy, montra par sa vigoureuse résistance qu'il ne devait pas être confondu parmi les rois fainéants. Mais vaincu trois fois par Charles (en 716, 717 et 719), il fut obligé de se réfugier en Aquitaine. Le duc d'Austrasie, qui venait de faire proclamer roi, sous le nom de *Clotaire IV,* un prince issu, disait-il, du sang des Mérovingiens, mais tout à fait inconnu jusque-là, le fit reconnaître comme souverain des trois royaumes d'Austrasie, de Neustrie et de Bourgogne. Ce prince n'occupa le trône que dix-sept mois. — A sa mort, Charles rappela Chilpéric II de son exil, et le reconnut à son tour comme souverain de toute la monarchie des Francs, tandis qu'il continuait à régner lui-même sous le titre de maire du palais des trois royaumes. Chilpéric ne conserva les trois couronnes que deux ans environ, et mourut sans enfants (720). — Charles lui donna pour successeur *Thierri IV,* fils de Dagobert III, alors âgé de sept ans, et qui mourut à vingt-quatre, n'ayant eu de roi que le nom (737). Charles en exerçait alors le pouvoir d'une manière glorieuse pour les Francs, et venait, par sa victoire sur les *Sarrasins,* sectateurs de la religion mahométane, d'ajouter à tous les titres qui déjà rendaient sa famille si chère aux Francs, celui qui devait autoriser son fils à substituer enfin sa race à la dynastie dégénérée du grand Clovis.

La religion prêchée par Mahomet en Arabie pendant que Clotaire II régnait sur les Francs (vers l'an 640), avait été propagée les armes à la main par les Musulmans ses disciples, qui, en moins de cent ans, conquirent toute l'Asie occidentale, l'Égypte et le nord de l'Afrique. — Bientôt ils avaient pénétré en Espagne, et de là s'étaient jetés (712) sur les provinces méridionales de la France. Après s'être emparés de la Septimanie, l'une des dépendances du royaume des Visigoths d'Espagne, et de la Provence, qui se livra à eux en haine de la domination franque, ils avaient été repoussés deux fois par le puissant duc d'Aquitaine Odon ; mais leurs défaites ne les découragèrent pas, et le brave Odon, vaincu à son tour, se vit contraint à chercher un refuge auprès de l'ennemi qu'il avait le plus redouté jusqu'alors. Il implora le secours du duc des Francs.

Charles saisit avec empressement cette occasion d'acquérir une gloire nouvelle et de soumettre à ses lois la Gaule méridionale. Il marcha à la rencontre des Sarrasins, les joignit entre Tours et Poitiers, et remporta sur eux (en 732) une victoire signalée, qui sauva la France et assura au vainqueur la reconnaissance de toute la chrétienté menacée par ces infidèles. Ce fut cette bataille qui valut à Charles le surnom de *Martel* ou Marteau, parce qu'il y avait écrasé les Sarrasins. Il est toutefois impossible d'ajouter foi aux récits exagérés des historiens qui prétendent qu'ils perdirent trois cent mille hommes dans cette bataille, quand on voit ce peuple conserver, malgré tous les efforts de Charles Martel, la *Septimanie*, qui ne leur fut enlevée que par son fils, et se maintenir pendant sept ans encore dans la Provence, que Charles ne recouvra (739) qu'après l'avoir mise à feu et à sang.

31. INTERRÈGNE. — A la mort de Thierri (en 737), Charles Martel, illustré par sa victoire sur les Sarrasins et par celles qu'il avait remportées sur tous les ennemis de l'empire franc, se crut assez puissant pour exercer le pouvoir souverain en son propre nom. N'osant encore prendre le titre de roi, il laissa le trône vacant et continua à gouverner sous le nom de *duc des Francs*. — Pour s'attacher plus fortement les guerriers qui avaient combattu sous ses ordres, il leur distribua, sous le titre de *précaires*, une partie du bien des églises, et même des dignités ecclésiastiques que ces hommes grossiers déshonorèrent par la licence de leurs mœurs. Les services que Charles rendit à la chrétienté en la sauvant de l'invasion mahométane, et les relations amicales qu'il entretint avec le Saint-Siége, lui firent pardonner cette odieuse spoliation. Il mourut quelques années après (en 741), couvert de gloire et admiré de toute l'Europe, qu'il avait préservée du joug des infidèles.

32. MAIRIE DE CARLOMAN ET DE PÉPIN LE BREF.

— Charles Martel avait partagé sa succession entre ses trois fils *Carloman*, *Pépin* et *Griffon;* mais ce dernier fut dépouillé par ses deux frères de la faible part que lui avait assignée son père, et renfermé dans un monastère. Carloman, l'aîné, garda pour lui la mairie du royaume d'*Austrasie*, devenu lui-même comme un domaine héréditaire de sa famille, tandis que Pépin prenait la mairie de *Neustrie,* où les murmures du peuple, encore mal habitué à se passer d'un roi, le forcèrent bientôt à mettre sur le trône un dernier représentant de la race mérovingienne. *Childéric III,* âgé de dix ans environ, et donné comme fils de Thierri IV, termine la liste des rois fainéants. Pépin n'en conserva pas moins toute l'autorité en Neustrie et en Bourgogne. Les conciles de *Leptines* et de *Soissons* (743), où furent réprimés les désordres qui s'étaient introduits dans les églises des deux royaumes, et quelques expéditions contre le duc d'Aquitaine, Hunold, contre les Bavarois, les Saxons et les Alemans, sont les seuls événements que nous ayons à signaler pendant l'administration des deux frères. — Bientôt (747) Carloman, dégoûté de la souveraineté, se retira au monastère du *Mont-Cassin,* en Italie, sans avoir pris soin d'assurer sa succession à ses fils. Pépin leur fit couper les cheveux, et demeura ainsi seul maître de tout l'empire des Francs, qu'il gouverna avec la même autorité qu'avait possédée son père. — Après l'avoir exercée cinq ans sans contrôle, il se crut assez fort pour faire disparaître le fantôme de roi qu'il avait placé sur le trône. Une assemblée des grands et des évêques, tenue à *Soissons* (en 752), déposa Chilpéric III, et proclama Pépin comme son successeur. — Le dernier Mérovingien alla finir ses jours (vers l'an 756) dans le monastère de *Sithiu* (appelé depuis l'abbaye de Saint-Bertin) à Saint-Omer. Dans un espace de 334 ans environ (418-752), sa race avait donné aux Francs trente-quatre souverains. L'ambition et l'adresse de ceux qui la dépouillèrent avaient dès longtemps préparé sa chute ; mais elle périt victime bien moins encore de leurs manœuvres criminelles que de son propre épuisement, attesté par la mort prématurée de tous ses rois, dont aucun ne parvint à sa trentième année.

QUÉSTIONNAIRE. — 26. Quels furent les successeurs de Dagobert ?—Qui gouverna en leur nom ?—Quel nom est donné aux rois de la première race à partir des successeurs de Dagobert ? — Ce nom est-il toujours mérité ?

— Quelle puissance remplaça l'autorité royale sous les rois fainéants? Qu'étaient dans l'origine les maires du palais? — Quel rôle jouèrent-ils dans les guerres civiles entre les fils de Clovis? — La puissance des maires du palais fut-elle la même dans tous les royaumes francs? — De quelle famille sortirent les maires du palais d'Austrasie? — Quel fut le premier exemple d'usurpation tentée par un maire du palais en Austrasie? — Comment Clovis II réunit-il les couronnes des trois royaumes francs? — Quelle fut sa conduite? — Quel maire du palais gouverna en son nom? — Quels furent les successeurs de Clovis II? sous la tutelle de qui commencèrent-ils à régner? — 27. Quelle fut la cause du quatrième partage et comment fut-il effectué? — Faites connaître la reine Bathilde et le maire Ebroïn. — Quel fut le successeur de Clotaire III et que firent les grands irrités du despotisme d'Ebroïn? — Que devinrent Ebroïn et Thierri III? — Comment vécut et mourut Childéric II? — 28. Racontez le rétablissement de Thierri III et d'Ebroïn en Neustrie. — Quel fut le roi d'Austrasie et quel fut le sort de ce prince? — 29. Qui gouverna l'Austrasie après la mort de Dagobert II? — Quelles furent les suites de la bataille de Latofao? — Quels furent les résultats du gouvernement inhabile de Thierri III et des successeurs d'Ebroïn? — Quelles furent les suites de la bataille de Testry? — Comment Thierri III termina-t-il son règne? — Quels rois régnèrent sous la tutelle de Pépin d'Héristal? — Quels furent les peuples qui attirèrent les armes de Pépin? Quels services rendit-il à la religion? — Que firent les Neustriens mécontents du gouvernement que leur laissa Pépin en mourant? — 30. A qui Rainfroy donna-t-il la couronne à la mort de Dagobert III? — Quel fut le successeur de Pépin en Austrasie? — Comment Chilpéric II défendit-il la Neustrie contre Charles? — Qui fut reconnu souverain des trois royaumes francs après la défaite de Chilpéric II, et comment celui-ci reparut-il ensuite sur le trône? — Quel fut le successeur de Chilpéric II et de quelle manière Charles exerça-t-il le pouvoir en son nom? — Quel grand événement signala le gouvernement de Charles? — Comment avait été propagée la religion mahométane et quelles furent les conquêtes des Sarrasins? — Quelle résistance éprouvèrent-ils dans l'Aquitaine et comment Odon eut-il recours à Charles? — Racontez la victoire de Charles-Martel sur les Sarrasins et faites-en connaître les suites. — 31. Que fit Charles-Martel après la mort de Thierri IV et sous quel titre gouverna-t-il? — Qu'était-ce que les biens que Charles appela Précaires et quel usage en fit-il? — Comment et en quelle année mourut-il? — 32. Quels furent les successeurs de Charles Martel et comment se partagèrent-ils l'empire franc? — Quel fut le dernier roi de la race Mérovingienne? — Faites connaître les faits et les guerres qui signalèrent l'administration de Carloman. Racontez la retraite de Carloman et ses suites. — Comment et en quelle année Pépin s'empara-t-il du trône? — Que devint Chilpéric III, combien d'années avaient régné les Mérovingiens et combien avaient-ils donné de souverains aux Francs? — Quelles causes déterminèrent la chute de la première dynastie?

ÉVÉNEMENTS CONTEMPORAINS. — 649. Conquête de la Perse par les Musulmans. — 652. Ali, khalife. — 657. Dynastie des Ommiades. Mohaviah. — 660. Siége de Constantinople par les Arabes. — 676. Paix avec l'empire d'Orient. — 687. Conquêtes des Arabes en Afrique. — 697. Venise s'érige en république. Anafesta, premier doge. — 705. Conquêtes des Arabes dans l'Asie centrale. — 708. Conquêtes des Arabes dans l'Afrique septentrionale. — 712. Conquêtes des Arabes dans l'Espagne après la victoire de Xérès. — 718. Destruction du royaume des Visigoths d'Espagne. Origine du royaume chrétien des Asturies. — 721. L'invasion arabe pénètre en France. — 726. Édit de Léon l'Iconoclaste contre les images. — 731. Alphonse Ier, roi des Asturies. — 750. La dy-

nastie des Ommiades est remplacée par celle des Abassides. —
772. Astolphe, roi des Lombards, s'empare de Ravenne et met fin
à l'exarchat.—L'Ommiade Abdérame fonde le khalifat indépendant
de Cordoue.

CHAPITRE QUATRIÈME.

AVÉNEMENT DE LA SECONDE RACE.

PÉPIN LE BREF.

**33. AVÉNEMENT DE LA SECONDE RACE. — PÉPIN
LE BREF** (152-758). — Nous venons de montrer comment les maires du palais d'Austrasie parvinrent à se
substituer aux rois mérovingiens. Cette entreprise leur
réussit, parce que leur ambition personnelle était à la tête
d'un mouvement national, dit M. Guizot: « Il y eut comme
une seconde invasion de la Gaule par les Germains ; et un
événement où l'on ne voit d'ordinaire qu'un changement
de dynastie fut, au fait, la victoire d'un peuple sur un
peuple, la fondation d'un nouveau royaume par des conquérants nouveaux. »

« Pépin, sauf la différence des temps, continue le savant
historien, se trouve dans une situation analogue à celle où
avait été Clovis. Comme lui, il est le chef des guerriers et
le premier des grands propriétaires. Mais le pouvoir qu'il
possède n'est encore qu'un pouvoir de fait ; il sent le
besoin de le faire reconnaître par ses principaux compagnons et sanctionner par la religion, qui est devenue celle
du peuple. » Avant de s'emparer du trône, Pépin avait
envoyé consulter le pape Zacharie, qui avait répondu que
celui-là pouvait prendre le titre de roi qui en possédait le
pouvoir. Élu par l'assemblée nationale convoquée à *Soissons*, Pépin se fait conférer l'onction sacrée par Boniface,
archevêque de Mayence. Cette imposante cérémonie, dont
il est alors pour la première fois question dans notre histoire, fit une vive impression sur l'esprit du peuple. Son
nouveau souverain devenait pour lui *l'oint du Seigneur*.
Deux ans après, le pape Étienne II, successeur de Zacharie, étant venu en France solliciter le secours de Pépin
contre les Lombards qui menaçaient la ville de Rome
(voir n° 34), sacre de nouveau ce prince, sa femme Ber-

trade et ses deux fils Charles et Carloman, et défend aux
Francs, sous peine d'excommunication, d'élire jamais un
roi issu d'une autre famille.

Pépin réunissait toutes les qualités indispensables au
fondateur d'une dynastie nouvelle : bravoure, habileté,
prudence et modération ; mais il lui en manquait une qui
n'est pas d'une moindre importance aux yeux d'une nation
barbare, comme l'étaient encore les Francs à cette époque.
Il était petit de taille, et ce défaut qui l'avait fait surnommer
le Bref, excitait les railleries de ses officiers. Il en fut
instruit, et résolut de leur prouver que la petitesse de sa
taille n'ôtait rien ni à sa vigueur ni à son courage. Un
jour, s'il en faut croire un historien, d'ailleurs un peu
suspect, il donnait au peuple le spectacle, alors fort usité,
d'un combat d'animaux. Un taureau venait d'être terrassé
par un lion. « Qui de vous, s'écrie le roi en s'adressant à
ceux qui l'entouraient, se sent le courage d'aller séparer ces
animaux furieux » ? Cette proposition les glaça de terreur.
« Il n'est point d'homme sous le ciel, répondent-ils, qui
ose tenter une pareille entreprise. » Le roi, plus hardi,
s'élance alors dans l'arène, tire son épée, abat la tête du
lion et celle du taureau ; puis il remet son glaive dans le
fourreau et se rassied en disant : « Vous semble-t-il que
je puisse être votre seigneur ? » Tous tombent à ses pieds
comme frappés de la foudre, en s'écriant : « Qui, à moins
d'être fou, refuserait de reconnaître que vous êtes fait pour
commander aux mortels ? »

54 GUERRES CONTRE LES LOMBARDS ET LES
SAXONS. — Pépin n'ignorait pas que le moyen le plus
sûr d'affermir sur sa tête la couronne, qu'il devait surtout
aux triomphes guerriers de Charles Martel, était de conduire les Francs à de nouvelles conquêtes. Aussi s'em-
pressa-t-il d'accéder aux prières du pape Étienne II, qui
le suppliait de porter ses armes contre les Lombards. Ce
peuple, originaire de la Germanie comme les Francs,
s'était, depuis près de deux cents ans (en 568), établi
dans la partie de l'Italie qui a conservé le nom de Lombardie. Astolphe, leur roi, ayant peu à peu augmenté ses
possessions, voulait aussi s'emparer de Rome. Pépin proposa à ses guerriers de marcher contre lui ; mais le souvenir des dernières expéditions d'Italie, si désastreuses
pour la nation (voir le n° 20), n'était pas encore effacé,
et ce ne fut pas sans peine que les comtes Francs se déci-

dèrent à suivre Pépin. Son activité et sa valeur assurèrent
le succès. Les Lombards furent vaincus dans deux campagnes (754 et 755), et leur roi Astolphe, assiégé deux fois
dans Pavie, sa capitale, se vit contraint d'abandonner au
vainqueur une partie de ses conquêtes, dont Pépin fit
présent au Saint-Siége. C'est depuis cette époque que le
chef de l'Église est devenu un souverain temporel.

Les Saxons de la Germanie, l'un des peuples regardés
comme tributaires du royaume d'Austrasie (n° 20), mais
qui en dévastaient les frontières au lieu de lui payer tribut,
occupèrent aussi deux fois (753-757) les armes de Pépin.
Il ne remporta cependant que d'insignifiants avantages sur
cette belliqueuse nation, dont la soumission devait être
l'œuvre laborieuse de son fils (voir n° 39).

35. Conquêtes de la Septimanie et de l'Aquitaine. — Une conquête plus importante appelait l'attention des Francs. Toute la Gaule méridionale, de la Loire
aux Pyrénées, tant de fois parcourue et ravagée par les
Francs et par Charles Martel lui-même, n'avait jamais été
complétement et définitivement conquise. — L'*Aquitaine*,
où Clovis et ses enfants n'avaient réellement possédé que
des établissements passagers et précaires, avait profité de
la lutte de l'Austrasie et de la Neustrie pour recouvrer son
indépendance. Ses ducs héréditaires, issus, à ce qu'ils prétendaient, du sang de Caribert (voir n° 25), avaient aussi
trouvé dans ces luttes intestines des Francs l'occasion
d'accroître considérablement leurs domaines, qu'ils recouvrèrent après l'expulsion des Sarrasins, contre lesquels ils
n'avaient pas combattu sans gloire. — La *Septimanie* était,
comme nous l'avons dit (n° 30), restée au pouvoir des infidèles, en dépit des efforts réitérés du brillant vainqueur
de Poitiers, qui échoua sous les murs de *Narbonne*.

Son fils fut plus heureux : profitant des révolutions qui
avaient affaibli l'empire des khalifes, et secondé par les
chrétiens de la Septimanie, il chassa les musulmans de
Narbonne et de toutes les places qu'ils occupaient dans ces
contrées (759).

Restait l'*Aquitaine*, qui, toute romaine encore par sa
civilisation, ses lois, son langage et ses mœurs, avait toujours repoussé avec un profond mépris la domination des
Barbares de la Germanie. Waïfre, son duc, fier de son
origine mérovingienne, ne voyait pas avec une moindre
aversion la famille nouvelle qui avait détrôné sa race. De

plus, il avait donné asile à Griffon, ce fils déshérité de Charles Martel (n° 32), qui, sorti de son couvent, avait levé contre son frère l'étendard de la révolte. Waïfre acheva d'irriter son ennemi en envoyant le comte d'Auvergne porter le ravage sur les terres des Francs établis dans la Bourgogne. Ce fut le signal d'une guerre d'extermination, guerre d'antipathies nationales bien plus encore que d'ambition personnelle, une de ces guerres de peuple à peuple qui ne se terminent que par l'anéantissement des vaincus. Telle fut la guerre d'Aquitaine : elle dura neuf années (760-768) et fut accompagnée des plus épouvantables dévastations : villes, villages, monastères, églises même, tout, jusqu'aux arbres, fut livré aux flammes ; et quand la mort de ses derniers défenseurs et de son duc, assassiné par un traître, la livra au vainqueur, cette vaste province, naguère la plus fertile et la plus riche de toute la Gaule, n'était plus qu'un désert couvert de ruines fumantes.

56. Mort de Pépin. — Champs de Mai. — Les fatigues de cette longue et terrible guerre avaient épuisé les forces de Pépin. Attaqué d'une hydropisie près de Saintes, il se fit transporter au tombeau de Saint-Martin de Tours, et de là à Saint-Denis. Sentant que sa fin était prochaine, il partagea ses États entre ses deux fils, Charles et Carloman, et mourut (768), après avoir gouverné l'empire des Francs pendant vingt-sept ans, dont onze comme maire du palais et seize comme roi.

Les assemblées de la nation, tombées presque en désuétude sous les Mérovingiens, étaient redevenues fréquentes sous le règne de ce prince. Pour faciliter ces réunions, qui semblent avoir été fort négligées au milieu des guerres civiles qui amenèrent l'extinction de la race de Clovis, Pépin en transporta l'époque (755) du mois de mars au mois de mai, pendant lequel les fourrages couvrent partout la terre. De là le nom de *Champs de Mai*, que ces grandes assemblées ont longtemps conservé. Pépin confirma aux prélats le droit de séance dont ils avaient déjà joui en plus d'une occasion sous les Mérovingiens, comme le prouve la composition des conciles ou assemblées de 511 et de 614. Ils y introduisirent l'usage de la langue latine, inconnue aux guerriers francs, et y exercèrent bientôt par leurs lumières une influence qu'il est facile de reconnaître en lisant les actes rédigés dans ces comices de la nation. On y trouve la preuve que ces réunions continuèrent à participer, comme celles que nous venons de rappeler, de la nature d'un concile autant au moins que de celle d'une assemblée politique. Il en fut encore ainsi sous Charlemagne et sous plusieurs de ses successeurs.

QUESTIONNAIRE, — 33. Quelles furent les conséquences de l'avénement de Pépin?—Qui Pépin avait-il consulté avant de s'emparer du trône? — Que fit Pépin pour ajouter à l'autorité pontificale? — Ne fut-il pas sacré une seconde fois? — Racontez le trait de courage qui contribua à assurer à Pépin le Bref le respect des peuples et de ses officiers. — 34. Par quel moyen Pépin s'affermit-il sur le trône? — Quelle guerre entreprit Pépin à la prière du pape Etienne II? — Faites connaître l'origine et les conquêtes de la nation des Lombards ainsi que les projets de leur roi Astolphe. — Comment Pépin s'opposa-t-il aux projets d'Astolphe et que fit-il de ses conquêtes? — Quels furent les rapports de Pépin avec les Saxons de la Germanie? — 35. Quelle conquête fit Pépin sur les Musulmans? — Comment l'Aquitaine fut-elle conquise par Pépin? — 36. Comment mourut Pepin et qu'avait-il fait lorsqu'il avait senti sa fin prochaine? — Quel changement fit Pepin dans les assemblées de la nation? — Quelle influence y exercèrent les prélats?

ÉVÉNEMENTS CONTEMPORAINS. — 56. Froïla, roi des Asturies, établit sa résidence à Oviédo qu'il avait fondée. Fondation du khalifat de Cordoue par Abd-al-Rhaman ou Abdérame.

CHAPITRE CINQUIÈME.

CHARLEMAGNE.

768-814.

37. PARTAGE DE L'EMPIRE. — Charles et Carloman avaient été sacrés rois quatorze ans avant la mort de leur père; ils lui succédèrent donc sans opposition, et ils respectèrent le partage que ce prince avait lui-même pris soin de faire entre eux à ses derniers moments. Charles eut l'Austrasie avec toutes les provinces orientales, et Carloman la Neustrie avec la Bourgogne et les provinces de l'occident et du midi : quant à l'Aquitaine, qui lui avait coûté tant de travaux, Pépin n'ignorait pas qu'elle était mal soumise encore, et, pour les intéresser tous les deux à y maintenir leur domination, il la partagea entre eux. Ses prévisions ne furent pas trompées. A peine Charles et Carloman avaient-ils eu le temps de se faire proclamer l'un à *Noyon* et le second à *Soissons*, qu'il leur fallut mar-

cher contre les Aquitains révoltés. Le vieux duc Hunold,
père de Vaïfre, à qui il avait abandonné le gouvernement
de l'Aquitaine pour se retirer dans un couvent, en était
sorti pour venger la dévastation de son pays et l'assassinat
de son fils. Sa voix trouva encore des échos sur cette terre
désolée, et tout ce qui y restait d'hommes capables de
porter les armes se rassembla autour de lui. Les deux
frères réunirent leurs guerriers pour marcher contre lui
(769); mais la discorde se mit entre eux avant même
qu'ils eussent vu l'ennemi; et Carloman se retira avec ses
troupes, laissant à son frère le soin de continuer cette
guerre avec ses propres forces. C'en était trop encore pour
que le malheureux Hunold pût espérer de résister avec le
peu de guerriers échappés à tant de massacres; forcé de
fuir, il alla demander un asile à son neveu Loup, duc des
Gascons; mais celui-ci le livra à Charles, et le château fort
de *Fronsac*, élevé sur les bords de la Garonne, au cœur
de l'Aquitaine, assura désormais la soumission de cette
province.

58. CHARLEMAGNE SEUL ROI. — Deux ans après (771),
Carloman, qui s'était réconcilié avec son frère, grâce à
l'intervention de leur mère, Bertrade, mourut, laissant
deux fils trop jeunes pour défendre leur héritage contre
leur oncle. Charles se fit donc reconnaître, à la diète de
Carbonac, chef unique de la monarchie française; et désormais seul maître de cet immense empire, il put concevoir et réaliser les vastes projets qui ont rendu son règne
l'un des plus illustres entre tous ceux des monarques de
l'Occident.

59. GUERRE CONTRE LES SAXONS. — L'année suivante
(772) vit commencer la guerre contre les Saxons. Ce
peuple occupait toute la partie de la Germanie, ou Allemagne actuelle, traversée par le Wéser et l'Elbe, et qui
s'étend depuis les bords de l'Ems jusqu'à l'entrée de la
péninsule du Jutland (1). Déjà cette nation avait exercé les
armes de Charles Martel et de Pépin le Bref; mais la
guerre que lui fit Charlemagne fut, dit son historien, la
plus longue, la plus cruelle de celles qu'il entreprit, et
celle qui fatigua le plus son peuple. « Elle se prolongea à
diverses reprises pendant trente-trois années (772-804),

(1) Voir sur la carte de l'*Empire de Charlemagne*, la position
de tous les lieux devenus célèbres dans cette guerre.

cette indomptable nation reprenant les armes aussitôt que les troupes qui avaient envahi le pays s'étaient éloignées. Nos frontières rencontraient les leurs presque toujours dans des plaines ouvertes, à la réserve d'un petit nombre d'endroits où d'épaisses forêts et des montagnes séparaient nos limites. Ces plaines étaient sans cesse exposées au ravage, aux rapines, aux incendies des Saxons. Aussi les Francs en étaient tellement irrités, que non-seulement ils leur rendaient la pareille, mais qu'ils crurent de leur dignité d'entreprendre contre eux une guerre de conquête. » (ÉGINHARD.)

Charlemagne trouva parmi ces barbares un digne adversaire : ce fut le brave Witikind, dont le souvenir est resté si populaire en Allemagne, que c'est à lui que les plus illustres maisons souveraines de ce pays prétendent faire remonter leur origine. Quelquefois vainqueur, plus souvent vaincu, il ramena ses concitoyens au combat tant qu'il conserva l'espoir de sauver leur indépendance ; lorsque enfin il vit son pays entièrement désolé, tous ses compagnons d'armes morts sur les champs de bataille ou inhumainement massacrés par le vainqueur, qui en fit décapiter en une seule fois quatre mille cinq cents qu'il s'était fait livrer, quand il vit ses dieux eux-mêmes convaincus d'impuissance, il consentit à se rendre (785) à l'assemblée des Francs réunie par Charles dans son palais d'*Attigny-sur-l'Aisne*, pour y prêter le serment de demeurer en paix et pour y recevoir le baptême. C'était en effet une des conditions imposées par Charlemagne. Ce prince crut ne pouvoir assurer son triomphe qu'en appelant au secours de ses armes la religion, qui civilisa ceux qu'avait épargnés la guerre. Ce fut dans ce but qu'il fonda en Germanie des évêchés dont l'heureuse influence détermina ses successeurs à en augmenter considérablement le nombre.

Cette guerre se renouvela cependant encore à diverses reprises, les tribus les plus reculées de la Saxe trouvant des auxiliaires naturels dans les populations placées le long des nouvelles frontières de l'empire, qui ne pouvait s'étendre sans rencontrer ainsi de nouveaux ennemis. Elle ne fut complétement terminée (804) qu'après l'enlèvement de presque tous ceux qui habitaient l'une et l'autre rive de l'Elbe. Ils furent transportés avec leurs femmes et leurs enfants dans la Belgique et dans l'Helvétie.

40. Guerre contre les Lombards. — D'autres guerres importantes occupèrent les intervalles de cette lutte si longue et si acharnée. Celle contre les Lombards d'Italie est surtout remarquable par ses résultats. Didier, leur roi, avait à se plaindre de Charles, qui, après lui avoir demandé sa fille en mariage, venait de la renvoyer pour prendre une autre femme. Pour se venger de cet outrage, Didier voulut faire sacrer et couronner par le pape Adrien Ier les enfants de Carloman dépouillés par leur oncle (voir n° 38), et qui étaient venus avec leur mère chercher un asile à la cour du prince lombard. Mais le pape s'y refusa et prévint Charles, qui tint à *Genève* le champ de mai de l'an 773, y fit décider la guerre, et entra aussitôt en campagne. A son approche, les Lombards abandonnèrent, sans tenter de les défendre, les *cluses* ou défilés de la chaîne des Alpes, qui donnaient entrée en Italie, et laissèrent les Francs pénétrer sans résistance jusqu'à *Pavie*, leur capitale, où Didier se renferma, tandis que son fils Adalgise allait se jeter dans *Vérone*. Peu expérimentés dans l'art d'assiéger des places aussi fortes, les Francs se bornèrent à en former le blocus ; et, en attendant que la famine lui livrât ses ennemis, Charles se rendit à Rome, où il fut reçu avec de grands honneurs par le pape, auquel il confirma la donation faite au Saint-Siége par Pépin. Au printemps suivant (774), il revient sous les murs de la capitale de la Lombardie, qui se rend à lui ; Vérone suit bientôt cet exemple. Didier envoyé en France y finit ses jours dans un monastère. Il paraît qu'il en fut de même des fils de Carloman, sur le sort desquels l'histoire garde un profond silence. Maître de toute l'Italie septentrionale, Charles se fit couronner roi de Lombardie, et fut reconnu en cette qualité par tous les ducs lombards, à l'exception de celui de *Bénévent*, le plus puissant d'entre eux, qui gouvernait toute l'Italie méridionale. Ce fut seulement treize ans après (787) qu'il consentit à prêter serment de fidélité et à payer tribut.

41. Autres guerres de Charlemagne. — Tandis que Charles était au milieu du pays des Saxons, occupé à leur faire la guerre, on vit arriver au champ de mai, tenu à *Paderborn* (777), le gouverneur musulman de Saragosse, révolté contre son souverain, le khalife de Cordoue. Il venait avec plusieurs des seigneurs de sa nation implorer la protection de Charles. Celui-ci saisit avec empressement cette occasion d'étendre sa domination en Espagne. Au champ de mai, convoqué l'année suivante (778) à *Chasseneuil* dans l'Agénois, la guerre d'Espagne fut résolue. Elle eut pour résultat d'ajouter à l'empire sous le nom de *Marches Espagnoles*, tout le pays compris entre les Pyrénées et le cours de l'Èbre ; mais l'événement le plus célèbre auquel elle donna lieu fut la mort du fameux paladin Roland, neveu de Charlemagne, tué par les Basques dans une embuscade, au milieu des défilés des Pyrénées, au moment où l'armée, dont il commandait l'arrière-garde, rentrait en France par la vallée de *Roncevaux*.

Parmi les autres expéditions de Charlemagne, les seules qui méritent d'être mentionnées sont : d'abord celle qu'il entreprit (787) contre le duc de Bavière, Tassillon, de l'illustre maison des Agilolfinges, le plus puissant des princes qui relevaient de l'empire des Francs. Forcé de se rendre au roi, et traduit devant l'assemblée des Francs, convoquée à *Ingelsheim*, près de Mayence (.88), il y fut déclaré coupable de haute trahison pour avoir entretenu des relations avec les ennemis de l'empire, et condamné à mort. Charles adoucit toutefois la rigueur de cette sentence en envoyant Tassillon, sa femme et ses enfants, finir leurs jours dans des couvents où s'éteignit cette illustre famille. — La même année, Charles fit une première expédition contre les Huns eux-mêmes. Ce peuple et les Avares, leurs voisins, avec lesquels on les confond quelquefois, occupaient une grande partie des contrées qui forment aujourd'hui l'empire d'Autriche. La plus remarquable des expéditions dirigées de ce côté, sous le règne de Charlemagne, fut celle qui eut lieu contre les Avares (796), sous la conduite de Pépin, fils de Charlemagne. Ce prince franchit le Danube et la Theiss, et s'empara du camp retranché nommé *Ring*, que ces barbares, toujours campés sous la tente, regardaient comme leur capitale. Ils y avaient réuni les riches dépouilles de toutes les contrées dévastées par eux. Charlemagne, après en avoir envoyé les prémices au pape, partagea le reste entre ses guerriers, qui, « pauvres jusqu'alors, purent se dire riches après cette guerre. » (ÉGINHARD.) — Toutes ces expéditions étendirent l'empire des Francs des rives de l'Èbre à celles de l'Oder et de la Theiss, et des rivages de la mer du Nord aux extrémités de l'Italie.

42. CHARLEMAGNE EMPEREUR D'OCCIDENT. —

L'an 800, Charlemagne s'était rendu à Rome pour juger
un complot tramé contre le pape Léon III, successeur
d'Adrien. Le jour de Noël, pendant qu'il assistait à la cé-
lébration de la messe, le pape vint lui placer sur la tête la
couronne impériale, aux acclamations du clergé et du peuple, qui s'écriaient : « *Vie et victoire à l'auguste Charles,
couronné par la main de Dieu, grand et pacifique empereur des Romains !* » Ainsi fut rétabli l'empire d'Occident,
qui, depuis trois cent vingt-quatre ans, avait été détruit
par les barbares. L'étendue de ce nouvel empire égalait
au moins celle de l'ancien, et Charlemagne. par sa valeur
et ses grandes qualités, était bien digne d'occuper la place
des plus célèbres empereurs romains. Cette nouvelle dignité, en égalant Charlemagne aux empereurs d'Orient ou
de Constantinople, ajouta encore au respect que lui portaient déjà tous les peuples renfermés dans ce vaste empire. A leurs yeux, en effet, le titre d'empereur conservait
toujours le prestige qui le faisait considérer comme bien
supérieur à celui de roi.

43. CHARLEMAGNE LÉGISLATEUR. — Charlemagne
sut ajouter à la gloire du conquérant et à l'éclat de la couronne impériale la gloire plus solide encore du législateur.
On lui doit de nombreuses lois, connues sous le nom de
Capitulaires, et qui furent rédigées, sous sa direction et
sur sa proposition, dans les assemblées de la nation. Il y
présidait souvent lui-même, et il appela à y siéger, à côté
des nobles et des évêques, les représentants des ahrimans
ou des hommes libres. — Ses lois, rédigées successivement,
à mesure que les progrès de suite et de la civilisation en
faisaient sentir le besoin, et auxquelles, pour cette raison,
on peut reprocher de manquer d'ordre et de précision,
ont surtout pour objet des règlements ecclésiastiques, la
fixation des impôts et du service militaire, et les peines à
infliger aux crimes ou délits, peines qui consistaient presque toujours en amendes ou en compensations pécuniaires
(voir n° 59). — La forme de procédure la plus usitée dans
cette législation se ressent de la barbarie superstitieuse de
cette époque : c'étaient les épreuves judiciaires appelées
jugement de Dieu. Ces épreuves consistaient à tenir dans
ses mains une barre de fer rouge, à marcher sur des socs
de charrue également rougis au feu, à se laisser jeter,
pieds et mains liés, dans un bassin d'eau froide, enfin à
combattre en duel contre son accusateur. L'accusé qui

3

sortait sain et sauf de ces épreuves était déclaré innocent. — Une nouvelle espèce de magistrats fut instituée par Charlemagne pour veiller à l'exécution de toutes ces lois : ce furent les envoyés impériaux ou *missi dominici*, chargés par l'empereur de surveiller l'administration, et de parcourir les provinces tous les trois mois, pour y rendre eux-mêmes la justice en son nom, et pour s'assurer de quelle manière tous les dépositaires du pouvoir s'acquittaient de leurs fonctions.

44. CHARLEMAGNE RESTAURATEUR DES LETTRES ET DES ARTS. — Charlemagne, comme tous les guerriers de son temps, était fort peu lettré ; mais pendant ses expéditions en Italie, il avait conçu l'amour des sciences et de l'instruction. Il ramena de Rome le savant moine Alcuin, dont il prit lui-même les leçons, et qu'il donna pour précepteur à ses enfants. Il attira à sa cour, autant qu'il le put, tous les hommes de mérite, et parmi eux l'historien Eginhard, Franc de nation, qui a écrit la vie de ce grand prince. Il fonda dans son propre palais une école, où l'on instruisait sous ses yeux un grand nombre de jeunes gens, et une académie, dont il faisait lui-même partie. Enfin il écrivit à tous les évêques pour les engager à ouvrir des écoles dans les cathédrales et les monastères. Il visitait lui-même ces écoles, encourageait ceux qui se distinguaient par leur application, et menaçait de sa disgrâce les jeunes gens qui, se fiant sur leur noblesse, négligeaient de s'instruire.

Charlemagne avait aussi rapporté d'Italie le goût des arts ; mais pour les remettre en honneur tout lui manquait, et les hommes plus que tout le reste ; aussi ne peut-on citer sous ce rapport que la réforme introduite dans la musique sacrée, par la substitution du chant *grégorien*, adopté à Rome, au chant *ambroisien*, alors usité en France. — Telle était la disette d'artistes en tout genre, que lorsque Charlemagne voulut orner d'édifices somptueux la ville d'*Aix-la-Chapelle*, qu'il avait choisie pour sa résidence, il fut obligé d'y faire transporter d'Italie des marbres et des sculptures dont il savait admirer la beauté, mais que personne n'était alors en état de reproduire ou d'imiter.

45. FIN DU RÈGNE DE CHARLEMAGNE. — Charlemagne, en fixant, comme nous venons de le dire, le siége de son empire auprès des bords du Rhin, à Aix-la-Chapelle

où il mourut, mit en quelque sorte le sceau à la grande œuvre qui fut le résultat le plus remarquable de son règne et le fait dominant de cette époque : « l'invasion des Barbares en Occident fut définitivement arrêtée.... L'immense empire élevé par son génie ne devait pas, il est vrai, survivre longtemps à la main puissante qui l'avait fondé ; mais de son démembrement même se formèrent des États qui devinrent, du côté de l'Orient, la digue qui mit un terme à cette inondation d'hommes que l'Europe subissait depuis quatre siècles... L'ébranlement qui subsistait encore entre le Rhin et la Vistule fut contraint de prendre la voie des expéditions maritimes ; quelque menaçantes qu'elles fussent, elles ne pouvaient avoir des conséquences aussi vastes, ni aussi incessamment répétées... Les peuples et les gouvernements se fixèrent, et l'ordre social moderne commença à se développer. » (M. GUIZOT.)

Charlemagne put de son vivant même jouir de la gloire qu'il avait acquise par tant de travaux. Il vit les princes les plus éloignés briguer son alliance ; une union paraît même avoir été projetée entre lui et l'impératrice d'Orient, Irène, dont la mort mit fin aux négociations entamées à ce sujet par le pape Adrien ; enfin l'illustre souverain des Arabes, le khalife Haroun-al-Raschid, désirant se concilier l'amitié du plus puissant prince de l'Occident, lui envoya en présent les clefs du tombeau de Jésus-Christ, et la première horloge sonnant les heures qu'on ait vue en France. — Mais tant de prospérités furent troublées par les chagrins domestiques qui affligèrent ses dernières années et par les craintes qu'il ne put s'empêcher de concevoir sur la durée de son œuvre. *Pépin*, son second fils, qu'il avait fait couronner roi d'Italie, mourut (810), laissant un fils nommé *Bernard*, qui fut désigné comme son successeur. Un an après (811), l'aîné, nommé *Charles*, couronné roi de Germanie, suivit son frère dans la tombe. Ce fut vers ce même temps aussi que les invasions barbares, auxquelles Charlemagne avait fermé toutes les routes de terre, s'ouvrirent par mer une autre voie. Les pirates norvégiens et danois, alors désignés sous le nom de *Northmans*, ou hommes du nord, et les corsaires sarrasins, commencèrent à porter la dévastation sur toutes les côtes de l'empire. En vain Charles fit-il élever des tours pour les défendre ; en vain les flottes construites par ses

ordres, et qui avaient affranchi les îles Baléares du joug
des khalifes (799), combattirent-elles ces pirates avec succès; il put lui-même contempler, des fenêtres de l'un de
ses palais, l'audace avec laquelle ils bravaient sa puissance, et il versa, dit-on, des larmes amères, en songeant
aux maux qu'ils causeraient à ses peuples sous le règne de
ses faibles successeurs.

QUESTIONNAIRE. — 37. Comment le royaume fut-il partagé à la mort de
Pépin ?—Charles et Carloman restèrent-ils unis ?—Quelle guerre eurent-
ils à soutenir ?— Comment fut terminée la guerre d'Aquitaine ?—38. Comment Charles devint-il seul possesseur de la monarchie franque, et quelle
fut sa conduite à l'égard de ses neveux. — 39. Quelle fut la plus sanglante des guerres que fit Charlemagne ? — Combien de temps dura cette
guerre et comment finit elle ? — Quelle fut la conduite du plus vaillant
des chefs saxons ?—Quels moyens autres que les armes Charles employa-
t-il pour achever la soumission des Saxons ? — 40. Charlemagne ne fit-il
pas encore d'autres guerres ?--Quels furent les principaux événements de
la guerre contre les Lombards ? — Comment finit-elle ? — Quel fut le sort
de Didier et des enfants de Carloman ? — 41. Quel résultat eut la guerre
entreprise contre les Sarrasins d'Espagne ?--Quel est l'événement le plus
célèbre de cette guerre ? — Contre qui furent faites les autres expéditions
entreprises par Charlemagne et jusqu'où étendirent-elles son empire ? —
42. Comment fut rétabli l'Empire d'occident ?—Ce nouvel empire et son
souverain étaient-ils dignes de leur titre ? — Quels avantages ce titre assura-t-il à Charlemagne ? — 43. Charlemagne ne s'est-il pas illustré aussi
comme législateur ? — Quel nom portent ses lois et comment furent-elles
rédigées ? — Quel changement fit-il dans les assemblées nationales ? —
Qu'est-ce que ces lois ont surtout pour objet ? — Quelle était la forme de
procédure la plus usitée dans cette législation ?— En quoi consistaient les
épreuves judiciaires? — Quelle nouvelle espèce de magistrats institua
Charlemagne et quelles étaient leurs fonctions? — 44. Comment Charlemagne conçut-il l'amour des sciences et des arts ? — Quel savant ramena-t-
il de Rome ? — Ne s'efforça-t-il pas d'attirer à sa cour les hommes de mérite ? — Quels furent les établissements d'instruction publique fondés par
Charlemagne ou à son instigation ?—Comment témoigna-t-il sa sollicitude
pour l'instruction de ses sujets ? — Ne tenta-t-il pas de faire revivre les
beaux-arts et quel résultat obtint-il ?—Quelle ville avait-il choisie pour sa
résidence? — 45. Où mourut Charlemagne ? — Quel est le fait le plus remarquable de son règne ? — Ne vit-il pas son alliance recherchée par des
souverains étrangers? — Quels chagrins domestiques troublèrent les dernières années de Charlemagne ?— Quels furent les derniers ennemis qu'il
eut à combattre?

ÉVÉNEMENTS CONTEMPORAINS. 780 à 802. Règne de l'impératrice Irène à Constantinople. — 786 à 841. Règnes des khalifes
Al-Raschid et Al-Mamoun à Bagdad, devenue à cette époque le
sanctuaire des arts et de la civilisation. — 793. Premières invasions des Northmans en Angleterre.

CHAPITRE SIXIÈME.

GUERRES CIVILES ET INVASIONS ÉTRANGÈRES.

MORCELLEMENT DE L'EMPIRE DE CHARLEMAGNE.

46. LOUIS Ier, DIT LE DÉBONNAIRE (814-840). — Dans une assemblée tenue à *Thionville* (806), Charlemagne avait fait le partage de ses États entre ses trois fils, *Charles*, *Pépin* et *Louis*. La mort des deux aînés rendit nécessaires de nouvelles dispositions, qui furent arrêtées au champ de mai d'*Aix-la-Chapelle*, l'année qui précéda la mort de Charlemagne lui-même (813). Louis, le seul fils qui lui restât, y fut associé à l'empire, et Bernard, fils de Pépin, reconnu roi d'Italie et de Bavière — Louis, auquel ses contemporains donnèrent le surnom de *Pieux*, qu'il mérita par ses vertus, a reçu de l'histoire le surnom de *Débonnaire*, qui, dit un de nos vieux auteurs, *implique en soi je ne sais quoi du sot.* L'exemple de Louis prouve en effet que les meilleures qualités et les intentions les plus pures ne préservent pas un souverain des fautes les plus fatales à son peuple et à lui-même, s'il est dépourvu d'une volonté ferme et éclairée et de la force de caractère nécessaire pour faire respecter la dignité dont il est revêtu. Louis manquait entièrement de ces dernières qualités ; ce fut la cause de tous les chagrins qui empoisonnèrent sa vie et des malheurs qui en furent la suite.

Il avait commencé son règne par des réformes entreprises avec plus de zèle que de prudence. Couronné à Reims par le pape Étienne IV (816), il fit dès l'année suivante le partage de ses États entre ses trois fils, Lothaire, Pépin et Louis, associant en même temps à l'empire Lothaire, qui était l'aîné, et auquel il donna une autorité supérieure à celle de ses frères. Cette prééminence réservée à Lothaire fut la première cause des guerres qui amenèrent le démembrement de l'empire carolingien. Bernard, roi d'Italie, leva le premier l'étendard de la révolte. En sa qualité d'héritier du fils aîné de Charlemagne, il prétendait, non sans raison peut-être, qu'à lui seul devait, après la mort de son oncle, revenir la cou-

ronne impériale. Mais, abandonné de son armée, il se vit
bientôt réduit à venir se jeter aux pieds de Louis, implo-
rant son pardon. Sourd à ses prières, l'empereur le laissa
condamner à mort par l'assemblée d'*Aix-la-Chapelle*, et
crut lui accorder une grâce en se bornant à lui faire arracher les yeux ; ce supplice fut accompagné de traitements si barbares, que Bernard en mourut quelques jours
après (818). — Cette sanglante exécution inspira au faible
Louis de violents remords. Il résolut, à l'exemple de
Théodose (voir notre *Histoire Ancienne*, n° 202), de se soumettre à une pénitence publique. Mais l'empereur franc
n'avait pas les nobles qualités de l'empereur romain.
Théodose s'était relevé plus grand de l'acte d'humiliation
par lequel il avait dignement expié un grand crime, tandis que la pénitence subie par Louis dans son palais d'*At-
tigny* devant toute l'assemblée des Francs (822) fut accompagnée de circonstances si humiliantes pour la
dignité impériale, qu'elle lui fit perdre toute espèce de
considération aux yeux de ses sujets. Ils ne virent dans
cette dégradation volontaire du pouvoir souverain qu'un
acte de faiblesse dont le clergé sut profiter pour accroître
considérablement son influence. Les fils de l'empereur,
partageant l'opinion commune, perdirent tout respect
pour un père et un souverain qui ne s'était pas respecté
lui-même. Leur ambition conçut dès lors les projets de
révolte qui éclatèrent quelques années plus tard (830),
quand Louis voulut rétracter le partage que depuis treize
ans déjà il leur avait fait de ses États, pour assurer aussi
un royaume à un quatrième fils, nommé Charles, que lui
avait donné Judith, sa seconde épouse. Abandonné de son
armée et détrôné une première fois par ses fils (830), le
faible empereur ne fut rétabli (832) que pour être une
seconde fois trahi par les siens au *Champ du mensonge*
(près de Colmar). Tombé au pouvoir de ses fils, il fut
ignominieusement dégradé et dépouillé de ses ornements
impériaux à la diète de *Compiègne* (833). — Cependant
la suprématie que Lothaire affectait sur ses deux frères les
souleva bientôt contre lui, et dans la diète solennelle de
Thionville (835) ils firent réhabiliter Louis. De nouvelles
fautes lui attirèrent bientôt de nouveaux chagrins : Pépin,
le second et le plus soumis de ses fils, qu'il avait fait
roi d'Aquitaine, mourut (838), laissant plusieurs enfants.
Louis les dépouilla de l'héritage de leur père pour aug-

menter le lot de Charles, son fils préféré, et procéda (839)
à un dernier partage dans lequel Lothaire, son fils aîné,
obtint l'Allemagne et l'Italie; Charles, presque toute la
France à l'occident de la Meuse et du Rhône; et Louis,
la Bavière, la Provence et quelques provinces entre le
Rhin et la Meuse. Ce dernier, mécontent de son lot. prit
de nouveau les armes, tandis que les Aquitains, se révol-
tant en faveur des enfants de Pépin, proclamèrent roi son
fils aîné, sous le nom de Pépin II. Louis le Débonnaire
avait donc à combattre à la fois son fils et son petit-fils.
C'en était trop pour lui : il en mourut de chagrin (840),
se plaignant surtout de Louis, qui, di-ait-il, *envoyait ses
cheveux blancs avec douleur dans le sépulcre*. Il lui pardonna cependant; mais il lui laissait, ainsi qu'à ses frères,
un héritage incertain, qui allait devenir la source des plus
sanglantes querelles.

Pendant les commencements de ce règne si orageux à
l'intérieur, la gloire de Charlemagne et l'opinion qu'on
avait conçue au dehors de sa puissance protégèrent l'empire. qui s'accrut même encore de quelques conquêtes
faites sur les peuples répandus le long de ses frontières
orientales; mais on peut se faire une idée de la faiblesse
réelle de cette vaste monarchie, quand on voit (dès l'année 820) treize barques *normandes* porter impunément le
ravage sur trois cents lieues de côtes. Les querelles et les
divisions des princes accrurent encore l'audace de ces
brigands, et tandis qu'ils pillaient, sans trouver de résistance, toutes les côtes de l'océan Atlantique, les pirates
Sarrasins de la Méditerranée surprenaient (838) l'opulente ville de *Marseille*, et enlevaient les richesses qu'y
accumulait incessamment le florissant commerce de l'O-
rient.

47. CHARLES LE CHAUVE (840-877). — Pépin le
Bref, Charlemagne et Louis le Débonnaire avaient toujours conservé la division de l'empire des Francs en plusieurs royaumes, alors même que ces divers royaumes
n'avaient qu'un seul souverain; mais en même temps,
dans les partages opérés par eux, ils avaient toujours pris
soin de maintenir l'unité de l'empire. Cette unité va disparaître sous le règne des fils de Louis le Débonnaire.
Jusque-là aussi, on avait bien vu les princes parcourir avec
leurs armées les provinces dont chacun d'eux cherchait à
s'assurer la possession ; mais les Francs, restant en quel-

que sorte étrangers à ces querelles de famille, n'y avaient vu que des occasions de s'enrichir par le pillage et d'augmenter leurs priviléges, et s'étaient montrés d'ailleurs peu disposés à verser leur sang pour le triomphe de l'une ou de l'autre de ces ambitions personnelles. Ils vont maintenant se laisser entraîner par elles sur les champs de bataille, et ce sont des torrents de sang qui marqueront les limites des divers États qui se formeront enfin des débris de l'empire carolingien.

Dans la France occidentale, celle qui devait conserver le nom de France, Charles, surnommé *le Chauve*, parce qu'il le devint de bonne heure, avait à continuer la guerre contre son neveu Pépin II, roi d'Aquitaine, dont son père lui avait donné les États; dans la France orientale, c'est-à-dire du côté de l'Allemagne ou Germanie, Louis de Bavière, appelé aussi *le Germanique*, à cause de l'affection que lui portaient tous les peuples de ces provinces, contestait à Lothaire une partie des États que Louis le Débonnaire lui avait assignés. Lothaire voulait les garder, et de plus, en sa qualité d'aîné des petits fils de Charlemagne, et se fondant sur le titre d'empereur qu'il partageait déjà avec son père depuis vingt-trois ans, il prétendait à la suprématie sur les rois carolingiens. Ses prétentions réunirent contre lui ses deux frères, Louis le Germanique et Charles le Chauve; mais il trouva un allié dans son neveu Pépin d'Aquitaine, qui avait besoin de sa protection. Enfin, après d'inutiles négociations, se livra (le 25 juin 841), aux environs d'Auxerre, la sanglante bataille de *Fontenay* ou Fontenailles, où l'on se battit avec un acharnement tel, que Lothaire et Pépin, qui y furent vaincus, y perdirent, dit-on, quarante mille hommes. — Après la bataille, les deux princes vainqueurs, Charles le Chauve et Louis le Germanique renouvelèrent leur traité d'alliance, au milieu même de leurs armées, en prononçant à haute voix le serment par lequel ils le confirmaient. Charles le prononça en langue germanique ou allemande, afin d'être compris par les soldats de son frère; Louis, pour être compris des Français occidentaux, prononça le sien dans leur langage, appelé langue *romane*, parce qu'elle se composait en grande partie de mots de la langue romane ou latine. Ce serment de Louis est le plus ancien monument encore subsistant de ce langage qui, perfectionné peu à peu, est devenu la langue française. — Lothaire, se trou-

vant trop faible pour se maintenir contre ses deux frères
ainsi réunis, consentit à signer avec eux (843) le *traité de
Verdun*, qui établit la division définitive de l'empire de
Charlemagne. En effet, quoique les divers pays dont s'était
formé cet empire se soient encore trouvés momentanément soumis depuis au même souverain, il est certain que
la séparation en fut définitivement arrêtée par le traité
dont nous parlons. Il donna pour limites orientales au
royaume qui a conservé le nom de *France* la Meuse, la
Saône et le Rhône Au delà s'étendait, entre la Meuse et
le Rhin, un royaume qui, du nom de son roi Lothaire, fut
appelé *Lotharingie* (d'où l'on a fait Lorraine), et qui se
prolongeait, par la Bourgogne et la Provence, jusque dans
l'Italie. L'*Allemagne*, ou le *royaume de Germanie*, fut le
partage de Louis le Germanique. — Pépin II, abandonné
par Lothaire, soutint avec vigueur la guerre contre Charles
le Chauve, et se maintint par la force dans la possession
de l'*Aquitaine*. Ranimant les haines nationales, appelant
même les Sarrasins à son aide, d'abord vainqueur, puis
vaincu, fait prisonnier et jeté dans un couvent, il s'en
échappa, et parvint, avec le secours des Sarrasins, à prolonger vingt ans sa résistance. Tombé enfin de nouveau
par trahison (863) entre les mains de Charles le Chauve,
il fut, à cause de ses relations avec les ennemis de la foi,
condamné comme apostat, par l'assemblée de *Pistes* (864),
à la peine de mort, qui fut commuée par son oncle en
une prison perpétuelle.

Ces sanglantes querelles empêchaient les rois de veiller
à la sûreté de leur empire ; ces massacres laissaient leurs
États sans défenseurs. Les Normands en profitèrent ; encouragés par le succès de leurs audacieuses tentatives, ils
ne se bornèrent plus à piller les côtes. Leurs barques innombrables, pénétrant dans les embouchures de tous les
fleuves et les remontant jusque bien avant dans les terres,
jetèrent sur leurs rives des essaims de barbares qui portèrent le ravage dans les provinces même les plus éloignées
de la mer. *Nantes*, *Tours*, *Orléans*, *Bordeaux*, *Rouen*,
furent successivement pris et dévastés par eux; *Paris*
même les vit trois fois sous ses murailles : ils y pillèrent
l'abbaye *Saint-Germain des Prés* (843, 856 et 861), et y
brûlèrent l'église de *Sainte-Geneviève* et toutes celles qui
ne purent se racheter de l'incendie à prix d'argent (856).
Leurs dévastations étaient suivies de famines horribles,

qui occasionnèrent des pestes épouvantables. Enfin le peuple, que ses rois étaient impuissants à protéger, apprit à se défendre lui-même. Toute la France se hérissa de châteaux-forts ; les abbayes, les églises même devinrent autant de forteresses. Quelques seigneurs armèrent leurs vassaux, et appelèrent à se joindre à eux tous ceux qui se sentaient le courage de combattre pour délivrer leur patrie des ravages des Normands. Robert le Fort, duc de *France*, après avoir plus d'une fois vaincu ces brigands, devenus des ennemis redoutables, finit par trouver la mort à *Brissarthe* (*pont sur la Sarthe*, dans l'Anjou), en les combattant (866), et assura ainsi à lui et aux siens la reconnaissance des peuples. Ce fut en effet le souvenir du dévouement héroïque du brave duc de France qui, vingt ans après, fit confier à son fils Eudes le sceptre échappé à la main débile des descendants de Charlemagne, et qui l'assura définitivement, un siècle plus tard, à l'arrière-petit-fils du roi Eudes.

Charles le Chauve, qui ne savait éloigner les barbares qu'à prix d'argent, et qui se reconnaissait ainsi incapable de protéger ses États, ne cessait cependant de travailler à en acquérir de nouveaux. L'empereur Lothaire Ier était mort (855), laissant trois fils, dont l'aîné, nommé Louis II, fut empereur et roi d'Italie ; Charles, le second, fut roi de Bourgogne et de Provence, et Lothaire II, le plus jeune des trois, fut roi de Lorraine. Ce dernier étant mort (869), Charles le Chauve s'empara de ses États ; mais, l'année suivante, Louis le Germanique le força de les partager avec lui. Le nouvel empereur, Louis II, mourut à son tour en 875 ; Charles vole aussitôt en Italie et se fait couronner empereur par le pape ; il voulait aussi dépouiller les enfants de son frère Louis le Germanique, mort en 876, lorsqu'il mourut lui-même (877), empoisonné, dit-on, au retour d'une expédition en Italie.

Les dissensions des descendants de Clovis avaient élevé à leurs dépens la puissance des maires du palais ; celles des descendants de Charlemagne tournèrent au profit de la puissance des seigneurs et favorisèrent les progrès de la *Féodalité* (voir n° 59). Un des plus notables date du règne de Charles le Chauve. Quelques mois avant sa mort (877), à l'assemblée de *Kiersy-sur-Oise*, ce prince publia un édit, ou capitulaire, qui rendait légale et consacrait la succession héréditaire des fiefs et la transmission héréditaire des offices. Sur les débris de la monarchie s'élevèrent bientôt dans toutes les provinces autant de petites souverainetés qu'il s'y trouvait de comtes ou de gouverneurs. On en comptait déjà vingt-neuf avant la fin du neuvième siècle.

48. Louis le Bègue (877-879). — Proclamé roi à cette même assemblée de Kiersy, le fils de Charles le Chauve, Louis le Bègue, ainsi nommé de la difficulté qu'il avait de s'exprimer, consomma, dans un règne de moins de dix-huit mois, la ruine de l'autorité royale, par la prodigalité insensée avec laquelle il distribua à ses courtisans les trésors amassés par son père et la plus grande partie des biens de la couronne, qu'il leur concéda à titre héréditaire. En appauvrissant ainsi le trésor royal, dont le principal revenu consistait alors dans le produit des terres du domaine de la couronne, Louis dépouilla le trône de l'éclat qui lui était nécessaire pour attirer le respect des peuples, et il acheva de priver ses successeurs des moyens de récompenser les services qu'on aurait pu leur rendre. — En même temps les provinces qui continuaient d'être ravagées à l'ouest par les Normands, et au midi par les Sarrasins, et auxquelles une triste expérience avait appris à ne plus attendre leur salut que d'elles-mêmes, devenaient de plus en plus étrangères à l'action du pouvoir central, incapable de les protéger contre leurs ennemis. A la mort de Louis le Bègue, elles étaient presque toutes devenues, par le fait, indépendantes de la royauté.

49. Louis III (879-882) et **Carloman** (879-884). — Louis le Bègue ne laissait donc à ses deux jeunes fils, Louis et Carloman, qu'un vain titre et quelques provinces ruinées par les invasions barbares. Ce déplorable héritage leur fut pourtant encore disputé par les factions; mais ils surent le défendre avec vigueur, et, après s'en être assuré la possession, ils en firent le partage. Louis eut la Neustrie avec l'Austrasie occidentale, et Carloman l'Aquitaine avec les Marches Espagnoles et la Bourgogne (880). Cette dernière province touchait aux États du duc Boson, mari d'Hermengarde, petite-fille de Lothaire Ier, qui venait de se faire couronner roi. Louis et Carloman essayèrent de le dépouiller; mais la reine Hermengarde défendit contre eux la ville de *Vienne* en Dauphiné avec une intrépidité qui affermit sur la tête de son époux la couronne du nouveau *royaume de Bourgogne*, et désormais ce royaume releva de

celui de Germanie. — Les deux frères se signalèrent surtout par la parfaite concorde qu'ils surent conserver entre
eux, et aussi par la valeur avec laquelle ils combattirent
les Normands. Défaits plusieurs fois en bataille rangée, ces
barbares auraient peut-être été chassés de la France par
Carloman, qui avait réuni à ses États ceux de son frère,
mort par accident (882), si ce prince avait été secondé par
ses sujets, et s'il n'eût été lui-même enlevé, comme son
frère, par une mort prématurée. Atteint mortellement, à
la chasse, d'une flèche tirée contre un sanglier, et craignant qu'on n'inquiétât après sa mort le chasseur mala-
ladroit, il fit courir le bruit qu'il avait été blessé par l'a-
nimal furieux, trait de bonté qui honore ce jeune prince,
remarquable d'ailleurs par de belles qualités.

QUESTIONNAIRE. — 46. Comment Charlemagne régla-t-il définitivement
sa succession ? — Pourquoi Louis I fut-il appelé *le Débonnaire* ?—Que fit-
il l'année qui suivit son couronnement ? — Quels chagrins lui suscita ce
partage? — Quelles prétentions éleva Bernard et comment en fut-il puni ?
— Que fit Louis en vue d'expier sa rigueur envers son neveu ? — Quelles
conséquences eut pour Louis l'humiliation à laquelle il s'était soumis ? —
Quel fut le motif de la première révolte des fils de Louis le Débonnaire?—
Comment Louis fut-il traité par ses fils ? — Quelle circonstance amena sa
réhabilitation ? — Quelle fut la conduite de Louis à l'égard des fils de Pépin ?— Comment fit-il le partage définitif de ses Etats ? — Quelles révoltes
nouvelles firent éclater ces dispositions ? — Ces chagrins ne causèrent-ils
pas la mort de Louis le Débonnaire ? — Quels peuples se signalèrent par
leurs dévastations en France sous le règne de Louis le Débonnaire. — 47.
En quoi les guerres de ce règne diffèrent-elles de celles du règne précédent?—Comment Charles le Chauve commença-t-il son règne? — Quelles
causes diverses mirent les armes aux mains de tous les successeurs de Louis
le Débonnaire ? — Quelles prétentions élevait Lothaire ? — Qui Lothaire
eut-il pour adversaires et pour allié? — Quel fut le résultat de la bataille
de Fontenai?—Que firent Louis le Germanique et Charles le Chauve après
la bataille de Fontenai ? — Dans quelle langue chacun des deux frères pro-
nonça-t-il ce serment ? — A quelle remarque peut donner lieu le serment
de Louis ? — Quel traité Lothaire signa-t-il avec ses frères ? — Quel grand
résultat amena le traité de Verdun ?—Quelles limites donna-t-il aux divers
Etats carolingiens?—Que fit Pépin II ?—Quels ravages rendent tristement
célèbre le règne de Charles le Chauve? — Quelles villes eurent surtout à
souffrir des dévastations des Normands ?—Quels autres maux suivaient ces
ravages? — Comment s'illustra Robert le Fort? — Quelle était à cette
époque la conduite de Charles? — Comment furent partagés les Etats de
Lothaire Ier? — Charles le Chauve ne s'empara-t il pas des Etats de Lothaire II ? — Comment Charles devint-il empereur? — Quel projet avait-il
conçu un peu avant sa mort ?—L'autorité royale ne reçut-elle pas un coup
terrible sous Charles le Chauve? — 48. Quel fut le successeur de Charles
le Chauve?—Quel reproche a pu mériter Louis le Bègue dans un règne de
moins de deux ans ?—Quels furent les résultats de son imprévoyante prodigalité et de sa négligence à défendre ses provinces des ravages des
pirates Normands et Sarrasins? — 49. Que présente de remarquable le
règne des fils de Louis le Bègue?—Comment se partagèrent-ils la France?
—Quels prétendants eurent-ils encore à combattre ? — Furent-ils heureux

dans leurs expéditions contre les Normands? Comment moururent ces deux rois? Ne cite-t-on pas de Carloman un trait qui prouve sa bonté?

ÉVÉNEMENTS CONTEMPORAINS. — Fondation du royaume d'Angleterre par la réunion de toute l'heptarchie sous Egbert. — 830. Les Sarrasins s'emparent de la Sicile; invasion des Danois en Angleterre. — 851. Le comté de Navarre est démembré de l'empire carolingien. — 842. Piast Ier, roi de Pologne. — 857. Garcie Ximénès, premier roi de Navarre. — 862. Rurik, premier duc de Russie. — 871. Alfred le Grand, roi d'Angleterre. — 874. Découverte de l'Islande par les Norvégiens. — 879. Fondation du royaume de Bourgogne cisjurane.

CHAPITRE SEPTIÈME.

CHUTE DES CAROLINGIENS.

50. Charles le Gros (885-887). — La mort de Carloman devait faire passer la couronne de France sur la tête de son jeune frère, Charles le Simple, né peu de temps après la mort de leur père; mais ce troisième fils de Louis le Bègue avait cinq ans à peine; la France, plus que jamais exposée aux ravages des Normands, qui commençaient même à y former des établissements, avait besoin d'un prince qui fût en état de leur tenir tête et de gouverner par lui-même: tels furent les motifs qui décidèrent les grands du royaume à offrir le trône à l'empereur Charles le Gros, fils de Louis le Germanique (n° 47). Le prince qui portait la couronne impériale était toujours considéré par les descendants de Charlemagne comme le chef de la maison carolingienne; à ce titre Charles le Gros joignait ceux de roi de Germanie et d'Italie; les seigneurs français durent croire que la France trouverait en lui le protecteur puissant dont elle avait besoin; ils furent bientôt cruellement détrompés. — L'année même où il avait été reconnu roi, les Normands, après avoir pris *Rouen* et *Pontoise* (juillet 885) et mis en fuite une armée française, vinrent (octobre 885) mettre le siége devant *Paris*, renfermé alors dans l'île Notre-Dame, que deux ponts unissaient aux deux rives du fleuve. L'évêque Gozlin, le vaillant comte Eudes, fils de Robert le Fort, et Hugues, abbé de Saint-Germain l'Auxerrois et de Saint-Martin de Tours, défendirent cette ville avec un courage inébranlable pendant treize mois entiers, sans que ni l'empereur ni le reste de la France s'intéressassent à leur héroïque résistance. Enfin Charles le Gros, appelé à grands cris au secours des braves défenseurs de Paris, arrive avec son armée au pied de *Montmartre*. Mais il n'ose risquer une bataille contre les Normands réunis sur l'autre rive de la Seine, et après avoir honteusement acheté la levée du siége au prix d'une grosse somme d'argent (30 novembre 886), il laisse les Normands ravager tranquillement les autres provinces, et reprend le chemin de l'Allemagne, harcelé par eux dans sa retraite. — Une aussi lâche conduite révolta contre Charles le Gros ses sujets allemands eux-mêmes, qui le déposèrent à la diète de *Tribur* (887); et l'on vit, l'année suivante, mourir dans un état voisin de la misère, ce prince qui avait une dernière fois réuni presque tous les États de Charlemagne. Définitivement dissous après la déposition de Charles le Gros, cet immense empire se partagea dès lors en sept royaumes, qui devaient se subdiviser encore (voir notre *Histoire du Moyen Âge*, n° 25). La couronne impériale resta au roi de Germanie.

54. EUDES (887-898). — Charles les Gros n'avait été reconnu roi de France, ou plutôt régent de ce royaume (1), qu'en sa qualité d'empereur et de chef de la maison carolingienne; sa déposition laissait donc aussi sans souverain la France, dont la situation n'avait fait qu'empirer sous son gouvernement. Les mêmes raisons qui avaient déjà décidé les seigneurs à écarter du trône le jeune Charles le Simple, les déterminèrent à rejeter encore un roi de huit ans; ils donnèrent donc la couronne au brave comte de Paris, Eudes ou Odon, fils du fameux Robert le Fort, dont la race s'essaya ainsi sur le trône de France, un siècle avant l'époque où elle devait définitivement s'y asseoir. — La belle défense de Paris par le comte Eudes promettait à la France un vengeur qui saurait la délivrer du fléau des incursions normandes; mais le peuple, sans énergie, se bornait à ajouter aux litanies des saints le verset : *Seigneur, délivrez-nous de la fureur des Normands;* et quelques-uns des grands qui voyaient avec jalousie, et peut-être

---

(1) C'est par la raison qu'il fut seulement considéré comme régent, que Charles le Gros ne reçoit pas dans la série chronologique des rois de France le nom de Charles III, qui lui appartiendrait comme étant le troisième roi du nom de Charles.

avec inquiétude, l'élévation du vaillant comte de Paris, lui disputèrent le trône, et le forcèrent ainsi à tourner contre eux les forces qu'il aurait voulu employer contre les Normands. La France resta donc en proie à leurs incursions dévastatrices; et les efforts d'Eudes parvinrent seulement à les tenir éloignées de Paris. — Bientôt un rival plus redoutable qu'aucun de ceux qui s'étaient encore élevés contre lui vint lui disputer la couronne. Tandis qu'il combattait dans l'Aquitaine, dont le comte avait aussi pris le titre de roi, Foulques, archevêque de Reims, sacra et couronna roi (893) Charles le Simple, soutenu par une partie des seigneurs mécontents du roi Eudes, qui leur commandait, disaient ils, des choses insupportables. Il s'ensuivit une guerre civile de trois ans. Elle se termina par l'abandon que fit Eudes à Charles le Simple de la plus grande partie des provinces comprises entre la Seine et la Meuse, limite du royaume de Lorraine ou Lotharingie. Dix-huit mois après, la mort d'Eudes mit Charles en possession de tout l'héritage paternel.

52. CHARLES III, LE SIMPLE (893-923).—Le règne de ce prince, qui, par la faiblesse de son caractère, mérita de ses contemporains l'injurieux surnom de *simple* ou de *sot*, est surtout remarquable par l'établissement définitif des Normands dans la Neustrie. Ce peuple, qui depuis la mort de Charlemagne s'était acharné sur la France comme sur sa proie, avait trouvé enfin dans Roll ou Rollon un chef habile qui devait changer en une possession assurée le butin précaire qu'il devait à ses courses et à ses pillages. — A la tête d'une armée formidable, il vint mettre de nouveau le siège devant Paris. Charles, après d'inutiles efforts pour le repousser, acheta la tranquillité de ses autres provinces en lui abandonnant comme fief de la couronne, par le traité de *Saint-Clair-sur-Epte* (911), la partie de l'ancienne Neustrie qui depuis cette époque a pris le nom de *Normandie*. Ce traité, blâmé par la plupart des historiens, qui le regardent comme un déshonneur, a été considéré par d'autres comme l'acte d'une politique éclairée. On ne peut disconvenir, en effet, que Charles le Simple ne se soit montré sage et habile en s'assurant dans le duc des Normands un appui contre ses ennemis intérieurs. Rollon, devenu chrétien, épousa Gisèle, fille du roi de France, et donna à son peuple de sages lois, qui rendirent bientôt sa province la plus florissante de tout le royaume.

Si Charles le Simple avait possédé les vertus guerrières de quelques-uns de ses aïeux, on eût pu voir encore réunies sur sa tête toutes les couronnes de Charlemagne. Le dernier héritier de ce grand roi dans la branche germanique, Louis l'Enfant, mourut (911), laissant vacante une vaste succession ; mais la France et la Germanie ne devaient plus se retrouver sous le même sceptre ; la *Lorraine* seule revint à Charles III, qui chercha néanmoins à étendre sa domination du côté de la Germanie, en s'avançant entre le Rhin et l'Elbe, pour y combattre les Saxons, sur lesquels il obtint quelques succès (911-915). — Les contestations que cette invasion et la possession de la Lorraine firent naître entre Charles et Henri Ier, roi de Germanie, ne se terminèrent que plusieurs années après (923), par le traité de *Bonn*, qui laissait à chacun des seigneurs lorrains le droit de s'attacher à celui des deux rois qu'il préférerait. Mais déjà Charles le Simple ne régnait plus en France que de nom.—Dès l'année 919, les seigneurs, irrités de l'arrogance de son ministre favori Haganon, avaient refusé de se réunir à lui pour repousser l'invasion des Hongrois, peuple féroce et barbare, arrivé des extrémités orientales de l'Europe à travers l'Allemagne dévastée. Lâches devant cet ennemi, qu'ils laissèrent impunément ravager les provinces, les grands retrouvèrent leur audace pour déposer, dans une assemblée tenue à *Soissons* (920), le faible Charles le Simple, qui négocia pendant deux ans avec ses sujets révoltés. Enfin ceux-ci ayant proclamé roi (922) le duc de France, *Robert*, frère du roi Eudes, Charles prit les armes contre l'usurpateur, le tua dans une bataille qu'il lui livra (923), et se croyait victorieux, lorsque Hugues le Grand, fils de Robert, rassemblant ses soldats un moment dispersés, les ramena à la charge, et remporta une victoire complète.

53. RAOUL (923-936).—Tandis que Charles le Simple fuyait devant le vainqueur, Hugues le Grand, ne croyant pas devoir garder pour lui-même la couronne que son père venait de perdre avec la vie, fit proclamer roi son beau-frère Raoul ou Rodolphe, duc de Bourgogne. Charles, trahi dans sa fuite par Herbert, comte de Vermandois, qui lui avait offert un asile, fut arrêté par ce vassal félon, qui le retint prisonnier à *Château Thierry* (923). Sa femme Odgive, sœur du roi d'Angleterre, étant parvenue à s'échapper, alla demander asile à son frère pour elle-même et pour son jeune fils, nommé Louis, qui devait un jour être rappelé au trône de son père (voir n° 54).

Malgré la captivité de Charles, ce ne fut pas sans peine que Raoul se fit reconnaître comme roi par les seigneurs, qui prétendaient tous à l'indépendance. Il n'y parvint même, après plusieurs années de résistance de leur part, qu'en leur abandonnant presque tout ce qui restait encore de terre appartenant au domaine royal, qui se trouva par là réduit à rien. Ce fut ainsi que l'on vit ce même Herbert, comte de Vermandois, dont la trahison avait favorisé l'élévation de Raoul, se faire céder par la force (928) la ville et le territoire de *Laon*. Charles le Simple, qu'il avait à cette occasion tiré de sa prison (927), afin de susciter des embarras à Raoul, mourut bientôt après (929), dans le château de *Péronne*, où il avait été de nouveau renfermé. Cet événement facilita à son rival la soumission du reste du royaume et particulièrement de l'*Aquitaine*, où il fut reconnu trois ans plus tard (932) par les puissants comtes de Toulouse et du Rouergue. — Pendant ce temps, une autre guerre civile éclatait entre le comte de Paris, Hugues le Grand, et celui de Vermandois; car depuis longtemps déjà les seigneurs s'étaient attribué le droit de guerre privée. Celle-ci se continua avec acharnement pendant cinq années (de 931 à 935); Raoul lui-même y intervint comme allié de Hugues, et en profita pour reprendre à Herbert la ville de *Laon;* mais en même temps, il s'occupa de protéger la France contre les ennemis extérieurs, et se montra digne du trône par le courage avec lequel il combattit les Normands établis sur le bord de la Loire, qu'il vainquit près de *Limoges*, et les Hongrois, qui après douze invasions successives en France en avaient tenté une dernière dans la Bourgogne (935). Ce fut aussi le dernier exploit de Raoul, qui mourut sans enfants l'année suivante (936).

54. Louis IV, dit d'Outremer (936-954). — A la mort de Raoul, nul ne se présenta pour recueillir un titre qui pouvait susciter de dangereuses rivalités, sans rien ajouter à la puissance de celui qui s'en chargerait; aussi, le trône resta-t-il plusieurs mois vacant, et pendant ce temps, les actes qui furent publiés portèrent cette date singulière : *Depuis la mort de Raoul, J.-C. régnant, en attendant un roi.* Ce roi semblait devoir être Hugues le Grand, duc de France et de Neustrie, comte de Paris et d'Orléans, et qu'on appelait aussi Hugues l'Abbé, parce qu'il possédait les abbayes de Saint-Martin de Tours, de Saint-Denis et de Saint-Germain des Prés. Ce seigneur, le plus puissant du royaume, pouvait s'emparer du trône aussi facilement que le fit plus tard son fils Hugues Capet; mais il ne le voulut pas, et, d'accord avec les principaux seigneurs, il rappela d'Angleterre Louis, fils de Charles le Simple et d'Odgive (voir n° 53), qui de là fut surnommé d'*Outre-mer*. — Sous un souverain âgé de seize ans, et qui se trouva, presque aussitôt après son avénement, jeté au milieu des embarras des guerres civiles, Hugues avait compté conserver toute l'autorité. Quand il vit Louis décidé à s'affranchir de sa tutelle, et chercher toutes les occasions de relever l'autorité royale, il se déclara contre lui. Malgré l'activité et les talents que le roi déploya dans cette lutte, Hugues était trop puissant pour que l'issue en pût être douteuse, et Louis étant tombé en son pouvoir, il le retint prisonnier jusqu'à ce qu'il eût consenti à lui abandonner (946) la forteresse de *Laon*, la dernière que possédassent encore les rois de France, dont elle était ainsi devenue la capitale. Cependant Louis, rendu à la liberté, en appela au jugement des comtes et des évêques, réclama l'appui de l'empereur d'Allemagne, Otton Ier, et implora la protection du pape, dont les menaces contraignirent enfin Hugues à restituer au roi le comté de *Laon* (950). — Louis mourut quatre ans après (954) d'une chute de cheval, laissant la couronne à son fils aîné, Lothaire, qu'il s'était associé depuis deux ans (952), mais emportant avec lui, sinon la dernière étincelle du génie de Charlemagne, comme le dit un historien, au moins la dernière espérance pour sa race de se relever jamais de son abaissement.

55. LOTHAIRE (954-986). — Lothaire fut reconnu roi, grâce à l'appui que lui prêtèrent saint Bruno, archevêque de Cologne, son oncle maternel, et Hugues le Grand, qui reçut pour récompense l'investiture du duché d'*Aquitaine*, dont il ne parvint toutefois pas à s'emparer, et qui, durant les deux siècles qui suivirent, resta à peu près indépendant des rois de France. Hugues se préparait à venger l'échec qu'il avait éprouvé de ce côté, lorsqu'il mourut (956), au faîte de la grandeur et de la puissance. Il laissait plusieurs fils, dont l'aîné lui succéda dans le duché de Bourgogne, et le second, nommé Hugues Capet, dans le comté de Paris et le duché de France. Ce dernier n'était alors âgé que de dix ans.

Le long règne de Lothaire, commencé sous la tutelle de sa mère, n'offre d'autre événement remarquable que la guerre qui éclata entre lui et son cousin Otton II, roi de Germanie, par suite des troubles qui s'élevèrent, à l'époque de l'avénement de ce dernier prince, dans la Lorraine, sur laquelle les souverains des deux royaumes conservaient toujours des prétentions rivales. Otton II, pour tout concilier, donna l'investiture du duché de la basse Lorraine à Charles, frère cadet du roi Lothaire, et qui, contre la coutume jusqu'alors suivie en France, était resté exclu de toute participation à la succession de son père; mais Lothaire, irrité de voir son frère devenir le vassal du roi de Germanie, marcha contre Otton II, qui prit la fuite sans oser même défendre *Aix-la-Chapelle*, que pillèrent les troupes du roi de France (978). La même année, cependant, Otton essaya de prendre sa revanche en amenant son armée jusque sur les hauteurs de Montmartre; mais il fut battu de nouveau aux environs de *Soissons* par Lothaire, et signa avec lui, deux ans après (980), un traité qui régla leurs droits respectifs sur la Lorraine. Cette province devint néanmoins encore, quatre ans plus tard (984), la cause d'une nouvelle guerre qui n'eut aucun résultat remarquable. Lothaire mourut deux ans après (986), empoisonné, dit-on, par la reine son épouse. Dans ses derniers moments, il recommanda à Hugues Capet, le plus puissant de ses vassaux, son fils Louis, qu'il avait depuis sept ans associé à sa couronne.

36. LOUIS V, DIT LE FAINÉANT (986-987).—La brièveté du règne de Louis V, qui porta la couronne quatorze mois à peine, et le courage qu'il montra, si l'on en croit quelques historiens, au siége de Reims, dont il se rendit maître, prouvent qu'il n'a point mérité le nom de *fainéant* dont on a flétri sa mémoire. S'il ne fit rien, c'est qu'il n'eut le temps de rien faire, et, comme son père, ce fut, à ce qu'il paraît, par le crime de son épouse qu'il perdit la vie. Avec lui s'éteignit la dynastie carolingienne, qui, dans un espace de deux cent trente-six ans (752-987), avait donné treize rois à la France. Pour compléter l'histoire de cette dynastie, il nous reste à présenter le tableau résumé des progrès qu'avait faits la *féodalité*, dont le développement amena la chute de la seconde race,

comme les usurpations des maires du palais avaient causé la ruine de la première. Nous commencerons par exposer sommairement les institutions des Francs et l'état de l'Église sous les deux premières races.

QUESTIONNAIRE. — 50. Quelles circonstances portèrent sur le trône de France l'empereur Charles le Gros ? — Quels étaient les titres de ce prince ?—Qu'arriva-t-il l'année même où il fut proclamé roi?—Par qui la ville de Paris fut-elle défendue?—Les braves défenseurs de Paris furent-ils secondés par Charles le Gros ? — Quelles furent pour Charles le Gros les conséquences de sa lâche conduite?—51. Quel fut en France le successeur de Charles le Gros?—Ce choix fut-il ratifié par toute la France ? —Qui Eudes eut-il à combattre ? — Quelle concession fit-il à Charles le Simple et comment celui-ci devint-il seul roi?—52. Quel est l'événement le plus remarquable du règne de Charles le Simple?—Qui était alors le chef des Normands ? —Quel siége entreprit-il ? — Par quelle concession Charles le Simple acheta-t-il la paix?—Quels jugements divers a-t-on portés sur le traité de Saint-Clair-sur-Epte ?—Quelle princesse épousa Rollon et comment gouverna-t-il sa province ? — Charles le Simple n'aurait-il pas pu recueillir toute la succession de Charlemagne?—A quelle occasion lui en revint-il une partie? — Sa puissance en fut-elle augmentée ?—Pourquoi et à quelle occasion les seigneurs se révoltèrent-ils contre Charles le Simple ? — Qui choisirent-ils pour roi ? — Que devint le roi Robert ? — 53. Qui Hugues le Grand fit-il proclamer roi et quel fut le sort de Charles le Simple ? — Quand mourut ce prince et où son fils Louis trouva-t-il un asile ? — Raoul succéda-t-il sans opposition à Charles le Simple ?—Comment se concilia-t-il les seigneurs ?—A qui céda-t-il la ville de Laon ?—Par quels exploits Raoul s'est-il montré digne du trône ? — 54. Qu'arriva-t-il à la mort de Raoul et quelle date singulière portèrent alors les actes publics ? — Qui semblait devoir être le successeur de Raoul ?—Hugues le Grand aurait-il pu s'emparer facilement du trône ? — Quelle avait été l'espérance de Hugues le Grand et que fit-il lorsqu'il vit ses prévisions trompées ? — Combien de temps dura et comment se termina la guerre entre Hugues et le roi ? — De quelle manière mourut Louis d'Outremer ? — 55. Comment Lothaire succéda-t-il à son père ? — Quelle récompense donna-t-il à Hugues le Grand ?—Comment mourut ce puissant feudataire ?—Quel fut l'événement le plus remarquable du long règne de Lothaire ? — Otton n'essaya-t-il pas de prévenir la guerre ? — Quelle fut la conduite du roi de France ? — Comment mourut Lothaire et à qui recommanda-t-il son fils?— 56. Quel fut le dernier roi de la race carolingienne ? — Ce prince a-t-il réellement mérité le nom de fainéant ? — Comment mourut-il ? — Quelle dynastie s'éteignit avec lui et quelle fut la cause de sa chute ?

ÉVÉNEMENTS CONTEMPORAINS. — 895. Fondation du royaume de Lorraine par Zwentibald. — 900. Fondation du royaume de Norvége. — 912. Splendeur du khalifat de Cordoue sous Abdérame le Grand. — 930. Formation du royaume d'Arles ou de Provence. — 962 à 973. Règne de l'empereur Othon le Grand en Allemagne. — 968 à 980. Conquête de l'Égypte et de la Syrie par les khalifes Fatimites. — 982. Découverte du Groënland par les Norvégiens.

CHAPITRE HUITIÈME.

INSTITUTIONS DES FRANCS ET ÉTAT DE L'ÉGLISE SOUS LES DEUX PREMIÈRES RACES.

LA FÉODALITÉ.

§ Ier. INSTITUTIONS DES FRANCS.

57. ÉTAT DES PERSONNES ET DES PROPRIÉTÉS. — « Pour comprendre les institutions de la nation franque, il faut commencer par rechercher comment cette nation elle-même était faite. L'*état des personnes* est donc la première question qui appelle l'attention de l'historien ; or, chez tous les peuples modernes, l'état des personnes a été étroitement lié à l'*état des terres.* » (M. GUIZOT.) — Sous nos deux premières races royales, on distinguait en France cinq espèces de personnes dont le rang se trouvait ainsi fixé, au moins en grande partie, d'après le genre de propriétés qu'elles possédaient. Ces cinq classes étaient : 1° celle des *Leudes*, ainsi nommés parce qu'ils possédaient des terres appelées *Alleux*, qu'ils avaient reçues au moment où les conquérants firent le partage des biens qu'ils s'étaient appropriés dans la Gaule. Ces terres étaient aussi appelées *Francs-Alleux*, parce qu'elles étaient franches de tout impôt. L'unique obligation des Leudes était celle du service militaire : encore ne le devaient-ils que pendant la guerre ; ils retournaient chez eux dès qu'elle était terminée. 2° La seconde classe était celle des *Bénéficiers* ou *Feudataires*, auxquels le roi, ou quelque chef puissant, possesseur de terres considérables, concédait la jouissance de certaines parties de ces terres, en récompense de services rendus à leur personne ou à l'état. Ces concessions, appelées *Bénéfices*, c'est-à-dire bienfaits, furent d'abord faites à vie, et finirent par devenir héréditaires ; elles ne doivent pas être confondues avec les *Précaires*, autres concessions territoriales faites en usufruit seulement, et pour un temps déterminé, telles que celles que l'Église faisait à des guerriers, à la charge de défendre ses propriétés sans cesse menacées du pillage. Les terres concédées en bénéfices étaient, comme les Alleux, franches d'impôts ; ceux qui en avaient la jouissance étaient obligés de suivre et de défendre à la guerre celui dont ils tenaient le bénéfice, et de former sa cour en temps de paix. Ils avaient droit, en retour, à sa protection spéciale, et étaient défendus par lui contre toutes les attaques et les violences très-communes dans ces temps peu civilisés. Cet avantage était si important, que les propriétaires d'alleux pour se le procurer offrirent presque tous aux rois de changer leurs alleux en bénéfices ; de sorte que la première classe finit par se fondre dans la seconde. 3° La troisième classe était celle des hommes libres, ou *Ahrimans*, propriétaires de terres assujetties aux impôts, qui devinrent tellement onéreux que cette classe malheureuse, en proie d'ailleurs à toutes les vexations exercées contre elle par les classes privilégiées, finit par disparaître presque entièrement. 4° La quatrième était celle des *Serfs*, divisés eux-mêmes en deux classes principales, savoir : celle des Serfs proprement dits, qui étaient tout à fait esclaves, et celle des *Serfs attachés à la glèbe*, qui n'étaient pas esclaves de leur personne, mais qui se trouvaient dans une dépendance complète de ceux qui possédaient les terres à la culture desquelles ils étaient attachés, sans pouvoir les abandonner sous peine des châtiments les plus cruels.

Outre ces quatre classes, qui finirent par se réduire à deux, celle des Feudataires et celle des Serfs, il en existait une cinquième, qui, sortie en grande partie des deux dernières, prit place entre les deux qui survécurent aux autres ; c'était celle du *Clergé*, qui s'assura ce rang en profitant de l'influence que lui donnaient la considération dont il jouissait déjà au moment de la conquête, la conversion des Francs au christianisme, et les connaissances dont il était alors seul dépositaire. Il obtint pour ses terres l'exemption des impôts, et, à l'avénement de la seconde race, il fut admis dans les assemblées générales de la nation.

58. LÉGISLATION ET ADMINISTRATION DE LA JUSTICE. — La diversité de législation qui a régné en France jusqu'à la révolution de 1789, remonte à l'origine même de la monarchie : Clovis, son fondateur, et les successeurs de ce prince permirent en effet aux nations vaincues de garder chacune les lois qui les avaient régies avant la conquête ; ainsi les Romains restés dans les Gaules conservèrent le droit d'être jugés d'après les lois romaines ; les Visigoths avaient la leur, appelée *Forum judicum* ; les Bourguignons suivaient la loi *Gombette* ; les Francs Ripuaires eux-mêmes en avaient une qui différait sur quelques points de la loi *Salique*, qui était celle des Francs Saliens. On a souvent répété que cette dernière excluait les femmes de la succession à la couronne : elle ne décide rien sur ce point ; mais on comprend facilement qu'à cette époque, la dignité de roi étant inséparable de celle de chef de l'armée, le sceptre ne pouvait être porté que par la main capable de soutenir et de lancer la *francisque*. Cette arme, la plus redoutable de celles en usage parmi les Francs, était une hache à deux tranchants, à manche court, avec laquelle ils combattaient de près, ou qu'ils lançaient de loin avec tant de force, qu'elle brisait cuirasses et boucliers.

« La division du territoire en *comtés, centuries* ou *centènes*, et peut-être en *décuries*, remonte au premier âge de la monarchie. Dans chacune de ces divisions territoriales résidait un magistrat. Les principaux étaient le comte et le centenier. Chacun de ces officiers tenait une cour ou assemblée (*Placitum, mallum*), où se rendait la justice, et où toutes les affaires qui intéressaient le district étaient mises en délibération... Dans l'origine, ces plaids locaux se réunissaient au moins une fois par mois. Tous les hommes libres qui habitaient dans la circonscription étaient tenus de s'y rendre. » (M. Guizot.) Plus tard, lorsque la féodalité commença à s'établir, cette obligation s'étendit aux vassaux du roi ou du comte, tout aussi bien qu'à ce qui restait encore d'hommes libres absolument indépendants. On voit par là combien dans l'origine l'administration de la justice était simple et rapide chez les Francs ; mais cette institution, qui garantissait à la fois l'exécution des lois et la liberté, ne tarda pas à s'altérer. Avant la fin de la première race, la classe des hommes libres se trouvant presque anéantie par suite des vexations des Leudes (voir n° 57), les Ahrimans ou *Rachimbourgs*, comme on les appelait alors, cessèrent de se rendre aux plaids et abandonnèrent ainsi le droit, devenu désormais illusoire, de se juger les uns les autres. Charlemagne, frappé de cet abus, voulut assurer l'administration de la justice en la confiant d'une manière spéciale aux *Scabins* ou échevins, dont sept au moins, sur la convocation du centenier ou du comte, étaient tenus de se rendre aux plaids. A ces magistrats permanents, spécialement assujettis à l'obligation de juger, pouvaient s'adjoindre les Rachimbourgs, qui conservèrent assez longtemps encore le droit de concourir aux jugements, quand il leur convenait de se rendre aux plaids.

La nature des peines appliquées par ces tribunaux était aussi simple que leur formation. Elles consistaient presque uniquement en amendes nommées *Wehrgeld*, et proportionnées à l'importance du crime, et aussi à la qualité de la personne sur laquelle il avait été commis. Ainsi l'on payait 1800 sols pour le meurtre d'un compagnon du roi, attaqué et tué dans sa maison par une bande armée ; 900 pour un évêque ; 600 pour un comte ou pour un prêtre ; 500 pour un diacre ; 400 pour un sousdiacre ; 300 pour un homme au service du roi ; 200 pour un Franc de condition libre ; 100 pour un Romain, et moins encore pour les ouvriers et les esclaves.

Nous trouverons plus loin l'occasion d'indiquer les changements que l'établissement définitif de la féodalité amena dans les institutions judiciaires de la France.

59. ROYAUTÉ, ASSEMBLÉES NATIONALES. — Nous n'ajouterons rien ici à l'histoire que nous avons faite de la déca-

dence de la royauté, qui, vaincue et dépouillée par la féodalité, fut plus de deux siècles avant de redevenir un pouvoir. Mais ce qu'il est nécessaire de remarquer, c'est que les assemblées nationales avaient cessé d'exister comme pouvoir politique plus complétement encore que la royauté elle-même. Négligées pendant l'anarchie qui amena la chute des Mérovingiens, et vainement ressuscitées par Charlemagne, elles avaient été abandonnées non-seulement par le commun des hommes libres, mais même par les seigneurs, qui ne s'inquiétaient plus que de régner dans leurs propres domaines. Composées presque uniquement des officiers royaux, de quelques évêques et d'un petit nombre de bénéficiers placés sous la dépendance du prince, elles ne représentaient plus un pouvoir public, indépendant et libre. Il ne restait donc debout que la féodalité, dont nous allons essayer de faire comprendre l'organisation.

§ II. LA FÉODALITÉ.

60. SON ORIGINE ET SES PROGRÈS. — L'origine de la *Féodalité* remonte à la création des bénéfices (v. n° 57, 2°). Elle se trouva toute constituée dès que l'hérédité des bénéfices, qui était une des conséquences de leur nature même, eut été admise en principe par le traité d'Andelot en 587, et surtout lorsque le capitulaire de Kiersy-sur-Oise (voir n° 47) eut consacré, en 877, la légalité de la transmission héréditaire, non-seulement des bénéfices, mais encore de toutes les charges publiques. Les ducs, les comtes, et même les officiers d'un ordre inférieur, profitant de l'affaiblissement du pouvoir royal, rendirent ainsi héréditaires dans leurs maisons des titres et des propriétés qui n'avaient jusque-là été possédés qu'à vie. Un nom nouveau, substitué à celui de bénéfices, désigne, à partir de la fin du neuvième siècle, ce genre de propriétés : c'est celui de *Fief* (feodum), dont la signification primitive indiquait une propriété donnée à titre de récompense ou de salaire.

A partir de la même époque aussi, une grande révolution s'opéra dans la nature des fiefs. Tous les droits de la souveraineté vinrent se joindre à ceux de propriété. Chaque seigneur, devenu entièrement indépendant du pouvoir royal et usurpant tous les droits que sa faiblesse laissait échapper, s'arrogea aussi ceux de faire les lois, d'établir des impôts, de rendre la justice, et devint ainsi dans l'étendue de son fief un véritable souverain. On inventa même un nom pour désigner cette espèce de souveraineté : ce fut celui de *suzeraineté*. Les sujets d'un seigneur suzerain furent appelés *vassaux*. Mais la féodalité ne s'arrêta pas à ce premier degré. En isolant les uns des autres tous les possesseurs de fiefs, elle les avait tous rendus si faibles, que les moins puissants se trouvèrent bientôt à la merci des plus forts. Dépouillés par eux, ou forcés de rechercher leur protection, ils consentirent à les reconnaître pour suzerains. Par suite aussi tous les petits seigneurs placés dans l'étendue des grandes suzerainetés, tout en reconnaissant la suprématie du seigneur suzerain, eurent eux-mêmes des arrière-vassaux ou *vavasseurs*. Il arriva même souvent que ces seigneurs d'un ordre inférieur en eurent eux-mêmes sous leur propre suzeraineté d'autres qui avaient aussi leurs vassaux, de sorte que la féodalité formait ainsi une espèce de chaîne qui descendait du souverain jusqu'au dernier de ses sujets. Mais il s'en faut bien que cette hiérarchie féodale ait jamais été constituée selon toutes les règles et dans toutes les formes que lui assignent ceux qui vantent les avantages de cette organisation sociale, la plus dégradante pour l'humanité qui ait jamais été mise en pratique. Il s'écoula même bien du temps avant que la royauté, qui devait former la clef de voûte de ce monstrueux édifice, parvînt à y occuper cette place, et surtout, avant qu'elle réussît à acquérir la puissance nécessaire pour maintenir les rapports de protection et de dépendance qui devaient unir entre eux tous les membres du corps féodal.

61. RELATIONS FÉODALES. — Le suzerain et le vassal se devaient réciproquement assistance et fidélité. Le vassal ne recevait l'*investiture* de son fief qu'après avoir prêté *foi et hommage* à son suzerain. Il devait ensuite observer fidèlement les conditions auxquelles le fief lui avait été concédé, ne rien faire qui pût porter atteinte aux intérêts de son suzerain ou à l'honneur de sa maison; le suivre à la guerre, lui céder son cheval sur le champ de bataille, s'il venait à perdre le sien; le défendre au péril de sa propre vie, et même se constituer prisonnier à sa place, lorsqu'il tombait au pouvoir de l'ennemi. Le vassal devait encore à son suzerain des *aides* ou subventions en argent ou en nature, lorsqu'il avait à payer une rançon pour se racheter de la captivité, lorsqu'il armait chevalier son fils aîné, ou qu'il mariait l'aînée de ses filles. Enfin, le seigneur jouissait encore de certains droits parmi lesquels il faut citer ceux de *relief*, qui se payait toutes les fois que le fief changeait de main par héritage; d'*aliénation*, quand on le vendait; de *réversion* ou de retour au seigneur, qui avait lieu soit par suite de *déshérence* ou défaut d'héritiers, soit par suite de *confiscation* encourue pour quelque crime ou délit du vassal. On y ajoutait dans certaines provinces le droit de *garde*, qui donnait au suzerain la tutelle et en même temps la jouissance des biens de ses vassaux orphelins et mineurs, et celui de *mariage*, qui lui réservait la faculté de présenter aux filles mineures, dont il avait la garde, un mari qu'elles ne pouvaient refuser sans payer au seigneur une somme égale à celle qu'il aurait reçue du prétendant en échange de son consentement. Ce dernier devait d'ailleurs être du même rang que celle dont il demandait la main.

4.

En échange de toutes ces obligations, le vassal avait droit, de la part de son seigneur, à une exacte justice, à une protection constante, avantages précieux dans un temps de trouble et de violence ; s'il avait à se plaindre de son seigneur, celui-ci devait, dans les quarante jours qui suivaient la plainte, assembler les pairs de son vassal, c'est-à-dire les possesseurs de fiefs de même rang que lui, qui décidaient de la contestation. S'il y avait déni de justice de la part du seigneur, le vassal pouvait s'affranchir des obligations contractées envers lui, et même lui déclarer la guerre. Il est facile de comprendre combien d'abus devait engendrer un système dont la sanction reposait ainsi en définitive sur la force matérielle. Le vassal, trop faible pour obtenir justice, gémissait sous la plus dure tyrannie, et était réduit à subir toutes les vexations et toutes les humiliations que peuvent inventer l'avarice et les passions les plus désordonnées ; tandis que de leur côté, les seigneurs féodaux, méprisant l'autorité du roi dépouillé de tous les moyens de la faire respecter, retirés dans les châteaux forts qu'ils élevèrent sur tous les points du territoire de la France, se faisant continuellement la guerre les uns aux autres, quand ils n'étaient pas assez forts pour la faire au roi lui-même, obligeant leurs vassaux à les suivre dans ces guerres criminelles, sources de nouvelles calamités pour eux, devinrent ainsi autant de petits tyrans qui couvrirent la France de crimes et de rapines, et qui ont ainsi rendu justement odieux le nom de la féodalité.

§ III. ÉTAT DE L'ÉGLISE SOUS LES DEUX PREMIÈRES RACES.

62. — La Gaule, ainsi que nous l'avons montré ailleurs (voir n° 6), était chrétienne, lorsque l'invasion y amena les peuples barbares de la Germanie. Parmi ces peuples eux-mêmes, le plus puissant dans l'origine, les Visigoths, étaient aussi chrétiens : mais ayant, pendant leur séjour dans les provinces de l'empire d'Orient, adopté l'arianisme, qui y dominait alors, ils avaient apporté avec eux dans la Gaule cette hérésie, que partageait aussi la majorité de la nation bourguignonne. La conversion de Clovis à la foi catholique (voir n° 16) fut donc un grand sujet de joie pour la Gaule entière, dont les vœux et les sympathies facilitèrent dès lors ses conquêtes. Mais cet événement devint pour l'Église un triomphe d'autant plus important, que tous les autres souverains du monde étaient alors plongés dans les ténèbres du paganisme ou dans les erreurs de l'hérésie. En effet, l'empereur d'Orient avait adopté les erreurs d'Eutychès ; le roi des Ostrogoths d'Italie, celui des Vandales de l'Afrique, et, comme nous venons de le dire, ceux de Bourgogne et des Visigoths de la Gaule et de l'Espagne, étaient ariens : Clovis, devenu ainsi le *fils aîné de l'Église*, comme l'appelait le pape

saint Anastase dans la lettre qu'il lui écrivit pour le féliciter de
sa conversion, en devenait en même temps le protecteur naturel. Le clergé de la Gaule sut mettre à profit, avec une incontestable utilité pour la civilisation, les effets de cette protection.
Il ne faut pas toutefois se faire illusion relativement à l'influence
qu'exerça sur les Francs barbares leur conversion au christianisme : ils n'en conservèrent pas moins pendant bien longtemps
encore la férocité et la dépravation de leurs mœurs; et, pour
montrer combien peu ils comprenaient l'esprit de cette religion
aux dogmes de laquelle ils s'étaient soumis, il suffit de citer ce
mot de Clovis, qui, entendant raconter dans la chaire chrétienne
les circonstances douloureuses de la passion du Christ, ne put
s'empêcher de s'écrier : « Que n'étais-je là avec mes Francs! »
De là aussi, cette opinion superstitieuse que les donations faites
aux églises ou aux monastères suffisaient pour racheter les actions les plus criminelles, opinion qui contribua puissamment à
augmenter les richesses et l'influence du clergé sous les deux
premières races.

Hâtons-nous toutefois de le dire : si le clergé des Gaules retira quelques avantages de la conversion des conquérants, les
conquérants à leur tour et la nation tout entière eurent au
clergé de bien plus grandes obligations. « Tout était dissous,
détruit dans l'Empire ; tout tombait, disparaissait, fuyait devant
les désastres de l'invasion et les désordres de l'établissement.
Point de magistrats qui se crussent responsables du sort du
peuple et chargés de parler et d'agir en son nom; point de
peuple même qui se présentât comme un corps vivant et constitué, capable sinon de résister, du moins de faire reconnaître
et admettre son existence. Les vainqueurs parcouraient le pays,
chassant devant eux les individus épars, et ne trouvant presque
en aucun lieu personne avec qui traiter, s'entendre, contracter
enfin quelque apparence de société. Il fallait pourtant que la société commençât, qu'il s'établît quelques rapports entre les deux
populations; car l'une en devenant propriétaire, renonçait à la
vie errante, et l'autre ne pouvait être exterminée. Ce fut là
l'œuvre du clergé. Seul, il formait une corporation bien liée,
active, se sentant des forces, se croyant des droits, se promettant un avenir, capable de traiter soit pour lui-même, soit pour
autrui; seul, il pouvait représenter et défendre, jusqu'à un
certain point, la société romaine, parce que seul, il avait conservé
des intérêts généraux et des institutions. Les évêques, les supérieurs de monastères conversaient et correspondaient avec les
rois barbares; ils entraient dans les assemblées des leudes, et
en même temps, la population romaine se groupait autour d'eux
dans les cités. Par les bénéfices, les legs, les donations de tous
genres, ils acquéraient des biens immenses, prenaient place
dans l'aristocratie des conquérants, et en même temps, ils rete-

naient dans leurs terres l'usage des lois romaines, et les immu-
nités qu'elles obtenaient tournaient au profit des cultivateurs
romains. Ils formaient ainsi la seule classe du peuple ancien qui
eût crédit auprès du peuple nouveau, la seule portion de
l'aristocratie nouvelle qui fût étroitement liée au peuple ancien; ils devinrent le lien des deux peuples, et leur puissance
fut une nécessité sociale pour les vainqueurs comme pour les
vaincus. » (M. GUIZOT.)

Ainsi, sans parler de tant de consolations portées dans les
âmes qu'affligeaient des calamités si cruelles et si multipliées,
sans parler de tant de services rendus à l'humanité souffrante,
l'Église des Gaules peut à juste titre réclamer la gloire d'avoir
réuni et civilisé nos ancêtres. Dépositaires non-seulement des
vérités de la foi, mais encore de toutes les connaissances, les
prélats des Gaules, élus par leurs concitoyens, tenant le premier
rang dans leur cité et jouissant d'une haute considération auprès des rois eux-mêmes, ne cessèrent jamais d'en user dans
l'intérêt de ceux dont leur ministère leur faisait une loi d'être les
pères et les protecteurs, et lorsque, par la force même des choses et par le besoin qu'on avait de leurs lumières, ils eurent été
admis dans les assemblées de la nation (voir le n° 36), ils firent
passer dans les résolutions qu'on y adoptait, et dans la législation elle-même, plusieurs de ces grands principes de justice et
d'humanité que la religion seule pouvait révéler à des peuples
barbares. Nous verrons encore le clergé, dans les temps de
confusion qui vont accompagner le règne sanglant de la féodalité, exercer avec la même autorité cette salutaire influence en
proclamant ces *trêves de Dieu* qui atténuèrent les effets désastreux du fléau des guerres civiles (voir n° 68).

Ajoutons enfin que ce fut aussi l'Église qui entretint dans la
Gaule le goût des lettres et de l'instruction. Aux écoles d'Autun, de Bordeaux, de Toulouse, de Lyon, ruinées par les malheurs de l'invasion et des temps qui l'avaient précédée, succédèrent celles que les évêques ouvrirent auprès de leurs cathédrales et dans les couvents. Dans ces écoles se conserva longtemps l'étude de la littérature profane elle-même, comme le
prouvent les traces multipliées qu'on en retrouve, avec le mauvais goût de l'époque, il est vrai, dans les discours des prélats
et dans les chroniques rédigées dans les monastères. N'oublions
pas non plus que ces chroniques sont presque les seuls monuments qui nous restent pour connaître l'histoire des temps dont
nous parlons. Ce ne sont pas encore là tous les services que les
moines rendirent à leur pays : ainsi ce ne fut pas seulement par
les donations des fidèles qu'ils acquirent ces biens immenses,
qui, devenus plus tard la source des abus qu'on vit s'introduire
dans les couvents, furent, il y a un demi-siècle, la principale
cause de leur destruction. Au temps dont nous parlons, les mo-

nastères étaient remplis d'hommes pieux, qui non-seulement transmettaient aux autres ce que l'état alors si imparfait des sciences leur avait permis d'apprendre, mais encore dont la vie active et laborieuse suffisait à mettre en culture les terres qu'ils défrichaient, les marais qu'ils desséchaient, et à rendre ainsi de plus en plus rares, par l'augmentation du terrain cultivé et par les perfectionnements introduits dans l'agriculture, ces effroyables disettes dont l'histoire de ces temps reculés cite tant d'exemples (voir le n° 66).

QUESTIONNAIRE. — 57. A quelle époque remonte la division des personnes et des propriétés en France? — Combien distinguait-on d'espèces de personnes sous la première race? — Quelles étaient ces cinq classes? Pourquoi les Leudes étaient-ils nommés ainsi, et de quels priviléges jouissaient leurs terres? — Quelle était leur unique obligation? — Qu'était-ce que les Bénéficiers? — Quels avantages et quelles obligations étaient attachés aux terres connues sous le nom de Bénéfices et en quoi différaient-elles des Précaires? — Qu'était-ce que les Ahrimans et que devint cette classe? — Comment se divisaient les Serfs? — A combien de classes se réduisirent les quatre dont il vient d'être question? — Faites connaître la cinquième classe. — Quels priviléges obtint le clergé? — 58. Quelle est la cause de la diversité des législations qui ont longtemps régné en France? — Quelles étaient sous la première race les lois des divers peuples établis dans la Gaule? — La loi salique excluait-elle les femmes de la couronne? — Qu'était-ce que la *francisque?* — Comment se rendait la justice chez les Francs? — Par qui les Rachimbourgs furent-ils remplacés? — En quoi consistaient les peines prononcées par la loi salique? — 59. Quels furent, sous les derniers rois de la seconde race, le sort et la composition des assemblées de la nation? — 60. Exposez l'origine et les progrès de la féodalité. — Quel nouveau nom fut donné aux terres possédées par les seigneurs féodaux? — Quels furent les droits des possesseurs de fiefs? — Qu'était-ce que le *suzerain* et ses *vassaux?* — La hiérarchie féodale exista-t-elle jamais complétement? — 61. Quelles étaient les obligations réciproques du suzerain et du vassal? — Comment se constituait le fief? — Quels abus et quels excès ont rendu la féodalité justement odieuse. — 62. Quelle était la religion de la Gaule avant l'invasion? — Quelle était la religion des Barbares qui s'établirent dans la Gaule? — Expliquez comment Clovis se trouva être le seul grand souverain catholique? — Quel avantage le clergé retira-t-il de la conversion des Francs et quels services considérables rendit-il à la civilisation? — Faites connaître la considération dont jouissaient les évêques, et le bel usage qu'ils firent de leur influence. Où furent conservées les traditions des arts et des lettres?

LIVRE TROISIÈME.

LUTTE DE LA ROYAUTÉ CONTRE LA FÉODALITÉ.

CHAPITRE PREMIER.

AVÉNEMENT DE LA TROISIÈME RACE. — HUGUES-CAPET ET SES SUCCESSEURS.

63. AVÉNEMENT DE LA TROISIÈME RACE. — « Entre la puissance réelle du dernier descendant de Charlemagne et son titre de roi le contraste était trop grand ; la couronne semblait posée sur la tête d'une ombre. Placé, par la situation de ses domaines, plus favorablement qu'aucun autre pour un tel dessein, Hugues-Capet se l'appropria. Il n'y avait pas plus de droit que tout autre : il ne fut porté au trône par aucun parti, par aucune combinaison, aucune intrigue un peu générale. Il prit le nom de roi ; celui qui le possédait ne pouvait s'y opposer : la plupart des grands seigneurs du royaume ne s'en inquiétèrent point ; leur puissance n'en était point atteinte ; depuis longtemps, ils n'avaient à peu près rien à démêler avec la royauté. Hugues Capet se fit reconnaître par ses propres vassaux, qui n'avaient qu'à gagner à l'élévation de leur suzerain. Peu à peu les principaux feudataires, séduits par ses concessions ou ses promesses, avouèrent également le titre supérieur qu'il s'était donné. Ce fut là toute la révolution capétienne. Depuis la mort de Charlemagne, la féodalité avait conquis la société ; en se faisant appeler roi, un de ses principaux membres s'en déclara le chef. » (M. GUIZOT.)

64. HUGUES-CAPET (987-996). — A l'avénement de la troisième race, les souverainetés féodales entre lesquelles la France se trouvait divisée dépassaient le nombre de soixante, et formaient, comme nous l'avons expliqué, autant de petits États tout à fait indépendants. Parmi ceux qui les possédaient, on distinguait, outre le duc de France, Hugues-Capet : son frère le duc de Bourgogne, le comte de Flandre, le comte de Vermandois, devenu par la suite comte de Champagne, les ducs de Normandie et d'Aquitaine, et le comte de Toulouse. Après ces six grands feudataires, auxquels fut par la suite attribué le titre de *pairs* du royaume, parce qu'ils avaient été, disait-on, les pairs ou les égaux de Hugues-Capet, on peut nommer comme ne leur cédant guère en puissance les comtes d'Anjou, du Maine, de Bretagne, de Nevers, d'Auvergne, d'Angoulême, de la Marche, du Périgord, du Rouergue, le duc de Gascogne, les comtes de Béarn, de Foix, etc., sans parler des comtes de Provence, de Bourgogne (Franche-Comté), des ducs de Lorraine, etc., qui relevaient de la couronne de Germanie.

Hugues-Capet, duc de France et comte de Paris et d'Orléans, et possesseur d'immenses domaines, l'égal de tous ces princes en dignité, et supérieur en puissance à la plupart d'entre eux, avait encore l'avantage d'appartenir à cette famille de Robert le Fort, qui avait donné à la France deux rois : Eudes et Robert. Après s'être assuré l'appui de son frère le duc de Bourgogne et du duc de Normandie, son beau-frère, il assemble à *Noyon* ses vassaux auxquels se joignirent sans doute tous les petits feudataires voisins, s'y fait proclamer roi (mai 987), et va ensuite à Reims recevoir l'onction sacrée des mains de l'archevêque Adalbéron, couvrant ainsi son usurpation de la sanction ecclésiastique. Il s'efforça aussi de s'attacher par ses libéralités le clergé, dont l'influence était toujours puissante sur l'esprit du peuple, et dont il avait besoin de se faire un appui contre les prétentions qu'il allait avoir à combattre. Elles ne tardèrent pas à se réveiller. A peine le nouveau roi venait-il de consolider l'élévation de sa famille sur le trône de France, en associant son fils Robert à la couronne (988), que Charles de Lorraine, oncle et légitime héritier de Louis V, se présenta, les armes à la main, pour revendiquer cette couronne. Les comtes de Flandre et de Vermandois, celui de Tours et de Blois, le duc d'Aquitaine et le comte de Toulouse, s'étaient déclarés pour sa cause, sans vouloir toutefois s'armer pour elle. Réduit à ses seules forces, Charles parvint à s'emparer de *Laon* et de *Reims*, dont il resta trois ans en possession; mais livré par trahison à son rival (991), il finit ses jours en captivité à Orléans (992).

Le reste du règne de Hugues-Capet nous est peu connu.

Il paraît qu'il fut troublé par les révoltes de quelques-uns de ceux mêmes qui l'avaient porté sur le trône, mais il les fit rentrer sous son obéissance. La France eut encore plus à souffrir des guerres continuelles que tous les grands vassaux ne cessaient de se faire entre eux, au mépris de l'autorité royale. On pourra même juger par la réponse hautaine de l'un d'eux de quel œil ils considéraient la royauté nouvelle. Le comte de Périgueux usurpait les titres de comte de Poitiers et de Tours. *Qui t'a fait comte?* lui fit demander Hugues-Capet. — *Qui t'a fait roi?* lui fit répondre l'orgueilleux comte. L'histoire de ces puissants seigneurs et de leurs débats forme à cette époque toute celle de la France. Nous nous bornerons toutefois à nommer ici les plus célèbres d'entre eux : c'était *Richard Sans-peur*, duc de Normandie, qui avait épousé une sœur de Hugues-Capet, et qui fit pour lui avec succès la guerre contre *Arnoul*, comte de Flandre ; c'était encore le duc de Bretagne, *Conan le Tort*, et le comte d'Anjou, *Foulques Nerra*, qui se livrèrent (992), dans la lande de *Conquereux* ou *Conquereuil* (entre Rennes et Nantes), la bataille la plus sanglante du règne de Hugues-Capet ; elle coûta la vie à Conan et à mille de ses guerriers. On pourrait ajouter à ces quatre noms celui de *Guillaume Fier-à-bras*, comte de Poitou et duc d'Aquitaine, considéré comme le plus puissant des seigneurs français. En effet, ses États, qui furent cruellement ravagés par la peste (994), s'étendaient des bords de l'Océan aux rives du Rhône, frontière des royaumes réunis d'Arles et de Bourgogne, regardés comme étrangers à la France. — A côté des noms de ces puissants feudataires, il faut citer celui d'un pauvre moine du couvent d'Aurillac, *Gerbert*, que son goût pour les sciences conduisit à l'université arabe de Cordoue, la plus célèbre du monde à cette époque. Il en rapporta des connaissances qui le firent soupçonner de magie par ses ignorants contemporains, mais qui lui valurent d'être choisi par Hugues-Capet pour être le précepteur du jeune roi Robert, pendant le règne duquel il devint pape sous le nom de Sylvestre II. Ce fut lui qui inventa la première horloge à balancier, et qui introduisit en France l'usage des chiffres arabes.

Hugues-Capet mourut (996) à *Paris*, capitale du comté de son nom et du duché de France, et redevenue, par l'avénement de son seigneur au trône, celle du royaume, titre qu'elle avait perdu sous la seconde race; il fut enterré à Saint-Denis.

65. ROBERT II. (996-1031). — Robert II, fils unique de Hugues-Capet, associé au trône par son père et couronné roi dès l'année 988, lui succéda sans opposition. L'époque de son règne est une des plus mal connues de notre histoire. Outre les guerres que les seigneurs continuaient à se faire entre eux et dans lesquelles Robert intervint quelquefois, il en eut à soutenir pour son propre compte une plus importante, qui se prolongea pendant quatorze années (1002-1015). Son oncle Henri, duc de Bourgogne, était mort sans postérité; Robert réclama son héritage, qui lui fut disputé par Otte Guillaume, que la femme du duc Henri avait eu d'un premier mariage, et par les seigneurs bourguignons, qui voulaient se rendre indépendants. Ils consentirent cependant, après une longue résistance, à reconnaître Henri, second fils du roi, comme duc et comme suzerain; tandis que Otte Guillaume conservait avec le titre de comte, les comtés de Dijon, de Mâcon et de Besançon. Ce dernier se dédommagea de ce qu'il perdait de ce côté par l'influence qu'il sut acquérir dans le royaume d'Arles ou de Bourgogne, alors gouverné par Rodolphe le Fainéant, et dont il devint bientôt le principal administrateur. Rodolphe avait renouvelé l'hommage rendu aux empereurs d'Allemagne pour ce royaume sur lequel le puissant comte de Champagne, Eudes II, éleva sans succès des prétentions, quelques années après (1024).

Les chagrins domestiques les plus cruels remplirent presque tout le règne du bon roi Robert; il avait épousé en premières noces (998) Berthe, qui était sa cousine au quatrième degré. Le pape Grégoire V lui ordonna de rompre cette union, regardée par l'Église comme incestueuse. Robert, quoique religieux et d'ailleurs assez faible de caractère, ne consentit qu'après avoir été excommunié à se séparer d'une épouse qu'il aimait. Constance, fille du comte de Toulouse, qu'il prit (998) pour la remplacer, fit le malheur du reste de sa vie par son caractère impérieux, méchant et frivole; elle corrompit la cour par la licence qu'y introduisirent les Aquitains qu'elle avait amenés avec elle. Elle contribua aussi, bien contrairement à l'esprit du christianisme, à faire condamner au feu des hérétiques; rigueur qui du reste n'empêcha pas l'hérésie de se propager sourdement dans l'Aquitaine, où nous la retrou-

verons deux siècles plus tard au milieu des Albigeois
(voir n° 91).

De quatre fils que Robert eut de Constance, il perdit
(1025) l'aîné, nommé Hugues, qui s'était déjà fait estimer
par ses belles qualités : il désigna alors pour son successeur
Henri, qu'il fit couronner (1027), au grand déplaisir de
Constance, qui préférait le plus jeune de ses enfants,
nommé Robert. Elle s'en vengea en excitant ses deux
autres fils à se révolter contre le roi, qui marcha contre
eux, les força à se soumettre, et leur pardonna (1030).
Robert mourut l'année suivante, pleuré de ses sujets, qui
disaient en assistant à ses funérailles : « Tandis que Robert
a été roi, nous avons vécu en sûreté ; nous n'avons craint
personne ; » éloge rarement mérité dans ces temps de troubles et de violences. — Ce pieux roi nourrissait souvent
jusqu'à mille pauvres chaque jour ; il leur lavait les pieds
le jeudi saint et les soignait dans leurs maladies. C'est à
lui que remonte l'usage longtemps pratiqué par nos rois,
dans la cérémonie de leur sacre, de toucher les malades
atteints de certains maux (les écrouelles), en leur disant :
« *Le roi te touche, que Dieu te guérisse.* » Robert, qui
chantait souvent au lutrin avec les clercs, est l'auteur de
plusieurs hymnes et chants d'église.

On trouve sous ce règne les premières traces des asso-
ciations que les villes, avec l'aide de la puissance ecclésiastique (voir n° 68), commençaient à former entre elles,
pour se préserver des ravages qui accompagnaient les
guerres privées. — Parmi ces guerres, outre celle que les
fils du roi firent à leur père, nous mentionnerons la longue
rivalité de Foulques Nerra, comte d'*Anjou* (n° 64), et du
comte de Blois, Eudes II, qui avait pris le titre de comte
de *Champagne* depuis qu'il avait réuni ce comté à ceux
de Blois et de Chartres (1019). Cette querelle, dont la
cause principale était les prétentions opposées des deux
rivaux sur le comté de *Tours*, fut celle qui causa alors en
France le plus de troubles et y fit verser le plus de sang.

66. HENRI Ier (1031-1060). — Ce ne fut pas sans
opposition que Henri Ier prit possession de la couronne à
laquelle son père l'avait associé quatre ans avant sa mort.
La reine Constance, soutenue par les comtes d'Anjou et de
Champagne, et par une partie des feudataires du duché de
France, qui aspiraient à l'indépendance, s'efforça de faire
monter sur le trône Robert, son fils préféré ; mais Henri Ier,

avec le secours de Robert le Magnifique, nommé aussi
Robert le Diable, duc de Normandie, remporta sur ses
ennemis la victoire de *Villeneuve-Saint-Georges*, qui ruina
les espérances du jeune Robert. Sa mère entra en accommodement : outre quelques avantages pour elle-même,
elle obtint pour son fils la cession du duché de Bourgogne.
Robert devint ainsi la tige de la première maison ducale
de Bourgogne, qui subsista jusqu'en 1361.

Tous les fléaux semblèrent se réunir pour accabler la
France pendant ce règne. Une première famine, qui dura
deux ans (1032-1033), fut suivie (1045) d'une peste horrible, désignée sous le nom de *Mal des ardents*, qui, pendant les deux siècles suivants, fit, à plusieurs reprises,
d'affreux ravages dans tout le royaume; à ce fléau se joignit (1059) une nouvelle famine qui dura sept ans. Ces
famines furent si horribles, qu'il fallut réprimer par le
supplice du feu le fréquent usage de la chair humaine,
qu'on vit même exposer en vente pour servir de nourriture. — Au commencement du règne de Henri (1034),
Paris avait été presque entièrement consumé par un incendie. A tous ces maux il fallait encore ajouter ceux des
guerres civiles que les seigneurs continuaient toujours à
se faire entre eux, et même à soutenir contre le roi.

67. GUERRE DE HENRI CONTRE LES GRANDS VAS-
SAUX. — Eudes II, comte de Champagne et de Blois, le
plus puissant de tous les grands vassaux à cette époque,
fut le premier qui prit les armes contre Henri, auquel il
contesta, mais sans succès (1032), le droit de nommer un
archevêque de Sens. Il périt, quelques années après (1037),
en combattant pour ravir la couronne de Lombardie à
l'empereur Conrad le Salique, auquel il avait déjà disputé
(1032-1034) celle du royaume d'Arles, ou de la *Bourgogne Transjurane*. Ce royaume, avec la *Provence*, était
resté à l'Empereur, qui continuait aussi à posséder en
France la *Franche-Comté*, l'*Alsace* et la *Lorraine*. Par la
suite, les seigneurs de cette dernière province, révoltés
contre le successeur de Conrad, appelèrent Henri Iᵉʳ à
leur secours (1046); mais celui-ci, craignant de s'engager
dans une guerre dangereuse contre le plus puissant souverain de l'Europe à cette époque, refusa les offres sédui-
santes qui lui étaient faites.

Il avait besoin en effet de toutes ses forces pour surveiller et pour réprimer les tentatives ambitieuses de ses

propres vassaux. Quelques années auparavant, les comtes de Champagne et de Blois, fils et héritiers du puissant comte Eudes II (voir plus haut), dont ils s'étaient partagé les États, avaient levé l'étendard de la révolte contre le roi ; ils voulaient même le détrôner pour lui substituer son frère aîné, Eudes, écarté du trône par son père à cause de la faiblesse de son intelligence. Vivement pressé par ces vassaux, dont les États resserraient les siens au nord et au midi, le roi Henri implora l'assistance de Geoffroy Martel, fils de l'illustre Foulques Nerra, comte d'Anjou. Celui-ci, après avoir vainement tenté de dépouiller son père (1036), lui avait succédé (1040), et avait successivement vaincu et pris les comtes de Poitiers et du Maine. Il répondit à l'appel du roi, qui lui promettait pour récompense la ville de *Tours*, battit ses ennemis, et fit prisonnier le comte de Blois, ainsi que le prince Eudes, qu'il livra au roi. Henri, après avoir tenu son frère quelque temps enfermé dans la tour d'Orléans, lui pardonna, et lui confia même, bientôt après, le commandement d'une armée qu'il envoyait contre un autre puissant vassal, le duc de Normandie, Guillaume le Bâtard.

Ce dernier, fils du duc Robert le Magnifique, avait succédé (1035) à son père, mort dans le cours d'un pèlerinage à la Terre-Sainte. Henri, en reconnaissance des services qu'il avait lui-même reçus de Robert, avait aidé Guillaume à se mettre en possession du duché de Normandie, que lui disputait un de ses parents. Mais cette bonne intelligence s'était refroidie, et la guerre ayant éclaté entre le duc et le comte d'*Arques*, son voisin, Henri prit parti pour ce dernier ; les troupes qu'il lui envoya furent battues. Ce fut alors que le roi donna à son frère Eudes le commandement d'un corps d'armée, qui fut également mis en déroute et presque entièrement détruit par les Normands auprès de *Mortemer* (1054). Le traité de *Rouen* termina l'année suivante (1055) cette guerre, dans laquelle tout l'avantage et toute la gloire étaient restés au duc de Normandie. Les pertes qu'y éprouva Henri étaient loin d'être compensées par l'acquisition qu'il avait faite, deux ans auparavant (1053), du comté de *Sens*. — De cette même province de Normandie étaient partis, depuis quelques années, de braves aventuriers qui s'illustrèrent par leurs exploits dans l'Italie méridionale, où ils jetèrent par leurs conquêtes les fondements du royaume des Deux-

Siciles (voir plus loin nº 71). Le duc Guillaume allait lui-même entreprendre, quelques années plus tard, une conquête plus brillante encore (voir nº 72).

68. Trève de Dieu. — Du règne de Henri date un des grands bienfaits dont la société est redevable à la religion : ce fut l'institution célèbre sous le nom de *Trève de Dieu*. Déjà l'Église avait plus d'une fois essayé de s'opposer aux guerres privées que les seigneurs se faisaient avec une fureur toujours croissante. Ce droit, que les plus puissants s'étaient d'abord arrogé, avait été successivement usurpé par tous les autres ; de sorte qu'il n'était si petit châtelain qui ne guerroyât contre son voisin, dès qu'il s'imaginait avoir contre lui quelque grief. Les violences, les meurtres, les pillages, les incendies, les sacriléges, désolaient donc à la fois, et dans toutes leurs parties, toutes les provinces de la France. C'est à cet épouvantable fléau que les conciles provinciaux cherchèrent à opposer une digue en déterminant quelques seigneurs (1035) à jurer la *paix de Dieu*, qui mettait sous la sauvegarde de la religion les personnes et les biens, et interdisait même l'usage de sortir armé. C'était imposer aux passions violentes des hommes de cette époque un joug qu'elles ne pouvaient supporter longtemps. Il fallut que de nouveaux conciles, tenus d'abord en Aquitaine (1041), et, bientôt après, dans toutes les autres provinces, substituassent à la paix de Dieu la *trève de Dieu*, qui défendait, sous peine d'excommunication, de se livrer à aucune hostilité depuis le mercredi soir jusqu'au lundi matin, et pendant les jours de fête, l'Avent et le Carême. Tous les lieux consacrés par la religion, et même le voisinage des charrues, furent déclarés des asiles inviolables ; les femmes, les pèlerins, les voyageurs, les laboureurs, furent mis sous la sauvegarde perpétuelle de la trève de Dieu. Ce fut ainsi que l'Église, qui seule conservait quelque autorité à cette époque, s'en servit pour diminuer un mal que nul pouvoir humain n'avait alors la force de réprimer.

QUESTIONNAIRE.—63-64. Qui fut le fondateur de la troisième race? Pourquoi Hugues-Capet fut-il préféré par les grands à Charles de Lorraine, héritier légitime du trône ? — Quels étaient les plus puissants seigneurs féodaux ? — Où et par qu iHugues-Capet fut-il sacré roi ? — Charles n'eut-il pas recours aux armes pour soutenir ses prétentions? —Comment Hugues-Capet consolida-t-il l'élévation de sa famille ? — Son règne ne fut-il pas troublé par des révoltes ? — Où et entre qui se livra la bataille la plus sanglante du règne de Hugues-Capet? — Où mourut-il ? — Quel savant moine vécut sous son règne ? — Qui succéda à Hugues-Capet ? — 65. Quelle est l'entreprise la plus remarquable du règne de Robert II ? — Comment fut-il contraint à répudier Berthe, sa première femme?— Consentit-il facilement à s'en séparer ? — Fut-il heureux avec Constance, sa seconde femme?—Qui Robert choisit-il pour son successeur ?—Comment Constance se vengea-t-elle de ce choix? — Robert fut-il regretté de ses sujets ? — Ce prince ne se signala-t-il pas par sa piété et sa bienfaisance ? — Quel usage date de son règne ? — Quelle sorte d'ouvrages Robert a-t-il composés?—Quelle organisation date de ce règne ?—Racontez la rivalité de Foulques Nerra et du comte de Blois.—66. Henri Ier prit-il sans obstacle possession de la couronne? — Comment se conduisit-il à l'égard de son frère Robert ? — De quelle maison célèbre Robert est-il le chef ? — Quels fléaux désolèrent la France sous ce règne ? — 67. Racontez les guerres de Henri contre ses vassaux. — Ne lui opposa-t-on pas un autre de ses frères?—Avec le secours de qui Henri triompha-t-il ?—Quelle fut sa conduite à l'égard de son frère Eudes ? — Quels furent les premiers rapports d'Henri avec le duc de Normandie, Guillaume le Bâtard, et comment la guerre éclata-t-elle entre eux ? — Qui sortit vainqueur de cette guerre ? — Par quel traité fut-elle terminée ? — Quel royaume fondèrent d'illustres aventuriers sortis de la Normandie sous le règne de Henri Ier ? — 68. Quel droit s'étaient arrogé les seigneurs féodaux et quelles en furent les conséquences?

ÉVÉNEMENTS CONTEMPORAINS. — 988, 996 et 1001. Conversion des Russes, des Hongrois et des Suédois au christianisme. — 1001. Invasion des Danois en Angleterre. — 1009 à 1031. Décadence et fin du khalifat de Cordoue. — 1013. Suénon, roi de Danemark, proclamé en Angleterre. — 1014. Règne de Canut le Grand en Angleterre. — 1033. Le royaume d'Arles ou de Provence est réuni à la Germanie. La Castille est érigée en royaume. — 1037. Réunion des royaumes de Castille et de Léon. — 1038. Domination des Turcs Seldjoukides en Perse sous Toghrul-Beg. — 1042. Édouard le Confesseur, roi d'Angleterre. — 1054. Schisme de l'Église grecque.

CHAPITRE DEUXIÈME.

PHILIPPE Ier. — LA CHEVALERIE. — CONQUÊTES DES NORMANDS.

PREMIÈRE CROISADE.

69. PHILIPPE Ier (1060-1108). — Philippe Ier, l'aîné des deux fils que Henri Ier avait eus de son mariage avec la princesse Anne de Russie, avait été sacré à Reims, l'année qui précéda la mort de son père, avec une grande pompe et avec l'approbation d'un nombre considérable de seigneurs. Leur présence à cette solennité rehaussa l'éclat de la couronne, dont Philippe hérita sans opposition. Mais, comme il avait sept ans à peine et que sa mère était étran-

gère, Baudoin V, comte de Flandre, et beau-frère de Henri Iᵉʳ, qui l'avait chargé par son testament de la tutelle de son fils, gouverna au nom du jeune roi. Alors commença ce long règne de quarante-huit ans, « dans lequel il faut bien distinguer, dit un historien moderne, les actions personnelles du roi, qui furent presque toutes honteuses ou criminelles, et les entreprises de la chevalerie française, qui rendirent à la nation le lustre de gloire qu'elle avait perdu. Philippe resta étranger et même indifférent à tous les grands événements de son règne, à la conquête de l'Angleterre (voir nᵒ 72), que sa jeunesse ne lui permit ni d'empêcher ni de rendre profitable à sa puissance, à la conquête de l'Italie méridionale, qui fut l'ouvrage de quelques aventuriers normands (voir nᵒ 71), à l'établissement du royaume de Portugal, qu'un prince de son sang fondait à son insu (voir nᵒ 73); enfin à la croisade (voir nᵒ 74) qui mit toute l'Europe en mouvement et fit éclater tant de beaux faits d'armes. » (M. DESMICHELS.)

70. CHEVALERIE.—La chevalerie, dont ces glorieuses expéditions manifestèrent la bravoure, était une institution nouvelle et dont l'origine ne remonte pas au delà du onzième siècle. Son influence, attestée au dehors par de brillants triomphes, s'exerça d'une manière plus notable encore sur les mœurs générales de la nation. « La consécration des armes de la noblesse, devenues la seule force publique, à la défense des opprimés, semble avoir été l'idée fondamentale de la chevalerie. » (SISMONDI.)—Depuis que la féodalité avait pris tous ses développements, la noblesse châtelaine avait perfectionné l'art de fortifier et de défendre les châteaux dont elle avait couvert la France: en même temps, l'art de forger les armes défensives avait fait de tels progrès, que le guerrier tout entier revêtu de fer n'avait plus en quelque sorte de crainte à concevoir pour lui-même. Sa pitié se reporta sur ceux que la faiblesse de leur âge, de leur sexe ou l'infériorité de leur condition rendait incapables de se défendre eux-mêmes. Ainsi naquit la noble pensée de consacrer d'une manière solennelle et religieuse les armes des forts à protéger les faibles. Le saint ordre de chevalerie, conféré au guerrier, était en effet un engagement religieux autant que militaire. Les infidèles n'y pouvaient être admis; c'était à Dieu et aux dames que le chevalier se dévouait par des cérémonies mystiques. —

Après avoir pris un bain pour se purifier de toutes les souillures de sa vie passée, et avoir accompli devant une image de la Vierge ce qu'on appelait la *veille des armes*, le récipiendaire revêtait une tunique blanche, symbole de la pureté de sa vie future, une robe vermeille, qui l'avertissait d'être toujours prêt à verser son sang pour l'Église et pour les opprimés ; enfin une saie ou tunique noire, en souvenir de la mort qu'il allait affronter sans cesse. Les dames lui passaient ensuite l'écharpe ou la ceinture, symbole de chasteté, et lui chaussaient les éperons dorés, signes de la rapidité avec laquelle il devait voler à l'accomplissement des obligations qu'il contractait. Enfin, en lui ceignant l'épée, celui qui l'armait chevalier lui recommandait la droiture et la loyauté, la défense des pauvres contre l'oppression des riches, et la protection des faibles contre le mépris des forts. Puis, il lui rappelait encore quatre choses comprises également dans son vœu de chevalerie, savoir : de s'écarter de tout lieu où il y aurait fraude ou trahison qu'il ne serait pas assez fort pour réprimer ; d'aider de tout son pouvoir et d'honorer les dames et damoiselles ; de jeûner tous les vendredis, et de faire chaque jour une offrande à la messe. Enfin, pour qu'il gardât souvenance de toutes ses promesses, le nouveau chevalier recevait sur le cou un léger coup d'épée, auquel fut par la suite ajoutée l'*accolade* ou embrassade. —L'honneur, ce sentiment inconnu de l'antiquité, et qui fut dans les temps modernes le mobile de tant de grandes choses, devint le garant de l'accomplissement de tous les devoirs imposés au chevalier, qu'il emprisonnait dans un cercle dont il ne pouvait sortir sans infamie. *Dieu et sa dame*, qu'il associait dans sa devise, dans son cri de guerre, recevaient ses serments, que nul danger, nulle crainte n'auraient pu lui faire trahir.

Dans les idées du temps, toutes les perfections qu'exigeait la chevalerie ne pouvaient être le partage que d'un sang illustre : aux nobles seuls appartenait donc le droit d'être armés chevaliers ; encore ne pouvait-on aspirer à cet honneur qu'après un long apprentissage fait sous les ordres d'un chevalier en qualité de *varlet* ou *damoisel*. Il en résulta que tous les châteaux devinrent des écoles de chevalerie, où la jeune noblesse venait apprendre sous la direction d'un seigneur d'un rang plus élevé tous les devoirs de cette noble profession. Placés ainsi dans une sorte de domesticité, à laquelle ne s'attachait aucune idée humiliante, les jeunes nobles, indépendamment des exercices chevaleresques, apprenaient en même temps auprès des dames châtelaines, au service desquelles ils étaient admis en qualité de *pages*, tous les devoirs et toutes les belles manières de la courtoisie ; de sorte que la chevalerie devint ainsi la plus puissante cause de l'adoucissement des mœurs et des progrès rapides que fit la France vers l'exquise politesse, le bon ton et la distinction des manières, qui lui ont, sous ce rapport, assuré sur tous les autres peuples une supériorité dont un juste sentiment d'orgueil national ne la laissera jamais déchoir.

A cette époque remonte également l'usage des *tournois* ou combats simulés, où les chevaliers faisaient preuve de force, d'adresse et d'intrépidité ; et celui des *armoiries* gravées sur l'*écu* ou bouclier, et devenues nécessaires pour reconnaître au milieu des combats ces guerriers tout couverts de fer.

Telle était cette chevalerie française dont le brillant courage accomplit les étonnants faits d'armes qui remplissent tout le règne de Philippe Iᵉʳ, et que nous ne pouvons passer ici sous silence, bien qu'ils n'appartiennent qu'indirectement à notre histoire, à cause des conséquences qu'ils ont eues pour la France même.

74. Conquête de l'Italie méridionale par les Normands. — Ce fut pendant le règne de Philippe Iᵉʳ qu'un petit nombre de chevaliers normands français accomplirent dans l'Italie méridionale la plus notable partie des merveilleux faits d'armes qui donnèrent naissance au royaume des Deux-Siciles. Dès les premières années du onzième siècle, quarante chevaliers normands revenant d'un pèlerinage à Jérusalem, avaient abordé à Salerne, ville assez voisine de Naples, et y avaient mis en fuite une nombreuse troupe de Sarrasins, qui disputaient aux empereurs grecs de Constantinople et aux derniers ducs lombards cette belle portion de l'Italie. Bientôt, trois cents autres chevaliers normands, excités par les récits que firent les premiers de la richesse du pays, débarquent sur ce rivage, avides de butin, de combats et de gloire. Rainulfe, leur chef, offre l'appui de leur redoutable épée au duc de Naples, en guerre contre le prince de Capoue, et y gagne la possession du comté d'*Aversa.* Cette nouvelle, parvenue au fond du pauvre manoir de Hauteville-la-Guichard (à 13 kil. N.-E. de Coutances), y enflamme l'ardeur belliqueuse des douze fils du seigneur Tancrède, déjà renommés par leur bravoure. *Guillaume*, *Drogon* et *Humfroy* partent les premiers, suivis de nombreux compagnons d'armes. Guillaume, leur chef, mérite le surnom de *Bras-de-fer*, en combattant contre les Sarrasins pour l'empereur de Constantinople ; mais, frustré de la récompense qui lui était promise, il tourne ses armes contre les Grecs et en défait soixante mille à la tête de sept cents chevaliers, qui le proclament comte d'*Apulie* ou de Pouille (1043). Il a pour successeur (1046) Drogon, qui étend encore ses conquêtes, puis, en 1047, Humfroy, qui, attaqué près de Civitella par une armée conduite contre lui par le pape Léon IX, le fait prisonnier. Mais ces fiers Normands, cédant à l'ascendant qu'exerce sur eux leur auguste captif, tombent à ses pieds, implorent leur pardon avec sa bénédiction, et reçoivent de lui en fief tout ce qu'ils ont conquis jusque-là et *ce qu'ils conquerront par la suite*. C'était les exciter à de nouvelles conquêtes ; elles ne se firent point attendre. Tandis que *Robert Guiscard* ou l'Avisé, successeur de Humfroy (1057) et le plus célèbre des fils de Tancrède, achevait (1057-1077) la conquête de toute l'Italie méridionale, recevait du pape la confirmation du titre de *duc de Pouille et de Calabre*, avec l'investiture de ces deux duchés, et, transportant la guerre au delà du canal d'Otrante, préludait par de nouvelles victoires à la conquête de l'empire d'Orient, que sa mort seule interrompit (1085), son frère *Roger*, le plus jeune des fils de Tancrède, enlevait aux Arabes la Sicile et Malte, après trente ans d'une lutte acharnée, et prenait le titre de *Grand Comte* (1074). Ce fut le fils de ce dernier, Roger II, qui, ayant réuni par héritage ou par les armes toutes les conquêtes des Normands sur le continent de l'Italie et dans les îles voisines, força (1139) le pape Innocent II, qu'il avait aussi fait prisonnier, à le reconnaître comme roi de Sicile, duc de Pouille, etc., sous la suzeraineté du Saint-Siége, et forma ainsi par la réunion de toutes les conquêtes des Normands français en Italie le royaume des Deux-Siciles.

72. Conquête de l'Angleterre par le duc de Normandie. — Guillaume le Bâtard, fils du duc de Normandie Robert le Magnifique et d'une jeune fille de Falaise, était, dès l'âge de vingt ans, reconnu pour le plus redoutable chevalier de France. Déjà il s'était signalé par

son ardente ambition et par ses exploits (voir n° 67),
lorsque le roi d'Angleterre, Édouard le Confesseur, mourut
sans enfants (1066). Guillaume, son parent éloigné, se
prévalant d'un testament fait en sa faveur par Édouard,
partit à la tête de toute la chevalerie normande pour aller
disputer cette succession à l'Anglais Harold, qui avait
pris la couronne au mépris d'un serment qu'il avait autrefois fait à Guillaume lui-même de l'aider à se mettre en
possession du trône. Un grand nombre de chevaliers, venus de toutes les parties de l'Europe, s'étaient joints à
Guillaume, auquel le pape avait envoyé un étendard bénit.
La flotte normande, portant soixante mille combattants,
aborda, près de Pevensey, sur la côte méridionale de
l'Angleterre, tandis que Harold combattait dans le nord
un autre prétendant. Vainqueur de celui-ci, il accourt
pour repousser aussi les Normands, et les joint aux environs de *Hastings* (14 octobre 1066). Il s'y livra une terrible bataille qui dura toute la journée et se termina par
la mort de Harold. Guillaume vainqueur courut à Londres
se faire reconnaître roi par l'assemblée des grands et couronner par l'archevêque d'York. Toutefois ce ne fut point
en roi élu par la nation, mais en conquérant ne devant
rien qu'à son épée, qu'il prit possession du trône. Tandis
que d'énormes tributs frappaient toute la population
anglo-saxonne, un recensement général, opéré par ordre
du vainqueur, lui fit connaître toutes les propriétés,
qu'il confisqua et distribua comme terres conquises à tous
ses compagnons d'armes, qui s'enrichirent ainsi de la dépouille des vaincus; « si bien, dit un historien, que des
bouviers et des varlets devinrent riches et gentilshommes. » La plus oppressive féodalité s'organisa ainsi, écrasant de son joug insupportable toute la population anglo-
saxonne. Réduite au désespoir, elle se souleva pendant
que Guillaume, revenu en Normandie, célébrait à Rouen
son triomphe par des fêtes magnifiques. Il lui fallut revenir en toute hâte pour comprimer cette révolte, qui
se perpétua néanmoins pendant de longues années par la
résistance des *outlaw* (hors la loi, proscrits) qui, cachés
dans les bois et les montagnes, préféraient cette vie de
pillages continuels, de privations, de brigandages, au joug
d'odieux vainqueurs, qu'ils égorgeaient sans pitié, partout
où ils les pouvaient surprendre. Sans insister davantage
sur des événements qui appartiennent à l'histoire d'Angle-

terre, nous nous bornerons à dire qu'il ne fallut pas moins de sept années pour triompher de cette résistance acharnée de la race saxonne, sur laquelle Guillaume signala sa cruauté naturelle par les actes de la vengeance la plus sanguinaire ; témoin le pays de Northumberland qui avait résisté jusqu'à la dernière extrémité, et où cent mille hommes furent massacrés par ordre du conquérant, qui y fit tout passer au fil de l'épée et brûler jusqu'aux arbres, aux maisons et aux instruments du labourage. La Normandie s'enrichit des dépouilles du royaume conquis par elle et se couvrit alors de monuments religieux surtout, élevés par la piété des vainqueurs et dont plusieurs subsistent encore.

73. FONDATION DU ROYAUME DE PORTUGAL. — L'amour des aventures conduisait les chevaliers français partout où il y avait quelque gloire à acquérir. Parmi ceux que le roi de Castille et Léon, Alphonse Ier, vit accourir à son aide contre les Arabes, qui occupaient encore, à cette époque, une grande partie de l'Espagne, se trouvait Henri de Bourgogne, arrière-petit-fils du roi Robert. Vers l'an 1090, le roi de Castille récompensa ses services en lui donnant, avec la main de sa fille Thérésa, le comté de Portugal, dont la conquête ne lui coûta pas moins de dix-sept victoires, et où il se rendit cher à ses sujets par ses grandes qualités. Il mourut (1112) laissant le soin de compléter son œuvre à son digne fils Alphonse-Henriquez, ou le Conquérant, qui fut proclamé roi de Portugal (1159) par son armée, au moment même où il allait cimenter la fondation de ce royaume en remportant sur cinq rois maures la fameuse bataille d'*Ourique* (1139), une des plus décisives dont l'histoire fasse mention.

PREMIÈRE CROISADE.

74. La plus célèbre de toutes les expéditions guerrières auxquelles prit part la chevalerie française sous le règne de Philippe Ier fut la première de ces croisades entreprises par les chrétiens de l'Europe, en vue d'enlever aux infidèles la terre sanctifiée par l'accomplissement des mystères de notre religion. L'invasion musulmane approchait toujours de l'Europe ; les empereurs grecs, sans cesse menacés dans leur capitale, faisaient entendre leurs *lamentations* dans l'Occident, et appelaient tous les peuples à la

défense du christianisme et de l'humanité. L'Europe émue
se leva en armes, et les croisades furent la lutte de la société chrétienne contre la barbarie mahométane.

Les peuples occidentaux avaient d'ailleurs des injures
personnelles à venger. Dès les premiers siècles du christianisme, c'était une sainte coutume, parmi les fidèles,
d'aller visiter les lieux qui avaient été le berceau de la
religion chrétienne. « La bénédiction du ciel semblait
être promise à ceux qui visitaient le Calvaire, le tombeau
de Jésus-Christ, et renouvelaient leur baptême dans les
eaux du Jourdain. » Sous le règne de Constantin, après
que la piété d'Hélène eut élevé de magnifiques églises au
Golgotha et à Bethléem, les pèlerinages se multiplièrent,
et ne s'arrêtèrent pas même à l'époque désastreuse des invasions : les barbares respectaient la croix et le bourdon
du pieux voyageur. Tout changea quand la Judée fut
tombée, avec la Syrie, au pouvoir des musulmans. Les fidèles furent accablés de vexations, soumis à d'énormes
tributs. Traités comme des esclaves, ils portaient une ceinture de cuir en signe de leur servitude : plus d'une fois, les
cérémonies de la religion leur furent interdites, et les églises
se changèrent en étables. Les pèlerins qui osaient affronter la persécution, revenaient dépouillés par les Sarrasins
et pleurant les malheurs de la ville sainte, auxquels mit
le comble la conquête de Jérusalem par les Turcs Seldjoukides. Grégoire VII appela les fidèles à la délivrance
des saints lieux ; mais sa voix se perdit au milieu des querelles de l'Occident. Cependant la tyrannie des Turcs devenait de jour en jour plus intolérable. Les chrétiens de
Jérusalem étaient jetés dans des cachots avec leurs prêtres
et leurs évêques ; un grand nombre de pèlerins étaient
mis à mort avant d'arriver à Jérusalem.

Enfin, sous le pontificat d'Urbain II, un concile se
rassemble à Clermont en Auvergne (1095). Un moine
des environs d'Amiens, nommé *Pierre l'Ermite*, y paraît
au retour d'un pèlerinage qu'il vient de faire lui-même à
Jérusalem ; il peint vivement toutes les souffrances dont
il a été le témoin, et le pape appelle tous les chrétiens à la
délivrance de la Terre-Sainte. « *Dieu le veut!* » s'écrie
l'innombrable assemblée entraînée par leur éloquence in-
spirée. Tous ceux qui consentent à marcher sous l'étendard de la croix reçoivent des mains du pontife des croix
de drap rouge qu'ils s'attachent sur l'épaule : d'où vinrent

les noms de *Croisés* et de *Croisades*, donnés à ces guerriers et à l'expédition entreprise par eux. Une première
bande, impatiente de signaler sa vaillance, part de France
sous la conduite de Pierre l'Ermite et de Gauthier Sans-
Avoir, chevalier normand, sans s'être rendu compte des
difficultés et de la longueur du voyage, et périt en chemin
presque tout entière, ainsi que d'autres troupes venues de
l'Allemagne, victimes de leur imprévoyance et de leur indiscipline. Mais bientôt, une armée de six cent mille hommes se met en marche (1096), sous la conduite de Godefroy de Bouillon, duc de Lorraine, de Hugues, frère du
roi de France, de Bohémond, prince de Tarente, frère de
Robert Guiscard, avec son cousin le fameux Tancrède, de
Raymond, comte de Toulouse, et d'une foule d'autres illustres guerriers. Arrivés à Constantinople au printemps
de l'année suivante (1097), ils n'obtiennent de l'empereur
grec, Alexis Comnène, d'être transportés en Asie sur ses
vaisseaux, qu'à la condition de lui prêter foi et hommage
pour les pays qu'ils allaient conquérir.

Le siége de Nicée fut le premier exploit des Croisés;
mais au moment où elle allait tomber en leur pouvoir,
après sept semaines de fatigues et de combats, Alexis se la
fit livrer secrètement. Ce prince perfide redoutait déjà la
puissance des croisés presque autant que celle des Turcs,
et commençait à employer les plus odieux moyens pour
perdre ceux qui étaient venus à son secours. Aussi ce fut à
travers mille obstacles et mille dangers, fruits de l'alliance
d'Alexis, que les chrétiens parvinrent à joindre, près de
Dorylée, l'armée du sultan d'Iconium. La multitude innombrable des soldats infidèles ne put tenir contre l'indomptable valeur des chevaliers chrétiens, et cette victoire
(1er juillet 1097) rendit les Croisés maîtres de l'Asie Mineure. Tandis que Baudouin de Flandre fondait à Édesse
le premier état chrétien de l'Asie, l'armée arrivait à *Antioche*, dont elle ne s'empara, malgré des prodiges de valeur, qu'après neuf mois de siége et des pertes considérables (3 juin 1098). La principauté en fut abandonnée à
Bohémond de Tarente, qui, plus qu'un autre, avait contribué à la prise de la ville. Il y établit une principauté
qui s'étendit rapidement sur les contrées voisines.

Cependant l'armée avançait toujours; enfin, après une
nouvelle victoire remportée sur les troupes du sultan de
Perse et une marche pénible dans une contrée dénuée de

ressources, l'armée chrétienne, réduite à moins de trente mille hommes exténués par tant de fatigues, de combats et de privations, arrive (3 juin 1099) sur les collines qui dominent la ville de Jérusalem. La vue de la cité sainte rend aux Croisés toute leur première ardeur. *Dieu le veut!* s'écrient-ils encore en se précipitant vers ses murailles ; mais soixante mille hommes les défendaient, et les chrétiens manquaient de tout, de vivres, d'eau, des bois nécessaires pour construire les machines nécessaires au siége. Il ne dura pourtant que cinq semaines, grâce à l'ardeur des Croisés et à la sage direction de Godefroy, qui sauta le troisième dans la ville (15 juillet 1096). Un horrible carnage ternit le triomphe des soldats de la croix, qui, dans la mosquée d'Omar, marchèrent dans le sang jusqu'à la cheville du pied. Cependant Godefroy, détournant les yeux de ce massacre qu'il n'avait pu empêcher, était allé se prosterner sur le tombeau du Christ. On le proclama roi de Jérusalem ; mais il repoussa cet honneur en disant : « Je ne consentirai jamais à porter une couronne d'or dans les lieux où notre Sauveur a porté une couronne d'épines ; » et il ne prit que le titre de baron du Saint-Sépulcre.

Cependant le royaume de Jérusalem fut proclamé ; mais il fallut encore une victoire pour confirmer son érection. Les Égyptiens, au nombre de cent quarante mille au moins, s'avançaient vers Jérusalem. Godefroy marche à leur rencontre avec vingt mille hommes seulement, les joint près d'Ascalon (12 août 1099), les met en déroute et procure ainsi à son armée des vivres en abondance et des provisions de toute espèce. — Les exploits de Tancrède, le plus brave des chevaliers chrétiens, complétèrent la conquête de la Palestine. Pendant ce temps, Godefroy s'occupait à faire rédiger, sous le nom d'*Assises et droit de Jérusalem,* un code qui constitua le gouvernement du royaume d'après le système féodal, dont les vices, en affaiblissant le pouvoir du prince et en divisant les forces du nouveau royaume, ne devaient pas tarder à en amener la ruine. Des cours furent établies pour juger les seigneurs et les bourgeois ; le roi eut ses vassaux. Les comtés d'Édesse et de Tripoli, avec les principautés d'Antioche et de Galilée, étaient les grands fiefs du nouveau royaume. La chevalerie, qui se consacrait en Europe à la protection des faibles et des opprimés, se voua en Orient à la défense de la foi, à la ruine des infidèles. Les Chevaliers Hospitaliers avaient été établis, avant la première croisade, pour soigner les pèlerins dans un hôpital construit près du Saint-Sépulcre : l'ordre célèbre des *Chevaliers du Temple*, qui s'engageaient à être toujours les premiers au combat et les derniers à la retraite, fut fondé quelque temps après (1118). Un troisième ordre, celui des *Chevaliers Teutoniques*, devait être créé à la fin du douzième siècle (1190). Ces guerriers, par leurs exploits, se rendirent bientôt l'effroi des musulmans, et furent les plus fermes soutiens de la puissance des chrétiens en Orient. Tous les efforts qui furent faits ne purent cependant prolonger l'existence du royaume de Jérusalem au delà de 192 ans, après lesquels les chrétiens perdirent tous les établissements qu'ils avaient formés en Palestine.

75. Guerres de Flandre et de Normandie. — Cette bouillante valeur, qui se signalait au dehors par tant de merveilleux exploits, continuait à se manifester au dedans du royaume d'une manière chaque jour plus funeste par les guerres privées. Le jeune roi Philippe Ier n'avait encore que quatorze ans, lorsque son tuteur Baudouin V, comte de Flandre, mourut (1067), laissant ses États à son second fils Baudouin VI, qui se les vit bientôt disputer par son frère aîné Robert le Frison. Baudouin VI ayant suivi de près (1071) son père au tombeau, le Frison dépouilla sa veuve et ses fils, qui vinrent réclamer la protection et les secours du roi leur suzerain. Philippe marcha contre Robert ; mais, s'étant imprudemment engagé dans un pays qu'il ne connaissait pas, il fut battu près de *Mont-Cassel* (1071) et regagna précipitamment ses États, tandis que le vainqueur restait maître de la Flandre, malgré tous les efforts tentés encore par Richilde, veuve de Baudouin VI. Le roi oublia la honte de sa défaite en voyant celui par qui il avait été battu se reconnaître son vassal, et scella cette réconciliation par son mariage avec Berthe de Hollande, belle-fille du Frison (1072).

Philippe fut plus heureux dans l'expédition qu'il entreprit (1075), à la prière du duc de Bretagne, contre Guillaume le Conquérant, duc de Normandie et roi d'Angleterre, qu'il contraignit à lever le siége de la ville de *Dol* et qu'il battit encore dans sa retraite. En partant pour l'expédition qui devait lui donner le royaume d'Angleterre (n° 72), Guillaume le Bâtard avait acheté l'appui de Baudouin, régent du royaume de France, au prix d'une grosse somme d'argent, et s'était de plus engagé à céder la Normandie à son fils Robert. Mais le Conquérant eut bientôt oublié cette promesse, et Philippe ne vit pas sans inquiétude le redoutable accroissement de puissance de son vassal. Aussi toute sa politique eut-elle désormais pour objet de lui susciter des ennemis ou de secourir ceux qui se déclaraient contre lui. Tel était le motif qui lui avait fait prendre les armes en faveur du duc de Bretagne; tel fut aussi celui qui le détermina à appuyer les prétentions de Robert Courte-Heuse, fils de Guillaume, révolté contre son père. Une contestation survenue entre les deux rois au sujet de la possession du *Vexin français*, rendit bientôt imminente la guerre, qu'une mauvaise plaisanterie du roi de France fit enfin éclater : « Quand donc ce gros garçon accouchera-t-il ? » avait dit Philippe en parlant de Guillaume, que son excessif embonpoint forçait sans cesse à garder le lit. — « Répondez-lui, dit le roi d'Angleterre, que j'irai faire mes relevailles à Sainte-Geneviève de Paris avec dix mille lances en guise de cierges. » Entrant aussitôt dans le Vexin, il y met tout à feu et à sang, prend et brûle la ville de *Mantes*, et marchait sur Paris, quand la mort vint l'arrêter ; mais cette expédition fut pour la France et l'Angleterre le premier signal d'une guerre dont les désastres firent cruellement expier à la première la coupable condescendance du régent Baudouin. Philippe, en avançant en âge, s'était abandonné aux passions les plus honteuses; il ne sut pas profiter, pour réparer la faute de son tuteur, des querelles des trois fils de Guillaume, qui couvrirent la Normandie de meurtres et de ruines (1088-1096). Le départ du duc Robert pour la croisade rendit la paix à cette province. Son frère, Guillaume le Roux, roi d'Angleterre, auquel il avait laissé l'administration de son duché, profita de la lâche apathie de Philippe pour renouveler les prétentions de son père sur le Vexin. Déjà même, il en avait occupé la plus grande partie, lorsque quelques seigneurs en prirent la défense. Forcé de se retirer, Guillaume fortifia, pour servir de point d'appui aux partisans qu'il laissait dans cette province, la place de *Gisors*, située à quinze lieues seulement de la capitale du roi de France, jusque sous les murs de laquelle il pouvait ainsi à tout instant porter impunément le ravage.

Le reste de la vie et des actions de Philippe mérite peu de nous arrêter : nous n'insisterons donc pas sur les trop justes anathèmes que le pape lança encore contre lui, à cause de l'indigne trafic qu'il faisait des dignités et des biens de l'Église, et au sujet de son union adultère avec Bertrade de Montfort, qu'il avait enlevée au comte d'Anjou, son mari, pour la mettre sur le trône à la place de Berthe, qu'il répudia (1092). Nous laisserons ce prince, flétri par les censures ecclésiastiques, déclaré indigne de porter la couronne et se soumettant sans murmure à cette honteuse dégradation, mourir en se reconnaissant trop grand pécheur pour mériter d'être enterré à Saint-Denis, et nous reporterons avec plus d'intérêt nos regards sur les progrès trop peu remarqués que la civilisation avait alors faits en France.

76. PROGRÈS DE LA CIVILISATION. — « Le onzième siècle fut une période de vie et de création : tout ce qu'il y eut de noble, d'héroïque, de vigoureux dans le moyen âge commença à cette époque ; la nation acquit et développa son nouveau caractère : elle devint vraiment française, de germanique et de barbare qu'elle était auparavant. » (SISMONDI.) Le système féodal, dont nous avons ailleurs signalé les vices, lui enseigna du moins la loyauté, le respect pour le serment et la conscience des devoirs réciproques : ces vertus idéalisées donnèrent naissance à la chevalerie ; l'éducation guerrière des chevaliers brilla dans les tournois, leur éducation domestique créa la courtoisie et en fit le caractère distinctif de la nation : la langue, devenue celle d'un peuple policé, au lieu de n'être qu'un patois barbare, acquit de la souplesse et de l'élégance, et se prêta bientôt aux exigences de la poésie, mise en honneur par les chants des troubadours. Le commerce lia les provinces entre elles ; il fit connaître les Français du nord aux Français du midi ; il donna à un ordre inférieur de l'indépendance et de la richesse, il inspira aux citoyens des villes l'amour de la liberté et leur apprit à la conquérir les armes à la main. La première croisade, à laquelle la France fournit la plupart de ses guerriers, seconda encore ce grand mouvement, en mettant les Français en relations plus suivies et plus intimes avec la civilisation grecque et avec celle des Arabes. Elle aida surtout à l'affranchissement des communes et à l'accroissement de l'autorité royale, en entraînant loin de la France un grand nombre de ces vassaux turbulents qui la troublaient, et qui furent obligés de vendre leurs domaines pour subvenir aux frais de ces lointaines

expéditions, où la plupart trouvèrent la mort. Nous verrons ces derniers résultats recevoir d'immenses développements pendant les règnes qui vont suivre.

Pendant celui dont nous terminons l'histoire, le *domaine royal*, qui ne comprenait guère auparavant que les cinq villes de *Paris*, *Orléans*, *Étampes*, *Melun* et *Compiègne*, s'était accru du *Gâtinais*, cédé (1069) à Philippe Iᵉʳ par Foulques le Réchin, comte d'Anjou; du *Vexin français*, réuni à la couronne par la mort de son dernier comte (1082), et enfin de la vicomté de *Bourges*, achetée par le roi (1100 ou 1101) pour soixante mille sous d'or, du vicomte Eudes Arpin, partant pour la croisade.

QUESTIONNAIRE. — 69. Quel fut le successeur de Henri Iᵉʳ? Qui gouverna pendant la minorité de Philippe Iᵉʳ? — Qu'est-ce qui illustra le règne de Philippe Iᵉʳ? — 70. Qu'était-ce que la chevalerie et quelle semble être son idée fondamentale?—Quelles étaient les cérémonies dont était accompagnée la réception d'un chevalier, et quelle était leur signification? — Quelles conditions fallait-il remplir pour pouvoir être chevalier? — Comment la chevalerie devint-elle cause de l'adoucissement des mœurs et du progrès de la politesse en France? — A quels usages donna encore lieu l'établissement de la chevalerie?—71. Quels faits d'armes glorieux les chevaliers normands accomplirent-ils en Italie? — Comment commença la conquête? — Quels furent les chefs les plus remarquables des Normands?— Comment et par qui fut achevée la conquête de l'Italie méridionale?—Comment Roger II forma-t-il le royaume des Deux-Siciles, et sous la suzeraineté de qui le plaça-t-il? — 72. Quels étaient les droits de Guillaume de Normandie à la couronne d'Angleterre? — Comment débarqua-t-il en Angleterre et quelle victoire remporta-t-il?—Comment se conduisit-il à l'égard de ses compagnons et envers la population du pays? — Les Anglo-Saxons supportèrent-ils sans révolte le joug que leur imposa Guillaume? — Comment triompha-t-il de leur résistance, et quel traitement subit le pays de Northumberland? — 73. Comment et par qui fut fondé le royaume de Portugal? — 74. Quelle est la plus célèbre de toutes les expéditions guerrières auxquelles prit part la chevalerie sous le règne de Philippe Iᵉʳ? — Pourquoi les croisades furent-elles entreprises?—Quelle fut la cause déterminante des croisades? - Par qui fut prêchée la première *croisade* et d'où vient ce nom? — En quelle année et sous quel chef fut entreprise la première croisade? — Quelles villes les croisés prirent-ils et quelles victoires remportèrent-ils?- Quelle fut la conduite d'Alexis envers les croisés? Quels États chrétiens furent fondés en Orient pendant la croisade?—Racontez la prise de Jérusalem. —Quel gouvernement fut établi à Jérusalem?—Quels ordres de chevalerie furent créés pour la défense des saints lieux? — Combien de temps dura le royaume de Jérusalem?—75. Racontez la guerre que fit éclater la succession de Baudouin V, comte de Flandre, et la part que Philippe Iᵉʳ prit à cette guerre. — Quelles furent les causes des guerres de Philippe Iᵉʳ et de Guillaume de Normandie? — Quelle fut la politique de Philippe à l'égard de Guillaume?—Qu'est-ce qui fit éclater la guerre?—Quelles suites eut cette expédition? — Philippe sut-il réparer la faute de son tuteur en profitant des troubles qui suivirent en Normandie la mort de Guillaume? —Comment le Vexin fut-il défendu contre les Normands? — Les actions personnelles de Philippe Iᵉʳ offrent-elles beaucoup d'intérêt? -Indiquez-en quelques-unes. Comment mourut-il? — 76. Quels progrès fit la civilisation pendant le onzième siècle ? — Quel fut le résultat de la croisade pour les communes et pour l'autorité royale ? — Quelles acquisitions le *Domaine royal* fit-il pendant le règne de Philippe Ier ?

ÉVÉNEMENTS CONTEMPORAINS. — 1073. Pontificat de Grégoire VII. — 1074. Célèbre lutte entre le pape et l'empereur à propos des investitures ecclésiastiques.

CHAPITRE TROISIÈME.

LUTTE DE LA ROYAUTÉ CONTRE LA FÉODALITÉ. — ORIGINE ET PROGRÈS DES COMMUNES EN FRANCE.

77. Louis VI dit **le Gros** (1108-1137) — Au nom de Louis le Gros a souvent été joint le surnom de *Restaurateur des communes*, qu'il a peu mérité, comme nous le montrerons bientôt (n° 80), et dont on lui a fait à tort son plus beau titre de gloire ; nous ne l'en dépouillerons toutefois que pour y substituer celui de *Restaurateur de la royauté*, auquel il a des droits incontestables, et que l'on ne trouvera guère moins glorieux pour lui, quand on reconnaîtra, par l'histoire de son règne, qu'il sut faire tourner à l'avantage de tous le crédit rendu par ses efforts à la royauté. Depuis le règne des derniers Carolingiens, le nom de roi n'était plus aux yeux des seigneurs qu'un vain titre, qu'ils avaient, sans s'en inquiéter beaucoup, laissé usurper par Hugues Capet, un de leurs pairs. Le système féodal lui-même était resté incomplet, puisque celui qui devait maintenir l'ordre et l'harmonie dans toutes ses parties, le roi, seigneur suzerain des vassaux placés aux plus hauts degrés de l'échelle féodale, n'avait ni le crédit ni la puissance nécessaires pour les contraindre à la soumission. Ce crédit et cette puissance, la royauté les recouvra sous Louis le Gros. — Replacée désormais à son rang, elle devint la sauvegarde de la sécurité publique et de la liberté, telles du moins qu'elles pouvaient exister à cette époque. Quand le peuple des villes, courbé sous la domination des seigneurs, et pour qui le roi n'avait été jusqu'alors qu'un souvenir, une ombre en quelque sorte, vit en lui un être réel, un protecteur efficace, dont le bras était toujours prêt à le défendre, il s'adressa de toutes parts à lui, pour lui porter ses doléances. La royauté intervint d'abord comme médiatrice entre le peuple et les seigneurs, et bientôt, la puissance que lui donna dans l'opinion publique ce rôle si nouveau dans la monarchie, lui assura la force nécessaire pour contraindre les plus puissants feudataires à se soumettre aux arrêts qu'elle faisait prononcer contre eux. Louis le Gros rendit donc à la royauté le caractère d'une véritable magistrature publique : aussi les *Communes*, qui sous son règne obtinrent de leurs seigneurs des chartes d'affranchissement, attachèrent-elles une grande importance à les faire revêtir du nom du roi, qui leur semblait assurer à leur liberté une garantie nouvelle. C'est là l'origine de l'erreur de ceux qui ont fait honneur de ces chartes à Louis le Gros.

Ce prince commença, du vivant même de son père, l'exécution de l'entreprise hardie qui devait faire la gloire de son règne. Tandis que Philippe Ier usait au milieu des débauches les restes d'une vie tout entière digne de mépris, le *gentil Damoisel de France*, âgé de vingt et un ans à peine, mais entraîné vers les glorieuses entreprises par l'éducation chevaleresque qu'il avait reçue, travaillait déjà à rehausser l'éclat de cette couronne à laquelle venait de l'associer son père, empressé de se décharger des soins de la royauté. Bientôt le surnom de Louis *l'Éveillé*, que lui avait fait donner le caractère ardent et impétueux qu'il montra dès ses jeunes années, fut remplacé par celui de *Batailleur*. Sans cesse, en effet, pendant un règne de vingt-neuf ans, il eut les armes à la main, soit pour défendre son héritage, soit pour comprimer les révoltes ou réprimer les brigandages de ses vassaux. Le voyage de Paris à Orléans, les deux principales villes du domaine des premiers Capétiens, avait souvent été jusque-là une véritable expédition militaire. Les marchands qui se rendaient de l'une à l'autre de ces villes étaient rançonnés ou dépouillés par les petits seigneurs dont il leur fallait traverser les terres. Celui de *Montlhéry*, le plus redoutable d'entre eux, renfermé dans une haute tour qui dominait la route, y défiait toutes les forces du roi, son suzerain. « J'ai vieilli de la vexation que m'a donnée cette tour, » disait Philippe Ier à son fils. Celui-ci jura de réprimer tous ces brigandages. Dès qu'il fut associé au trône, on le vit, en véritable chevalier errant, parcourir, à la tête de quelques hommes d'armes, les grands chemins, pour assurer le libre passage des voyageurs, voler à la défense des intérêts de l'église de Saint-Denis contre le seigneur de Montmorency, de celle de Reims contre le baron de Roucy, de celle d'Orléans contre le seigneur de Meûn, ou bien encore, courir arracher quelque humble châtelain des mains d'un plus puissant vassal. « On rirait fort aujourd'hui d'un prince qui s'en irait à la tête de la gendarmerie faire la police des grandes routes... ce fut pourtant là le début de la haute fortune de nos rois. Les rebelles seigneurs du *Puiset*, de *Beaumont*, de *Montmorency*, sur lesquels s'exerçait, dans le cercle étroit de quelques lieues, tout l'effort de la puissance royale, commencèrent à entrer en crainte du *seigneur roi*, qui appuyait son titre de la force de son bras, et se faisait le premier chevalier de France... Ce fut ainsi que Louis le Gros se mit à la tête de la confédération féodale, et marqua désormais cette place à la royauté. » (M. Aug. TROGNON.)

Tel fut le caractère général du règne de Louis le Gros. Parcourons-en rapidement les faits les plus remarquables.

78. LUTTES CONTRE LES SEIGNEURS FÉODAUX. — Bertrade, l'épouse adultère de Philippe Ier et la marâtre de Louis le Gros, n'avait vu qu'avec colère ce fils d'une première épouse associé à une couronne qu'elle convoitait pour son propre fils Philippe, auquel Louis avait assuré en apanage la ville et le comté de *Mantes*. Persécuté par elle pendant les dernières années de la vie de son père, avec un acharnement qui alla jusqu'à lui faire prendre un poison dont il ne guérit jamais parfaitement, Louis la retrouva à la tête de ses ennemis quand il fut monté sur le trône. Tous les petits seigneurs du duché de France, soulevés par ses intrigues et redoutant la bravoure du jeune roi, secondèrent ses projets, que Louis déconcerta par son activité ; il ne lui fallut cependant pas moins de huit années pour comprimer ces révoltes. Elles n'amenèrent que des événements de peu d'importance ; mais Louis sut les faire tourner à l'accroissement de sa puissance et de sa réputation.

Devenu roi, il ne perdit pas, dit son historien, l'habitude qu'il avait contractée dans son adolescence, de protéger les églises, de soutenir les pauvres et les malheureux, et de veiller à la défense et à la paix du royaume. (SUGER.) Nous voyons même la puissance royale se faire sentir dès lors bien au delà des limites entre lesquelles elle était renfermée depuis l'avénement de Hugues Capet. « Pour qu'il parût clairement, continue le même auteur, qu'en aucune partie de la terre l'efficacité de la vertu royale n'était ren-

fermée dans les étroites limites de certains lieux, Louis cita
en justice Aymon, seigneur de Bourbon, qui avait dépouillé le fils de son frère Archambault (1117). Celui-ci
n'ayant pas comparu, Louis marcha à la tête d'une nombreuse armée contre le vassal rebelle, qui fut bientôt réduit à venir se prosterner aux pieds du seigneur roi, au grand
étonnement de tous ceux qui en furent témoins. » C'était
en effet un spectacle bien nouveau alors que celui de la
féodalité venant s'humilier à ce point devant la royauté,
si méprisée peu auparavant, mais qui sait maintenant faire
reconnaître le droit et la mission dont elle se croit, avec
raison, investie, de faire régner partout l'ordre et la justice. Et cette mission, Louis s'y montra fidèle pendant
tout le cours de son règne, qui fut certainement sous ce
rapport le plus laborieux de notre histoire. Toujours en
campagne, il marcha deux fois (1121 et 1126) contre le
comte d'Auvergne, qui vexait l'évêque de Clermont, auquel il le contraignit à rendre justice. L'année suivante
(1127), il alla, à la tête d'une armée, régler les prétentions
des rivaux qui se disputaient la succession de Charles le
Bon, comte de Flandre, assassiné dans une révolte, suite
des guerres civiles qui déchiraient ce pays depuis la mort
de Baudouin VII. — Amaury de Montfort, qui prétendait
exercer, par héritage, la dignité de sénéchal de France
(1128), les seigneurs de Coucy, qui retenaient dans leurs
cachots les marchands enlevés sur les grandes routes, afin
de les contraindre à payer de grosses rançons (1130), le
puissant comte de Champagne, instrument de toutes les
intrigues par lesquelles son oncle, le roi d'Angleterre,
cherchait à troubler la France (1130), enfin le seigneur
de Saint-Brisson-sur-Loire, qui exerçait autour de son
château d'affreux brigandages (1135), attirèrent sur eux
tour à tour les armes de Louis, qui les réduisit, par la ruine
de leurs forteresses, à rentrer dans le devoir.

79. GUERRES CONTRE LES ENNEMIS EXTÉRIEURS. —
Si ces nombreuses expéditions donnèrent à Louis beaucoup d'occupation, il eut du moins peu de chose à redouter des ennemis extérieurs. Le seul qu'il ait eu à combattre
fut Henri Ier, roi d'Angleterre et duc de Normandie, que
la possession de ce grand fief rendait, comme son prédécesseur, l'ennemi naturel du roi de France. Les deux
jeunes rois se regardaient déjà avec défiance, lorsque l'occupation par Henri de la forteresse de *Gisors* décida la

rupture. Situé sur l'Epte, rivière qui formait la limite de la France et de la Normandie, et également redoutable pour les deux pays depuis qu'il avait été, comme nous l'avons vu (n° 75), fortifié par Guillaume le Roux, ce château avait été remis au baron Pains, qui avait pris l'engagement de n'y laisser entrer ni Normands ni Français. Henri se l'étant fait livrer par ce seigneur (1109), Louis marcha contre lui. Bientôt les deux armées se rencontrèrent sur les bords de l'Epte. Le roi de France fit alors proposer à celui d'Angleterre de terminer leur querelle par un combat singulier ; mais celui-ci rejeta ce défi chevaleresque, et la guerre, interrompue à diverses reprises (1113 et 1119), occupa une grande partie du règne de Louis, au grand dommage de la Normandie, ravagée sans cesse par les bandes pillardes qui suivaient chacun des deux partis. Le plus remarquable des combats qu'ils se livrèrent fut celui de *Brenneville* (près de Louviers), qui ne coûta pourtant la vie qu'à trois de ces chevaliers bardés de fer, qui cherchaient d'ailleurs bien moins à se tuer réciproquement qu'à faire des prisonniers, afin d'en tirer de bonnes rançons. Aussi cent quarante chevaliers français tombèrent-ils au pouvoir des Anglais victorieux, qui faillirent même s'emparer du roi de France. Déjà un des leurs, ayant saisi la bride de son cheval, criait : *Le roi est pris !* lorsque Louis déchargea sur lui un grand coup d'épée en s'écriant : *Ne sais-tu pas qu'au jeu des échecs on ne prend jamais le roi ?*

Cette guerre parut cependant devenir bien plus menaçante, lorsque le roi d'Angleterre eut déterminé l'empereur Henri V, son gendre, à marcher, de son côté, contre le roi de France. La nouvelle de cette formidable invasion ne servit toutefois qu'à faire éclater la puissance que Louis avait rendue à la royauté et la réalité qu'il avait su donner à cette suzeraineté royale, qui jusque-là n'avait été qu'un vain nom. Il alla prendre à l'abbaye de Saint-Denis l'*oriflamme*, bannière célèbre, qui était de couleur rouge, fendue par le bas et suspendue au bout d'une lance dorée. A ce signal tous les vassaux du roi et une partie des grands feudataires de la couronne se rassemblent autour du monarque ; les églises de Saint-Denis et de Reims y joignent leurs nombreux vassaux ; les communes, fières de l'existence politique qui vient de leur être rendue (n° 80), envoient leurs milices au roi, qui se trouve bientôt à la tête de la plus brillante et de la plus nombreuse armée qu'eût encore commandée un prince de la troisième race. Mais ce fut vainement qu'elle attendit, aux environs de Reims, l'arrivée de l'empereur. Effrayé à la nouvelle d'un si redoutable armement, Henri V opéra sa retraite (1124), abandonnant lâchement son allié, qui fut réduit à faire de nouveau la paix.

80. Affranchissement des communes. — Nous avons signalé, sous les règnes précédents (nos 65 et 76), les premiers efforts tentés par les villes pour se soustraire à la servitude que la féodalité faisait peser sur elles et pour former une *communauté* ou une *commune*. « Or, voici, dit un auteur contemporain fort peu partisan de cette institution, ce qu'on entendait par ce mot exécrable et nouveau : « Tous les habitants, redevables d'un certain cens, devaient acquitter d'une seule fois, dans l'année, envers le seigneur, les obligations ordinaires de la servitude, et se racheter par une amende légalement fixée, s'ils tombaient dans quelques fautes contraires aux lois. A cette condition, ils étaient entièrement exemptés de toutes les autres charges et redevances qu'on a coutume d'imposer aux serfs. Les hommes du peuple, saisissant cette occasion de se racheter d'une foule de vexations, donnèrent des monceaux d'argent à ces avares, dont les mains étaient comme autant de gouffres qu'il fallait combler. » (Guibert de Nogent.)

Ces *avares*, c'étaient les seigneurs féodaux ; c'était le roi Louis le Gros lui-même ; c'était le comte de Vermandois, qui accorda aux villes de *Noyon* et de *Saint-Quentin* les premières chartes dont il soit fait mention dans cette partie de la France ; c'était l'évêque de *Laon*, qui consentit à ce que les bourgeois de cette ville formassent une commune, « s'ils voulaient donner assez d'argent pour obtenir cette licence, » qu'ils se firent confirmer, moyennant quatre cents livres d'argent, par le roi Louis le Gros, qui la rétracta néanmoins, lorsque ce même évêque et les seigneurs lui eurent offert six cents livres d'argent. Ce fut par les mêmes moyens que les villes de *Beauvais* (vers l'an 1096), *Soissons*, *Amiens*, *Abbeville*, *Saint-Riquier*, obtinrent des chartes de Louis le Gros, et une foule d'autres de Louis le Jeune et de ses successeurs. Celles qui achetèrent ainsi ce droit de leurs seigneurs, ruinés par les croisades ou leurs folles dépenses, furent les plus nombreuses; mais quelques-unes aussi recouvrèrent leur indépendance les armes à la main. — Après avoir fait serment de se soutenir mutuellement et de ne plus souffrir que qui que ce fût les traitât désormais comme serfs, les habitants d'une ville ou d'un bourg nommaient un échevin ou magistrat, chargé de veiller aux intérêts de leur *communauté*, de les rassembler au son de la cloche, en cas de besoin, et de marcher à leur tête sous la bannière de la *commune*. Une transaction pécuniaire entre les bourgeois et les seigneurs terminait d'ordinaire la contestation. On a supposé, avec raison sans doute, que Louis le Gros se montra favorable à ces affranchissements qui diminuaient la puissance des seigneurs, dont il avait si souvent à se plaindre, et qu'il seconda ainsi cet élan vers la liberté, qui est un des caractères de l'époque dont nous nous occupons : il est à remarquer toutefois qu'il ne donna de charte à aucune des villes de ses propres domaines, et que s'il aida certaines villes à s'affranchir de la tyrannie de leurs seigneurs, on le vit aussi combattre en plus d'une occasion contre les communes en faveur des seigneurs. Cependant, une fois commencé, ce grand mouvement ne s'arrêta plus; mais en accordant des chartes à toutes les villes qui en demandèrent, l'adroite politique des successeurs de Louis le Gros fit tourner cette importante révolution à l'accroissement du pouvoir royal, en déclarant que les communes ainsi affranchies relèveraient immédiatement de la couronne.

81. FIN DU RÈGNE DE LOUIS LE GROS. — La corpulence excessive à laquelle Louis *le Gros* dut ce surnom ne l'empêcha pas de conserver jusque dans ses dernières années toute son activité; mais tant de fatigues finirent par épuiser ses forces et lui occasionnèrent une maladie dont il mourut, après avoir langui deux années; «et comme il s'en retournait lentement de Melun à Paris, pour y prendre lit et mourir, grandes tourbes de gens contre lui venaient des villes et des châteaux et des charrues, et ploraient tendrement pour l'amour qu'ils avaient en lui et pour la paix qu'il leur avait toujours gardée et tenue. »

Ces simples et touchantes paroles de son historien suffiraient à son éloge. « *Souvenez-vous*, dit-il en expirant au fils qui allait lui succéder, *que la royauté n'est qu'une charge publique dont vous aurez à rendre compte à celui qui dispose des sceptres et des couronnes.* » — Ce fils, nommé **Louis** comme son père, et substitué à son frère aîné, qui avait été associé avant lui à la couronne, et qui était mort par suite d'un accident, avait été couronné au concile de Reims (1131) par le pape Innocent II. Chassé de Rome par Anaclet, qui lui disputait le trône pontifical, Innocent avait été reconnu comme pape légitime par le concile d'Étampes, entraîné par l'autorité de Suger, abbé de Saint-Denis, et de saint Bernard, abbé de Clairvaux, et il fut bientôt après rétabli sur son siége.

La réunion de la seigneurie de *Montlhéry* au domaine royal (1118) fut la seule acquisition directe faite par la couronne sous le règne de Louis le Gros; mais ce qui importait bien plus à la royauté, c'est le respect pour elle, c'est la confiance en elle qui commençaient à renaître jusque dans les provinces les plus reculées, comme on en eut la preuve, lorsque l'on vit (dès l'année 1109) l'appui du roi réclamé par le plus éloigné de ses vassaux, le comte de *Barcelone*, en Espagne, qui se voyait menacé par une invasion redoutable. Cette reconnaissance d'une suzeraineté qui remontait au temps de Charlemagne n'était pas un fait sans importance, puisque ce même comte de Barcelone acquit, peu de temps après, de nouvelles possessions en France par son mariage avec l'héritière du *Gévaudan* et de la *Provence*. Il y eut dans le midi une France espagnole, comme il y avait une France allemande à l'orient et une France anglaise à l'occident.

Les progrès des lettres et des fortes études en France sont attestés à cette époque par des noms illustres : *saint Bernard* que ses vertus, ses immenses connaissances et son éloquence entraînante rendirent l'arbitre de son siècle ; *Abailard*, moins célèbre encore par son prodigieux savoir et sa haute réputation comme professeur que par ses malheurs et par la tendre affection d'Héloïse, son épouse ; enfin *Suger*, abbé de Saint-Denis, dont la réputation comme historien, malgré son style prétentieux, n'est pas éclipsée complétement par la gloire qu'il s'est acquise comme ministre prudent et habile sous le règne de Louis le Jeune.

82. Louis VII, dit le Jeune (1137-1180). — Aucun prince n'était encore monté sur le trône de France dans des circonstances plus favorables que celles au milieu desquelles eut lieu l'avénement de Louis le Jeune. Déjà reconnu comme roi, depuis six ans, il héritait sans contestation d'un pouvoir que les plus puissants vassaux avaient appris à respecter. Au moment même de la mort de son père qu'il apprit à Poitiers, il venait d'être couronné, dans cette ville, duc d'*Aquitaine*, par suite de son mariage avec Éléonore, fille et héritière du dernier duc de ce pays, et son domaine particulier, jusque-là fort restreint, recevait ainsi un accroissement considérable par l'adjonction des vastes provinces du *Poitou* et du *Limousin*, du duché de *Gascogne* et des comtés de *Bordeaux* et d'*Agen*. Nous dirons bientôt comment Louis le Jeune laissa passer ce riche héritage au plus dangereux ennemi de la France.

De grandes fautes en effet signalent ce long règne d'un prince dont les premières années seulement rappelèrent quelque chose de la bienfaisante énergie de son père. Du reste, faible, dominé par ses goûts personnels, il fut de tous les rois qui ont gouverné la France l'un des plus étrangers à toute pensée publique. Et cependant, la révolution accomplie sous le règne de Louis le Gros dans la nature et la situation de la royauté, était tellement dans les besoins du temps, qu'entre les mains d'un prêtre, de l'abbé Suger, que Louis avait eu du moins la prudence de conserver pour son ministre, le pouvoir royal suivit la même marche, conserva la même physionomie que lui avait imprimée l'actif et belliqueux Louis le Gros. L'impulsion avait été donnée avec tant de force, que Louis VII, dont la conduite était plutôt de nature à éloigner la considération qu'à la provoquer, la vit de toutes parts venir à son pouvoir. Les chartes à donner aux villes, et dont un très-grand nombre datent de ce règne, le jugement de toutes les contestations entre les bourgeois, les seigneurs, les clercs, la décision même des différends qui s'élevaient entre les plus grands vassaux, la répression des brigandages et des entreprises contre l'autorité royale, tout continuait à aboutir au trône, même en l'absence de Louis, et pendant tout le temps qu'il passa à la seconde croisade.

83. **Part qu'il prend a la seconde croisade.** — C'est pourtant une faute grave, quoique justifiée par l'esprit de son siècle, que la part prise par Louis le Jeune à cette croisade, dans laquelle il s'engagea par des motifs de conscience. Dans une expédition contre le comte de Champagne, qui lui avait donné de justes motifs de plaintes, il avait pris et saccagé la petite ville de *Vitry* (1142). Le

feu mis à la ville par les soldats gagna l'église, dans laquelle treize cents personnes périrent brûlées ou étouffées par l'incendie. La vue de cet horrible spectacle inspira de violents remords à Louis, déjà frappé des censures de l'Église, à propos de quelques démêlés avec le Saint-Siége. La nouvelle des désastres éprouvés par les chrétiens de la Terre-Sainte qui avaient perdu plusieurs places, entre autres Édesse, la plus florissante capitale de la chrétienté d'Asie, le détermina à marcher à leur secours, pour expier le crime involontaire dont il se regardait comme l'auteur. Saint Bernard appuya de toute la force de son éloquence cette entreprise, dans laquelle il entraîna aussi l'empereur Conrad. En vain le sage ministre Suger représenta-t-il à Louis le Jeune combien sa présence était nécessaire dans son royaume, afin d'y consolider la prospérité que le rétablissement de l'autorité royale commençait à y faire renaître ; Louis, sans se rendre aux prudents conseils de cet habile ministre, eut du moins la sagesse de lui confier en son absence l'administration de son royaume ; et ayant reçu la croix des mains de saint Bernard, il partit avec presque toute sa noblesse pour la Terre-Sainte (1147). Suger, qui avait pour maxime « qu'il vaut mieux que tous aient un seul maître qui les défende, que de périr tous en n'ayant pas de maître, » continua en quelque sorte, comme nous l'avons dit, le règne de Louis le Gros, en gouvernant avec une sagesse et une habileté qui lui firent donner les noms de *Salomon de la France* et de *Père de la patrie*. — La seconde croisade échoua par le défaut de concert entre le roi de France et l'empereur. Après deux années de revers et de malheurs, Louis revint dans ses États sans soldats et sans gloire (1149). Suger, qui n'avait cessé de presser son retour, se hâta de remettre entre ses mains le gouvernement, et rentra dans son abbaye, d'où il ne sortait que pour assister aux conseils des princes et porter secours aux malheureux. On s'étonne en voyant ce prudent politique, si opposé à la seconde croisade, provoquer à son tour une entreprise semblable, qu'il se proposait même de diriger en personne ; mais la mort le surprit au milieu de ses préparatifs (1151), et priva ainsi du plus sage de ses conseillers Louis, dont l'affliction fut vivement partagée par toute la nation.

84. SON DIVORCE. — La prudence de cet habile ministre avait conjuré les conséquences de la première faute

de Louis : celle que ce prince commit à son retour de la seconde croisade eut des suites bien plus fatales à la France. Il avait été accompagné dans cette expédition par son épouse Éléonore d'Aquitaine, dont la conduite scandaleuse lui donna de trop justes sujets de plaintes. Rentré dans ses États, il s'occupa des moyens d'opérer son divorce avec elle. Ce divorce fut prononcé (1152) sous prétexte de parenté entre les deux époux. Éléonore, devenue libre, se vit recherchée en mariage par les princes les plus puissants, et accorda sa main, l'année même de son divorce, à Henri Plantagenet, héritier présomptif de la couronne d'Angleterre. Ce prince, qui possédait déjà en France la *Normandie* et l'*Anjou*, y réunit les provinces dont se composait le riche héritage d'Éléonore ; de sorte que, au moment où il monta sur le trône d'Angleterre (1154), il se trouva, en France même, beaucoup plus puissant que le roi. Dès lors éclata définitivement cette longue rivalité qui devait être si funeste à notre patrie. La lutte avait commencé entre les deux princes avant même que Henri fût monté sur le trône (1152) ; et elle se continua, sans événements bien remarquables, presque jusqu'à la fin du règne de Louis le Jeune. Elle fut interrompue néanmoins à plusieurs reprises par des traités de paix toujours mal observés, même par une union de famille entre les deux rois, Louis ayant consenti (1158) à accorder sa fille Marguerite à Henri, l'aîné des fils du roi d'Angleterre. Ce dernier roi augmenta encore ses domaines en France (1166) par un autre mariage, celui de Geoffroy, son troisième fils, avec la jeune héritière du duché de *Bretagne*, qu'il conserva comme tuteur des deux jeunes époux. Le meurtre de l'archevêque de Cantorbéry, Thomas Becket, faillit compromettre ses progrès, en faisant éclater contre Henri, qui avait vu ses provinces françaises mises en interdit par le Saint-Siége, pour la part qu'il avait eue à cet assassinat, une révolte formidable, dont le roi de France était l'âme. Mais Henri, après avoir obtenu l'absolution du pape et fait amende honorable sur le tombeau de *saint Thomas de Cantorbéry*, triompha de tous ses ennemis, et recouvra par son activité tout ce qu'il avait un instant perdu. — Louis le Jeune, après s'être séparé d'Éléonore, épousa successivement (1154) Constance, fille du roi de Castille, et, six semaines après sa mort (1160), Alix, fille de Thibaut le Grand, comte de Champagne. Cette dernière lui donna un fils nommé Philippe, qu'il fit couronner avec pompe l'année qui précéda sa mort (arrivée en 1180).

85. Progrès des études littéraires. — Malgré les fautes reprochées à Louis, la France vit, grâce au rétablissement de l'ordre et de la liberté communale, s'augmenter sa prospérité intérieure. Sous ce règne, comme sous le précédent, le retour de la tranquillité favorisa le progrès des arts et de la littérature.

La faveur dont commençait à jouir la poésie ou la *gaie science*, comme on l'appelait alors, est attestée par l'augmentation du nombre des troubadours; leurs chansons, les compositions des *trouvères* et la lecture des romans de chevalerie, charmaient les loisirs des seigneurs : en même temps, la fondation de nouvelles écoles aidait au développement que prenaient de jour en jour des études plus sérieuses. Malheureusement l'esprit de controverse s'y introduisit avec l'érudition, et les subtils dialecticiens qu'elles produisirent n'eurent pas tous la prudence et la soumission d'Abailard. Ce savant professeur, condamné au concile de *Sens* (1142) pour quelques opinions erronées combattues par saint Bernard, écouta les conseils du sage abbé de Cluny, Pierre le Vénérable, et se réconcilia avec l'Église et avec son redoutable adversaire. Mais l'Italien Arnaud de Brescia, le plus fougueux de ses disciples, excita de grands troubles par ses prédications d'indépendance religieuse et politique tout à la fois, et contribua à augmenter la fermentation qui commençait à se manifester dans les esprits, surtout dans le midi de la France, où se propageaient diverses hérésies qui se résumèrent sous le nom de celle des Albigeois. Nous en verrons sous le règne qui va suivre les déplorables conséquences.

QUESTIONNAIRE.—77. Quel surnom a reçu Louis VI ? quel autre serait-il plus juste de lui donner ? — Quel service rendit-il à la royauté, et par suite à la nation, contre la féodalité ? — Quelle fut la conduite de Louis du vivant de son père? quels surnoms lui furent alors donnés, et comment fut-il associé au trône ? — 68. Quels ennemis lui suscita sa marâtre ?—Parvint-il à en triompher ? — Comment força-t-il à l'obéissance Aymon, seigneur de Bourbon?—Contre quels autres vassaux eut-il encore à sévir ?—79. Quel ennemi extérieur eut-il encore à combattre ?— Quelle circonstance fit éclater la guerre ?—Quel défi Louis envoya-t-il à Henri Ier? —Qu'arriva-t-il à Louis au combat de Brenneville ? — Louis le Gros ne se vit-il pas attaqué par un autre ennemi?—Sous quelle bannière rassembla-t-il son armée ?—Les guerriers qui se réunirent à ce signal étaient-ils fort nombreux ? — Quel parti prit alors Henri V ? — 80. De quelle époque date l'affranchissement des communes ? — Où commença cette révolution ? — Comment les communes obtinrent-elles leurs droits ? — Quelles furent les premières communes affranchies ?—Louis le Gros favorisa-t-il ces affranchissements ?— Dans quel but ses successeurs imitèrent-ils son exemple ? — 81. Comment Louis le Gros termina-t-il son règne ? — Ces fatigues n'avancèrent-elles pas sa mort?—Où et par qui avait-il fait couronner son fils ? — Rapportez les dernières paroles qu'il lui adressa.—Quelle acquisition fit le domaine royal sous ce règne ? — Quel vassal éloigné implora le secours du roi ?.— Quels hommes célèbres vécurent sous le règne de Louis le Gros? — 82. Faites connaître les circonstances favorables dans lesquelles Louis le Jeune reçut le pouvoir. — Quelles provinces son mariage avec Eléonore d'Aquitaine ajouta-t-il à ses Etats héréditaires ? — Quelles fautes commit Louis le Jeune ? Quels faits signalent surtout son règne? — 83. Comment et pourquoi Louis le Jeune s'engagea-t-il dans la seconde croisade?—Qui appuya cette entreprise?—Fut-elle approuvée par le ministre Suger?—A qui Louis le Jeune confia-t-il l'administration de son royaume pendant son absence?—Comment Suger justifia-t-il la confiance de son roi ?—Quel fut le résultat de la seconde croisade ?—84. Comment Louis perdit-il les provinces qu'Eléonore lui avait apportées en dot? — A qui Eléonore, devenue libre, accorda-t-elle sa main?—Quelles provinces Henri Plantagenet possédait-il déjà en France et quelle puissance y acquit-il par son mariage ? — La lutte entre le roi de France et Henri ne commença-t-elle pas avant l'avénement de ce dernier au trône d'Angleterre ? — La guerre entre la France et l'Angleterre ne fut-elle pas interrompue à diverses reprises ?— Comment s'accrut encore en France le domaine du roi d'Angleterre ? — Quelles femmes épousa successivement Louis le Jeune après son divorce ? — 85. Quels furent les progrès de la prospérité intérieure et des lumières sous le règne de Louis le Jeune? — Que produisit l'esprit de controverse qui pénétra avec l'érudition ? — Arnaud de Brescia fut-il aussi modéré qu'Abailard?—Quelles suites eurent ses prédications?

ÉVÉNEMENTS CONTEMPORAINS. — 1122. Henri V à la diète de Worms renonce au droit d'investiture. — 1122. Avénement de l'empereur Conrad et de la maison de Souabe. Origine de la querelle des Guelfes et des Gibelins. — 1157. Lutte des khalifes Almohades contre les Almoravides. — 1154. Première ligue lombarde formée pour repousser l'empereur Frédérik-Barberousse et pour affranchir l'Italie. — 1173. Avénement du sultan Saladin en Égypte, la dynastie des Ayoubites remplace celle des Fatimites. — 1176. Avénement chez les Mongols de Tchingis-Khan (Gengis-Khan).

CHAPITRE QUATRIÈME.

PHILIPPE—AUGUSTE ET SAINT LOUIS; PARLEMENT FIXÉ A PARIS. — PREMIERS ÉTATS GÉNÉRAUX.

86. PHILIPPE-AUGUSTE OU PHILIPPE II (1180-1223). —Sous les deux règnes de Louis le Gros et de Louis le Jeune, la royauté avait reconquis dans l'opinion le rang qui lui appartenait ; mais la puissance, la force matérielle lui manquaient encore : ce fut Philippe-Auguste qui les

lui assura. Ce prince entrait à peine dans sa quinzième
année, lorsque la mort de son père fit passer entre ses
mains l'autorité royale ; sa mère et ses oncles voulurent
profiter de sa jeunesse pour la partager avec lui ; mais il
montra sur-le-champ, par le soin jaloux et la fermeté avec
lesquels il la retint, qu'il saurait triompher des résistances
de ses plus puissants vassaux. Eux aussi crurent en effet
les circonstances favorables pour renouveler les mêmes
résistances, les mêmes coalitions qui avaient tant exercé
l'activité et la persévérance de son grand-père. Mécontents
de l'union qu'il avait contractée, contre leur avis et celui
de ses parents, avec Isabelle, nièce du comte de Flandre,
ils prirent les armes contre lui ; mais, réduits bientôt à
l'impuissance, ils se réconcilièrent avec lui, et marchèrent
même avec empressement sous sa bannière, lorsqu'il se
brouilla avec ce même comte de Flandre au sujet de la
possession du *Vermandois*. Les villes de la Flandre, non
moins célèbres à cette époque par leur commerce, leur
industrie et leurs richesses, que par l'esprit turbulent et
belliqueux de leur nombreuse population, avaient fourni à
leur comte une armée considérable, qui s'avança rapidement jusqu'à neuf lieues de Paris : mais elle ne tint pas devant la chevalerie française. Voyant à son tour ses frontières envahies, le comte de Flandre reconnut à genoux
la suzeraineté du roi de France, auquel il abandonna le
Vermandois, à la réserve des villes de *Péronne* et de
Saint-Quentin (1185). Ces premiers succès confirmèrent
Philippe-Auguste dans la résolution qu'il avait prise dès
son avénement au trône de replacer la royauté au rang
qu'elle devait occuper. Au milieu des embarras que lui
causait dans les premières années de son règne la révolte
des seigneurs, on l'avait entendu s'écrier : « Quelque
chose qu'ils fassent maintenant, leurs violences, leurs
grands outrages et grandes vilenies, si me les convient à
souffrir ; s'il plaît à Dieu, ils affaibliront et ils enviciltiront,
et je croîtrai, s'il plaît à Dieu, en force et en pouvoir ; si
en serai à mon tour vengé à mon plaisir. » Ces paroles,
qu'une vieille chronique attribue à Philippe-Auguste, con-
tenaient à la fois et le germe des grands projets qu'il sut accomplir et l'aveu de sa faiblesse. A son avénement, en
effet, le domaine royal, rentré dans les bornes qui le con-
tenaient sous Louis le Gros, ne dépassait guère les limites
des cinq départements actuels de la Seine, de Seine-et-

Oise, de Seine-et-Marne, de l'Oise et du Loiret. C'était un théâtre trop resserré pour l'ambition de Philippe-Auguste, qui se proposa de bonne heure un double but, l'agrandissement de son domaine et l'extension des droits de la royauté sur tous les vassaux de la couronne. Il y parvint par son courage, par sa persévérance, et aussi par l'habileté avec laquelle il profita, pour fortifier son pouvoir, de quelques idées devenues populaires à cette époque. Louis le Gros avait voulu que la royauté fût honorée ; Philippe-Auguste la veut forte et puissante. Pour la rendre telle, il déclare tout d'abord qu'à lui seul, comme chef de la hiérarchie du baronage, appartient le jugement de toutes les questions de fief. En cette qualité, il somme évêques et barons de se soumettre au jugement de la cour du roi et des barons du royaume ; et, se faisant ainsi contre la féodalité une alliée de la féodalité elle-même, il donne une formidable réalité à cette *Cour des Pairs* dont toute l'existence avait été jusque-là dans les romans de chevalerie. Et ce ne fut pas contre un faible vassal qu'il essaya la force de ce pouvoir nouveau : on le vit bientôt s'attaquer au plus redoutable de tous, et la féodalité étonnée aida elle-même au succès de l'audace du roi. Mais avant d'exposer les détails de cette grande lutte contre les rois d'Angleterre, qui jeta tant d'éclat sur le règne de Philippe-Auguste, qu'elle occupe presque tout entier, arrêtons un moment nos regards sur un événement qui l'interrompit quelque temps, et signalons la part que prit la France aux croisades entreprises à cette époque.

87. CROISADES —Deux nouvelles croisades se dirigèrent vers l'Orient, sous le règne de Philippe-Auguste. La prise, par le fameux sultan d'Égypte, Saladin, de la ville de Jérusalem (1187), retombée ainsi au pouvoir des infidèles, quatre vingt-huit ans après sa conquête par les premiers croisés, causa dans toute l'Europe une vive douleur. Elle se manifesta par l'enthousiasme avec lequel les plus illustres guerriers de l'Occident s'enrôlèrent pour voler à la délivrance de la cité sainte. Oubliant leurs querelles, les rois de France et d'Angleterre, Philippe-Auguste et Henri II, prirent la croix en présence de leurs barons (janvier 1189); de nombreux priviléges furent assurés aux croisés, et l'impôt connu sous le nom de *dîme saladine* fut établi dans les deux royaumes pour subvenir aux frais de l'expédition. La mort de Henri II retarda le départ; mais son fils Ri-

chard, résolu à tenir le serment qu'il avait prêté avec lui,
vint rejoindre à *Vézelay* (juillet 1190) Philippe-Auguste,
dont il allait être le rival de gloire. Déjà, ils s'étaient promis tous deux garantie mutuelle et prompte assistance
contre quiconque, en leur absence, exciterait du trouble
dans leurs états. Ils allèrent s'embarquer, non pas avec de
nombreuses armées, mais avec un petit nombre de chevaliers choisis, le roi d'Angleterre à *Marseille*, et celui de
France à *Gênes*. Les deux princes se retrouvèrent en Sicile, où les vents contraires les forcèrent à passer l'hiver.
Ce fut là qu'éclata entre eux une rivalité qui devait les rendre à jamais irréconciliables. Ils poursuivirent toutefois
leur route vers la Terre-Sainte ; mais tandis que Philippe
débarquait (avril 1191) à *Saint-Jean-d'Acre*, dont le roi
Guy de Lusignan avait entrepris le siége, Richard s'arrè-
tait à conquérir l'île de Chypre. Son arrivée (juin 1191)
permit enfin de pousser vivement le siége de la place
qui tomba bientôt au pouvoir des chrétiens (12 juillet).
Ce fut le seul résultat de cette expédition. Les divisions
qui régnaient entre les croisés ne laissaient guère d'espoir
de reprendre la ville sainte : bientôt Philippe-Auguste,
blessé des hauteurs de Richard, et jaloux de l'espèce de
supériorité que donnait à ce prince sa bravoure chevaleresque, se rembarqua pour la France (août 1191), laissant
son rival en Palestine. Celui-ci, après s'y être rendu fameux
par les exploits qui lui ont mérité le surnom de *Cœur-de-
lion*, quitta à son tour la Terre-Sainte l'année suivante
(octobre 1192) ; mais, traitreusement arrêté comme il
traversait l'Allemagne, il ne rentra dans ses états (1194)
qu'après une longue captivité.

Nous dirons peu de chose de la quatrième croisade entreprise huit ans après (1202-1204). Philippe-Auguste ne
prit directement aucune part à cette nouvelle croisade,
prêchée par Foulques, curé de Neuilly, et dirigée par Baudouin IX, comte de Flandre, à la tête d'un grand nombre
de chevaliers français et vénitiens. Détournée de son but
par diverses circonstances, elle eut, comme on le sait,
pour principal résultat le renversement de l'empire grec
de Constantinople et la fondation dans cette ville d'un
Empire latin, appelé aussi la *Nouvelle France*, mais qui
ne devait subsister que cinquante-sept ans (1204-1261).
Baudouin fut proclamé empereur, et plusieurs seigneurs
français obtinrent dans l'ancienne Grèce des possessions

plus ou moins importantes dans lesquelles ils transportèrent, avec la langue française, tous les usages de la féodalité. — Malgré le peu de succès de ces expéditions,
tel était à cette époque le zèle pour les croisades, qu'on vit
aussi partir de France (1213) une *croisade d'enfants*, qui
prétendaient que c'était seulement aux cœurs et aux mains
pures des enfants qu'il appartenait de reconquérir le saint
Sépulcre. Cette nouvelle croisade ne pouvait qu'être plus
malheureuse encore que toutes les précédentes. Les fatigues et les maladies moissonnèrent un grand nombre de
ces jeunes soldats de la croix avant même qu'ils fussent
parvenus aux ports de *Marseille* et de *Brindes* en Italie,
où ils s'embarquèrent pour la Terre-Sainte, et le reste périt sur mer, englouti dans les flots par les tempêtes.

Nous parlerons plus bas d'une autre croisade (puisqu'on
donna ce nom à cette guerre impie) dont les résultats furent bien autrement déplorables pour la France. Ce fut la
croisade dirigée, non plus cette fois contre les infidèles
musulmans, mais contre les Français égarés par de funestes
doctrines, contre les malheureux Albigeois.

88. LUTTE CONTRE L'ANGLETERRE. — Dès que Philippe-Auguste essayait de reculer les limites de son domaine, non comme roi, mais seulement comme seigneur
féodal, il rencontrait un voisin bien plus puissant que lui,
le roi d'Angleterre, Henri II, en possession de toute cette
dot d'Éléonore d'Aquitaine que Louis le Jeune avait perdue. Maître de toute la France occidentale, depuis la
Manche jusqu'aux Pyrénées, Henri était par conséquent
très-supérieur en force au roi de France, quoique son vassal. Ce fut cependant contre ce vassal et ses possessions
que se tournèrent les efforts de Philippe-Auguste. Tant
que vécut Henri II, ces efforts tentés timidement eurent
peu de succès, car ils se réduisirent à l'acquisition des
villes de Tours et du Mans. Henri, prince habile, énergique, obstiné, redouté à la fois comme guerrier et comme
politique, avait sur Philippe tous les avantages de la position et de l'expérience. Il en usa sagement, garda habi-
tuellement avec son jeune suzerain une attitude pacifique,
et déjoua la plupart des tentatives sourdes et des expéditions à main armée par lesquelles Philippe essaya de l'entamer ; modération qui, de la part d'un vassal à l'égard
d'un souverain bien moins puissant que lui, prouve d'une
manière frappante le progrès moral de la royauté.

Mais, après la mort de Henri II (1189), Philippe eut affaire à ses deux fils, Richard et Jean Sans-terre, dont les complots parricides avaient plus d'une fois menacé les jours de leur père, et qui, favorisés dans leurs révoltes par le roi de France, avaient longtemps combattu dans les rangs de l'armée française. « Richard Cœur-de-lion est, sans nul doute, le roi féodal par excellence, c'est-à-dire, le plus hardi, le plus inconsidéré, le plus passionné, le plus brutal, le plus héroïque aventurier du moyen âge. Philippe-Auguste devait lutter avec grand profit contre un tel homme. Philippe était d'un sens rassis, patient, persévérant, peu touché de l'esprit d'aventure, plus ambitieux qu'ardent, capable de longs desseins, et assez indifférent dans l'emploi des moyens. Il ne fit point sur le roi Richard ces grandes et définitives conquêtes qui devaient rendre à la France la meilleure partie de la dot d'Éléonore d'Aquitaine; mais il les prépara par une multitude de petites acquisitions, de petites victoires, et en s'assurant de plus en plus la supériorité sur son rival. »

« A Richard succéda Jean Sans-terre, poltron et insolent, fourbe et étourdi, colère, débauché, paresseux, vrai valet de comédie, avec la prétention d'être le plus despote des rois. Philippe avait sur lui, encore plus que sur son frère Richard, d'immenses avantages, et il sut bien s'en prévaloir. » (M. GUIZOT.) La guerre qui avait éclaté entre Philippe-Auguste et Richard après leur retour de la croisade, quoique signalée par d'horribles dévastations dans le Vexin et la Normandie et par le combat de *Gisors* (1198), où Philippe avait failli tomber au pouvoir de son vassal, s'était cependant terminée sans résultats importants. Il n'en fut pas de même de celle que recommença Philippe-Auguste dès qu'il eut appris la mort de son redoutable rival. Après sept années d'une lutte plusieurs fois interrompue (1199-1206), il enleva à Jean la plus grande partie de ce qu'il possédait en France. « Philippe se fût probablement passé de procédure légale pour faire sanctionner ses conquêtes ; mais Jean lui en fournit un merveilleux prétexte : il assassina de sa propre main, dans la tour de Rouen (avril 1203), son neveu Arthur, duc de Bretagne, et, à ce titre, vassal de Philippe-Auguste, auquel il venait de prêter hommage. Philippe fit sommer Jean, comme son vassal, de comparaître devant la cour des barons de France, ses pairs, pour se justifier de cet acte. » (M. GUIZOT.) Ayant vainement demandé un sauf-conduit, Jean refusa de se présenter, mais il n'en fut pas moins condamné et déclaré déshérité de toute la terre qu'il possédait dans le royaume de France (1205). Ce fut ainsi que le domaine royal, accru déjà du *Vermandois* (n° 86) et de l'*Artois*, que Philippe-Auguste avait hérités du comte de Flandre (1192), se trouva tout à coup augmenté des belles provinces du *Vexin*, de la *Normandie*, du *Maine*, de l'*Anjou*, de la *Touraine*, du *Poitou* et de l'*Auvergne*. Ces vastes états renfermaient (1217) soixante-dix-huit *prévôtés royales* ou terres appartenant en propre au roi, dont quarante-sept avaient été conquises par lui. Celles que l'on désignait plus particulièrement sous le nom de prévôtés de France, et qui ne comprenaient pas les acquisitions faites aux dépens des rois d'Angleterre, lui rapportaient un revenu de quarante-trois mille livres (1,032,000 fr.)

89. BATAILLE DE BOUVINES. — La perte des riches provinces que Jean possédait en France, loin de mettre fin à sa rivalité avec Philippe-Auguste, ne fit que rendre ses ressentiments plus violents encore : mais détesté et méprisé de ses sujets, il était hors d'état de rien entreprendre par lui-même ; il s'efforça donc de lui susciter des ennemis sur le continent. Philippe-Auguste vit se former contre lui une ligue redoutable, dans laquelle entrèrent Ferrand, comte de Flandre, le plus digne adversaire du roi par sa bravoure personnelle et par l'intrépidité des milices que lui fournissaient les puissantes cités flamandes, l'empereur d'Allemagne Otton IV, Renand, comte de Boulogne, les ducs de Brabant et de Limbourg. En même temps, la Normandie, l'Anjou, le Poitou, la Touraine, s'étaient soulevés contre les Français ; et déjà les seigneurs de l'Aquitaine avaient partagé le royaume avec ceux du Nord et avec le roi d'Angleterre et l'Empereur. Les vœux secrets d'une foule d'autres feudataires plus ou moins puissants, impatients du joug nouveau qui leur était imposé, secondaient l'entreprise et attendaient l'issue pour se déclarer. Ce furent toutes ces espérances, tous ces complots, que renversa la célèbre victoire de *Bouvines* (27 juillet 1214). Tandis que Louis, son fils aîné, marchait vers la Loire, battait le roi d'Angleterre, le poursuivait jusque dans le Poitou, Philippe-Auguste se dirigeait vers la Flandre. Il avait appelé à lui, contre ce dernier effort de la féodalité, les milices des communes; seize d'entre elles, *Noyon, Montdidier, Montreuil, Soissons, Bruyères, Hesdin, Cernay, Crespy* en Laonnois, *Crandeleu, Veley, Corbie,*

Compiègne, Roye, Amiens, Beauvais et Arras, lui envoyèrent leurs guerriers. Cependant l'armée royale était
encore inférieure de moitié à celle des confédérés. Celle-ci,
forte de cent mille hommes au moins, vint à l'improviste
attaquer les Français au moment où une moitié des leurs
avaient déjà passé le pont de Bouvines, entre Lille et Tournai. On se battit de part et d'autre avec tant d'acharnement, que le roi de France fut renversé de son cheval,
blessé et foulé aux pieds des chevaux, et que l'empereur
Otton fut sur le point d'être pris. Enfin la victoire se déclara pour les Français, qui firent un grand nombre de
prisonniers, dont les plus illustres furent Ferrand, comte
de Flandre, et Renaud, comte de Boulogne. Otton, épouvanté, quitta précipitamment la France, qui se trouva
ainsi délivrée de la plus redoutable invasion qu'elle eût
subie depuis longtemps. Les historiens ont célébré à l'envi
cette victoire si glorieuse pour les armes nationales, et
l'ont même embellie par la suite de circonstances tout à
fait imaginaires. C'est ainsi qu'ils prétendent qu'au moment d'engager le combat, Philippe-Auguste déposa sa
couronne sur un autel, l'offrant au plus digne, titre qui
lui fut confirmé, disent-ils, par les acclamations unanimes
de son armée. On ne trouve dans les récits contemporains
aucune mention de ce fait, et les circonstances au milieu
desquelles s'engagea la bataille en démontrent complètement l'invraisemblance.

Après une aussi éclatante victoire, toute lutte était désormais impossible entre le roi de France, qui avait triom-
phé à Bouvines de tous ses ennemis à la fois, et le roi
d'Angleterre, que ses revers avaient rendu plus odieux
encore. Ses barons profitèrent de sa défaite pour lui arracher la célèbre constitution connue sous le nom de
Grande Charte (1215); mais, violant presque aussitôt les
serments qu'il avait prêtés, Jean s'efforça de la renverser.
Irrités de ce manque de foi, les Anglais appellent alors
au trône le prince Louis, l'aîné des fils du roi de France.
Il ne le posséda pas longtemps; la mort du roi parjure,
arrivée l'année suivante (1216), mit fin au ressentiment
des barons; et, malgré les efforts du prince Louis, que
Philippe ne jugea pas convenable de soutenir, les Anglais
rendirent la couronne à Henri III, fils de Jean Sans-terre.

90. PERSÉCUTIONS RELIGIEUSES. GUERRE DES AL-
BIGEOIS. — Nous venons de considérer le côté le plus

brillant du règne de Philippe-Auguste; mais la pensée de l'historien se reporte douloureusement sur les sanglantes exécutions qui, pendant le même temps, couvraient tout le midi de la France de ruines et de carnage, sous le prétexte de protéger une religion dont le divin auteur apparut sur la terre comme l'ange de la paix. Le caractère dominant de l'époque dont nous nous occupons fut en effet une intolérance religieuse dont le blâme retombe non sur le roi, qui ne prit à ces horribles scènes qu'une part indirecte, mais sur l'esprit dont étaient animées alors toutes les classes de la population; un fanatisme aveugle trop commun dans ces temps d'ignorance explique, sans les excuser, les mesures sanguinaires vivement approuvées alors.

Les Juifs, regardés comme les ennemis naturels du christianisme, et poursuivis en conséquence par une violente haine populaire, en furent les premières victimes (années 1180-1182). Ils furent jetés en prison, puis condamnés à sortir du royaume et dépouillés des richesses considérables que leur procurait l'usure autant que le commerce concentré, du reste, presque uniquement dans leurs mains à cette époque. Ces violences ne furent que le prélude de la guerre des Albigeois, « cet abominable épisode de notre histoire. » (CHATEAUBRIAND.) Il serait difficile de remonter à l'origine des opinions hérétiques dont nous avons déjà signalé plus haut (n° 85) l'apparition dans le midi de la France. Vers la fin du douzième siècle, leurs sectateurs, connus sous les noms divers de *Bons Hommes*, *Patarins*, *Apostoliques*, *Albigeois*, s'étaient multipliés au point qu'ils osèrent (1167) élire un pape, qui consacra plusieurs évêques. Déjà saint Bernard les avait combattus, et le pape Alexandre III avait lancé contre eux l'anathème au concile de Tours (1163). Innocent III, l'un de ses successeurs, leur envoya de nouveaux prédicateurs pour ramener à la vraie foi des consciences égarées; malheureusement il leur adjoignit des commissaires chargés de rechercher et de punir les hérétiques. Ceux-ci commencèrent les hostilités en pillant les églises et en se livrant aux plus criminels excès. Un des légats du pape, Pierre de Castelnau, ayant été assassiné par un gentilhomme attaché au comte de Toulouse, Raymond VI, qu'il avait excommunié comme fauteur des hérétiques, une croisade fut publiée contre le comte de Toulouse et ses sujets hérétiques. Mais si l'on réfléchit qu'à cette époque les habitants de chacune des provinces de France, gouvernés par des princes toujours en guerre les uns contre les autres, formaient autant de peuples ennemis ; si l'on se rappelle de plus la constante antipathie qui avait toujours séparé les Français du Nord et ceux du Midi, les hommes de la langue d'*oyl* de ceux de la langue d'*oc*, non moins différents entre eux de mœurs que de langage, on concevra l'acharnement avec lequel les rudes guerriers du Nord se firent les exécuteurs des anathèmes lancés par la cour de Rome contre les riches sujets du comte de Toulouse. « Cette opulence, plus que toute autre chose, et plus que l'hérésie elle-même, perdit les peuples de la France méridionale ; elle excita la convoitise de toute cette nation d'aventuriers dont la fortune était au bout de leur lance ; et, à la voix du pontife, ils s'en vinrent par milliers chercher des fiefs moins périlleux à acquérir et plus sûrs à posséder que ceux de la Syrie et de la Palestine..... Ce qui demeura dans le midi de la France comme un impérissable et triste monument de la croisade contre les Albigeois, ce fut la ruine entière de cette belle civilisation qui avait commencé d'y naître. » (M. Aug. TROGNON.)

Tel fut le caractère général de cette horrible guerre, qui remplit quinze années du règne de Philippe-Auguste (1207-1222), mais qui ne se termina pas avec lui. Ne pouvant en rapporter tous les détails, nous nous bornerons à extraire des récits d'un historien contemporain le passage relatif à la prise de *Béziers*. Cinquante mille au moins de ces malheureux Albigeois, traqués comme des bêtes fauves dans les campagnes, avaient cherché un refuge dans les murs de cette ville, la première qui fut prise d'assaut par les croisés (1209) : « Là se fit, dit l'historien, le plus grand massacre qui se fût jamais fait dans le monde entier ; car on n'épargna ni vieux ni jeunes, pas même les enfants qui tétaient : on les tuait et les faisait mourir. Voyant cela, ceux de la ville se retirèrent, ceux qui le purent, tant hommes que femmes, dans la grande église de Saint-Nazaire ; les prêtres de cette église devaient faire tinter toutes les cloches quand tout le monde serait mort ; mais il n'y eut ni son ni cloche ; car ni prêtre, vêtu de ses habits, ni clerc, ne resta en vie. » — « *Tuez-les tous*, avait répondu l'abbé de Cîteaux, directeur de la croisade, à ceux des soldats qui lui demandaient comment distin-

6.

guer les hérétiques de ceux qui ne l'étaient pas ; *tuez-les tous. Dieu connaît ceux qui sont à lui.* » « Tout fut en effet passé au fil de l'épée, pas un seul n'en échappa. Ce meurtre et tuerie furent la plus grande pitié qu'on ait depuis vue ni entendue. La ville fut pillée ; on y mit le feu partout, tellement que tout fut dévasté et brûlé, et qu'il n'y demeura chose vivante. Ce fut une cruelle vengeance, ajoute l'auteur, vu que le comte n'était pas hérétique ni de la secte. » Tel fut le sort de toutes les villes du Languedoc qui tentèrent de résister aux croisés. Ceux des hérétiques qui échappaient au glaive étaient condamnés à périr dans les flammes, et leurs vainqueurs poussaient des cris de joie en assistant à ces terribles *auto-da-fé* (actes de foi). Le général de la croisade, le redoutable comte de Montfort, vaillant guerrier, irréprochable dans ses mœurs, mais qui ternit ses brillantes qualités chevaleresques par son ambition, par son hypocrite dissimulation, et par son fanatisme sanguinaire, se fit donner par les légats du pape les vastes États du comte Raymond de Toulouse. Son fils Amaury de Montfort continua, après sa mort (1218), cette guerre d'extermination ; mais il se vit forcé, par la haine des populations, par les revers qu'il éprouva, et par la défection de ses guerriers, à renoncer à un héritage si chèrement acheté, et qu'il offrit à Philippe-Auguste de lui abandonner. Ce prince, qui avait toujours montré peu d'empressement pour la croisade, quoiqu'il eût consenti à y envoyer ses deux fils, s'honora en refusant de profiter des dépouilles du malheureux comte de Toulouse (1222).

91. MORT DE PHILIPPE-AUGUSTE. — L'année suivante (1223) Philippe-Auguste mourut, après avoir assuré, par son testament, sur les sommes qu'il avait économisées par l'ordre avec lequel il administrait ses revenus particuliers, des legs considérables au roi de Jérusalem, aux deux ordres militaires des *Hospitaliers* et des *Templiers*, institués pour la défense de la Terre-Sainte et la protection des pèlerins, à l'abbaye de Saint-Denis et aux pauvres de Paris, sans parler d'une somme de vingt-cinq mille marcs d'argent (1,200,000 francs), qu'il laissa à ses exécuteurs testamentaires pour faire des restitutions à tous ceux auxquels il avait pu causer quelque tort.

Philippe-Auguste se maria trois fois, et s'attira, par le dernier de ces mariages, contracté avant la mort de sa seconde femme, avec Agnès de Méranie, les censures de

la cour de Rome et du clergé français, qui l'obligèrent à
la répudier.

92. Institutions de ce prince. Pairie. — Parmi
les institutions de Philippe-Auguste, nous avons signalé
surtout l'établissement de la *Cour des Pairs*. Tous les romans de chevalerie représentaient Charlemagne entouré
de douze paladins, qu'il nommait ses pairs. Cette pairie
fabuleuse, réalisée par Philippe-Auguste, se composa de six
pairs laïques et de six pairs ecclésiastiques. Les premiers,
représentant les six grands seigneurs qu'on supposait avoir
posé la couronne sur la tête de Hugues Capet, étaient les
ducs de *Normandie*, d'*Aquitaine* et de *Bourgogne*, les
comtes de *Toulouse* et de *Flandre*, et celui de *Champagne*,
qui avait remplacé celui de *Vermandois*. Les six pairs ecclésiastiques étaient l'archevêque de *Reims*, et les évêques
de *Laon*, de *Noyon*, de *Beauvais*, de *Châlons* et de *Langres*. Des honneurs et des priviléges particuliers furent at-
tribués à chacun de ces pairs ; mais il paraît certain qu'au
temps même de Philippe-Auguste, d'autres grands seigneurs furent adjoints à ces douze pairs, surtout pour le
jugement des causes criminelles, auquel les pairs ecclésiastiques ne pouvaient prendre part.

Ami des lettres, Philippe-Auguste traitait avec bien-
veillance et générosité ceux qui les cultivaient. Il accorda
même à l'Université de Paris des priviléges exorbitants,
qui devinrent par la suite la cause de bien des troubles.
Ceux qu'il assura au commerce de cette grande ville favorisèrent le développement rapide de sa prospérité. Avec
l'argent extorqué aux juifs, il y fit bâtir des halles fer-
mées et couvertes en partie ; un port fut construit pour
faciliter le débarquement des marchandises ; le pavage des
rues fut commencé (1185) ; une nouvelle enceinte de murailles entoura la ville tant au nord qu'au midi ; des fon-
taines s'élevèrent, alimentées par l'eau d'aqueducs, qui
paraissent également l'ouvrage de Philippe-Auguste ; enfin, de nombreux édifices contribuèrent à l'embellisse-
ment de Paris. De ce nombre furent le *Louvre*, un bâtiment destiné à renfermer les *archives* du royaume, l'église
de *Notre-Dame*, dont la première pierre avait été posée
en 1163, mais dont la construction ne fut terminée que
deux siècles après, et un grand nombre d'autres églises.
La sollicitude du roi ne se borna pas à la capitale : toutes
les villes et même les bourgs de ses domaines furent éga-

lement entourés de murailles par ses soins et à ses frais.
Et, dans l'exécution de toutes ces entreprises, il montra
pour les droits des particuliers un respect auquel on n'é-
tait point accoutumé : car il fit toujours payer exactement
la valeur des propriétés qu'il était nécessaire de consacrer
à quelque usage d'utilité publique.

C'est encore au règne de Philippe-Auguste que remonte
l'institution du corps des *Ribauds*, la première garde dont
se soient entourés les rois de France. Ce corps, qui par la
suite tomba dans le mépris, avait un chef nommé le *Roi
des Ribauds*, qui jouissait alors d'importants privilèges :
il était juge de tous les crimes commis dans l'étendue des
résidences royales.

95. **Louis VIII, dit le Lion** (1223-1226). — Philippe-Auguste eut pour successeur son fils aîné Louis VIII,
descendant par sa mère de Charlemagne. Son droit de
succession au trône était donc assez bien établi pour que
son père eût jugé inutile de l'y associer de son vivant,
conformément à l'usage généralement suivi depuis l'avénement de la troisième race. Ce prince, surnommé *le
Lion*, à cause de la bravoure dont il avait déjà donné des
preuves dans ses expéditions contre les Anglais et les Albigeois, ne fit, en quelque sorte, que continuer le règne
de son père en poursuivant l'exécution de l'arrêt qui dépouillait le roi d'Angleterre de toutes ses possessions sur
le sol de la France. La brièveté de son propre règne et la
part qu'il prit à la continuation de la guerre contre les Albigeois l'empêchèrent de mener à fin cette grande entreprise. Il arracha à Henri III (1224) le *bas Poitou*, l'*Au-
nis*, le *Limousin*, le *Périgord*, et tout le pays jusqu'à la
Garonne. Peut-être ne lui aurait-il pas été bien difficile
d'y ajouter tout ce qui restait aux Anglais au delà de ce
fleuve, et d'achever ainsi la conquête du duché d'Aquitaine en s'emparant de *Bordeaux* et de la *Gascogne*, mais
la conquête des états du comte de Toulouse lui parut avoir
plus d'importance encore. Moins scrupuleux que son père
à cet égard (voir n° 91), il avait accepté l'abandon que lui
avait fait Amaury de Montfort (1224) de tous les droits que
ce dernier tenait lui-même de la cour de Rome, et il se
les était fait confirmer par le concile national de *Bourges*
(1225), où le comte de Toulouse, Raymond VII, tenta
vainement de se défendre, et de désarmer par sa soumission la haine de ses ennemis. Deux parlements tenus à

Paris (28 janvier et 29 mars 1226) avaient encore ratifié cet arrêt. La prédication d'une nouvelle croisade contre les hérétiques attira de nombreux guerriers sous les drapeaux de Louis. Déjà même la prise d'*Avignon*, tombée en son pouvoir, après un siége extrêmement meurtrier qui dura trois mois, lui avait valu la soumission de *Nîmes* et de presque toutes les autres villes du Languedoc, lorsqu'il fut attaqué d'une maladie contagieuse qui s'était répandue dans son armée, et qui l'emporta en quelques jours.

Par son testament il laissait la couronne à Louis, son fils aîné; il donnait au second le comté d'*Artois*, au troisième, celui d'*Anjou* et du *Maine*, et le comté de *Poitou* avec l'*Auvergne* au quatrième. — Ce testament contenait aussi, entre autres legs considérables faits aux hôpitaux, aux abbayes et aux pauvres, celui d'une somme de dix mille livres (240,000 fr.) en faveur de *deux mille maisons* destinées aux malheureux atteints de la lèpre; circonstance qui montre combien était alors commune en France cette hideuse maladie, rapportée de l'Orient par les croisés.

94. Louis IX ou **saint Louis** (1226-1270). **Première période. Régence de la reine Blanche** (1226-1236). — Louis IX, auquel le jugement de l'Église a décerné le nom de *saint*, qu'il mérita par sa piété, par sa résignation dans le malheur et par toutes ses vertus, monta sur le trône à l'âge de onze ans, sous la tutelle et la régence de sa mère, la reine Blanche de Castille. Cette princesse, non moins habile que vertueuse, sut réprimer par son activité, sa prudence et sa fermeté, les tentatives des grands vassaux, qui avaient formé une ligue pour lui enlever la tutelle du jeune roi. Philippe, frère de Louis VIII, comte de Clermont et de Boulogne, la réclamait comme un droit, et voyait ses prétentions appuyées par les comtes de Champagne, de Bretagne, de la Marche et de Toulouse, soutenus eux-mêmes par le roi d'Angleterre. On comprend facilement les motifs de ce dernier, qui espérait bien faire tourner à son avantage l'affaiblissement du royaume; quant aux grands vassaux, ils n'aspiraient à rien moins qu'à reconquérir tout ce que leur avait enlevé la royauté sous le règne de Philippe-Auguste. Cette redoutable conjuration, vainement renouvelée à deux reprises par les seigneurs, échoua deux fois contre l'adresse et la vigueur de la reine Blanche. Le comte de Champagne, Thibault, non moins

célèbre par ses poésies que par sa bravoure, cédant à l'ascendant qu'une folle passion donnait sur lui à la reine, fut
le premier à abandonner la ligue (1227). Le comte de
Toulouse, qui depuis la mort de Louis VIII avait reconquis une partie de ses états, fut réduit par une nouvelle
croisade à abandonner au roi de France, par le traité de
Meaux (1229), la réversibilité de la plus grande partie de
ses domaines. Le comte de Bretagne enfin, condamné par
la cour des pairs à perdre son fief, comme coupable de
félonie pour avoir reconnu le roi d'Angleterre, son allié,
en qualité de roi de France, vint s'humilier devant le
prince dont il avait méconnu les droits (1234). Ainsi furent déjoués tous les efforts de la féodalité, de nouveau
réduite à plier sous l'autorité royale. La régente, qui dans
cette lutte avait reçu des bourgeois de Paris des preuves
de leur attachement au roi, ne montra pas moins de sagesse et de fermeté dans les querelles qui s'élevèrent
(1229) entre eux et l'Université, qui abusait des priviléges
qu'elle avait obtenus de Philippe-Auguste. Enfin, dans
les démêlés que la reine Blanche eut avec plusieurs des
évêques du royaume, qui prétendaient se rendre indépendants de l'autorité temporelle (1227-1233), sa piété sincère mais éclairée sut concilier les égards dus aux ministres
de la religion avec ce que lui commandait la dignité de la
couronne.

Au milieu de ces graves occupations, elle ne négligea
pas l'éducation de son fils, qu'elle fit élever à la fois dans
l'étude des langues et de l'histoire, et dans la pratique de
toutes les vertus. « J'aimerais mieux vous voir mort, lui
disait-elle souvent, que coupable d'un seul péché mortel. » Lorsqu'il eut atteint l'âge de dix-neuf ans (1234),
elle lui fit épouser Marguerite, fille du comte de *Provence*,
dont elle assura ainsi à la couronne la riche et importante
succession.

95. SECONDE PÉRIODE. SAINT LOUIS GOUVERNE
PAR LUI-MÊME. — Louis IX, ayant accompli sa vingt-
unième année, fut déclaré majeur, et prit en main les rênes
du gouvernement (1236). La solide piété qui formait le
trait distinctif de son caractère ne se démentit pas un
instant pendant les trente-quatre années qu'il gouverna
par lui-même, et bientôt on put reconnaître quelle heureuse influence cette piété éclairée exercerait sur le règne
d'un prince qui faisait entrer la grande entreprise du bon-

heur des peuples dans les conditions nécessaires du salut de son âme. Ce prince, dont l'admirable caractère a fait dire à Voltaire *qu'il n'est pas donné à l'homme de pousser plus loin la vertu*, « était par-dessus tout un homme consciencieux, un homme qui, avant d'agir, se posait toujours à lui-même la question de savoir si ce qu'il allait faire était bien ou mal en soi, indépendamment de toute utilité, de toute conséquence. De tels hommes sont rarement montés et plus rarement encore sont demeurés sur le trône. Il n'y en a guère dans l'histoire que deux grands exemples : l'un dans l'antiquité, l'autre dans les temps modernes, Marc-Aurèle et saint Louis. Marc-Aurèle et saint Louis sont peut-être les deux seuls princes qui, en toute occasion, aient fait de leurs croyances morales la première règle de leur conduite. » (M. GUIZOT.) « Marc-Aurèle a montré la puissance unie à la philosophie ; Louis IX, la puissance unie à la sainteté. L'avantage reste au chrétien. » (CHATEAUBRIAND.)

La piété de saint Louis n'ôtait rien à sa fermeté, non plus qu'à son activité et à sa bravoure. Le comte de la Marche, à l'instigation de sa femme, l'ambitieuse Isabelle, veuve du roi d'Angleterre Jean Sans-terre, avait secrètement formé une nouvelle ligue, dans laquelle la *comtesse-reine*, comme elle se nommait, avait fait entrer son fils Henri III, roi d'Angleterre, les rois d'Aragon, de Castille et de Navarre, et le comte de Toulouse. Instruit de leurs complots, Louis, qu'ils avaient failli surprendre dans Poitiers, entre sur les terres du comte de la Marche, s'empare de presque toutes ses places, avant l'arrivée du roi d'Angleterre sur le continent, bat ce prince lui-même au pont de *Taillebourg*, qu'il enlève en personne à la pointe de l'épée, le défait de nouveau à *Saintes* (1242), et le force à chercher un refuge en Aquitaine. Le comte de la Marche, réduit à prêter l'hommage qu'il avait refusé, paya sa révolte de la perte de plusieurs de ses places ; celui de Toulouse, après avoir vainement tenté de renouveler la ligue, se voyant abandonné de tous ses alliés, réitéra au roi ses serments de fidélité.

96. RESTITUTIONS ET ACQUISITIONS. — Deux ans avant ces expéditions (1240), Louis avait donné une preuve de sa justice et de son désintéressement, en refusant la couronne impériale offerte par le pape à son frère Robert. Il en donna une plus éclatante encore en resti-

tuant au roi d'Angleterre, Henri III (1259), une grande
partie des provinces confisquées à Jean Sans-terre. Dominé en effet, comme nous l'avons dit, par les principes
de justice qui firent la règle constante de sa conduite,
Louis, vainqueur du roi d'Angleterre, doutait de la légiti-
mité des conquêtes faites sur lui et sur son père par Philippe-Auguste. « Sa conscience lui remordait, dit l'un de
ses historiens, de la terre de Normandie et pour autres
terres, que les rois ses aïeux avaient tolues (enlevées), par
le jugement de ses pairs, au roi Jehan d'Angleterre. »
Louis résolut de mettre fin aux inquiétudes de sa conscience
et aux réclamations continuelles du prince anglais, par un
traité qui réglât les droits réciproques des deux couronnes.
Il ne parvint toutefois à le conclure qu'après de longues
négociations, et seulement à son retour de la première de
ses deux croisades (1259). Par ce traité, il abandonna à
Henri III le *Limousin*, le *Périgord*, le *Querci*, l'*Agénois*
et la partie de la *Saintonge* comprise entre la Charente et
l'Aquitaine. Henri, de son côté, renonçait à toute prétention sur la *Normandie*, le *Maine*, l'*Anjou*, la *Touraine*
et le *Poitou*, et fit hommage comme pair de France et duc
d'Aquitaine, tant pour les provinces qu'il avait toujours
conservées que pour celles qui lui étaient rendues. Ainsi,
ce prince qu'on avait vu (1242), après plusieurs défaites,
traverser ces mêmes provinces avec les débris de son
armée, pour aller s'embarquer à Calais, en obtint la restitution de la générosité de Louis et de son équité trop
scrupuleuse peut-être. Telle au moins la jugèrent une
partie de ses sujets, et surtout ceux qui rentraient sous la
domination anglaise : ils s'en plaignirent avec amertume,
et en conservèrent même un tel ressentiment, que, trente-
huit ans après, lorsque saint Louis fut canonisé (1297), ils
se refusèrent longtemps à l'honorer comme un saint. Le
témoignage de sa conscience rassura Louis contre cette
désapprobation. Il y trouva d'ailleurs une compensation
dans la réputation d'équité que lui mérita cette probité si
sévère. — On en eut la preuve lorsqu'on vit (1263) les
barons anglais, en querelle avec ce même Henri III, se
soumettre à l'arbitrage de saint Louis, qui, à l'assemblée
d'*Amiens* (1264), prononça comme juge entre eux, sans
réussir toutefois à les réconcilier.

« Malgré cette antipathie scrupuleuse pour les conquêtes
proprement dites, saint Louis est un des princes qui ont

le plus efficacement travaillé à étendre le royaume de France. En même temps qu'il se refusait à la violence et à la fraude, il était vigilant, attentif à ne jamais manquer de conclure des traités avantageux et d'acquérir à l'amiable telle ou telle portion de territoire. » (M. GUIZOT.) Nous avons parlé déjà de l'acquisition du comté de *Toulouse*, faite sous la régence de sa mère (1229); Louis y ajouta : 1° les comtés de *Chartres*, de *Blois*, de *Sancerre*, et la vicomté de *Châteaudun*, achetés (1234) du comte de Champagne; 2° le comté de *Mâcon*, également acheté à prix d'argent de son dernier comte (1239); 3° le comté de *Carcassonne*, enlevé à son dernier comte excommunié par suite de la guerre des Albigeois, et qui en fit au roi l'abandon définitif (1247); 4° le comté du *Perche*, cédé aussi par son dernier comte (1257); et un grand nombre de villes et de terres acquises à diverses époques.

97. CROISADES. — La piété de saint Louis ne pouvait manquer de s'émouvoir à la pensée que les saints lieux étaient retombés au pouvoir des infidèles, et que les chrétiens qui continuaient de les aller visiter avaient à subir les plus cruels outrages. L'opinion généralement répandue que ceux qui trouvaient la mort en combattant contre les infidèles assuraient ainsi leur salut devait aussi exercer une grande influence sur l'esprit du saint roi. Au milieu des souffrances d'une dangereuse maladie (1244), il fit vœu, s'il se rétablissait, de partir pour la Terre-Sainte. Esclave d'une promesse qui s'accordait si bien avec ses désirs, il se croisa avec l'élite de ses chevaliers et de son peuple, malgré les sages représentations de ses conseillers et surtout de la reine Blanche, sa mère. Ce fut à cette princesse qu'il confia en son absence la régence du royaume. Le résultat de cette expédition justifia les craintes qu'elle avait manifestées à son fils. Louis, parti du port d'*Aigues-Mortes* (1248), alla passer l'hiver dans l'île de Chypre. Au printemps suivant, il fit voile pour l'Égypte, le plus puissant des royaumes musulmans. La ville de *Damiette*, près de laquelle eut lieu le débarquement, fut emportée d'assaut (1249); mais les croisés perdirent un temps précieux dans cette ville, où ils s'abandonnèrent à de honteux désordres. Lorsqu'ils se mirent en marche pour aller attaquer le *Caire*, capitale du sultan d'Égypte, les infidèles avaient repris courage. Ils furent cependant vaincus à *Mansourah* ou la *Massoure* (1250), mais cette victoire fut achetée par la

mort du comte d'Artois, frère du roi, qui s'était imprudemment engagé à la poursuite des fuyards. Ce fut le
commencement des désastres. Bientôt les croisés, manquant de vivres et accablés de fatigue, sous un climat brûlant, furent moissonnés par les maladies contagieuses ; le
roi lui-même en fut attaqué. Enfin, son armée se trouvant réduite à un petit nombre de soldats exténués par les
privations et la maladie, et incapables de se défendre plus
longtemps, il ne lui resta d'autre parti à prendre que de
se rendre prisonnier. Sa grandeur d'âme ne se démentit
pas pendant cette cruelle captivité ; elle excita l'admiration de ses ennemis eux-mêmes. Cependant *Damiette* était
restée aux chrétiens ; le roi rendit au sultan cette place pour
sa rançon, et partit pour la Palestine. Fidèle au serment
qu'il venait de faire de n'y pas tenter de conquête, il employa les quatre années qu'il y passa à relever les fortifications des places encore occupées par les chrétiens et à
apaiser les querelles qui les divisaient. La nouvelle de la
mort de la reine Blanche le détermina (1253) à reprendre
le chemin de la France, où il rentra (1254) six ans après
son départ pour cette expédition, dont la plus grande
gloire consista dans l'héroïsme avec lequel le saint roi en
supporta les malheurs, et qui fit dire aux musulmans eux-
mêmes que c'était *le plus fier chrétien* qu'ils eussent jamais vu. — Ce fut au retour de cette première croisade
que saint Louis fonda à Paris l'hôpital des *Quinze-Vingts*,
destiné à servir de retraite à trois cents chevaliers auxquels les infidèles avaient crevé les yeux pendant son expédition d'Égypte. Cet hospice, où l'on recueille encore
les malheureux qui ont perdu la vue, conserve ainsi la
destination qui lui a été assignée par le saint roi. — Avant
de partir pour la croisade, il avait inauguré un autre monument remarquable (1248) : c'était la *Sainte-Chapelle*,
chef-d'œuvre de Pierre de Montereau, et destinée à recevoir la couronne d'épines, un morceau de la vraie croix
et d'autres saintes reliques.

Après avoir employé seize années à mettre ordre aux
affaires de son royaume, saint Louis, qui n'avait pas quitté
la croix, se décida, sur la nouvelle qu'il reçut de la prise
de la ville d'*Antioche*, la plus importante de celles qui
restaient aux chrétiens de la Terre-Sainte, à partir pour
une nouvelle croisade. Ce fut la huitième et dernière entreprise pour la délivrance des lieux saints. Le roi, au

grand désespoir de ses sujets, s'embarqua donc une seconde fois à *Aigues-Mortes* avec ses trois fils (1er juillet
1270). Mais ce ne fut point encore vers la Palestine qu'il
se dirigea. Son frère Charles d'Anjou, qu'il n'avait pu
empêcher d'accepter la couronne de Naples et de Sicile
offerte par le pape, le détermina à faire voile pour *Tunis*,
devant laquelle il mit le siège. Cette nouvelle croisade eut
encore une fin plus prompte et plus déplorable que la première. Le manque d'eau et les chaleurs excessives firent
éclater des maladies pestilentielles, auxquelles le roi lui-
même succomba, après une maladie de vingt-deux jours,
pendant laquelle il donna à son fils les plus touchantes
instructions.

98. INSTITUTIONS DE SAINT LOUIS. — Un prince
zélé pour la justice, comme l'était saint Louis, ne pouvait
négliger un devoir aussi essentiel, à cette époque surtout,
que celui de perfectionner la législation et les moyens
d'assurer l'exécution des lois. Le plus beau monument
du règne de saint Louis, comme législateur, est la grande
ordonnance si célèbre sous le nom d'*Établissements*. Ce
fut moins un code nouveau promulgué par le saint roi,
comme on se l'imagine communément, qu'un recueil où
il fit réunir et rédiger par écrit, en les combinant avec les
principes du droit romain, les coutumes diverses de la
monarchie, les ordonnances des rois, les canons des conciles, et les décisions des décrétales. Mais on appréciera
toute l'importance de cette entreprise, si l'on songe qu'au
milieu de l'anarchie législative introduite par la féodalité,
elle signale le retour vers une législation uniforme et régulière. Cette ordonnance et toutes les autres promulguées
par saint Louis furent rendues, comme il prend soin de le
rappeler, du *commun conseil de ses barons, de l'avis de
ses grands et prud'hommes... par grand conseil de sages
hommes et bons clercs.* Parmi les dispositions de ces ordonnances, qui embrassaient la procédure civile et criminelle
tout à la fois, on en remarque plusieurs d'une grande importance. Ainsi l'abus des guerres privées est attaqué à la
fois par deux institutions différentes, savoir : 1° l'établissement de la *Quarantaine-le-roi*, déjà tenté par Philippe-
Auguste, et qui imposait, au nom du roi, à celui qui se
prétendait offensé, une trêve de quarante jours, pendant
laquelle il pouvait obtenir justice, et 2° l'*asseurement* ou
assurance, en vertu duquel on avait le droit de citer son

ennemi devant le suzerain commun pour le forcer à jurer qu'il garderait la paix. La violation de ce serment était punie de la confiscation du fief et même de mort. Le *duel judiciaire* (voir n° 43), usité depuis l'origine de la monarchie, et trop profondément entré dans les mœurs de la nation pour qu'il fût possible de le supprimer encore, est restreint du moins à quelques cas particuliers. Les fonctions judiciaires sont séparées des emplois administratifs et financiers ; la compétence des tribunaux, difficile à fixer au milieu des prétentions des justices seigneuriales et des cours ecclésiastiques, est réglée avec soin. De nombreuses améliorations sont introduites dans les formes de procédures suivies dans les tribunaux royaux, en même temps que d'autres dispositions régularisent le droit d'appel, devant ces tribunaux, des jugements rendus par les justices seigneuriales, et étendent ainsi la juridiction royale aux dépens des juridictions féodales. Les dispositions pénales se font remarquer par leur sévérité contre les ravisseurs, les traîtres, les faux témoins, les hérétiques et les blasphémateurs. — La valeur des monnaies, fréquemment altérées par les seigneurs, qui, au nombre de quatre-vingts au moins, en fabriquaient dans leurs domaines, fut aussi l'objet de sages règlements. Le commerce, et particulièrement les *métiers de Paris*, eurent aussi leurs *établissements.* — On sait que saint Louis attachait tant d'importance à la bonne administration de la justice, qu'il la rendait souvent lui-même à ses sujets, assis sous un chêne de la forêt de *Vincennes.*

Dans ses rapports avec la féodalité, on le vit, fidèle aux principes de justice qui le dirigeaient toujours, respecter les priviléges et les droits des seigneurs, reconnaître même celui de résister à l'autorité royale, que la féodalité s'était arrogé dès l'origine. Il ne porta atteinte à ses droits par la législation sur les guerres privées, sur l'administration de la justice et sur les monnaies, qu'autant que l'exigeait l'intérêt général, dont il se regardait comme le protecteur obligé.

Louis ne montra pas moins de sollicitude pour les villes, dont il assura la prospérité par la confirmation donnée à un grand nombre d'anciennes chartes, par la réforme d'institutions vicieuses qui s'étaient introduites dans les villes, enfin par de sages règlements relatifs à l'élection des *maires* et à la part que les notables y prenaient à l'administration.

Ce fut ainsi qu'il mérita le titre de *second père des communes*.

Dans ses relations avec l'Église, enfin, saint Louis montra qu'une véritable et solide piété peut s'allier avec une noble indépendance. Il rendit (1269) la célèbre ordonnance connue sous le nom de *Pragmatique sanction*, qui détermine, avec une grande sagesse, les limites de la puissance spirituelle et de la puissance temporelle.

« La France a su concilier dès le commencement deux choses que tant d'autres États ont jugées incompatibles : d'un côté, son absolue et totale indépendance dans l'ordre temporel ; d'un autre côté, sa franche et parfaite soumission dans l'ordre religieux. On dirait que placée entre divers peuples dont les uns, cherchant la liberté, se sont précipités dans la révolte, dont les autres, craignant la licence, sont tombés dans la servitude, elle a signalé de bonne heure les deux écueils contre lesquels échoue trop souvent ou ce qui résiste, ou ce qui cède, et qu'avertie par les naufrages, dirigée par une raison supérieure et manœuvrant avec habileté entre les vents opposés des opinions humaines, elle a su jeter l'ancre là précisément où étaient la sécurité, le salut et l'honneur. » (M. RENDU.)

QUESTIONNAIRE. — 86. Quel service le règne de Philippe-Auguste rendit-il à la royauté?— Quelle preuve donna-t-il immédiatement de sa fermeté?— Racontez la guerre que Philippe fit au comte de Flandre. — Citez une parole de ce roi qui fasse augurer de son caractère?—Quelle était l'étendue du domaine royal à l'avénement de Philippe II ? — Comment fit-il pour agrandir ce domaine ? — 87. N'y eut-il pas de nouvelles croisades sous le règne de Philippe-Auguste ? — A laquelle de ces croisades prit part Philippe-Auguste ? — A quelle occasion avait été prêchée la troisième croisade ? — Quels en furent les résultats? — Pourquoi Philippe se sépara-t-il du roi Richard, et qu'arriva-t-il à celui-ci en regagnant ses États ? — Qui entreprit la quatrième croisade ? — Quel en fut le principal résultat ?—Qui fut proclamé souverain de l'empire latin de Constantinople ? — Combien de temps dura cet empire ? — Quelle autre croisade vit-on encore à cette époque ? — Quel en fut le sort ? — 88. Quels obstacles s'opposaient aux accroissements de territoire que méditait Philippe ?—Contre qui se tournèrent ses efforts et quels résultats eurent-ils pendant la vie du roi Henri II ? — Faites connaître Richard Cœur-de-lion et son frère Jean Sans-terre. Donnez quelques détails sur le caractère de Philippe mis en opposition avec celui de ces deux princes ? — La guerre n'éclata-t-elle pas avant la mort de Richard ? — Faites-en connaître les événements et les conséquences ? — A quelle occasion une condamnation fut-elle prononcée contre Jean Sans-terre et quelles provinces lui enleva Philippe ? — Quelles autres acquisitions avait-il déjà faites précédemment ?—Comment étaient divisés les États de Philippe ? — Quel nom avaient reçu spécialement ses conquêtes et quel revenu lui donnaient-elles ? — 89. Quel est le plus glorieux fait d'armes du règne de Philippe et quelle en fut la cause ?— Quelle était la force et la composition des deux armées? — La victoire fut-elle vivement disputée ? — Pour qui se déclara-t-elle enfin ? — Comment a été célébrée la victoire de Bouvines?—Quelle action les historiens attribuèrent-ils à Philippe-Auguste avant la bataille?— Comment Louis, fils aîné du roi de France, fut-il appelé au trône d'Angleterre et par qui y fut-il bientôt remplacé? — 90. Quel est le caractère dominant de cette époque? — Contre qui furent exercées les premières rigueurs? — Qu'était-ce que les hérétiques du midi de la France à cette époque?—Quel nom prenaient-ils?—Quelles furent les premières mesures prises à leur égard? — Pourquoi une croisade fut-elle prêchée contre les Albigeois?—Comment s'explique l'acharnement dont les peuples du Nord et du Midi firent preuve pendant cette guerre? — Quel fut le caractère général de cette guerre? — Racontez le siége de Béziers. — Quelle fut la conduite de Simon et d'Amaury de Montfort? — Qu'arriva-t-il à Raimond comte de Toulouse? — Philippe-Auguste voulut-il profiter des dépouilles du comte de Toulouse?—Quel legs Philippe-Auguste fit-il par son testament? — Combien de fois se maria-t-il et quelle censure lui attira le dernier de ces mariages? — 92. Qu'était-ce que la pairie et quels étaient les pairs du royaume? — Quels embellissements la ville de Paris dut-elle à Philippe-Auguste?— Cette ville fut-elle la seule qui eut à se louer de l'administration de ce roi? — Quelle création militaire date de ce règne? — 93. Quel fut le successeur de Philippe-Auguste? — Comment gouverna Louis VIII et quelles provinces arracha-t-il aux Anglais?—Que lui valut la prise d'Avignon? — Comment mourut ce prince? — Quels legs remarquables contenait son testament? — 94. Sous la tutelle de qui Louis IX commença-t-il son règne?—Comment la reine Blanche réprima-t-elle les tentatives des grands vassaux?— Quelle conduite tint-elle dans les querelles des bourgeois de Paris avec l'Université et dans ses propres démêlés avec les évêques?—Comment éleva-t-elle son fils?—Qui lui fit-elle épouser? — 95. A quel âge saint Louis fut-il déclaré majeur? — Quelles qualités le distinguent spécialement?—Quelles conditions imposa-t-il aux comtes de la Marche et de Toulouse? — Comment et où fut-il vainqueur du roi d'Angleterre? — 96. Quelle preuve de désintéressement et de justice donna saint Louis? — Quelles provinces rendit-il au roi d'Angleterre et quelles autres conserva-t-il? — Quel honneur lui valut sa réputation d'équité? — Quelles provinces ajouta-t-il au domaine royal? — 97. Pourquoi saint Louis entreprit-il la septième croisade? — A qui confia-t-il la régence du royaume pendant cette expédition? — Racontez les premiers événements de cette croisade. — Quels désastres suivirent la victoire de Mansourah? — Comment se conduisit saint Louis pendant sa captivité?— Quelle ville donna-t-il pour sa rançon? — Combien de temps passa-t-il en Palestine et qu'y fit-il?—Quel événement détermina saint Louis à revenir en France et quelle gloire retira-t-il de cette expédition?—Quel hôpital fut fondé par saint Louis au retour de cette croisade et quelle église inaugura-t-il? — 98. Saint Louis ne fit-il pas une seconde croisade? — Avec qui s'embarqua-t-il et vers quelle ville se dirigea-t-il?—Quelle fut la fin de cette croisade et comment mourut saint Louis? — Faites connaître les principales institutions de saint Louis. — Quelle importance attachait-il à la bonne administration de la justice? — Les monnaies et les intérêts du commerce et des villes ne fixèrent-ils pas aussi son attention?—Quelle fut sa conduite vis-à-vis de l'Eglise?

ÉVÉNEMENTS CONTEMPORAINS. — 1187. Saladin gagne la bataille de Tibériade et s'empare de Jérusalem et de Saint-Jean-d'Acre. — 1190. Fondation de l'ordre Teutonique. — 1198. Origine de l'inquisition. — 1201. Fondation de l'ordre des Chevaliers Porte-glaive. — 1204. Empire grec de Nicée et de Trébizonde. — 1206. Commencement des grandes conquêtes de Tchingis-Khan. — 1212. Bataille de Tolosa qui porte un coup funeste à la domination musulmane en Espagne. — 1226. Seconde

ligue lombarde. — 1228. L'empereur Frédérik II entreprend la
sixième croisade. Les Mogols en Russie. — 1241. Formation de la
ligue *Hanséatique* ou commerciale en Allemagne. — 1250-
1273. Grand interrègne dans l'empire d'Allemagne après la
mort de l'empereur Frédérik II. — 1256. Origine des sept électeurs. — 1258. Fin du khalifat de Bagdad renversé par les
Mogols. — 1261. Michel Paléologue met fin à l'empire latin de
Constantinople. — 1266. La bataille de Bénévent assure le trône
de Naples à Charles d'Anjou. — 1268. Conradin, vaincu à Ta-
gliacozzo, est décapité.

CHAPITRE CINQUIÈME.

LES SUCCESSEURS DE SAINT LOUIS.

99. PHILIPPE III, DIT LE HARDI (1270-1285). —
L'aîné des fils de saint Louis, Philippe le Hardi, fut proclamé roi sous les murs de Tunis, après la mort de son
père, qu'il avait accompagné en Afrique. Atteint lui-même
de la contagion, n'ayant plus avec lui que des soldats af-
faiblis par la maladie et découragés par la mort du saint
roi, il ne demeura en Afrique que sur les instances de
son oncle Charles d'Anjou, roi des Deux-Siciles, arrivé le
jour même de la mort de saint Louis. Bientôt une victoire
remportée sur les infidèles permit aux deux rois de conclure avec eux une trêve de dix ans et d'abandonner cette
terre fatale. Les malheurs des croisés n'étaient pas ter-
minés encore. La tempête battit leur flotte comme ils approchaient des côtes de la Sicile, et cinq mille de ceux
qu'avaient épargnés la guerre et la peste trouvèrent la
mort dans les flots. Thibault, roi de Navarre et gendre de
saint Louis, mourut en Sicile des suites de la contagion ;
Isabelle d'Aragon, femme de Philippe III, ainsi qu'un fils
qu'elle venait de lui donner, périrent en Italie. Le nouveau roi rentra dans ses États suivi des cinq cercueils de
son père, de son frère Jean Tristan, comte de Nevers,
mort en Afrique peu de temps avant saint Louis, de son
beau-frère, de sa femme et de son fils. Ce lugubre cortége traversa toute la France jusqu'à l'abbaye de Saint-
Denis, dont les caveaux reçurent à la fois trois générations royales.

Tant de désastres profitèrent du moins à l'accroissement du domaine de la couronne. Le *Valois*, assigné en

apanage à Jean Tristan, fit retour au domaine royal ; il en fut de même du comté de *Poitou* et du riche comté de *Toulouse*, restés vacants par la mort d'Alphonse, oncle du roi, et de la comtesse Jeanne de Toulouse, femme de ce prince, morts tous deux en Italie des suites de la maladie contagieuse qu'ils avaient rapportée d'Afrique. Dans ce dernier héritage se trouvaient compris le *Comtat Venaissin*, que Philippe consentit à laisser au pape (1273), et de plus l'*Agénois* et le *Quercy*, sur lesquels le roi d'Angleterre fit valoir des droits qui furent reconnus, mais pour l'Agénois seulement (1279).

100. Guerres. — Peu d'événements remarquables signalent d'ailleurs le règne de Philippe le Hardi. Les guerres mêmes qui en occupent une partie n'eurent pas une bien grande importance. La première fut dirigée contre le comte de *Foix*, qui, malgré l'appui que lui prêta le roi d'Aragon, fut contraint, par la prise de sa capitale, à se reconnaître vassal de la couronne de France (1272). — Cette expédition avait conduit les armées françaises sur la frontière des Pyrénées. D'autres événements devaient bientôt la leur faire franchir. Déjà le mariage de Philippe le Hardi avec une princesse d'Aragon avait donné à ce prince des intérêts au delà de ces montagnes : les fiançailles de son second fils avec l'héritière de la couronne de Navarre multiplièrent ses rapports avec les trois royaumes chrétiens d'Espagne, mais sans y augmenter beaucoup son influence ; car il échoua (1280) dans ses efforts pour faire valoir les droits des infants de Lacerda, ses neveux, à la couronne de Castille, et il ne fut guère plus heureux dans la guerre qu'il entreprit contre le roi d'Aragon Pierre III (1284). Ce prince, en s'emparant de la Sicile, avait ainsi recueilli le fruit de la révolte qui y avait éclaté (1282) par le massacre de tous les Français, devenu célèbre sous le nom de *Vêpres siciliennes*. Ce massacre eut pour cause la haine que les habitants de la Sicile portaient à leur roi *Charles d'Anjou* et aux Français qui l'avaient accompagné. Ce prince s'était fait détester par sa tyrannie, et les Français par la licence de leurs mœurs. — Un complot fut tramé contre eux en Sicile ; il éclata le lundi de Pâques de l'année 1282. Au moment où l'on sonnait les vêpres, tous les Français qui se trouvaient à Palerme furent massacrés, et presque aussitôt dans l'île tout entière l'exemple de la capitale fut suivi. Charles d'Anjou venait de mourir, laissant à son neveu le soin de sa vengeance. Philippe envahit le Roussillon, qui relevait de la couronne d'Aragon, pénétra en Espagne, prit et saccagea plusieurs villes; mais la destruction de sa flotte par l'amiral ennemi Roger de Loria (1284) compensa ces avantages. Bientôt les maladies qui se mirent dans son armée l'atteignirent lui-même et le forcèrent à la retraite. Contraint par la fièvre de s'arrêter à Perpignan, il y mourut, regretté de ses sujets, dont il s'était fait aimer en maintenant avec sévérité les lois contre les guerres privées. C'était, du reste, un prince d'une piété sincère, mais d'une instruction fort médiocre, et croyant à la divination, comme la plupart de ses contemporains.

Philippe-le-Hardi porta une attaque indirecte à l'aristocratie féodale en autorisant par un édit les roturiers à devenir, à prix d'argent, possesseurs de fiefs. — C'est de son règne aussi que datent les premières ordonnances sur le ministère des *avocats*, ordre nouveau auquel avait donné naissance la nécessité de connaissances spéciales en droit, devenue elle-même une des conséquences de la législation de saint Louis. Déjà cet ordre commençait à acquérir une importance qui se manifesta par l'influence politique qu'exercèrent les hommes de loi sous le règne qui va suivre.

102. Philippe IV, dit **le Bel** (1285-1314). — La mort du fils aîné de Philippe III, faussement attribuée à un empoisonnement dont on accusa sa belle-mère, fit passer la couronne au second des fils du roi, Philippe, époux de Jeanne de Navarre qui lui avait apporté en dot le royaume de Navarre et le comté de Champagne. Surnommé *le Bel* à cause de la beauté de sa figure, il eût mérité par son caractère et par ses actes d'être appelé *le tyran*. Nul prince, en effet, ne se montra sur le trône plus égoïste, plus cupide, plus dominé par des passions violentes et capricieuses, et plus disposé à ne chercher dans le pouvoir que les moyens de les satisfaire, sans jamais s'inquiéter des intérêts du pays. Aussi la royauté, qui depuis un siècle tendait au pouvoir absolu, prit-elle sous son règne toutes les formes du despotisme. Despote par nature, Philippe-le-Bel donna ce caractère au pouvoir qu'il exerçait, et ce qu'il y a de plus remarquable, c'est qu'il eut pour auxiliaires les hommes que saint Louis avait destinés à être les ministres de la justice, les légistes ou

jurisconsultes, devenus les instruments des volontés tyranniques de son petit-fils. On s'en étonnera moins quand
on verra la nation elle-même entraînée à venir en aide
aux passions haineuses de son souverain.

105. GUERRES. — La guerre occupa les premières
années et même une assez grande partie de ce règne si
agité. Proclamé roi à Perpignan, auprès du lit de mort de
son père, Philippe-le-Bel recevait de lui en héritage la
guerre contre l'Aragon, dans laquelle il s'était lui-même,
quoique âgé de dix-sept ans à peine, signalé déjà par
quelques exploits. Cependant la gloire des armes ne le sé-
duisait pas; aussi se borna-t-il à fournir quelques subsides au roi de Majorque, son allié, et s'applaudit-il de voir
le traité de *Tarascon* (1291), auquel il refusa pourtant
d'accéder, mettre un terme à des hostilités onéreuses pour
lui. Ce traité assurait à Charles de Valois, frère du roi, le
Maine et l'Anjou, pour le dédommager du royaume d'A-
ragon, qui lui avait été donné par le pape.

Si Philippe-le-Bel aimait peu la guerre pour elle-même,
il aimait beaucoup les profits qu'elle peut donner. L'espoir d'y gagner le duché de Guyenne lui fit trouver, dans
une querelle entre deux matelots anglais et normand,
suivie de quelques pillages réciproques, un prétexte suffi-
sant pour citer le roi d'Angleterre, Édouard Ier, devant la
cour des pairs, et, sur son refus de comparaître, pour
faire prononcer la confiscation de la Guyenne (1293).
Mais son ambition fut trompée dans ses calculs. Les succès obtenus en Guyenne par ses lieutenants, Charles de
Valois et Robert d'Artois, furent arrêtés par l'interposition
du pape et par la révolte du comte de Flandre, devenu
l'allié du roi d'Angleterre. Cependant le comte d'Artois
fut encore vainqueur des Flamands à *Furnes* (1297), et
Charles de Valois acheva la conquête de la Flandre, tandis
que le roi d'Angleterre faisait celle de l'Écosse, dont le
roi Baillol s'était déclaré l'auxiliaire du roi de France. La
guerre semblait terminée, lorsque les exactions du gouverneur de la Flandre, Jacques de Châtillon, déterminèrent les communes flamandes à faire un nouvel effort
pour se soustraire à la rapacité et à la domination tyrannique des Français. Ces marchands de Bruges, dont les
femmes avaient éclipsé par la richesse de leur parure la
reine de France, qui s'écriait avec dépit : *Ici je n'aper-
çois que des reines*, arment leurs ouvriers, massacrent les

Français, et s'apprêtent à la guerre. La chevalerie française, pleine de mépris pour ces manants, court à leur rencontre et les joint près de *Courtrai* (11 juillet 1302). Ceux-ci, braves et bien disciplinés, s'étaient retranchés, au nombre de vingt mille combattants, derrière un canal assez profond, mais que son peu de largeur ne permettait pas aux Français d'apercevoir de loin. Cependant le connétable de Nesle, frappé de la bonne contenance des milices flamandes, s'efforce de modérer l'orgueilleuse confiance et la fougue imprudente des chevaliers français. *Est-ce que vous avez peur de ces lapins, ou porteriez-vous vous-même de leur poil?* lui dit le comte d'Artois. — *Sire*, lui répond le connétable indigné, *si vous venez où j'irai, vous viendrez bien avant.* En même temps, il charge à la tête des siens avec tant d'impétuosité, qu'il n'aperçoit le fossé qu'au moment où il ne lui est plus possible de s'arrêter. Toute la chevalerie française s'était élancée sur ses traces; aveuglés par la poussière et emportés par une ardeur qui ne connaissait ni précaution ni discipline, tous leurs escadrons viennent successivement se précipiter dans ce canal, où ils périssent sans défense sous les longues piques des Flamands. Quatre mille paires d'éperons dorés, trophées de cette victoire, allèrent orner toutes les églises de la Flandre. Cette honte ne fut lavée que deux ans plus tard (1304), à la bataille de *Mons-en-Puelle*, où les Flamands, après avoir mis le roi lui-même en danger, furent vaincus à leur tour. Mais lorsque Philippe-le-Bel les vit, trois semaines après, reparaître au nombre de soixante mille disposés à *mourir dans la bataille plutôt que de vivre en servage*, il consentit à leur accorder une paix honorable. Le paiement des frais de la guerre fut une condition peu onéreuse pour les riches cités de la Flandre, et la cession, qui fut faite au roi, de la *Flandre française* ne devait être que temporaire, et destinée seulement à assurer l'accomplissement des autres conditions (1305). — La guerre avait été également terminée avec l'Angleterre plus d'un an auparavant (1303), par le traité de Paris, qui restituait la Guyenne aux Anglais. Le mariage d'Isabelle, fille de Philippe-le-Bel, avec l'héritier de la couronne d'Angleterre, devait mettre le sceau à la réconciliation des deux pays; mais il devint pour eux une cause de guerre et de ruine.

104. EXACTIONS DE PHILIPPE-LE-BEL. — Ces guer-

res eurent encore d'autres conséquences funestes; elles
épuisèrent les finances de Philippe-le-Bel. Déjà (1291),
pour suffire aux frais de ces expéditions ruineuses et au
faste de sa cour, il avait spolié les juifs et les marchands
italiens, qui faisaient presque à eux seuls tout le commerce
du royaume. Quand cette ressource lui manqua, il porta,
sous le prétexte de réprimer le luxe de la petite noblesse
et de la bourgeoisie, une ordonnance qui prescrivit à tous
ceux qui avaient moins de six mille livres de rente, fortune
considérable à cette époque, d'apporter à l'hôtel des monnaies tout ce qu'ils possédaient de vaisselle d'or et d'argent
(1294). Bientôt après (1295), il commence à faire fabriquer une monnaie à laquelle *il manquera peut-être,* dit-il
hardiment dans une de ses ordonnances, *quelque chose du
titre ou du poids ordinaires;* et, afin de se réserver l'utile
privilège d'être ainsi le seul *faux monnayeur* de son
royaume, il enlève aux seigneurs, trop portés à l'imiter, le
droit que s'était attribué chacun d'eux de battre monnaie
dans l'étendue de ses domaines. Toutes ces ressources furent
insuffisantes : il fallut recourir à des impôts de consomma-
tion sur les denrées ; ce ne fut pas sans résistance de la
part du peuple ; mais Philippe-le-Bel eut l'adresse de faire
revêtir ces nouvelles exactions de la sanction des tribunaux
qu'il avait établis, et le nom de la *maltôte,* dont le peuple
avait flétri les nouveaux impôts, fut bientôt impudemment
adopté par le roi lui-même. Là ne s'arrêtèrent pas les
exactions de Philippe-le-Bel, dont l'histoire, dit un écrivain
moderne, se réduit à un seul acte, la confiscation ; mais
avant d'en rapporter la suite, il est nécessaire de faire connaître ces cours de justice, dont il se fit, comme nous venons de le dire, de si utiles auxiliaires.

65. **PARLEMENT FIXÉ A PARIS.** — Les *Parlements*
ou *Cours des barons* ont été confondus à tort avec les assemblées nationales tenues sous les deux premières races,
et qui n'ont eu de commun que le nom avec celles dont
nous parlons ici. L'origine de ces dernières ne remonte
pas au delà des premiers capétiens, et même, jusqu'à saint
Louis, « les parlements furent des assemblées de barons
qui siégeaient ou comme pairs, ou comme législateurs, ou
comme souverains. Le jugement d'un vassal les faisait convoquer comme pairs (ainsi que nous l'avons vu sous Philippe-Auguste ; une coutume à abroger ou à établir les faisait convoquer comme législateurs; un traité à souscrire

ou une guerre à déclarer les faisait convoquer comme souverains. Ainsi les parlements étaient tout à la fois des cours judiciaires, des corps législatifs ou des congrès diplomatiques. » (M. MIGNET.) Sous le règne de saint Louis, l'organisation du parlement subit une modification profonde. La rédaction par écrit des *Établissements de saint Louis* fit de l'étude du droit une nécessité ; mais une pareille étude ne pouvait inspirer que du mépris à des guerriers ignorants et habitués jusque-là à trancher toute difficulté avec le glaive. Il fallut adjoindre aux hauts barons qui formaient la cour des pairs de Philippe-Auguste des hommes instruits de la législation, des *clercs* qui préparassent les jugements. Réduits ainsi à n'être plus que les organes des légistes, les seigneurs finirent par leur abandonner des fonctions dont ils s'étaient bientôt dégoûtés, et les hommes de loi héritèrent ainsi d'un pouvoir qui devait avoir désormais une immense influence sur les destinées de la monarchie. Lorsque Philippe-le-Bel parvint au trône, le parlement était déjà composé de plusieurs chambres, dont il régla les attributions (1291). C'était : la *grand'chambre*, qui conservait par distinction le nom de *Cour des pairs*, et dans laquelle se traitaient les grandes affaires de l'État ; la *chambre des enquêtes*, composée de quatre clercs *jugeurs* et de quatre laïques rapporteurs, et deux *chambres des enquêtes*, l'une pour les sénéchaussées, et pour les pays de droit écrit, composée de cinq juges, et l'autre pour les provinces de droit coutumier, composée de trois juges seulement. Ces trois dernières chambres, quoique faisant corps avec la première, n'étaient point encore appelées alors à prendre part à ses délibérations. Jusque-là aussi, le parlement n'avait point eu de siége fixe ; le roi le réunissait partout où besoin était. Ce fut encore Philippe-le-Bel qui (1302) le rendit sédentaire, d'ambulatoire qu'il était auparavant, et qui régla, par la même ordonnance, ce qui regardait les autres cours supérieures du royaume. Cette ordonnance porte « que le parlement de *Toulouse* y tiendra comme par le passé ; que celui de *Paris* tiendra deux séances par chaque année, ainsi que l'*Échiquier de Rouen* et les *Grands jours de Troyes* (c'étaient les noms que portaient les parlements de ces deux villes). » Le parlement de Paris consignait sur des registres ses arrêts ainsi que les décisions royales ; les rois prirent l'habitude d'envoyer à cette cour suprême leurs ordonnances, pour qu'elle en constatât l'authenticité et qu'elle en surveillât l'exécution : de là naquit par la suite le droit de *vérification* et d'*enregistrement*, qui plus tard donna naissance au droit de *remontrances* ; de ce dernier résultèrent les *lettres de jussion* et les *lits de justice*, lorsque le prince persistait dans sa volonté, malgré les représentations du parlement.

« Une fois instituée de la sorte, en possession du pouvoir judiciaire, et séparée de toutes les autres, la classe des légistes ne pouvait manquer de devenir entre les mains de la royauté un instrument admirable contre les deux seuls adversaires qu'elle eût à craindre, l'aristocratie féodale et le clergé. Ainsi arriva-t-il; et c'est sous Philippe-le-Bel qu'on voit s'engager avec éclat cette grande lutte qui a tenu tant de place dans notre histoire. Les légistes y rendirent non-seulement au trône, mais au pays, d'immenses services: car ce fut un immense service que d'abolir, ou à peu près, dans le gouvernement de l'État, le pouvoir féodal et le pouvoir ecclésiastique, pour leur substituer le pouvoir auquel ce gouvernement doit appartenir, le pouvoir public... Mais, en même temps, la classe des légistes fut, dès son origine, un terrible et funeste instrument de tyrannie... C'est après saint Louis, sous le règne de Philippe-le-Hardi, qu'on voit commencer ces commissions extraordinaires, ces jugements par commissions, qui, depuis, ont tant de fois souillé et attristé nos annales. Les sénéchaux, les baillis, jugeurs et autres officiers judiciaires, nommés alors par le roi, n'étaient point inamovibles; il les révoquait à son gré, les choisissait même dans chaque occasion particulière et suivant le besoin. » (M. GUIZOT.) Ce fut ainsi que la classe des légistes devint entre les mains du roi, comme le dit l'historien que nous venons de citer, un redoutable instrument de tyrannie. Dans les trois grands procès politiques qui s'engagèrent sous le règne de Philippe-le-Bel, savoir : sa querelle avec Boniface VIII, le procès intenté à la mémoire de ce pape, et celui qui fut dirigé contre les templiers, nous allons voir chaque fois des commissions judiciaires composées de légistes mettant scandaleusement la justice au service de la politique et aux ordres de la royauté.

106. DÉMÊLÉS DE PHILIPPE-LE-BEL AVEC LE PAPE BONIFACE VIII. — PREMIERS ÉTATS-GÉNÉRAUX. — Toutes les exactions de Philippe-le-Bel ne pouvaient encore suffire à couvrir ses dépenses; il voulut se procurer de nouvelles ressources en levant des impôts sur les biens immenses possédés par le clergé; ce fut le signal de la lutte qui ne tarda pas à éclater entre le pape et le roi de France. Depuis longtemps déjà, des discussions s'étaient élevées entre eux au sujet de certains droits féodaux disputés par la couronne aux églises de Narbonne et de Maguelonne. De plus, le pape Boniface VIII avait institué un évêché à Pamiers sans la participation du roi. De son côté, Philippe-le-Bel accueillait à sa cour les ennemis du pape, ou se déclarait leur allié; telles furent les causes diverses qui mirent aux prises les deux souverains les plus violents et les plus jaloux de leurs droits. Le nouvel évêque de Pamiers, Bernard Saisset, envoyé à Paris par le pape en qualité de légat, s'acquitta de sa mission avec une hauteur qui irrita violemment le roi. Arrêté bientôt après, il devint l'objet de poursuites qui sont un modèle d'iniquités. Boniface lança contre le roi une première bulle, par laquelle il lui reprochait avec raison ses violences et ses exactions; mais il l'accompagna d'une autre dans laquelle était attaqué le principe de l'indépendance de la couronne. Philippe fit brûler la bulle, et déclara qu'il déshériterait ses propres fils si jamais ils reconnaissaient que la couronne de France relève d'aucune autre puissance que de Dieu. Ce fut alors que, pour donner à sa cause l'appui de l'opinion nationale, Philippe convoqua les *premiers États-généraux*, qui se tinrent dans l'église de Notre-Dame (du 23 mars au 1ᵉʳ avril 1302). On y vit siéger, avec la noblesse et le clergé, un certain nombre de députés des bonnes villes, qui avaient bien été invités déjà par saint Louis à prendre part à la délibération de quelques actes législatifs, mais qui se trouvèrent alors appelés pour la première fois, avec les deux ordres privilégiés, à intervenir dans la discussion des grands intérêts de l'État. Les délibérations furent d'ailleurs fort courtes. Les trois ordres ne firent guère que se prêter aux désirs du roi en écrivant chacun de leur côté une lettre au pape. Boniface y répondit avec modération; mais bientôt après, il lança deux nouvelles bulles, dont l'une attribuait à l'Église les deux puissances spirituelle et temporelle, et dont l'autre excommuniait le roi. La première fut dénoncée par les conseillers du roi comme attentatoire aux droits de la couronne. Le chancelier Guillaume de Nogaret, chargé d'instruire contre Boniface, demanda qu'il fût arrêté et tenu en prison pour être jugé par le prochain concile. Le pape répondit à ce réquisitoire par une seconde et une troisième excommunication lancées coup sur coup contre Philippe-le-Bel. Elles devinrent le prétexte de nouvelles violences. Guillaume de Nogaret, chargé de mettre à exécution l'arrêt qu'il avait provoqué, se rendit en Italie avec Colonna, Romain d'une illustre famille, exilé par le pape. Bientôt, suivis de quelques satellites, ils surprennent, dans les murs d'Anagni, le pontife sans défense ; ils forcent son palais et pénètrent jusqu'à lui. Le pape s'était assis sur son trône, revêtu du manteau de saint Pierre, la tête ceinte de la tiare, et tenant à la main la croix et les clefs. A cette vue, un respect involontaire arrête un instant ses ennemis ; mais bientôt ils retrouvent leur audace, et accablent le pontife des plus grossières injures. Colonna alla même, dit-on, jusqu'à le frapper à la joue, et l'eût tué si Nogaret ne l'en eût empêché. Demeuré leur prisonnier, Boniface refuse de prendre aucune nourriture. Au bout de trois jours, le peuple d'Anagni le délivra ; mais la secousse avait été trop violente : retiré à Rome, le pape y mourut, un mois après, d'une fièvre ardente (1303). Le ressentiment de Philippe-le-Bel n'était pas satisfait : n'ayant pu faire juger Boniface vivant, il fit faire à sa mémoire (1310) un procès plus scandaleux encore que celui de l'évêque de Pamiers, mais qui demeura sans résultat.

Cependant Benoît XI, qui avait succédé à Boniface, mais dont le règne dura moins d'un an, venait d'être remplacé sur le trône pontifical (1305) par un Français, l'archevêque de Bordeaux, Bertrand de Got. Avant de le faire élire par le sacré collége, où il exerçait une influence prépondérante au moyen des cardinaux français, Philippe-le-Bel avait imposé au prélat six conditions à l'exécution desquelles il devait s'engager sous la foi du serment ; c'était : l'annulation de toutes les censures encourues par le roi, l'absolution de tous les agents qu'il avait employés contre Boniface, l'autorisation de lever pendant cinq ans des décimes sur les biens du clergé français, le rétablissement dans le cardinalat des frères Colonna, exilés par Boniface, la condamnation de la mémoire de ce pape. Quant à la dernière condition, elle était telle que Philippe exigea que Bertrand s'y soumît sans la connaître. Il jura, et devint pape, sous le nom de Clément V. Son avénement fut suivi de la translation du Saint-Siége à Avignon, où la cour de Rome se trouva ainsi placée sous la main des rois de

France. De ce moment commença, comme disent les Italiens, la nouvelle *captivité de Babylone*, qui dura soixante-dix ans, et dont le grand schisme d'Occident, pendant lequel plusieurs papes se disputèrent la tiare, devait être la déplorable conséquence. Quelque dévoué qu'il fût aux volontés tyranniques du roi, le nouveau chef de l'Église sut cependant défendre l'honneur du Saint-Siége; il refusa donc de sanctionner de son approbation le procès inique intenté à la mémoire de Boniface VIII.

107. ABOLITION DES TEMPLIERS. — Restait encore à accomplir cette mystérieuse promesse que Bertrand de Got avait faite sans la connaître. Philippe en demanda enfin l'exécution (1307). Ce n'était rien moins que l'abolition de l'ordre fameux des Templiers, illustrés par tant d'exploits contre les infidèles, mais qui, depuis la perte de la Terre-Sainte (1291), n'étaient plus redoutables qu'aux souverains, dans les États desquels ils possédaient de nombreuses commanderies et des biens immenses. Ce furent ces biens qui tentèrent l'avidité de Philippe-le-Bel; il sut toutefois la déguiser sous de spécieuses accusations. Leurs richesses avaient, disait-on, corrompu les mœurs des chevaliers du Temple; on les soupçonnait même d'hérésie. Les infamies dont on les accusa étaient peut-être le crime de quelques-uns : tous furent enveloppés dans la même procédure; et cette procédure fut atroce. Avant même que le pape eût permis les poursuites, tous les Templiers qui se trouvaient en France avaient été arrêtés le même jour (13 octobre 1307), et soumis dans les cachots à d'horribles tortures. Ce fut ainsi qu'on arracha à quelques-uns des plus timides l'aveu des crimes dont on les accusait. Quand ils voulurent se rétracter, on les brûla à petit feu comme hérétiques relaps (1310). Enfin l'abolition de l'ordre fut prononcée par Clément V au concile de Vienne (1312). Cependant la procédure se continua lentement; la plupart des Templiers furent condamnés à une prison perpétuelle; mais le grand-maître, Jacques Molay, et Guy, commandeur de Normandie, qui avaient jusqu'à la fin protesté de leur innocence, subirent à leur tour le supplice du feu (11 mars 1314). Le bruit se répandit que, du haut de son bûcher, le grand-maître avait assigné le pape et le roi à comparaître, le premier dans quarante jours, et le second dans l'année, au tribunal du souverain juge. Ce bruit n'eut sans doute d'autre fondement que les circon-

stances fortuites qui rapprochèrent de l'époque du supplice des Templiers celle de la mort de leur juge inique
(20 avril 1314), et de l'avide tyran qui avait exigé leur
condamnation (29 novembre 1314).

Parmi les nombreuses ordonnances de Philippe-le-Bel,
relatives pour la plupart à la fabrication, ou, pour mieux
dire, à la falsification des monnaies, et à l'organisation
communale et judiciaire, il faut mentionner celle qui rendit à la noblesse, comme moyen de se purger d'une accusation criminelle, l'institution du combat judiciaire, dont
la suppression par saint Louis avait excité de continuelles
réclamations. C'est aussi à ce règne que remonte l'institution de la *Cour des comptes*, qui, après avoir formé d'a-
bord une des chambres du parlement, fut par la suite
érigée en cour souveraine. — Enfin, c'est pendant le règne
de Philippe-le-Bel que furent réunis à la couronne la ville
et le comté de *Lyon*, cédés à ce prince par l'archevêque
souverain de cette grande et importante cité.

108. Louis X, dit le Hutin (1314-1316). — Philippe-le-Bel laissait trois fils qui devaient se transmettre
l'un à l'autre un sceptre destiné à passer après eux dans
une autre branche de leur famille. L'aîné d'entre eux,
Louis X, portait depuis dix ans déjà le titre de *roi de Navarre*, qu'il avait hérité de sa mère. On ignore à quelle
circonstance il dut le surnom de *Hutin* ou *Mutin*, que
ne justifie aucune des actions de son règne; car c'était un
prince léger, mais sans énergie, de moyens bornés, et,
pour parler comme un auteur du temps, *il étoit violentif,
mais n'étoit pas bien ententif en ce qu'au royaume il fal-
loit.* Ce que ce règne présente de plus remarquable fut
l'espèce de réaction qu'on vit éclater alors contre les gens
de loi et de finance, fauteurs et instruments de toutes les
mesures tyranniques ordonnées par Philippe-le-Bel et contre
la royauté elle-même. Enguerrand de Marigny, l'un des
instigateurs du procès des Templiers et administrateur des
finances, poursuivi par la haine qu'avaient soulevée contre
lui les ordonnances fiscales qu'il avait fait rendre sous le
règne précédent, fut condamné à mort, quoique innocent
des crimes qu'on lui reprochait, et pendu au gibet de
Montfaucon.

Louis X ne tarda cependant pas à éprouver à son tour
les embarras financiers qui avaient poussé son père à tant
d'odieuses exactions. Il s'en tira toutefois plus habilement,

en offrant à tous les serfs des domaines royaux le droit
d'acheter à prix d'argent leur affranchissement. Il paraît
du reste que ceux-ci trouvaient leur position fort suppor-
table, car ils se montrèrent peu empressés de profiter de
la faculté qui leur était accordée; et il fallut que Louis X
envoyât à ses commissaires l'ordre de les y contraindre.
Le profit que le roi retira de cette mesure engagea les
seigneurs à l'imiter; de sorte que les affranchissements
devinrent plus nombreux de jour en jour. Louis augmenta
encore son trésor en permettant, moyennant une grosse
somme d'argent, aux juifs, qui avaient été exilés, de rentrer
dans le royaume. Il se trouva alors en état de recommencer la guerre contre les Flamands, qu'il accusait d'avoir
violé le traité conclu avec eux par son père; mais cette
entreprise n'eut aucun succès, et Louis mourut bientôt,
laissant enceinte la reine Clémence de Hongrie. Cette
princesse accoucha quatre mois après d'un fils qui ne vécut
que quatre jours, mais qui a cependant pris rang au nombre des rois de France, sous le nom de *Jean Ier*.

109. PHILIPPE V, dit LE LONG (1316-1322). — Philippe V, surnommé *le Long* à cause de sa grande taille,
avait d'abord gouverné le royaume en qualité de régent,
pendant la fin de la grossesse de la reine Clémence. Après
la mort du jeune roi, quelques seigneurs voulurent faire
donner la couronne à Jeanne, fille de Louis X, au préjudice de Philippe-le-Long, qui s'était hâté d'aller se faire
couronner à Reims; mais les députés des États sanction-
nèrent l'avénement de Philippe (1317), et déclarèrent
même les femmes exclues de la couronne, en vertu de la
loi Salique, qui néanmoins ne prononce rien de positif à
cet égard. — Le nouveau roi chercha à se concilier l'affection de ses sujets, en multipliant les affranchissements et
en rendant, soit de son propre mouvement, soit avec le
concours des prélats, barons et députés des bonnes villes
de son royaume réunis en États-généraux (1319 et 1321),
diverses ordonnances pour réformer les finances et les
abus dont ses sujets étaient *grevés et opprimés en moult
manières*. Parmi ces ordonnances rendues dans le but de
protéger le peuple et d'assurer la prospérité intérieure, et
qui toutes indiquent les progrès de l'ordre légal, on peut
citer celles qui règlent le personnel et la compétence des
diverses cours de justice, qui reconnaissent aux provinces
le droit de se taxer elles-mêmes, et qui règlent l'organi-

sation des milices provinciales. Enfin , Philippe-le-Long
s'occupait d'établir l'uniformité des monnaies , des poids
et mesures, lorsque la mort le surprit. Les bienfaits de son
administration le feraient ranger parmi nos meilleurs rois,
s'il n'avait autorisé de sanglantes persécutions contre les
juifs, les lépreux et les *Pastoureaux* répandus dans le
midi de la France. Une foule de personnes accusées d'hérésie et de sorcellerie furent victimes de ces cruelles exécutions, qui renouvelèrent ainsi dans cette partie de la
France tous les désastres de la déplorable guerre des Albigeois.

110. CHARLES IV, dit LE BEL (1322-1328). — Le
principe de l'exclusion des femmes de la succession au
trône de France, principe auquel Philippe-le-Long avait dû
sa couronne, reçut une nouvelle application au préjudice
des propres filles de ce prince, et Charles-le-Bel succéda
sans opposition à ses deux frères, morts sans laisser après
eux d'enfants mâles. Aucun événement extérieur de quelque importance ne troubla la paix de son règne, si l'on en
excepte une courte guerre avec les Anglais sur les limites
de la Guyenne. Les vaines prétentions de Charles à la couronne impériale n'eurent pas non plus de conséquences
remarquables. Nous ne parlerons donc que de l'administration intérieure de ce prince, qui révoqua les édits contre
les lépreux et les juifs, et qui se signala par plusieurs ordonnances où l'on trouve des preuves multipliées de la
protection éclairée qu'il accordait au commerce, de sa sollicitude pour le bien-être de ses sujets et de son amour
pour la justice. Il en donna une plus éclatante encore en
faisant condamner à mort par le parlement de Paris le baron de l'Ile Jourdain, qui, comptant sur l'impunité que
semblait lui assurer la puissance de sa famille, alliée à celle
du pape Jean XXII, s'était rendu coupable des excès les
plus odieux. Il fut attaché à la queue d'un cheval et ensuite
pendu. Ce supplice, qui fit donner à Charles IV le surnom
de *Justicier*, prouva à la noblesse que l'autorité royale
était devenue assez forte pour la contraindre à respecter
les lois. Malheureusement d'autres condamnations moins
justes, mais non moins cruelles, atteignirent encore, sous
ce règne, de malheureux sectaires et quelques moines
accusés de sorcellerie. Cette accusation, extrêmement fréquente à cette époque, prouve quelle était encore l'ignorance de la nation, restée étrangère aux arts qui commen-

çaient à fleurir en Italie. La création, sous le règne de Charles, de l'académie des *Jeux floraux* à Toulouse, annonce pourtant que la littérature, qui n'avait jamais cessé d'être en honneur dans le midi de la France, commençait à y recevoir des encouragements qui devaient en accélérer les progrès. — On peut ajouter ici que ce fut sous le règne de Charles IV (1327) que la baronnie de *Bourbon* fut érigée en duché-pairie en faveur d'un petit-fils de saint Louis, Louis, fils de Robert, comte de Clermont, auquel remonte l'origine de la branche des Capétiens qui occupa jusque dans ces derniers temps le trône de France.

QUESTIONNAIRE. — 100. Comment Philippe-le-Hardi commença-t-il son règne? — Comment termina-t-il la guerre contre les infidèles? — De quels comtés s'enrichit le domaine royal sous Philippe 1er? — 101. Quelles guerres soutint Philippe-le-Hardi? — Quel est l'événement le plus remarquable arrivé sous ce règne? — Qu'est-ce qui donna lieu au massacre des Vêpres siciliennes? — Comment fut tramé et exécuté le complot contre les Français? — Philippe-le-Hardi ne voulut-il pas tirer vengeance de ce massacre? — Quel fut le succès de l'expédition de Philippe en Espagne? — Comment mourut-il? — Quelles ordonnances datent de son règne? — 102. Comment Philippe-le-Bel monta-t-il sur le trône et quelle femme avait-il épousée? — Faites connaître le caractère de ce roi. — Quelle forme eut son autorité? — 103. Quelle guerre occupa les premières années du règne de Philippe-le-Bel et comment la termina-t-il? — Racontez ses démêlés avec le roi d'Angleterre. — N'eut-il pas d'autres ennemis à combattre? — Dites les causes de la guerre de Flandre, et racontez-en les faits principaux. — Comment la paix fut-elle conclue? — 104. Quels moyens employa Philippe pour suffire aux frais de la guerre? — A quels impôts recourut-il, et comment les établit-il? — 105. Qu'était-ce qu'un parlement? — Racontez l'origine de cette institution. — Quelle était la composition et la division du parlement à l'avènement de Philippe-le-Bel? — Où furent établis les parlements? — Portaient-ils tous le même nom? — Que résulta-t-il de l'habitude prise par les rois d'envoyer leurs édits au parlement? — Quels avantages la royauté tira-t-elle de l'entrée des légistes au parlement? — 106. Quelle fut la première cause des démêlés de Philippe-le-Bel avec le pape Boniface VIII? — Quelle fut la conduite du pape? — Comment Philippe-le-Bel résista-t-il aux prétentions de Boniface VIII, et quel changement établit-il dans les États-généraux? — Que fit cette assemblée? — Comment Philippe-le-Bel déshonora-t-il sa cause? — Comment mourut Boniface VIII et quelle injure Philippe fit-il à sa mémoire? — Quels furent les successeurs de Boniface et comment le Saint-Siége fut-il transporté à Avignon? — Quelles avaient été les conditions imposées par Philippe à l'archevêque de Bordeaux pour son élévation à la papauté? — Quel nom fut donné par les Italiens à cette translation, combien de temps dura-t-elle, et quelles en furent les conséquences? — 107. Quelle était la sixième des conditions imposées par Philippe à l'élévation de Bertrand de Got? — Dans quelle situation se trouvait au quatorzième siècle l'ordre des Templiers? — Quel motif porta Philippe-le-Bel à détruire cet ordre? — Quel supplice fit-on endurer aux Templiers, et par qui l'ordre fut-il aboli? — Quel bruit se répandit après la mort du grand-maître? — Quel fut sans doute le fondement de ce bruit? — Sur quels objets portent les nombreuses ordonnances de Philippe-le-Bel? — Quelle acquisition la couronne fit-elle sous ce règne? — 108. Combien Philippe-le-Bel laissa-t-il de fils? — Quel titre Louis X portait-il déjà à son avénement au trône ? — Sait-on pourquoi il fut surnommé le Hutin ? — Qu'arriva-t-il à Enguerrand de Marigny ? — Quelles concessions fit Louis X à ses sujets ? — Cet exemple trouva-t-il des imitateurs ? — Comment Louis X augmenta-t-il encore son trésor ? — Quelle guerre recommença-t-il sur la fin de son règne et quel en fut le résultat ? — Louis X laissa-t-il un fils pour lui succéder ? — 109. En quelle qualité Philippe-le-Long avait-il d'abord gouverné ? — Succéda-t-il sans obstacle à son neveu ? — Quelle extension les députés des Etats donnèrent-ils à cette occasion à la loi salique ? — Que fit le nouveau roi pour se concilier l'affection de ses sujets ? — Les bienfaits de son administration ne furent-ils pas contre-balancés par de sanglantes persécutions ? — Quelles furent les victimes de ces persécutions ? — Qui succéda à Philippe-le-Long ? — Le règne de Charles-le-Bel est-il marqué par d'importants événements extérieurs ? — Par quels actes ce prince signala-t-il son administration intérieure ? — Quelle preuve donna-t-il de son amour pour la justice ? — Quel surnom valut à Charles IV le supplice du baron de l'île Jourdain ? — Quelles autres condamnations eurent lieu sous ce règne ? — Que prouve la fréquence des accusations de sorcellerie à cette époque ? — Quelle institution annonce pourtant les progrès de la littérature ? — Quelle baronnie remarquable fut érigée en duché-pairie sous le règne de Charles IV ?

ÉVÉNEMENTS CONTEMPORAINS. — 1273. Rodolphe de Habsbourg élu empereur d'Allemagne. — 1290. Pise ruinée par les Génois. — 1291. Les chrétiens perdent leur dernier établissement en Orient. — 1294. Fin de l'empire des Turks Seldjoukides. — 1295. Origine de la chambre des communes en Angleterre. — 1299. Othman fonde l'empire des Turcs Ottomans. — 1308. Guillaume Tell. Fondation de la ligue Helvétique. — 1314. Exploits de Robert Bruce en Écosse.

CHAPITRE SIXIÈME.

RIVALITÉ DE LA FRANCE ET DE L'ANGLETERRE. — PHILIPPE DE VALOIS. — GUERRE DE FLANDRE. — COMMENCEMENT DE LA GUERRE DE CENT ANS. — LE ROI JEAN. — BATAILLE DE CRÉCI. — BATAILLE DE POITIERS. — LA JACQUERIE. — TRAITÉ DE BRETIGNY.

111. RIVALITÉ DE LA FRANCE ET DE L'ANGLETERRE. — Charles-le-Bel avait été précédé dans la tombe par ses deux fils : avec lui s'éteignait donc cette race de Philippe-le-Bel, maudite par le pape Boniface VIII jusqu'à la troisième et à la quatrième génération ; aussi le peuple crut-il voir l'accomplissement de ce terrible anathème dans la série des morts prématurées qui, en moins de vingt ans, avaient moissonné quatre rois dans toute la force de l'âge, et cinq jeunes enfants que leur naissance appelait au trône. Toutefois Charles-le-Bel laissait sa femme enceinte, et l'on pouvait encore espérer qu'elle donnerait le jour à un héritier de Philippe-le-Hardi et de Philippe-le-Bel; mais la naissance d'une fille trompa ce dernier espoir. L'extinction de cette première branche de la dynastie capétienne devait avoir pour la France les conséquences les plus funestes. Les décisions récentes des États-Généraux, qui avaient exclu du trône les filles de Louis-le-Hutin et de Philippe-le-Long, et qui furent encore renouvelées contre les filles de Charles-le-Bel, ne pouvaient laisser aucun espoir ni à ces princesses ni à aucun de leurs descendants, et le principe désormais admis de la succession masculine, dans l'ordre de primogéniture, appelait au trône le comte de Valois, Philippe, fils de Charles, frère puîné de Philippe-le-Bel. La fille de ce dernier, Isabelle, reine d'Angleterre, qui n'avait pas plus de droits que ses nièces à la succession de ses trois frères, crut cependant devoir protester, non pas, il est vrai, en son nom personnel, mais en faveur de son fils Édouard, roi d'Angleterre, auquel elle n'avait cependant pu transmettre des droits qu'elle n'avait point elle-même. Ces prétentions d'un prince qui avait pour les soutenir l'influence et les facilités que lui donnait la possession, sur le territoire français, de la Guyenne, reste de la dot d'Éléonore d'Aquitaine, amenèrent entre la France et l'Angleterre le renouvellement de ces guerres qui leur avaient déjà coûté tant de sang. Celle que suscita cette nouvelle rivalité ne dura pas moins de cent seize ans (1337-1453), et fut pour la France la source des plus grands revers et des plus longues calamités qu'elle ait jamais éprouvées.

112. PHILIPPE VI DE VALOIS. — GUERRE DE FLANDRE (1328-1350). — Philippe de Valois, cousin germain et le plus proche parent du dernier roi, avait, comme Philippe-le-Long, gouverné d'abord comme régent, en attendant les couches de la reine. La naissance d'une fille lui assura la couronne. Son droit n'était cependant pas tellement incontestable aux yeux de tous, malgré les décisions des États-généraux et des légistes, qu'il ne crût devoir faire quelques sacrifices pour se débarrasser du plus redoutable de ses compétiteurs, Philippe d'Évreux, son cousin, mari de Jeanne, fille de Louis-le-Hutin, celle des princesses de la famille royale à laquelle serait revenue la couronne si le droit de succession des femmes eût été admis. Le royaume de Navarre que Louis-le-Hutin avait hérité du chef de sa mère, était par conséquent un fief féminin ; Philippe de Valois le sépara de celui de France, auquel il était réuni depuis quatorze ans, et le restitua à la fille de ce prince, sa légitime héritière, et à Philippe d'Évreux, son époux, à la condition que ce dernier adhérerait à l'abandon fait par sa femme de tous ses droits à la couronne de France.

A peine Philippe VI eut-il été sacré à Reims (29 mai 1328), qu'il courut combattre les Flamands révoltés contre leur comte, qui avait porté atteinte à leurs libertés. Ceux-ci ne perdirent pas courage : ils vinrent attaquer le roi jusque dans son camp, sous les murs de *Cassel*, où ils avaient, deux cent cinquante-sept ans auparavant, défait le roi Philippe Iᵉʳ. Philippe de Valois faillit éprouver le même sort et être fait prisonnier ; mais ses chevaliers se rallièrent autour de lui et fondirent sur les rebelles, qui perdirent treize mille des leurs dans cette sanglante journée.

115. Commencement de la guerre de cent ans. — Philippe de Valois, affermi sur le trône par ce triomphe, se crut assez fort pour sommer son rival, le roi d'Angleterre, Édouard III, de venir lui rendre l'hommage qu'il lui devait, comme à son suzerain, en sa qualité de duc de Guyenne. Les embarras que donnaient à ce prince les mécontentements des seigneurs anglais ne lui permirent pas de résister plus longtemps. Il vint donc rendre hommage entre les mains du roi, dans la cour plénière d'Amiens (1329) ; mais cette cérémonie humiliante pour son orgueil ne fit que rendre plus vif le désir qu'il conservait de faire valoir ses prétentions, bien que cet acte même en fût la renonciation la plus formelle. Il accepta donc avec empressement la proposition de prendre le titre et les armoiries de roi de France que lui firent Robert d'Artois, exilé du royaume, et le brasseur Jacques Artevelle, chef des Flamands de nouveau révoltés (1337). La guerre commença immédiatement. La flotte française fut battue près du fort de l'*Écluse* (1340) ; mais Robert d'Artois, qui commandait une division de l'armée anglaise, fut vaincu près de *Saint-Omer*, et Édouard lui-même, après avoir vainement assiégé *Tournai*, fut obligé de quitter la France pour aller combattre les Écossais révoltés contre le roi qu'il leur avait donné. Après deux ans de trêve, les hostilités recommen-

cèrent du côté de la Bretagne, dont la possession était disputée par deux prétendants, Charles de Blois, mari de
Jeanne de Penthièvre, reconnue par la cour des pairs de
France comme légitime héritière de ce duché, et Jean de
Montfort, son frère puîné. Le premier fut soutenu par le
roi de France, et le second par le roi d'Angleterre ; mais
bientôt ces deux princes cessèrent, à la suite d'une nouvelle trêve conclue entre eux (1343), de prendre part à
cette lutte. Dans l'intervalle, les deux prétendants avaient
été faits prisonniers ; la guerre se continua néanmoins entre
leurs épouses, nommées toutes deux Jeanne, et qui méritèrent l'une et autre par leur héroïsme l'admiration de
leur siècle. Cette *guerre des deux Jeanne*, pendant laquelle
la chevalerie bretonne s'acquit par ses exploits une brillante renommée, se prolongea jusqu'au traité de *Guérande* (1365), qui assura la possession de la Bretagne à la
maison de Montfort.

114. Bataille de Créci. — Le supplice d'Olivier
de Clisson, chef de la plus illustre maison de Bretagne, et
d'un grand nombre d'autres seigneurs de cette province,
prisonniers de Philippe VI, qui n'avait à leur reprocher
d'autre crime que leur dévouement à l'Angleterre, amena,
au bout de deux ans (1345), la rupture de la trêve. La
guerre entre la France et l'Angleterre recommença sur
trois points à la fois. Tandis qu'elle se rallumait en Bretagne, et que le comte de Derby, débarqué en Gascogne,
poussait ses conquêtes jusqu'à Angoulême, Édouard lui-
même, accompagné de son fils, le prince de Galles, descendait (1346), avec une nombreuse armée, à la Hougue,
sur les côtes de Normandie. Guidé par un seigneur de
cette province, le traître Louis d'Harcourt, il s'empara
successivement de toutes les villes de la basse Normandie,
et, suivant la rive gauche de la Seine, dont les Français
avaient coupé tous les ponts, il marche sur Paris, pillant
et ravageant tout sur son passage. Un mois après le jour
où il avait pris terre sur la côte de France, il arrive à
Poissy, et tandis qu'il y fait construire un pont pour traverser le fleuve, il envoie des partis piller *Saint-Cloud*,
Bourg-la-Reine et les autres villages des environs de Paris. Philippe, surpris par cette attaque imprévue et par la
marche rapide de son ennemi, avait cependant réuni une
armée bien plus nombreuse que celle de son rival. Celui-
ci, effrayé lui-même de la témérité de son entreprise, veut

commencer sa retraite ; il marche précipitamment vers la Flandre, et force, au gué de *Blanquetaque* (ou de la Blanche-Tache), au-dessous d'Abbeville, le passage de la Somme, dont les ponts étaient gardés par les Français. Cependant Philippe s'était mis à sa poursuite et l'atteignit un peu au delà d'Abbeville, près de *Créci* (le 26 août 1346). Quoique son armée fût épuisée par la fatigue d'une longue marche, il eut l'imprudence d'engager aussitôt le combat. La victoire semblait assurée : elle fut perdue par l'ardeur désordonnée et la téméraire valeur des chevaliers français. Ils s'élancèrent tumultueusement, à l'envi les uns des autres, et malgré la défense du roi, contre un ennemi quatre fois moins nombreux, mais dont toutes les dispositions avaient été arrêtées avec prudence, et qui exécutait avec bravoure, mais avec calme, les ordres transmis par les chefs. La journée de Créci est une des plus funestes que la France ait jamais eu à déplorer. Le comte d'Alençon, frère du roi, le roi de Bohême, allié de Philippe, neuf autres princes, douze cents chevaliers et trente mille soldats restèrent sur le champ de bataille. Les Anglais se servirent, dans ce combat, d'armes à feu, dont l'usage commençait à s'introduire dans les armées, mais que les chevaliers français dédaignaient encore, regardant comme indigne de leur courage d'employer des armes qui donnaient la mort de loin. Le jeune prince de Galles, à peine âgé de quinze ans, combattit avec une valeur qui l'exposa aux plus grands dangers ; mais son père, qui le suivait des yeux, refusa de le faire secourir, voulant, disait-il, « que l'enfant gagnât ses éperons. » C'est ce prince qui s'est rendu si célèbre et si terrible à la France sous le nom de *Prince Noir*, qu'il dut à la couleur de sa cotte de mailles. Philippe, après avoir eu son cheval tué sous lui et avoir reçu deux blessures, fut emmené malgré lui du champ de bataille. Il arriva, épuisé de fatigue, au château de *la Broye*, à quelques lieues de Créci ; la crainte des ennemis en avait déjà fait fermer les portes : « *Ouvrez, ouvrez, châtelain*, s'écrie le roi, *c'est la fortune de la France* (1). »

----

(1) Nous n'avons pas voulu changer ces paroles consacrées, on peut le dire, par une sorte de tradition nationale ; mais nous devons convenir que ce n'est point ainsi qu'elles sont rapportées par l'historien Froissart, dont tous les autres ont copié le récit.

115. Dévouement d'Eustache de Saint-Pierre.
— La brillante victoire que venait de remporter Édouard,
forcé malgré lui à combattre, ne changea rien à ses projets. Tandis que Philippe, reconnaissant l'impossibilité de
rassembler les débris de son armée, regagnait sa capitale,
le roi d'Angleterre, continuant sa marche vers le nord,
allait mettre le siége devant Calais. La valeur avec laquelle
les habitants se défendirent l'arrêta pendant près d'un an
et l'irrita au dernier point. Enfin les bourgeois manquant
de vivres et voyant qu'il ne leur restait aucune espérance
d'être délivrés par le roi de France, qui avait tenté vainement de les secourir, offrirent à Édouard de se rendre
(1347). Celui-ci n'y consentit qu'à la condition que six des
plus notables lui seraient remis, en chemise, la corde au
cou, pour être conduits au supplice. *Eustache de Saint-
Pierre* s'offrit le premier, et son dévouement fut imité par
cinq de ses amis. Ils allèrent présenter leurs têtes au vainqueur, qui déjà avait ordonné leur mort, lorsque la reine
d'Angleterre, « qui était durement enceinte et pleurait si
tendrement de pitié qu'elle ne se pouvait soutenir, » vint
se jeter aux pieds d'Édouard pour demander leur grâce,
et obtint par ses sollicitations qu'il ne ternît pas sa gloire
par le supplice de ces généreux citoyens. Il se borna à
exiler les habitants de Calais, qu'il repeupla d'Anglais, afin
de s'assurer la possession de cette ville, dont la position vis-
à-vis de la côte d'Angleterre assurait ses communications
avec le continent. Il put dès lors se vanter « de tenir les
clefs de la France à sa ceinture. »

116. Fin du règne de Philippe VI. — Cette longue guerre avait épuisé les deux pays : Édouard et Philippe consentirent donc (1347) à signer une trêve, dont le
pape Clément VI fut le médiateur. Mais la France était encore désolée par deux autres fléaux. Une peste, la plus
terrible dont l'Europe ait conservé le souvenir, y enleva,
disent les historiens, le quart des habitants ; elle avait été
précédée et elle fut suivie d'une horrible famine. Ces famines furent en partie le résultat des fausses mesures financières adoptées par Philippe de Valois. Pour suffire
aux frais de la guerre, il avait eu recours à toutes les

S'il faut l'en croire, Philippe aurait dit : Ouvrez, ouvrez, châtelain, c'est *l'infortuné roi* de France. Voir les Chroniques de Froissart, ch. 292, édit. de M. Buchon, t. II, p. 370.

exactions dont ses prédécesseurs lui avaient donné l'exemple : spoliation des marchands italiens et juifs, subsides arrachés au clergé, altération des monnaies, qui furent successivement réduites au cinquième de leur valeur, vente des offices de judicature, enfin création de nouveaux impôts, et particulièrement du monopole du sel ou de la *gabelle*, et d'une imposition de quatre deniers par livre sur toutes les ventes. Les États-généraux de la langue d'Oïl, assemblés à Paris, et ceux de la langue d'Oc, réunis à Toulouse (1346), réclamèrent vainement contre ces impôts, et obtinrent seulement la réforme d'un petit nombre d'abus. L'ordonnance qui prescrivait l'établissement des greniers à sel attira à Philippe les plaisanteries d'Édouard, qui l'appelait par dérision le *Roi de la loi salique :* Philippe crut y répondre en appelant Édouard le *Marchand de laine ;* mais les mesures fiscales du roi de France ruinaient son peuple, tandis que l'immense commerce de laine que le roi d'Angleterre encouragea entre ses sujets et les Flamands, fit la prospérité de l'Angleterre, qui, pour en conserver le souvenir, fait encore asseoir aujourd'hui sur une balle de laine le président de la chambre des communes.

Tant de malheurs et de revers éprouvés par la France sous le règne d'un prince brave, mais violent et prodigue, ne furent que faiblement compensés par deux acquisitions que fit le roi l'année qui précéda sa mort (1349) ; ce furent celle du *Dauphiné*, qui lui fut cédé par le dauphin Humbert, à la condition que le fils aîné des rois de France porterait le nom et les armes de Dauphin ; et celle de la seigneurie de *Montpellier* et du château de *Lattes*, situé dans le voisinage, qui fut vendue à la France par le dernier roi de Majorque, au prix de cent vingt mille écus.

Nous citerons parmi les ordonnances de Philippe de Valois, outre celles qui ont rapport à la fabrication des monnaies, une d'abord relative aux priviléges, accordés aux foires de Champagne, favorisant le commerce, puis une autre qui abrégeait les délais judiciaires et régularisait la juridiction du parlement de Paris en cas d'appel (1344).

117. JEAN II, dit LE BON (1350-1364). —Jean, duc de Normandie, l'aîné des deux fils de Philippe, fut son successeur au trône. Ce prince, auquel le peuple, touché de ses malheurs et séduit par ses qualités chevaleresques, sa bravoure et sa loyauté, donna le surnom de *Bon*, a cependant mérité par son emportement et ses violences le jugement sévère de la postérité. Ce fut même par un crime qu'il commença son règne. Le connétable Raoul d'Eu, sur un simple soupçon de trahison, fut, par son ordre, mis à mort sans jugement. Mais ce qui signale surtout ce règne, le plus désastreux de la monarchie, c'est moins les malheurs dont fut affligée la France que l'esprit d'indépendance qui se manifeste alors dans toutes les classes du peuple. Il semble puiser dans ses souffrances une énergie qu'il n'avait pas montrée jusque-là. L'année même qui suivit son avénement (1351), Jean convoqua les États-généraux ; mais il en obtint si peu de chose, qu'il prit, comme ses prédécesseurs, le parti de recourir à la fabrication de la fausse monnaie. Les nouveaux États qu'il réunit (1355), afin de leur demander les subsides nécessaires pour continuer la guerre contre l'Angleterre, qui venait de rompre la trève, se montrèrent plus généreux, mais aussi plus exigeants. Ils lui accordèrent des secours considérables en hommes et en argent ; mais ils voulurent que cet argent demeurât entre les mains de leurs commissaires, chargés d'en surveiller l'emploi, et ils demandèrent à être réunis tous les ans.

118. Bataille de Poitiers. Le roi Jean prisonnier. — Déjà la guerre était commencée en Guyenne. Le Prince Noir, fils du roi d'Angleterre, commit la même imprudence que son père, en s'engageant avec douze mille combattants au milieu d'un pays ennemi, où il se trouva bientôt en face du roi Jean, commandant une armée de cinquante mille hommes ; mais les défaites de Courtrai et de Crécy n'avaient pas corrigé la chevalerie française de sa fougueuse indiscipline et de sa téméraire bravoure. Ce fut encore son ardeur imprudente et désordonnée qui causa la perte de la bataille de *Maupertuis*, plus connue sous le nom de bataille de *Poitiers* (19 septembre 1356). Le roi lui-même mérita ce reproche en cédant à l'impétuosité de son courage et en oubliant ses devoirs de général pour se jeter, comme un simple chevalier, au milieu des ennemis. Après des prodiges d'intrépidité qui firent proclamer par son jeune vainqueur, bon juge en pareille matière, qu'il avait, dans cette terrible journée, mérité le prix de la valeur, Jean fut fait prisonnier avec le jeune Philippe son fils, qui, trop faible pour combattre, s'était cependant obstiné à rester auprès de son père, et avait été blessé en parant les coups qu'on lui portait. Ils furent conduits à Londres, où le héros de cette journée, le *Prince Noir*, alors âgé de vingt-six ans à peine, fut reçu en triomphe. La captivité du roi rendit la défaite de Poitiers plus désastreuse pour la France que celle de Créci, quoiqu'elle ne lui eût coûté que onze mille combattants. « La noblesse, qui, cette fois, s'était laissé prendre, au lieu de se faire tuer, ruina la France pour payer sa rançon. » (M. MICHELET.)

119. RÉGENCE DU DAUPHIN CHARLES. — La captivité du roi devint pour la France la source de calamités de toute espèce. Le dauphin, qui depuis fut roi sous le nom de Charles V, n'avait encore que dix-neuf ans; il prit les rênes du gouvernement, en qualité de lieutenant général du royaume, et parvint à mettre du moins un terme aux ravages de la guerre en concluant avec les Anglais (1357) une trêve de deux ans; mais il ne put triompher des factions qui se manifestèrent au sein des États-généraux. L'esprit d'indépendance qui, dans leurs précédentes réunions, s'était déjà attaqué au pouvoir royal lui-même, y reparut avec plus de force, quand il n'eut plus à lutter que contre l'ombre de ce pouvoir. Tandis que les États de la Langue d'Oc, réunis à Toulouse, se montraient favorables aux demandes du dauphin, ceux de la langue d'Oïl, rassemblés à Paris (1356), voulurent lui imposer les conditions les plus dangereuses pour son autorité. Dans cette assemblée, composée de huit cents membres, quatre cents représentaient les communes et se trouvaient placés sous l'influence du prévôt des marchands de Paris, Étienne Marcel, et de Robert Lecoq, évêque de Laon. Parmi eux s'était formé un parti puissant, qui voulait porter sur le trône le roi de Navarre, Charles-le-Mauvais, gendre du roi, petit-fils par sa mère de Louis-le-Hutin, et par conséquent le représentant des droits de la branche féminine de la maison capétienne. Redoutant les intrigues tramées par ce prince avec l'Angleterre et avec ce même Marcel, déjà président des députés des villes aux États-généraux de 1355, le roi Jean l'avait fait arrêter; il était encore en prison; les États-généraux demandèrent sa liberté. De plus, ils exigeaient le renvoi et la mise en jugement des conseillers actuels du dauphin, et leur remplacement par une commission de quatre prélats, de douze seigneurs et de douze députés des villes, qu'ils nommeraient eux-mêmes et qui formeraient désormais le conseil du prince. Effrayé de ces prétentions, le dauphin les congédia ; mais en vain eut-il recours, comme son père, à l'altération des monnaies, l'argent lui manqua bientôt. Il lui fallut donc réunir de nouveau les États-généraux (février 1357) et leur accorder tout ce qu'ils demandèrent : éloignement de ses conseillers, nomination de trente-six commissaires chargés de surveiller toute l'administration, rétablissement de la bonne monnaie d'or et d'argent, droit pour les députés de s'assembler deux fois par an afin de s'assurer de l'exécution des lois.

L'accomplissement de toutes ces conditions et la conclusion de la trêve avec l'Angleterre semblaient devoir donner à la France quelque repos. Mais l'affaiblissement du pouvoir royal et le mépris dans lequel la noblesse était tombée depuis ses défaites à Créci et à Poitiers, donnèrent naissance à de nouveaux troubles. Les paysans, vexés depuis si longtemps par les nobles, qui les appelaient par dérision *Jacques Bonhomme*, se voyant encore pressurés par eux afin de fournir l'argent nécessaire à la rançon des captifs de Poitiers, se soulevèrent contre ces oppresseurs aussi odieux que méprisés, brûlèrent les châteaux et s'organisèrent, dans la Picardie et la Champagne surtout, en bandes qui portèrent partout le meurtre et le pillage. Aux dévastations de la *Jacquerie* se joignirent celles d'autres bandes de brigands, formées en grande partie de soldats licenciés des armées anglaises, et désignées sous le nom de *Grandes compagnies*, de *Malandrins*, et aussi de *Routiers*, parce qu'ils pillaient tous les voyageurs qu'ils rencontraient sur les routes. Pendant qu'une de ces bandes, commandée par l'*archiprêtre* Cervolles, allait rançonner le pape dans Avignon, les Jacques vinrent mettre le siége devant Meaux, où s'étaient réfugiées un grand nombre de familles nobles ; mais leurs horribles dévastations et leurs vengeances atroces les avaient rendus tellement odieux, que les Anglais et les Navarrois s'unirent aux Français pour exterminer ces bêtes féroces. Plus de sept mille furent passés au fil de l'épée sous les murs de Meaux, ou noyés dans les flots de la Marne (1358).

Cependant de nouveaux troubles avaient éclaté dans Paris, où dominait toujours le prévôt des marchands, Étienne Marcel, qui se fit même pendant quelque temps l'allié des Jacques, dont il avait espéré pouvoir se servir dans l'intérêt de sa politique.

Le dauphin, fatigué de la surveillance des trente-six commissaires, voulut s'en affranchir, et leur défendit de s'assembler ; mais les murmures du peuple et l'épuisement des finances le forcèrent à convoquer de nouveaux États-généraux (novembre 1357). Le lendemain de leur ouverture, le roi de Navarre, Charles-le-Mauvais, est délivré de sa prison et salué comme roi de France par ses partisans, toujours dirigés par le prévôt des marchands, Étienne Marcel. Leur audace allant toujours croissant, ils forcent le palais du dauphin et massacrent à ses pieds les maréchaux de Champagne et de Normandie. Ce prince quitte Paris ; les États-généraux se dispersent ; mais bientôt, ils se réunissent de nouveau à Compiègne et reconnaissent le dauphin, alors parvenu à l'âge de vingt et un ans, comme régent du royaume. Cependant Marcel et les partisans du roi de Navarre se disposaient à livrer à ce prince et à ses troupes la ville de Paris ; mais déjà le peuple désabusé commençait à reconnaître que ces hommes, qui se proclamaient ses défenseurs, n'étaient que des ambitieux qui se servaient de lui pour s'élever à ses dépens. Le traître Marcel allait livrer les portes de Paris aux Navarrois et aux Anglais, lorsqu'il fut massacré avec ses complices par l'échevin Jean Maillard, accompagné de Jean de Charny et de Pépin des Essarts, chefs des royalistes. Le régent, rappelé alors par le vœu du peuple, rentra dans Paris, et, après la condamnation des complices du prévôt, il proclama une amnistie générale (1358).

120. TRAITÉ DE BRETIGNY. — Cet heureux événement n'avait pas mis fin aux malheurs qui affligeaient la France. Le roi de Navarre, déçu dans ses projets ambitieux, déclara la guerre au régent, et les ravages exercés par les bandes d'étrangers enrôlés sous ses bannières achevèrent de ruiner les campagnes, plus que jamais désolées par les excès auxquels se livraient les routiers. Le retour du roi pouvait seul rendre quelque repos à la France ; mais les conditions mises par les Anglais à sa délivrance étaient tellement onéreuses, que les États-généraux (1359), auxquels le dauphin les soumit, répondirent que « ils auraient plus cher à endurer et porter encore le grand méchef et misère où ils étaient, que le noble royaume de France fût ainsi amoindri et défraudé. » Cependant la trêve était expirée, et les maux d'une guerre nouvelle vinrent encore s'ajouter à tous ceux que souffrait la France. Bientôt

Édouard fut aux portes de Paris; il fallut souscrire à presque toutes les conditions si héroïquement repoussées par les États-généraux, savoir : la cession en toute souveraineté, au roi d'Angleterre, de toutes les provinces qui composaient l'ancien duché d'Aquitaine, avec Calais, les comtés de Ponthieu et de Guines, la vicomté de Montreuil, et, de plus, trois millions d'écus d'or pour la rançon du roi. Telles furent les stipulations du traité de *Bretigny* (1360), le plus désastreux et le plus humiliant dont il soit fait mention dans nos annales. Comme compensation à tant de pertes, le roi réunit à la couronne la *Normandie*, qu'il avait reçue en apanage, le comté de *Toulouse*, annexé depuis près d'un siècle au domaine royal, celui de *Champagne*, vainement réclamé par le roi de Navarre, enfin le duché de *Bourgogne*, qui revint à Jean (1361), comme étant le plus proche héritier de Philippe de Rouvres. Mais cette dernière province fut de nouveau démembrée de la couronne, deux ans après sa réunion, et donnée par le roi à son quatrième fils, Philippe le Hardi, tige de cette puissante maison de Bourgogne dont l'ambition devint si fatale à la monarchie.

Le retour du roi ne rendit pas à la France le repos qu'elle en avait espéré. Les soldats des deux partis que le rétablissement de la paix laissait sans emploi, se formèrent en *grandes compagnies*, et, réunis aux routiers, portèrent le ravage dans toutes les provinces. Le comte de la Marche, Jacques de Bourbon, fut blessé à mort en combattant, à *Brignais* (1362), quinze mille de ces brigands.

Dans l'état d'épuisement où se trouvait la France, il avait été impossible de payer, au moment de la signature du traité de Bretigny, la somme fixée pour la rançon du roi. Ce prince n'avait donc été remis en liberté qu'après avoir donné, pour garantie de l'exécution de ce traité, des otages, du nombre desquels furent deux de ses fils. L'un de ces derniers, violant la parole donnée à Édouard, s'enfuit d'Angleterre. À cette nouvelle, Jean alla prendre sa place à Londres, en disant que *si la bonne foi était bannie du reste de la terre, elle devrait trouver un asile dans le cœur des rois.* Peu de temps après, il terminait chez les Anglais un règne dont chaque année avait été marquée par quelque grand malheur.

QUESTIONNAIRE. — 110. Quelles conséquences eut la mort de Charles le Bel? — Comment s'éteignit la branche directe des Capets?   Quel était le plus proche héritier du trône ? — Quels pouvaient être les droits d'Isabelle, reine d'Angleterre ? — Que fit cette princesse, et quelle guerre s'ensuivit entre la France et l'Angleterre ? — 111. En quelle qualité gouverna d'abord Philippe de Valois ? — Quelles concessions fit-il à Philippe d'Évreux ? — Racontez la guerre de Flandre. — 112. Comment éclata la guerre de cent ans ? — Quels auxiliaires trouva le roi d'Angleterre et quelle proposition lui firent-ils ? — Racontez les premiers événements de la guerre de cent ans. — Dans quelle province recommencèrent les hostilités ? — Comment se continua la guerre de Bretagne pendant la trève entre la France et l'Angleterre et sous quels chefs ? — Comment se termina cette guerre ? — 113. Quels événements amenèrent la bataille de Créci ? — Racontez cette malheureuse bataille. — Quels furent les pertes de la France à la journée de Créci ? — De quelles armes se servirent les Anglais dans cette bataille ? Comment se battit à Créci le jeune prince de Galles ? — Faites connaître la conduite de Philippe de Valois à la bataille de Créci, et ses belles paroles au châtelain de la Broye. — 114. Avec quelle valeur se défendirent les habitants de Calais assiégés par le roi d'Angleterre ? — Quelle condition leur imposa Edouard ? — Dites le beau dévouement d'Eustache de Saint-Pierre. — Comment le roi d'Angleterre s'assura-t-il la possession de Calais ? — 115. Comment fut suspendue la guerre entre la France et l'Angleterre, et quels autres fléaux désolaient alors la France ? — Quel impôt établit Philippe, et comment répondait-il aux plaisanteries d'Edouard à ce sujet ? — Quelles acquisitions compensèrent, en partie, les revers de la France ? — Quelles sont les plus utiles des ordonnances de Philippe de Valois ? — 116. Quel fut le successeur de Philippe de Valois ? — Le roi Jean a-t-il mérité le surnom de Bon ?—Quel fait signale surtout ce règne ? Quels furent les rapports du roi avec les Etats-généraux ? — 117. Quelle guerre eut-il à soutenir et quel en fut le résultat ? — Par quelle cause fut perdue la bataille de Poitiers ? — Le roi Jean lui-même ne céda-t-il pas à une imprudente témérité ? — Qu'arriva-t-il au roi Jean à Poitiers ? — Cette défaite ne fut-elle pas plus désastreuse encore que celle de Créci ? — 118. Qui gouverna la France pendant la captivité du roi Jean ? Quels furent les rapports du Dauphin-Régent avec les Etats-généraux, et quelles furent les exigences de ceux-ci ? Quelles autres dévastations se joignirent à celles de la Jacquerie ? — Quelles séditions s'élevèrent à Paris ? — Comment finirent-elles ? — Les paysans ne se soulevèrent-ils pas ? — Quel nom reçurent-ils et comment furent-ils exterminés ? — 119. Par quel humiliant traité la France acheta-t-elle la délivrance du roi ? Quelle acquisition fit la couronne sous ce règne ? — Quelle maison importante prit naissance ? — Faites connaître la bonne foi et les belles paroles du roi Jean. — Où mourut ce prince ?

ÉVÉNEMENTS CONTEMPORAINS. — 1333-1370. Règne de Casimir le Grand, législateur de la Pologne. — 1344. Les Arabes musulmans complétement expulsés d'Espagne. — 1346. Rivalité de Gênes et de Venise. — 1350. Diète de Nuremberg où fut décrétée la *Bulle d'or* relative à l'élection des empereurs. — 1359. La prise de Gallipoli ouvre aux Turcs l'entrée de l'Europe. — 1360. Règne de Mourad ou Amurath Ier. Il succède à Ourkhan, premier sultan, créateur des janissaires. — 1360. Tamerlan ou Timour-Lenc (Timour le Boiteux), chef des Mongols.

CHAPITRE SEPTIÈME.

CHARLES V.—DU GUESCLIN.—DÉFAITE DES ANGLAIS.

CHARLES VI. — GUERRES CIVILES.
RIVALITÉ DES DUCS D'ORLÉANS ET DE BOURGOGNE.
BATAILLE D'AZINCOURT.
MEURTRE DU DUC DE BOURGOGNE.

120. CHARLES V, dit LE SAGE (1370-1380). — « Le règne de Charles fut un règne de réparation et de recomposition de la monarchie. » (CHATEAUBRIAND.) C'est par la prudence avec laquelle ce prince s'appliqua à porter remède à tous les maux qui désolaient son royaume qu'il a mérité le surnom de *Sage*. Sa complexion faible et maladive, qui l'éloigna constamment du champ de bataille, se trouvait en rapport avec les besoins du royaume, auquel avaient si mal réussi les grandes batailles des deux règnes précédents. Ce n'est pas, toutefois, que Charles V redoutât la guerre : il la fit au contraire pendant toute la durée de son règne ; mais sa froide prudence et le discernement avec lequel il sut choisir les hommes auxquels il en remit la conduite, changèrent les défaites en triomphes. Le plus célèbre de ces capitaines est le fameux *Bertrand du Guesclin*, chevalier breton, illustré déjà par le brillant courage dont il avait fait preuve dans cette guerre de la succession de Bretagne, qui durait depuis plus de vingt ans.

La paix signée entre la France et l'Angleterre n'avait mis fin ni à cette guerre, ni aux folles prétentions de Charles le Mauvais. Combattant tour à tour en Normandie pour la cause du roi de France contre le roi de Navarre, et en Bretagne pour la maison de Penthièvre contre celle de Montfort, du Guesclin enleva au roi de Navarre toutes les places qu'il possédait, et ruina toutes les espérances de ce prince par la brillante victoire qu'il remporta sur lui à *Cocherel* (1364). — Quelques mois après, il fut lui-même fait prisonnier par les Anglais à la bataille d'*Auray*, qui coûta la vie à Charles de Blois, et assura ainsi à la maison de Montfort la possession de la Bretagne, que lui confirma le traité de Guérande (1365). Un autre traité, conclu un mois auparavant avec le roi de Navarre, avait mis fin aux prétentions et aux entreprises de ce prince. La France n'était donc plus troublée que par les ravages des Grandes Compagnies. Déjà sous le règne précédent (1362), une partie de ces bandes pillardes avaient été emmenées en Italie par le marquis de Montferrat, qui les avait prises à sa solde ; du Guesclin, ayant recouvré sa liberté, conduisit le reste en Espagne (1366), afin d'y aider Henri de Transtamare à détrôner son frère Pierre le Cruel, roi de Castille, qui avait empoisonné sa femme, sœur du roi Charles V. Fait de nouveau prisonnier à la bataille de Navarette, livrée contre son avis (1367), du Guesclin paya une forte rançon pour se racheter. Revenant de nouveau avec Henri, après plusieurs avantages, et la mort de Pierre le Cruel, tué de la main même de son frère, il établit celui-ci sur le trône, puis rentra en France.

421. Nouvelle rupture entre la France et l'Angleterre. — Charles V, quelque éloignement qu'il eût pour la guerre, ne reportait qu'avec douleur ses regards sur les honteuses stipulations de ce traité de Bretigny qui lui avait à l'avance ravi la plus belle partie de son héritage. Les Anglais se faisaient détester, par leur hauteur et leurs vexations, des habitants de ces riches provinces. Dans leur détresse, ils élevèrent leur voix plaintive vers ce trône devenu depuis deux siècles le refuge des opprimés. Charles V les accueillit avec empressement. Au mépris des termes du traité de Bretigny, qui cédait les provinces en *toute souveraineté*, il cite le prince de Galles, qui les gouvernait, à comparaître devant la cour des pairs, *pour ouïr droit sur lesdites complaintes* (1368). Le prince, non moins surpris qu'irrité d'une audace à laquelle il était loin de s'attendre après de si brillantes victoires, répond à ceux qui lui signifient l'ajournement : « Nous irons volontiers à Paris, puisque mandé nous est du roi de France ; mais ce sera le bacinet en tête et soixante mille hommes en notre compagnie. » L'état languissant de sa santé et la prudence de Charles le Sage rendirent vaines ces superbes menaces. Le roi y répondit par une déclaration de guerre envoyée au roi Édouard III par un marmiton (1369). Les États-généraux lui donnèrent les moyens de la soutenir. Sans laisser aux ennemis le temps de se reconnaître, il la

fait commencer sur trois points à la fois. Le Ponthieu est
conquis par le comte de Saint-Pol et le sire de Châtillon,
avant que les Anglais aient pu songer à le défendre; le duc
d'Anjou, l'un des frères du roi, fait de rapides progrès en
Aquitaine, où des provinces entières s'empressent de se-
couer le joug des Anglais. Le duc de Lancastre, débarqué
à Calais, s'avance dans la Picardie; mais il se trouve bientôt en présence d'un autre frère du roi, le duc de Bourgogne, qui, fidèle aux ordres de Charles, se contente de
le tenir en échec, en évitant toujours d'en venir aux mains
avec lui. Il en coûta beaucoup au duc Philippe le Hardi
de se conformer à cette prudente politique. Ce fut elle
pourtant qui sauva la France. En vain l'habile général
anglais, Robert Knolles, pénétra-t-il jusqu'au cœur du
royaume, et vint-il brûler, jusque sous les yeux du roi,
les villages des environs de Paris, Charles V savait que *ces*
forcenés ne pouvaient lui tollir son héritage, ni le boutter
hors par fumières. En vain la noblesse murmurait-elle de
se voir interdire les batailles rangées; Charles n'oubliait
pas que c'était son indiscipline et sa valeur désordonnée
qui avaient rendu si fatales les journées de Créci et de
Poitiers : il persista donc dans le système qu'il avait sagement adopté, et qui faisait dire à Édouard III qu'*il n'y*
eut oncques roi qui si peu s'armât et qui tant lui donnât
d'affaires.

Du Guesclin, revêtu de la dignité de connétable, la plus
élevée qui fût alors en France, avec le commandement
général des armées (1370), battit Robert Knolles et fit la
conquête du Poitou, tandis que la flotte du roi de Castille,
allié de Charles V, détruisait devant la Rochelle celle des
Anglais (1372). — L'année suivante, la Bretagne, dont le
duc était toujours leur allié, est conquise à son tour par
du Guesclin et son compagnon d'armes, le brave Olivier
de Clisson. Montfort fut puni, par la perte de son duché,
de son alliance avec les ennemis de la France; mais il le
recouvra par l'imprudence que commit Charles V en voulant soumettre à un impôt odieux cette importante province, dont la révolte (1379) compromit les utiles résultats obtenus par sa sagesse.

La guerre, interrompue par une trêve de deux ans (1375-
1377), se continua jusqu'à la fin du règne de Charles V.
Le connétable, poursuivant ses succès, avait presque
entièrement achevé la conquête de toutes les provinces

occupées par les Anglais, lorsque la mort vint mettre un terme à tant de brillants exploits. Il mourut de maladie (1380) au siége de *Châteauneuf de Randon* (petite ville du Gévaudan, aujourd'hui département de la Lozère), dont le commandant, plein d'admiration pour sa bravoure, vint déposer les clefs sur son cercueil, en exécution de la parole qu'il lui avait donnée, quelque temps avant sa mort, de se rendre à un jour fixe, s'il n'était pas secouru auparavant. L'histoire a conservé les dernières paroles adressées par ce vaillant guerrier à ses vieux compagnons d'armes : *N'oubliez jamais*, leur dit-il, *qu'en quelque pays que vous fassiez la guerre, les gens d'église, les femmes, les enfants et le menu peuple ne sont point vos ennemis.*

Le roi Charles V ne survécut que deux mois au plus habile de ses généraux ; mais, au moment où il fut enlevé par une mort prématurée, il avait presque accompli la glorieuse entreprise de la délivrance de la France ; les Anglais n'y possédaient plus qu'un petit nombre de villes maritimes, parmi lesquelles celles de Calais, Cherbourg, Nantes, Brest, Mortagne, Bordeaux et Bayonne, étaient les plus importantes. Nous verrons bientôt quelles fatales circonstances anéantirent tous les résultats de ce règne si utile.

122. INSTITUTIONS DE CHARLES V. — Charles V possédait une des qualités les plus utiles à un souverain : la connaissance des hommes et l'intelligence nécessaire pour les apprécier. Il sut aller chercher du Guesclin, gentilhomme d'une famille assez obscure, pour lui confier l'épée de connétable, et ne montra pas moins de discernement dans le choix de ses conseillers. Il n'assembla qu'une fois les États-généraux, qui s'étaient montrés plus dangereux qu'utiles sous le règne de son père. Il les remplaça par ces solennités judiciaires appelées *Lits de justice*, où étaient admis, avec le Parlement, les grands officiers de la couronne, des prélats, et des députés de la bourgeoisie et de l'Université, qui, depuis longtemps déjà, formait un corps puissant et considéré. Ce fut dans une de ces royales séances que Charles V fit enregistrer l'ordonnance qui fixe à quatorze ans commencés la majorité des rois de France. Ce prince, qui ne *trouvait les rois plus heureux que les autres hommes que parce qu'ils ont plus de pouvoir de faire le bien*, s'efforça de soulager les maux de ses sujets par une foule de règlements utiles, entre lesquels on ne saurait blâmer que celui par lequel le produit des amendes était imprudemment attribué aux magistrats qui les prononçaient. L'ordonnance contre les guerres privées fut renouvelée ; le tribunal des maréchaux de France, chargé de réprimer les brigandages des gens de guerre, vit son autorité circonscrite dans d'étroites limites quand il tenta d'en abuser. Le commerce, favorisé à l'intérieur, vit ses développements à l'extérieur aidés par la création d'une marine capable de le protéger, et cet utile établissement, négligé par les rois précédents, à l'exception de saint Louis, assura à la France un nouveau moyen de combattre les Anglais avec succès. Les charges que ce prince eut à supporter ne lui permirent pas d'alléger le poids des impôts ; mais il défendit d'en établir de nouveaux sans le consentement des États. L'ordre avec lequel ses finances étaient administrées lui donna d'ailleurs les moyens de suffire aux frais de la guerre sans recourir, comme ses prédécesseurs, à l'altération des monnaies ; il put même en employer une partie à faire, pour le compte du domaine, des acquisitions assez importantes, telles que celles des comtés de Dreux, de Pézénas, etc. Enfin Charles V donna une preuve de la protection éclairée qu'il accordait aux lettres en formant au Louvre une bibliothèque royale composée de quelques volumes recueillis par son père, et dont le nombre fut par ses soins porté à neuf cents. Il avait aussi fondé un collège avec un observatoire, en faveur d'un savant nommé maître Gervais, qui passait pour fort habile dans l'astrologie ; car le roi Charles le Sage avait, comme tous ses contemporains, la faiblesse d'ajouter foi à cette science mensongère, qui prétendait lire dans les astres les secrets de l'avenir, et dont le crédit devait se maintenir plusieurs siècles encore.

Ce fut sous le règne de Charles V que le prévôt de Paris, Hugues Aubriot, fit construire dans cette capitale le *Petit-Châtelet*, le *Pont-aux-Changeurs*, ainsi que les premiers *égouts* souterrains, et posa (1372) la première pierre de la *Bastille*, redoutable prison d'État, dont la ruine devait être, quatre siècles plus tard, le signal de la révolution française.

125. CHARLES VI, dit LE BIEN-AIMÉ (1380-1422). — La France semblait sauvée, quand la mort de Charles V vint la replonger, pour un demi-siècle encore, dans l'a-

bîme de maux d'où l'avaient tirée la prudence et l'habileté de ce prince. Son fils, Charles VI, n'avait pas douze ans quand il se vit appelé au trône. Les malheurs de son règne eurent pour première cause les rivalités de ses trois oncles, le duc d'Anjou, le duc de Berri et le duc de Bourgogne, qui se disputèrent la régence. Le duc d'Anjou s'étant emparé des trésors amassés par Charles V, les employa à faire les préparatifs d'une expédition qu'il méditait contre le royaume de Naples, et dans laquelle il perdit la vie quelques années après (1384). Cette dilapidation du trésor public nécessita la création de nouveaux impôts, qui soulevèrent contre le gouvernement du roi la capitale et les provinces. A Paris eut lieu la révolte des *Maillotins*, ainsi nommés parce qu'ils se servaient de maillets de plomb pour assommer les percepteurs des nouvelles taxes (1382). La crainte de provoquer des troubles plus graves détermina les oncles du roi à différer la punition de cette révolte. Le duc de Bourgogne emmena Charles VI combattre les Flamands, révoltés de nouveau contre leur comte, et sur lesquels fut gagnée (1382) la sanglante bataille de *Rosebèke*, où périt leur chef, Philippe Artevelle, fils du fameux brasseur de ce nom.

Cette défaite du parti populaire eut un contre-coup terrible pour les Parisiens, qui avaient secondé de tous leurs vœux les Flamands, avec lesquels ils entretenaient des intelligences. Charles, rentré en vainqueur dans sa capitale, tira de leur révolte une cruelle vengeance. Les bourgeois furent désarmés, les charges municipales, qui garantissaient leurs priviléges, supprimées, et les auteurs présumés de la révolte envoyés au supplice. Les oncles du roi firent comprendre dans ce nombre l'avocat général Jean Desmarets, qui n'avait commis d'autre crime que d'opposer une sévère intégrité aux dilapidations des ducs de Berri et de Bourgogne. Il marcha au supplice (1383) avec une admirable fermeté. « Maître Jean, lui disaient ceux qui l'entouraient, criez merci au roi afin qu'il vous pardonne. — J'ai servi, leur répondit-il, au roi Philippe son grand aïeul, au roi Jean et au roi Charles, son père, bien et loyalement ; ne oncques ces trois rois me sçurent que demander, et aussi ne feroit cestui, s'il avoit âge et connoissance d'homme : à Dieu seul veux crier merci. »

Cependant les puissantes cités de la Flandre, toujours plus menaçantes après leurs défaites, avaient levé de nou-

veau l'étendard de la révolte. Celle de *Gand*, la plus puissante alors par sa population, son commerce et ses richesses,
était à leur tête. Charles VI, naturellement brave et saisissant avec empressement toutes les occasions d'acquérir de
la gloire, marcha de nouveau vers la Flandre. Il y trouva
une armée anglaise, qui avait profité des troubles survenus
dans ce malheureux pays pour le piller. La guerre s'y prolongea, entre le roi de France et les Gantois soutenus par
les Anglais, jusqu'à l'an 1385. Dans cet intervalle, la mort
du comte de Flandre avait fait passer la souveraineté des
riches provinces qui formaient son héritage à sa fille, Marguerite, épouse du duc de Bourgogne, dans la maison duquel cette importante succession se transmit pendant quatre générations.

Irrité des secours donnés aux Flamands par les Anglais,
Charles VI résolut d'en tirer vengeance, et conçut le hardi
projet de transporter sur le sol même de l'Angleterre cette
guerre si désastreuse pour la France. Il fit équiper une
flotte tellement nombreuse, qu'elle aurait suffi, dit un historien, *pour faire un pont de Calais à Douvres*. Quoique
marié tout récemment (juillet 1385) avec Isabeau de Bavière, le roi s'arracha des bras de sa jeune épouse pour
aller prendre lui-même le commandement de l'expédition
(1386) ; mais elle manqua par suite des retards concertés
du duc de Berri, et, l'hiver suivant, la flotte fut brisée par
les tempêtes et brûlée ou prise par les Anglais.

Charles VI, proclamé majeur l'année même où il était
monté sur le trône, avait cependant toujours gouverné
sous la tutelle de ses oncles ; s'apercevant enfin qu'ils s'étaient rendus odieux à la nation par leurs vexations, et se
sentant assez fort pour gouverner par lui-même, il les
éloigna de la cour (1389), et retira même au duc de Berri
(1390) le gouvernement des provinces méridionales, où ses
horribles exactions avaient occasionné les révoltes des *Tuchins*. La retraite des oncles du roi fut suivie d'une trêve
conclue avec l'Angleterre (1389) et du rappel des sages
conseillers du roi Charles V. Les taxes vexatoires établies
par les princes furent abolies, et une ordonnance signée
par le roi lui-même défendit au parlement d'obéir aux ordres injustes qu'il pourrait recevoir de lui. Il semblait
avoir un pressentiment du malheur qui allait le frapper et
de l'abus qu'on devait faire de son nom.

124. DÉMENCE DE CHARLES VI. — La France com-

8.

mençait à goûter quelque repos, lorsqu'un événement bizarre devint pour elle une source de nouvelles calamités. Un gentilhomme nommé Pierre de Craon, irrité d'une disgrâce qu'il attribuait au connétable de Clisson, l'assassina au milieu même de Paris (1392), et courut chercher un asile auprès du duc de Bretagne. Celui-ci ayant refusé de livrer l'assassin, le roi lui avait déclaré la guerre, et marchait contre lui, lorsque au milieu de la forêt du Mans, un homme couvert de haillons s'élance tout à coup au milieu de la route, et, saisissant la bride de son cheval, lui dit : *Roi, ne chevauche plus avant, mais retourne, car tu es trahi.* Cette apparition inattendue jeta le trouble dans l'esprit naturellement faible du roi : il continuait néanmoins sa route, lorsque celui de ses pages qui portait sa lance en heurta le casque de son voisin. A ce bruit, le roi, se croyant en effet attaqué, est saisi d'une fureur soudaine ; il s'élance l'épée à la main sur ceux qui l'accompagnaient, en blesse plusieurs, et veut tuer son frère, le duc d'Orléans. Lorsqu'on fut parvenu à se rendre maître de sa personne, il était dans une démence complète (1392). Délaissé par sa femme et par sa famille, qui se servirent plus d'une fois de son nom pour ordonner des mesures funestes à la France, ce prince infortuné, auquel le peuple, touché de son malheur, conserva le nom de *Bien-Aimé*, passa les trente dernières années de sa vie dans une situation misérable. Ce fut, dit-on, mais sans fondement, pour l'occuper dans ses moments de calme que furent inventées les cartes à jouer.

125. Guerres civiles. Armagnacs et Bourguignons. — La démence du roi remit les affaires de l'État entre les mains de ses deux oncles, les ducs de Bourgogne et de Berri. Malgré les efforts que fit le duc d'Orléans, frère du roi, pour leur enlever la régence, et malgré quelques actes blâmables, au nombre desquels il faut mettre l'éloignement des ministres de Charles VI, que les princes traitaient de *marmousets*, parce qu'ils étaient sortis des rangs du peuple, la France jouit de dix années de tranquillité. Ce fut dans cet intervalle (1396) que la fleur de la noblesse française périt à la bataille de Nicopolis, gagnée sur les chrétiens par le sultan Bajazet. Le chef de ces vaillants guerriers, Jean de Nevers, fils du duc de Bourgogne, y tomba entre les mains du sultan, qui, frappé de son air mâle et intrépide, lui donna le surnom de *Jean Sans-peur*, mais ne lui rendit la liberté qu'au prix d'une grosse rançon (1398). Quelques années après (1404), ce prince recueillit l'importante succession de son père, et vint prendre place dans le conseil de régence. Ce fut alors qu'éclata entre lui et son cousin le duc d'Orléans cette rivalité des deux maisons d'Orléans et de Bourgogne qui devint pour la France la source des plus grands malheurs. Le duc d'Orléans fut assassiné par les gens du nouveau duc de Bourgogne, Jean Sans-peur (1404), et l'impunité laissée à ce crime fut le signal de la guerre acharnée que se firent les *Bourguignons* et les *Armagnacs*. Ces derniers étaient ainsi appelés du nom du chef de leur parti, le comte d'Armagnac, beau-père du jeune duc d'Orléans, fils de celui qui avait été assassiné par Jean Sans-peur. Pendant bien des années les vengeances réciproques de ces deux partis inondèrent de sang Paris et la France entière. Le parti d'Orléans avait pour lui la reine Isabeau et les princes; celui de Bourgogne était soutenu par l'Université et par les bourgeois de Paris. Jean Sans-peur organisa même dans cette ville, sous le nom de *Cabochiens*, une milice formée de la plus vile populace, et qui se livra à des excès si horribles, que la bourgeoisie finit par chasser les Bourguignons de la capitale (1413). Le dauphin, fils aîné de Charles VI, qui se trouva alors placé à la tête du gouvernement, aurait pu devenir le sauveur de la France; mais ses débauches le rendaient méprisable et odieux, et la rupture de la paix avec l'Angleterre amena bientôt de nouvelles calamités.

126. BATAILLE D'AZINCOURT. — Les révolutions qui depuis un demi-siècle agitaient l'Angleterre avaient empêché ses souverains de réclamer l'entière exécution des conditions du traité de Bretigny. Henri V, fils et successeur du roi Henri IV, chef de la maison de Lancastre, ayant étouffé les derniers germes de la révolte, saisit avec empressement l'occasion favorable que lui offraient les dissensions intestines de la France pour y rétablir la puissance de ses prédécesseurs. Sur le refus, fait par le gouvernement du dauphin, de satisfaire à ses réclamations, il débarque en Normandie à la tête de cinquante mille hommes et s'empare de plusieurs villes; mais les maladies s'étant répandues parmi ses troupes, il cherchait à gagner la ville de Calais, lorsqu'il fut atteint par l'armée française dans la plaine d'*Azincourt*, près de Saint-Pol (1415). Les mêmes fautes qui avaient causé les défaites de Créci et de Poitiers

amenèrent celle d'Azincourt, non moins funeste à la France, qui y perdit dix mille de ses guerriers ; mais elle dut peu regretter la mort de plusieurs de ces princes de la famille royale, dont les inimitiés lui causaient tant de maux, et moins encore la captivité du duc d'Orléans, qui resta longtemps prisonnier en Angleterre. Malheureusement, malgré cette captivité, le comte d'Armagnac, qui s'était fait nommer connétable, profita des désastres mêmes de la France et de la mort successive de deux dauphins pour augmenter la puissance du parti d'Orléans. Mais bientôt son despotisme le rendit odieux. Les Bourguignons rentrèrent par surprise dans Paris et jetèrent dans les fers les Armagnacs, qui furent peu après massacrés par la populace. Le dauphin Charles, qui avait succédé en cette qualité à ses deux frères, fut sauvé des mains des Bourguignons par Tanneguy Duchâtel, qui l'emmena à Melun (1418). Pendant que les Armagnacs et les Bourguignons continuaient à se livrer de sanglants combats, le roi d'Angleterre, Henri V, faisait la conquête de Rouen et de la Normandie, et s'approchait des murs de Paris. L'union de tous les Français aurait seule pu sauver l'État : un nouveau crime la rendit plus impossible que jamais. Le duc de Bourgogne, Jean Sans-peur, fut assassiné sur le pont de *Montereau* (1419), à une conférence où il avait été appelé par le dauphin. Son fils, Philippe le Bon, s'unit alors aux Anglais, et bientôt fut signé le traité de *Troyes* (mai 1420), qui donnait en mariage au roi d'Angleterre, Henri V, la fille du roi Charles VI, et le reconnaissait, à l'exclusion du dauphin, comme l'héritier de la couronne et comme régent du royaume. Charles VI lui-même, dans un de ces instants où sa démence paraissait moins complète, présida l'assemblée des États-généraux de Paris, qui acceptèrent solennellement le honteux traité de Troyes (décembre 1420). Le dauphin fugitif *en appela*, dit un historien, *à Dieu et à son épée*. Soutenu par les provinces méridionales, il s'efforçait de reconquérir ses droits, lorsque la mort de Henri V, suivie bientôt après de celle de Charles VI, amena de nouveaux événements.

127. RÉSULTATS DE CE RÈGNE. — Ainsi se termina un règne dont la France avait un instant espéré la fin de ses maux : il la laissait, au contraire, dans une situation qui semblait plus désespérée que jamais. Le caractère même de la nation s'était dégradé au milieu des atrocités de la guerre civile et de la dépravation dont la reine et le dauphin donnaient l'exemple, et qui a fait appeler ce règne le *tombeau des mœurs*. Chaque succès obtenu par l'un des partis qui déchiraient la France était suivi de massacres ou d'exécutions sanglantes. Les prisonniers, que l'on forçait à se précipiter du haut des remparts, étaient reçus sur la pointe des piques. Les Armagnacs tombés entre les mains des Bourguignons *étaient incisés sur le dos en forme de bandes*, pour retracer ainsi sur leur peau la bande blanche par laquelle ils se distinguaient des Bourguignons. Tous ceux de ce dernier parti que le bâtard de Vaurus faisait prisonniers étaient pendus à un arbre, célèbre sous le nom d'*Orme de Vaurus*. Les jugements par commissaires assuraient les vengeances des princes. Le Parlement lui-même ressuscitait le *duel judiciaire*, aboli par saint Louis, ou bien il ordonnait des supplices atroces. Ce fut ainsi qu'un des complices des désordres de la reine fut jeté dans la Seine, cousu dans un sac de cuir, sur lequel était écrit : *Laissez passer la justice du roi.* — Au milieu de tant de calamités, la France continuait pourtant à faire des progrès lents, mais incontestables, vers un état plus prospère ; les arts se perfectionnaient, l'industrie se développait ; la langue se formait ; la *Confrérie de la passion de Notre-Seigneur* représentait les *mystères*, dans lesquels on reproduisait sur la scène les traits les plus frappants de la passion du Sauveur et de la vie des saints ; enfin l'Université rachetait, par l'instruction qu'elle répandait, les désordres commis par les étudiants, qu'elle couvrait de ses priviléges ; et son chancelier, Jean Gerson, le docteur *très-chrétien*, écrivait l'*Imitation de Jésus-Christ*. « Ce que cet auteur, la plus grande lumière de la France et de l'Église au quinzième siècle, entrevit dans cet admirable livre, c'est que ni les savants ni les puissants n'étaient en état de donner au monde une vie nouvelle, de le remettre en train de marcher. Une telle vie ne recommence que par la simplicité du cœur, par l'héroïsme des âmes simples » (MICHELET) : or, quoi de plus propre à inspirer cet héroïsme que les touchantes et sublimes méditations dont le but était d'élever l'âme au-dessus des passions et des orages qui agitent ce monde terrestre !

QUESTIONNAIRE. — 120. Comment Charles V mérita-t-il le surnom de Sage ? — La guerre contre l'Angleterre se continua-t-elle sous ce règne et quels en furent les résultats ? — Par quels exploits Bertrand Duguesclin commença-t-il à se signaler ? — Comment se termina la guerre de Bretagne ?— Comment Duguesclin débarrassa-t-il la France des Grandes Compagnies ? — Racontez la guerre d'Espagne. — 121. Comment éclata la guerre avec l'Angleterre ? — Quel fut le succès de cette guerre ? — Quelle dignité fut la récompense de Duguesclin ?— Faites connaître le résultat des dernières campagnes de ce guerrier. Pourquoi dit-on que Duguesclin prenait des villes après sa mort ? — Que restait-il en France aux Anglais à la mort de Charles V ? — 122. Quelles furent les plus remarquables qualités de Charles V ? — Assembla-t-il souvent les États-généraux ? — Qu'était-ce que les *lits de justice* ? — Quels règlements importants publia Charles V ? — Que fit-il en faveur de la marine ? — Quelles acquisitions fit-il pour le compte du domaine royal ? — Quels établissements fonda-t-il et quels monuments furent édifiés sous son règne ? — 123. Indiquez les principales causes des malheurs du règne de Charles VI. — Quel usage fit le duc d'Anjou des trésors amassés par Charles V ? — Que nécessita cette dilapidation du trésor public ? — Où éclata la révolte des Maillotins, et pourquoi la punition en fut-elle différée ? —Quelle campagne le duc de Bourgogne fit-il entreprendre à Charles VI et quelle victoire remporta-t-il ? — Quelle vengeance le roi tira-t-il à son retour de la révolte des Parisiens ? — Pourquoi l'avocat général fut-il compris au nombre des victimes et comment marcha-t-il au supplice ? — Quelles preuves Charles VI donna-t-il de son courage ? — Comment se termina la guerre de Flandre ? — Quel fut le résultat de l'expédition préparée contre les Anglais ?—Comment Charles VI s'affranchit-il de la tutelle de ses oncles ? — Quels événements suivirent la retraite des oncles du roi ? — 124. Racontez les circonstances qui occasionnèrent la démence de Charles VI. — Comment ce prince infortuné passa-t-il les trente dernières années de sa vie ? — Quelle invention fait-on remonter à l'époque de sa démence ? — 125. Comment fut gouvernée la France pendant la démence de Charles VI ? — Quelle cause fit éclater la guerre entre les Bourguignons et les Armagnacs ? — D'où les Armagnacs tiraient-ils leur nom ? — Quels furent les excès de ces deux partis et comment étaient-ils composés ? — Qu'étaient-ce que les Cabochiens ? — Quelle était alors la conduite du dauphin, fils aîné de Charles VI ? — 126. Quels projets les dissensions intestines de la France inspirèrent-elles au roi d'Angleterre, Henri V ? — Quelles fautes firent encore perdre la bataille d'Azincourt ? — La captivité du duc d'Orléans mit-elle fin à la guerre civile ? — Par qui le dauphin Charles fut-il sauvé des mains des Bourguignons ? — Quelle conquête fit Henri V pendant la guerre civile ? — Quel crime rendit impossible l'union de tous les Français ? — Comment Henri V fut-il proclamé roi de France ? — Que fit le dauphin Charles pour reconquérir ses droits ? — 127. Donnez une idée des mœurs à cette époque et des cruautés en usage pendant les guerres civiles. — Quel était l'état intellectuel de la France ? — Quel livre célèbre fut composé à cette époque ?

ÉVÉNEMENTS CONTEMPORAINS. — 1370. Tamerlan fonde un nouvel empire mongol. — 1378. Grand schisme d'Occident. — 1380-1381. Guerre de Chiozza entre Gênes et Venise. — 1386. Vladislas Jagellon, converti au christianisme, règne sur la Pologne et la Lithuanie. — 1395. Jean Galéas Visconti, premier duc de Milan. — 1396. Sanglante bataille de Nicopolis gagnée sur les chrétiens par le sultan Bajazet. — 1397. Union à Calmar des trois couronnes de Danemark, Suède et Norvége, formée sous Marguerite de Waldemar. — 1402. Tamerlan, vainqueur de Bajazet à Ancyre. — 1405. Mort de Bajazet, démembrement de son empire. — 1406. Florence domine sur toute la Toscane. —

1415. Première guerre des Portugais en Afrique et commencement de leurs découvertes dans cette partie du monde. — 1419. Les Portugais découvrent Madère.

CHAPITRE HUITIÈME.

CHARLES VII.
JEANNE D'ARC. — EXPULSION DES ANGLAIS.

FIN DE LA GUERRE DE CENT ANS.

128. CHARLES VII, dit LE VICTORIEUX (1423-1461). — A peine le malheureux Charles VI était-il descendu dans les caveaux de Saint-Denis, que les voûtes étonnées de cette basilique, qui recouvrait les cendres de Philippe-Auguste et de Charles le Sage, retentirent du cri de *Vive Henri de Lancastre, roi d'Angleterre et de France!* Un pareil outrage à tous les rois qui reposaient dans cet asile sacré ne devait pas rester impuni. — Le prince faible et débauché auquel on enlevait ainsi son héritage paraissait toutefois bien peu capable de se montrer leur vengeur. Proclamé roi, au milieu des montagnes sauvages du Velay, par le petit nombre de Français qui ne s'étaient pas vendus à l'étranger, et couronné à Poitiers, où il établit sa cour et son parlement, le jeune Charles VII oublia longtemps qu'il avait « un grand crime à réparer et son royaume à reconquérir. » (CAYX.) Livré tout entier aux plaisirs d'une cour dissolue, il laisse le soin de la guerre contre les Anglais à ses généraux, qui se font battre presque sur tous les points, à *Cravant* dans l'Auxerrois (1423), dans la Picardie et à *Verneuil* en Normandie (1424) ; enfin le Maine est envahi, et les succès des Anglais justifient bientôt le titre dérisoire de *Roi de Bourges*, donné par eux à Charles VII. Il lui restait toutefois encore de riches provinces : l'Orléanais, la Touraine, la Saintonge, le Poitou, le Berri, le Bourbonnais, l'Auvergne, le Dauphiné, le Languedoc ; mais bientôt les Anglais les menacent à leur tour en venant mettre le siége devant *Orléans*, qui leur servait de boulevard. Ce nouveau danger ne peut encore arracher le roi à ses honteuses voluptés. Passant sa vie au milieu des fêtes, *il perdait gaiement son royaume*, comme le lui reprocha l'un de ses capitaines. Cependant quelques vaillants chevaliers, plus jaloux que leur roi de ses intérêts et de la gloire de la France, s'étaient jetés dans la place assiégée, suivis d'un petit nombre de gens d'armes ; c'étaient, entre autres, le bâtard d'Orléans, si célèbre sous le nom de Dunois, l'intrépide Xaintrailles et ce brave La Hire, qui, en s'élançant au combat, faisait cette prière : « Dieu, je te prie que tu fasses aujourd'hui pour La Hire autant que tu voudrais que La Hire fît pour toi, s'il était Dieu et que tu fusses La Hire, » *et si cuidoit très-bien prier et dire.* La présence de ces braves releva le courage des assiégés ; mais peu de temps après, le comte de Clermont se fit battre à la *journée des Harengs,* ainsi nommée parce que les Français avaient voulu s'emparer d'un convoi de poisson salé envoyé à l'armée anglaise. Malgré la bravoure des habitants et les efforts de ses braves défenseurs, la ville allait être forcée à se rendre, lorsqu'elle fut sauvée par un événement auquel les récits contemporains ont ajouté peut-être quelques détails merveilleux, mais dont toutes les circonstances et les résultats tiennent en effet du miracle.

129. JEANNE D'ARC. — Au milieu du découragement général, une jeune bergère se présente pour sauver Orléans et la France. Jeanne d'Arc était née (1412) au village de Domremy, en Lorraine, de parents pauvres, mais honnêtes. Parvenue à l'âge de dix-sept ans, elle se sent appelée par le ciel à délivrer sa patrie. Conduite devant le roi à *Chinon,* elle le reconnaît, dit-on, au milieu des courtisans parmi lesquels il s'était confondu à dessein, et lui donne des preuves de sa mission, en lui révélant des secrets qui n'étaient connus que de lui seul. Elle en obtient des troupes, va prendre, derrière l'autel de l'église de Sainte-Catherine de Fierbois, une épée que l'on disait avoir été portée par Charles Martel, et, pleine d'un religieux enthousiasme, elle marche vers *Orléans* (28 avril 1429) : une foule de guerriers, qui voient en elle un envoyé du ciel, s'empressent de se ranger sous sa bannière. Elle arrive à Orléans. Secondée par le brave Dunois, elle remporte plusieurs avantages sur les Anglais, que son audace glace de terreur. Ses mains, toutefois, restèrent toujours pures du sang humain. Assurée de la protection du ciel, elle marchait à la tête des guerriers, portant un étendard fleurdelisé sur lequel était peinte l'image du Christ. Quand elle rencontrait l'ennemi, elle disait à ceux qui la suivaient : *Entrez hardiment parmi les Anglais*, *et y entroit elle-même*. Aussi fut-elle blessée deux fois. Dix jours lui suffirent pour forcer les Anglais à lever le siége d'Orléans (le 8 mai 1429). — En paraissant devant le roi, elle lui avait annoncé qu'elle avait mission de délivrer Orléans et de le conduire lui-même à *Reims* pour y être sacré. Mais cette ville était au pouvoir des ennemis, et pour y arriver, il fallait traverser quatre-vingts lieues de pays également occupé par eux. Une victoire que Jeanne remporte à *Patay* sur les Anglais, dont le brave général, Talbot, est fait prisonnier, lui ouvre le chemin de la cité royale. A son approche, les Rémois chassent la garnison bourguignonne laissée dans leurs murs, où la vierge d'Orléans entre en triomphe avec Charles VII. Le lendemain (17 juillet 1429) elle assiste au sacre du roi, tenant en main l'étendard qu'elle avait porté dans les combats : « Il a été à la peine, disait-elle, c'est bien raison qu'il soit à l'honneur. » Sa mission était accomplie : elle voulait retourner auprès de ses parents, *garder leurs brebis et bétail;* le roi et ses capitaines, témoins des miracles opérés par son courage, la retinrent malgré elle ; mais elle cessa dès lors d'avoir foi en elle-même, et le bras qui l'avait jusqu'alors protégée sembla se retirer : blessée une troisième fois, et bien plus grièvement à l'attaque de Paris (29 août 1429), trahie peut-être par la noblesse jalouse de l'ascendant qu'elle avait pris sur l'armée, elle fut faite prisonnière en défendant contre les Anglais et les Bourguignons leurs alliés la ville de *Compiègne* (24 mai 1430). Ainsi se termina cette carrière militaire de treize mois, pendant laquelle Jeanne d'Arc avait mérité, par un héroïsme naturel, par un courage qui ne se démentit pas un instant, une gloire qui aurait mieux profité à la France si la vierge d'Orléans avait été mieux secondée. Vendue par les Bourguignons, au pouvoir desquels elle était tombée, aux Anglais, dont le *diabolique orgueil* ne trouvait d'autre moyen d'expliquer leurs défaites que par les relations qu'ils lui supposaient avec le démon, elle fut mise en jugement sous la double accusation de sorcellerie et d'hérésie. Condamnée d'abord comme sorcière à une prison perpétuelle, elle le fut ensuite, comme hérétique relapse, au supplice du feu. Cet arrêt infâme fut exécuté à Rouen (le 30 mai 1431), à la honte éternelle de ses bourreaux.

150. EXPULSION DES ANGLAIS. — Si Charles VII

avait secondé l'enthousiasme que la délivrance d'Orléans et sa marche triomphale jusqu'à Reims avaient réveillé de toutes parts en sa faveur, la France, déjà fatiguée et humiliée du joug des Anglais, eût été immédiatement délivrée; mais à peine ce prince eut-il reçu l'onction sacrée, qu'il retourna s'ensevelir à Chinon dans la mollesse et les plaisirs d'une cour voluptueuse. Le supplice même de Jeanne d'Arc ne put vaincre sa coupable indifférence, mais il excita dans le cœur des Français le désir de la vengeance. Pendant que le duc de Bedford faisait couronner roi de France dans l'église de Notre-Dame de Paris (16 décembre 1431) le jeune Henri VI, fils et successeur du roi d'Angleterre Henri V, les guerriers courageux et fidèles qui n'avaient jamais désespéré du salut de la patrie, ni cessé de combattre pour elle, ranimaient les courages un moment glacés par la perte de l'héroïne qu'ils suivaient avec tant de confiance à la victoire. Déjà le brave Dunois avait obtenu de nouveaux succès (1432); de toutes parts éclataient des conspirations contre les Anglais, lorsque la réconciliation du duc de Bourgogne, Philippe le Bon, avec le roi Charles VII, assura le triomphe de la cause nationale. Le duc de Bedford, oncle du jeune roi Henri VI, s'était démis de la régence du royaume de France en faveur du duc de Bourgogne, qu'il avait cru attacher ainsi davantage aux intérêts de son roi; mais la discorde n'avait pas tardé à se mettre entre eux. « L'insolence des Anglais allait jusqu'à dire qu'on enverrait le duc de Bourgogne boire de la bière en Angleterre. Ce fut lui qui les y envoya. » (MICHELET.) Il se réconcilia par le traité d'*Arras* (1435) avec le roi de France, qui désavoua toute participation au meurtre de Jean Sans-peur, dont il demanda pardon au duc Philippe. Ce dernier obtint en outre tout ce qu'il voulut, Auxerre, Mâcon, Péronne et les autres villes de la Somme, c'est-à-dire la barrière de la France du côté du nord, et, ce à quoi il tenait bien plus encore, la reconnaissance formelle et absolue de son indépendance féodale, tant pour lui que pour ses vassaux. Charles prit en outre l'engagement solennel de renoncer à toute alliance contre le duc, et de l'aider contre tous ses ennemis.

Cet onéreux traité, qui trouve son excuse dans une impérieuse nécessité, eut du moins le résultat qu'on en attendait. De ce moment, Philippe le Bon combattit loyalement pour la cause du véritable roi de France. Bientôt Paris rentra sous l'autorité de Charles VII (1436). Enfin ce prince lui-même, arraché, dit-on, par les reproches de la belle Agnès Sorel à son coupable repos, se mit à la tête de son armée, vainquit de nouveau les Anglais, reconquit rapidement presque toutes ses provinces (années 1436-1444), et mérita ainsi les titres de *Victorieux* et de *Restaurateur de la France*, que lui décerna la reconnaissance de son peuple. Pendant une trêve conclue avec les Anglais pour deux ans, mais qui en dura quatre, le roi et le dauphin Louis, afin d'occuper leurs gens de guerre, toujours prêts à piller la France quand ils n'avaient plus d'ennemis à combattre, les conduisirent à des expéditions contre les villes libres de Lorraine et contre les Suisses. Ces derniers firent payer cher au dauphin un avantage qu'il remporta sur eux à *Saint-Jacques* sur la Birse. Enfin la rupture de la trêve avec l'Angleterre (1448) fut suivie de la rapide conquête de la Normandie et de la Guyenne, les seules provinces que les Anglais possédassent encore en France. La ville de *Calais* resta (1452) le seul point du territoire français qui ne fût point délivré de la présence des troupes anglaises.

Le duc de Bourgogne avait inutilement attaqué cette place ; quant à Charles VII, il ne fit aucun effort pour s'en rendre maître. Il n'y avait en effet aucun intérêt, puisque cette ville se trouvait enclavée dans les provinces cédées à Philippe le Bon par le traité d'Arras. Les Anglais étaient d'ailleurs maintenant bien moins à craindre pour lui que son dangereux auxiliaire. Outre les provinces cédées par le roi, Philippe le Bon avait, en moins de quinze ans, réuni à ses États de Bourgogne et de Flandre, le *Hainaut* (1427), le *Brabant* avec le *Limbourg* et le marquisat d'*Anvers* (1429), la *Hollande* et tout le cercle des *Pays-Bas* (1433), le *Luxembourg* (1443), et l'*Alsace* (1451). Ainsi s'était rapidement élevé cet énorme colosse bourguignon, dont les deux bras puissants étendus sur les frontières orientales et septentrionales de la France, la menaçaient d'une redoutable étreinte. Le rival du roi de France n'était plus au couchant et au midi, mais au levant et au nord : ce n'était plus le roi d'Angleterre, duc de Guyenne et de Normandie, mais le duc de Bourgogne, comte de Flandre et de Vermandois. Cette rivalité nouvelle, déjà commencée avant que Charles VII fût délivré

de la première, et rendue plus dangereuse par les concessions du traité d'Arras, apparaissait maintenant plus
menaçante. Le duc ne négligeait rien de ce qui pouvait
contribuer à fomenter les divisions qui troublèrent les dernières années de Charles VII. Le dauphin (qui fut depuis
l'odieux Louis XI), compromis une première fois dans
les troubles de la *Praguerie* (voir le numéro suivant), et
de nouveau révolté contre son père (1456), recevait dans
les États du duc de Bourgogne un bienveillant accueil.
Le duc Philippe ne connaît pas le dauphin, disait Charles VII; *il nourrit un renard qui lui mangera ses
poules.* Le malheureux père était moins confiant que Philippe le Bon; atteint à l'âge de cinquante-huit ans d'une
maladie causée par l'épuisement prématuré de ses forces
et par le chagrin que lui avaient causé les révoltes du dauphin, il se laissa mourir de faim, dans la crainte d'être
empoisonné par les émissaires secrets de ce fils dénaturé,
dont il avait deviné l'odieux caractère. — On a dit ingé-
nieusement que Charles VII, surnommé, non sans raison,
Charles le bien servi, n'avait été que le témoin des mer-
veilles de son règne : ce qui nous reste à exposer de l'administration intérieure de ce prince prouvera que cette
assertion ne saurait être admise sans modification.

151. PRAGMATIQUE SANCTION DE BOURGES. — IN-
STITUTIONS DE CHARLES VII. — Ce fut pendant ce
règne que s'assembla le concile de Bâle (en 1431), en
vue de mettre un terme au *grand schisme d'Occident*,
qui désolait alors l'Église. Mais ce ne fut qu'en 1449 par
l'abdication de l'antipape Félix que l'unité se rétablit dans
l'Église. Parmi les articles destinés à remédier aux abus
qui s'étaient introduits dans la discipline, le concile de
Bâle en adopta (1436) plusieurs qui rétablissaient les élections ecclésiastiques, et qui abolissaient les divers impôts
levés par les papes sous les noms de *grâces expectatives,
réserves, mandats, annates.* Ces articles ayant été envoyés au roi de France par le concile, Charles VII tint à
cette occasion, dans la ville de Bourges (1438), une grande
assemblée où fut établie une nouvelle *Pragmatique sanction*, qui ne faisait en quelque sorte que renouveler celle
de saint Louis (voir n° 93). Elle fut enregistrée par le
Parlement l'année suivante, et *a toujours été regardée
depuis par les gens de bien du royaume*, dit Bossuet,
comme le fondement de la discipline de l'Église en France.

Parmi les autres institutions de Charles VII, il faut remarquer, — 1° la création d'une armée régulière et permanente, avec l'établissement d'une taille annuelle, consentie par les trois ordres de l'État, pour le paiement et l'entretien de cette armée. Cette création, chef-d'œuvre de la politique de Charles VII, ne se réalisa pas sans difficulté. Elle avait été votée par les États d'Orléans (1439), en vue de faire cesser les pillages des gens de guerre, qui, n'ayant plus d'ennemis à combattre, vivaient à discrétion aux dépens des bourgeois et des paysans, envers lesquels ils se livraient à des cruautés qui leur valurent l'odieux nom d'*Écorcheurs*. Mais les gens d'armes repoussèrent cette innovation comme attentatoire à leurs priviléges, et entraînèrent dans leur résistance la plupart des princes et des grands seigneurs qui formèrent contre le roi le complot connu sous le nom de *Praguerie*. Il fallut à Charles VII, pour triompher des rebelles, une habileté, une vigueur et une activité qu'on ne lui soupçonnait pas. Mais le succès couronna ses efforts et sa persévérance, et l'organisation définitive (1443) d'une armée de quinze compagnies de cent lances chacune, formant en tout neuf à dix mille cavaliers d'élite, dont Charles avait lui-même choisi les officiers avec le plus grand soin, délivra la France de la tyrannie des gens de guerre et affranchit le roi de la dépendance des grands feudataires, en remplaçant ainsi les secours incertains et momentanés qu'ils lui amenaient ou dont ils le privaient, suivant leur caprice, par une armée continuellement sur pied et assez forte pour réprimer leurs ambitieuses tentatives. *La taille des gens d'armes*, c'est-à-dire l'impôt pour l'entretien de cette armée, n'avait été votée que pour une année ; mais on continua de la lever sans nouveau vote des États, sous le prétexte que, la milice ayant été déclarée permanente, la taille devait également être perpétuelle. Les avantages que le peuple retira de cette institution empêchèrent sans doute les réclamations. Ainsi de ces guerres qui avaient ébranlé la monarchie jusque dans ses fondements, il resta à la couronne un impôt non voté et une armée permanente, les deux pivots de la monarchie absolue. » (CHATEAUBRIAND.) Ce fut aussi sous ce règne que les frères Bureau créèrent l'artillerie. — 2° Charles VII institua le conseil d'État, qui devint le conseil exécutif. Le Parlement, ne faisant plus partie du conseil du roi, vit mieux les limites de ses fonctions judiciaires, en même temps qu'il garda les fonctions politiques dont il s'était emparé en se substituant aux États-généraux, qu'on avait presque cessé de convoquer. Une autre ordonnance rétablit, pour les provinces qui suivaient le droit romain, le parlement de *Toulouse*, avec les mêmes droits et honneurs que celui de Paris, dont il fut considéré comme partie intégrante (1443). — 3° C'est encore à Charles VII qu'est dû un édit qui renferme un code complet de procédure, d'une sagesse remarquable, et dont l'un des articles, qui ne reçut un commencement d'exécution que sous Charles VIII, prescrivait la rédaction par écrit des coutumes extrêmement variées en usage dans les diverses provinces du royaume. — 4° De sages réformes furent aussi introduites dans l'administration des finances, dont le système entier fut complété et perfectionné. — 5° Enfin l'Université de Paris, qui comptait alors vingt-cinq mille étudiants, reçut de nouveaux règlements. On commença sous Charles VII (1458) à y enseigner publiquement le grec, langue dont la connaissance, possédée jusqu'alors par un petit nombre de savants, se répandit en Occident depuis la prise, par les Turcs, de Constantinople, la capitale de l'empire grec, arrivée quelques années auparavant (1453).

Le commerce, favorisé par l'établissement de foires nouvelles, prit aussi une grande extension à cette époque, comme le prouvent les relations qu'entretenait dans toutes les parties du monde le marchand Jacques Cœur, qui avait acquis des richesses si considérables, qu'il put prêter au roi deux cent mille écus d'or (près de deux millions et demi) et entretenir quatre armées à ses frais. Nommé *argentier* du roi, ou administrateur des finances, il vit se déchaîner contre lui la jalousie des grands, qui l'accusèrent de concussion et réussirent à faire prononcer contre lui la confiscation de tous ses biens et la peine du bannissement (1453).

C'est enfin sous ce règne (vers 1436) que fut inventé, à *Strasbourg* ou à *Mayence*, par Jean Guttemberg, *l'art de l'imprimerie*, qui devait opérer une révolution immense dans la civilisation et dans la politique des peuples modernes.

« C'est ainsi que vingt années de malheur mûrirent les esprits et leur communiquèrent une activité prodigieuse. Les lois, l'administration, l'art militaire, les sciences, les lettres, s'éclairèrent des besoins d'une société tourmentée

par tous les fléaux de la guerre civile et de la guerre étrangère..... Les grandes scènes et les grandes causes ne se
jugent ni ne se plaident devant les peuples sans que de
nouvelles idées ne s'introduisent dans les masses et que le
cercle de l'esprit humain ne s'élargisse.... L'augmentation
de la moyenne propriété, l'accroissement des cités et de
leur population, le progrès du droit civil, l'anéantissement
des lois de la féodalité, dont il ne demeura que les habitudes : voilà les principales causes qui amenèrent pendant
les règnes de Charles VI et de Charles VII une des grandes
transformations de la monarchie. » (CHATEAUBRIAND.)

QUESTIONNAIRE. — 128. Comment Charles VII commença-t-il son
règne ? — Qui les Anglais firent-ils proclamer roi de France après la
mort de Charles VII ? — Quel nom les Anglais donnaient-ils à Charles VII ?
— Que faisait ce prince pendant que les Anglais mettaient le siège devant Orléans ? — Quels braves chevaliers vinrent défendre Orléans, et
quel fut le résultat de la journée des Harengs ? — Comment fut sauvée la
ville d'Orléans ? — 129. Faites connaître la naissance et les premières
démarches de Jeanne d'Arc. — Que fit-elle après son entrevue avec le
roi ? — Comment fit-elle lever le siége d'Orléans ? — Quelle mission
disait-elle avoir reçue du ciel ? — Comment parvint-elle à faire couronner Charles VII à Reims ? — Laissa-t-on repartir Jeanne d'Arc
après qu'elle eut accompli sa mission ? — Que lui arriva-t-il ? — Pourquoi les Anglais la firent-ils condamner à mort et où subit-elle son
supplice ? — 130. Quels événements préparèrent l'expulsion des Anglais ?
Comment se fit la réconciliation du roi avec le duc de Bourgogne, à
quelles conditions eut-elle lieu et quelles en furent les conséquences ?
Comment Charles VII mérita-t-il le titre de Victorieux ? — Quelles
expéditions entreprirent Charles VII et le dauphin Louis, pendant la
guerre avec l'Angleterre ? — Quelles conquêtes suivirent la rupture de
la trêve ? — Que restait-il alors aux Anglais sur le territoire de la
France ? — Comment se termina le règne de Charles VII ? — Comment
mourut ce prince ? — 131. A quelle occasion les matières ecclésiastiques
fixèrent-elles l'attention de Charles VII ? — Quelles sont les plus sail-
lantes parmi les institutions de Charles VII ? — Celles qui ont rapport
à l'armée ne méritent-elles pas d'être remarquées ? — Qu'est-ce que la
Praguerie, et quelles en furent les conséquences ? — Quel conseil fut établi
par Charles VII ? — Quel parlement créa ce prince ? — Ne publia-t-il
pas un code complet de procédure ? — Que fit-il pour l'université de
Paris ? — Quelle étude y fut introduite sous son règne et à quelle occasion ? — Quelle preuve a-t-on de l'extension du commerce à cette
époque ? — Quelle disgrâce éprouva l'argentier Jacques Cœur ? — Quelle
invention célèbre date du règne de Charles VII ?

ÉVÉNEMENTS CONTEMPORAINS.— 1422. Le sultan Amurath II assiége Constantinople. — 1429. Florence sous Côme de Médicis devient la métropole des sciences et des arts. — 1444. Victoire d'A-
murath II à Varna, Ladislas IV, roi de Hongrie est tué dans la bataille.— 1448. Rupture de l'union de Calmar : Christian Ier, roi de
Danemark et de Norvège ; Charles VIII, roi de Suède. — 1451. Mahomet II succède à Amurath II. — 1453. PRISE DE CONSTANTINOPLE
PAR MAHOMET II, CHUTE DE L'EMPIRE D'ORIENT. — 1455. Commencement de la guerre des Deux-Roses : bataille de Saint-Albans.
— 1460. Découverte des îles du Cap-Vert et du Sénégal.

LIVRE QUATRIÈME.

ROYAUTÉ ABSOLUE.

CHAPITRE PREMIER.

LOUIS XI. — PROGRÈS DU POUVOIR ROYAL. CHARLES LE TÉMÉRAIRE. — FIN DU DUCHÉ DE BOURGOGNE.

132. CARACTÈRE GÉNÉRAL DE CETTE DERNIÈRE PÉRIODE. — « Du point où la société était parvenue sous Charles VII, il était loisible d'arriver également à la monarchie libre ou à la monarchie absolue : on voit très-bien le point d'intersection et d'embranchement des deux routes ; mais la liberté s'arrêta et laissa marcher le pouvoir. La cause en est, qu'après la confusion des guerres civiles et étrangères, qu'après les désordres de la féodalité, le penchant des choses était vers l'unité du principe gouvernemental. La monarchie en ascension devait monter au plus haut point de sa puissance ; il fallait qu'en écrasant totalement la tyrannie de l'aristocratie, elle eût commencé à faire sentir la sienne, avant que la liberté pût régner à son tour. » (CHATEAUBRIAND.)

En disant dans notre chapitre préliminaire que la royauté absolue date du règne de Louis XI, nous n'avons pas prétendu dire qu'à partir de cette époque la puissance royale ait été sans limites. Par le nom de *royauté absolue*, sous lequel nous désignons le pouvoir exercé par les rois de France pendant la période de notre histoire qui s'étend depuis le triomphe de Louis XI sur la féodalité jusqu'à la révolution française, nous avons voulu exprimer seulement que désormais la puissance royale, si elle tombait aux mains de princes capables de la pousser jusqu'au despotisme le plus absolu, n'avait plus à redouter d'obstacles autres que ceux qui pouvaient surgir de la résistance de la nation elle-même. En effet, la puissance des feudataires qui avaient

survécu à la ruine de la maison de Bourgogne et à l'abaissement de la féodalité était trop peu redoutable pour inquiéter le monarque; le droit que se réservèrent les rois
de n'assembler les États-généraux que selon leur bon
plaisir laissait la nation sans garantie et sans organes;
enfin la résistance d'un Parlement obligé de céder à un
roi de dix-sept ans qui, par suite des progrès nouveaux
et toujours croissants du pouvoir absolu de la royauté,
osera impunément venir, un fouet à la main, lui intimer
ses ordres, n'offrait guère plus de garanties à la liberté.
Le pouvoir royal n'avait donc plus désormais d'autre frein
que celui qui arrête les souverains despotiques eux-mêmes,
la crainte de se compromettre en poussant trop loin l'irritation de ceux qu'ils oppriment. Heureusement pour la
France, parmi ses rois, les tyrans furent toujours l'exception, et ce motif seul rendit bien moins oppressive qu'elle
n'aurait pu l'être cette royauté absolue, dont il nous reste
à raconter l'histoire.

155. Louis XI (1461-1483). — A peine Charles VII
eut-il rendu le dernier soupir, que l'on entendit Dunois
s'écrier : *Nous avons perdu notre maître; que chacun
songe à se pourvoir.* Ils firent bien de se hâter; la prompte
arrivée du successeur de Charles ne devait pas laisser longtemps à la féodalité le loisir de songer à faire ses affaires.
A la nouvelle de la mort de son père, Louis XI quitte les
États du duc de Bourgogne, va se faire sacrer à Reims,
arrive à Paris, destitue tous ceux qui avaient servi Charles VII, élève les tailles de un million sept cent mille
francs à trois millions, et punit avec une cruelle sévérité
les révoltes que fait naître cette augmentation d'impôts;
enfin il supprime la *Pragmatique sanction*, bien moins
en vue de satisfaire au désir de la cour de Rome qu'en
haine de tout ce qui portait un caractère de liberté.
Louis XI se montrait ainsi, dès le commencement de son
règne, aussi mauvais roi qu'il s'était montré mauvais fils.
Le mécontentement qu'excita cette conduite et l'intention
qu'il manifestait déjà de restreindre la puissance des
grands vassaux firent tramer contre lui une conspiration à
la tête de laquelle se trouva son propre frère le duc de
Berri, avec plusieurs autres princes. Elle éclata (1465)
sous le nom de *ligue du Bien public.* Louis prit aussitôt
les armes, et par son activité fit rentrer sous son obéissance
le Berri, l'Auvergne et le Bourbonnais. Cependant la ba-

taille de *Montlhéry*, où chacun des deux partis s'attribua la victoire, mais où le comte de Charolais, célèbre depuis sous le nom de *Charles le Téméraire*, resta en définitive maître du terrain, permit aux princes ligués d'arriver jusque sous les murs de Paris et de s'emparer du pont de *Charenton*. Louis obtint alors par ses intrigues ce qu'il aurait peut-être vainement tenté par les armes. Il réussit à dissoudre la ligue à force de promesses faites aux princes confédérés, sauf à ne pas les tenir, suivant la constante politique adoptée par lui pendant tout le reste de son règne. Ce fut ainsi que les traités de *Conflans* et de *Saint-Maur* (5 et 29 octobre 1465) mirent fin à cette ligue, que le peuple, oublié par les princes dans leurs conventions avec Louis, appela la *ligue du Mal public*.

134. GUERRE CONTRE LE DUC DE BOURGOGNE. — En signant les traités qui rompirent une coalition redoutable, Louis XI s'était, ainsi que nous venons de le dire, bien promis de ne les observer qu'aussi longtemps qu'il ne pourrait s'y soustraire. Moins de trois mois après, il reprenait à son frère, le duc de Berri, la Normandie, qui lui avait été assurée par ces traités; mais l'année suivante (1467), le comte de Charolais devenait, par la mort de son père, Philippe le Bon, duc de Bourgogne, de Brabant, de Limbourg et Luxembourg, comte de Flandre, d'Artois et de Bourgogne, comte palatin de Hainaut, de Hollande, de Zélande, de Namur, marquis d'Anvers et du Saint-Empire, seigneur de Frise, Salins et Malines, possesseur des pays de Picardie, Vermandois, Ponthieu, Boullenois, etc. Désormais assez puissant pour faire repentir le roi de son manque de foi, Charles le Téméraire forme contre lui une nouvelle ligue. Louis, espérant le séduire par son adroite éloquence, a l'imprudence d'aller le trouver à *Péronne* (1468); mais Charles, apprenant que par ses intrigues, il venait de faire révolter contre lui la ville de Liége, le fait arrêter et enfermer dans une tour voisine de celle où était mort Charles le Simple. Il ne lui rendit la liberté qu'en lui imposant un traité par lequel le roi déliait de nouveau les ducs de Bourgogne de toutes leurs obligations envers la couronne de France. Puis, il le força à marcher avec lui contre la ville de *Liége*, qui fut noyée dans le sang de ses habitants. — Charles le Téméraire, l'un des plus puissants princes de l'Europe, était par conséquent le plus dangereux ennemi de Louis XI; mais celui-ci l'emportait de beau-

coup sur lui par l'astucieuse habileté et par la perfidie de
sa politique. Ce fut surtout avec ces armes qu'il le combattit. Il commença par se débarrasser de ses ennemis intérieurs en accordant des faveurs aux seigneurs du second
ordre, en se réconciliant avec son frère, auquel il donna
la Guyenne, et en accablant le duc de Nemours et le comte
d'Armagnac ; puis il fit casser, par l'assemblée des notables de *Tours* (1470), le traité de Péronne, et assigna le
duc de Bourgogne à comparaître devant le Parlement de
Paris pour se justifier de divers griefs qu'il lui imputait.
La guerre fut alors déclarée, et se continua, quoique avec
quelques intervalles de trêve, jusqu'à la mort du prince
bourguignon (1477). Ce fut dans le cours de cette guerre
(1472) que Charles le Téméraire attaqua, avec une armée
de quatre-vingt mille hommes, la ville de Beauvais, dont
les femmes s'illustrèrent en combattant avec courage pour
la défense de leur patrie, sous la conduite de l'illustre
Jeanne Hachette. Charles échoua dans son entreprise, et
ne fut pas plus heureux dans ses tentatives sur Dieppe et
sur Rouen. Tandis que les troupes royales continuaient à
le harceler sans cesse, Louis XI combattait en personne le
duc de Bretagne, l'un des plus redoutables alliés du duc
de Bourgogne. Enfin Charles le Téméraire lui-même,
manquant de vivres et d'argent, se vit contraint à rentrer
dans ses États et à accepter la trêve de *Senlis* (novembre 1472 .

153. RUINE DE LA FÉODALITÉ. — Ce fut alors que
le roi de France, momentanément débarrassé de ses plus
redoutables ennemis, commença l'exécution du projet favori qui le préoccupait depuis le commencement de son
règne : l'abaissement de la haute aristocratie, la ruine de
ce qui restait encore debout de l'antique féodalité. Bientôt les États du duc d'*Alençon*, jeté en prison pour le
reste de ses jours, et ceux du comte d'*Armagnac*, assassiné par trahison, passent entre les mains de Louis (1473).
La même année, la veuve du comte de *Foix* lui rend
hommage pour ce comté, ainsi que pour le *Bigorre*, et le
roi d'Aragon s'engage à lui abandonner le *Roussillon* et la
Cerdagne en nantissement des sommes qu'il a reçues de
ui. L'année suivante, il enlève à la maison d'*Anjou* le
duché dont elle portait le nom ; enfin il s'attache par des
alliances ceux des grands seigneurs qu'il ne dépouille pas.
C'est ainsi qu'il profita, pour arriver au pouvoir absolu,

des trêves consenties et imprudemment renouvelées par les
ducs de Bretagne et de Bourgogne jusqu'à l'année 1475.
Quand ils tentèrent de former contre lui une quatrième
ligue, Louis était assez fort pour ne plus les craindre. Il
aima mieux cependant les combattre encore avec des
armes dont l'effet lui paraissait plus assuré. Il sema la
division parmi ses ennemis. Charles avait déterminé le roi
d'Angleterre, Édouard IV, à faire une descente en France
avec une armée : « Louis, qui ne voulait rien hasarder
en bataille s'il pouvait trouver autres voies, » acheta la
retraite de ce prince par les conditions peu honorables,
mais utiles, du traité de *Picquigny* (1475). Peu lui importait en effet qu'Édouard continuât à porter le titre de
roi de France en ne lui laissant que celui de *roi des Français*, s'il en conservait lui-même les provinces et la puissance ; il préférait aussi aux chances incertaines de la
guerre la promesse d'une pension annuelle de soixante-
quinze mille écus, qu'il se réservait de ne pas payer longtemps. Peu de temps après, le duc de Bretagne signa le
traité de *Senlis*, par lequel il s'engageait à assister le roi
envers et contre tous. Déjà le duc de Bourgogne avait
conclu lui-même à *Soleure* une trêve de neuf ans. Bientôt
Louis lui suscita des ennemis dont la vaillance lui donna,
pendant les dernières années de sa vie, trop d'occupation
pour qu'il fût désormais à craindre.

**156. Projets et guerres de Charles le Témé-
raire.** — L'esprit hardi et entreprenant de ce prince
avait conçu de vastes projets. Charles ne songeait à rien
moins qu'à rétablir cet antique royaume de Lotharingie
et Bourgogne, qui s'était formé, au partage de Verdun
(voir n° 47), d'une portion des débris de l'empire carolingien. Ses États, qui s'étendaient de la mer du Nord à
la chaîne des Alpes, en comprenaient déjà la plus grande
partie : il fallait en achever la conquête et soustraire toutes
ces provinces à la suzeraineté de la France et de l'Allemagne. Devenu alors souverain indépendant d'un des plus
puissants royaumes de l'Europe, et comptant sur les alliances qu'il s'était ménagées, il espérait écraser le roi de
France. Une résistance à laquelle il était loin de s'attendre
et sa mort prématurée trompèrent ces brillantes espérances.
L'acquisition de la *Gueldre* et du *Zutphen*, qui le rendait
maître du cours inférieur du Rhin, fut presque la seule
entreprise qui lui réussit (1473). Les négociations qu'il

entreprit avec l'empereur Frédéric III, dont il espérait en
échange des plus belles promesses, obtenir le titre de roi,
échouèrent par l'adresse de Louis XI, qui sut le rendre
suspect à l'Empereur. Les villes libres de l'Alsace et les
cantons Suisses, inquiets pour leur indépendance, s'unirent contre lui; il y perdit l'Alsace (1474). Il voulut s'en
dédommager en s'emparant de l'archevêché de Cologne,
mais l'inutile siége de Neuss lui coûta une armée et sa
réputation d'invincible. Il fut plus heureux dans son entreprise contre la Lorraine, qu'il réussit à enlever au duc
Réné de Vaudemont; mais, tandis qu'il entrait dans Nanci
(1475), les Suisses portaient le ravage dans la Bourgogne.
Irrité de leur audace, Charles marche aussitôt contre eux,
et attaque à *Granson* (2 mars 1476), avec sa témérité
habituelle, ces paysans qui, disait-il, *n'étaient pas gens
faits pour lui;* mais il fut complétement battu. Il rassemble aussitôt une nouvelle armée, et court mettre le
siége devant la petite ville de *Morat;* mais ces mêmes
Suisses, soutenus par des cavaliers lorrains et allemands,
que leur amènent Réné de Lorraine et Sigismond d'Autriche, forcent son camp (22 juin 1476), tuent dix mille
Bourguignons, et de leurs ossements ils érigent sur le
champ de bataille deux pyramides qui ont subsisté jusqu'à
nos jours. Le jeune duc René de Lorraine avait profité
de ce nouveau revers pour rentrer dans *Nanci;* mais
Charles vient assiéger cette ville. René s'adresse alors à
Louis XI, qui lui fournit des sommes d'argent suffisantes
pour lever une nombreuse armée. Charles le Téméraire,
attaqué sous les murs de *Nanci* par des forces cinq fois
plus considérables que les siennes, s'obstine à leur tenir
tête, et périt avec les guerriers qui avaient échappé aux
massacres de Granson et de Morat (5 janvier 1477).

157. Succession de Charles le Téméraire. —
La mort de Charles le Téméraire donnait ouverture à une
vaste succession, dont l'unique héritière était sa fille Marie,
âgée de vingt ans. Cependant une partie des provinces de
Charles étant, comme on les appelait, des *fiefs mâles,* ne
pouvaient tomber entre les mains d'une femme, et revenaient de droit à la couronne de France. Louis XI se mit
en devoir de s'emparer de la succession tout entière, en
promettant à la princesse Marie de la marier avec le dauphin. Mais, comme ce prince n'avait encore que huit ans,
le roi commença par s'assurer la possession des domaines

de la princesse, en les faisant envahir par ses armées. Depuis longtemps déjà (1463), il avait racheté de Philippe le Bon, pour quatre cent mille écus d'or, les villes de Picardie cédées par le traité d'Arras. L'occupation successive de la Bourgogne, de l'Artois et d'une partie des Pays-Bas, et la révolte des Gantois, effrayèrent la princesse Marie, qui épousa (18 août 1477) Maximilien d'Autriche, fils de l'empereur Frédéric III. Ce mariage, qui devint la cause d'une sanglante rivalité de trois siècles entre les maisons de France et d'Autriche, n'eut cependant pas tout d'abord les conséquences que l'Empereur en avait espérées. La conquête de la Franche-Comté par Louis XI, le résultat indécis de la sanglante bataille d'*Enguinegatte* (1479), enfin la mort de Marie (1482), amenèrent le traité d'*Arras* (23 décembre 1482), qui stipulait le mariage du dauphin avec Marguerite, fille de Marie et de Maximilien, alors âgée de trois ans, et par conséquent le retour à la couronne de France du reste de la succession de Bourgogne.

136. Dernières années de Louis XI. — Sa Politique. — Une altération survenue dans la santé de Louis XI, deux ans avant sa mort (1481), ajouta considérablement aux dispositions sombres et ombrageuses de son caractère naturellement cruel. Dévoré de crainte et d'ennui, il s'enferma dans son château du *Plessis-lès-Tours*, où il se rendit inaccessible. Se traînant dans ces longues galeries, du haut desquelles la vue s'étendait sur les belles campagnes d'alentour, il se rassurait en contemplant les grilles de fer, les chausses-trappes, les chaînes appelées par le peuple les *fillettes du roi*, dont il était entouré, et les avenues de gibets qui conduisaient à son château. — Pour seul promeneur dans ces avenues paraissait le bourreau Tristan l'Ermite, son grand-prévôt, qu'il nommait son *compère*, et dont il occupait sans cesse à des exécutions nouvelles la sanguinaire activité. Pour toute société, il avait autour de lui son barbier et favori Olivier le Daim, qu'il avait fait comte de Meulan, des astrologues et des empiriques, qui *faisaient sur lui de terribles et merveilleuses médecines*, et qui lui ordonnaient de boire du sang de petits enfants, « remède tout à fait approprié au tempérament du malade. » (Chateaubriand.) Poursuivi sans relâche par la crainte de la mort, il se couvrait de reliques, faisait de riches offrandes à la sainte Vierge, *sa petite* *maîtresse, sa grande amie,* qu'il ne manquait jamais d'invoquer pour réussir dans les entreprises criminelles dont il lui demandait à la fois le succès et le pardon, et à laquelle il conféra la suzeraineté de la ville de Boulogne. Enfin il fit venir du fond de la Calabre *saint François de Paule,* espérant que ce saint ermite éloignerait de lui, par ses prières, la mort qui le frappa à peine âgé de soixante ans.

L'affaiblissement de sa santé et le trouble de son âme n'empêchèrent pas Louis XI, qui, jusque dans ses derniers moments, continua, comme il le disait, *à porter tout son conseil dans sa tête,* de compléter par des mesures habiles et par des supplices l'abaissement des grands, ce but constant de toute sa politique. Depuis longtemps déjà, les condamnations du connétable de Saint-Pol (1475) et du duc de Nemours (1477), qui portèrent tous deux leur tête sur l'échafaud, avaient appris aux grands seigneurs que la plus haute naissance ne mettait plus les traîtres à l'abri du châtiment. Ceux qu'il ne faisait pas punir du dernier supplice étaient enfermés par ses ordres dans des cages semblables à celles où l'on garde les animaux féroces, et dans lesquelles il les laissait souvent languir de longues années. Un coup mortel fut porté à la féodalité et les rois mis *hors de page,* comme le dit un historien du temps. Terrible surtout pour les grands, auxquels il se plaisait à réserver ses rigueurs, Louis XI cherchait, sans trop y parvenir peut-être, à se rendre populaire, en allant visiter chez eux, en admettant même à sa table de simples bourgeois ; il favorisait leur industrie, à laquelle il donna un essor nouveau en attirant des pays étrangers à Tours des ouvriers habiles à fabriquer les étoffes de soie, d'or et d'argent. L'ordre de *Saint-Michel,* qu'il créa (1469), en remplacement de celui de l'*Étoile,* institué par Jean le Bon, fut destiné à récompenser le mérite dans toutes les classes. Ce fut encore Louis XI qui régularisa, pour son usage personnel (1471), l'invention des postes, due à l'Université de Paris, mais dont les particuliers ne furent admis à se servir qu'assez longtemps après. L'érection du parlement de *Grenoble,* par lequel Louis, encore dauphin du Viennois à cette époque (1453), remplaça l'ancien *conseil delphinal,* la création des parlements de *Bordeaux* (1462) et de *Dijon* (1461), et les réformes introduites dans celui de Paris, facilitèrent l'administration de la justice. On

pourrait même faire à Louis XI un mérite d'avoir posé le
principe tutélaire de l'inamovibilité des juges, par l'édit qui
déclara qu'ils ne pourraient être privés de leurs charges
*que pour forfaiture jugée et déclarée judiciairement par
juge compétent*, s'il ne l'avait violé lui-même en destituant
trois conseillers qui avaient manifesté une opinion contraire à la sienne dans le procès du duc de Nemours.
C'est aussi du règne de Louis XI que date la création (1480)
des académies de *Caen* et de *Besançon*. C'est ce tyran enfin
qui introduisit à Paris (1470) l'imprimerie, l'agent le plus
puissant de la liberté. On a souvent cité sa maxime favorite, empruntée à l'empereur Tibère : *Qui ne sait pas
dissimuler, ne sait pas régner;* il faudrait citer aussi cette
autre plus honnête et plus vraie, quoiqu'elle n'eût guère
un sens plus honorable dans la pensée de Louis : *Quand
orgueil chemine devant, honte et dommage suivent de
près.*

Louis XI ne convoqua qu'une fois (1468) les États-généraux, où siégèrent, avec les princes, le clergé et la noblesse, cent quatre-vingt-douze députés des bonnes villes.
Mais ils ne durèrent que huit jours, et le roi n'exécuta que
celles de leurs décisions qui lui convinrent. Le Parlement,
devenu, comme nous l'avons dit, l'héritier permanent de
leur pouvoir politique, montra plus de fermeté, et son refus courageux d'enregistrer plusieurs des actes du tyran
posa du moins quelques limites au despotisme. Il ne put
toutefois empêcher l'augmentation des impôts, qui furent
successivement portés jusqu'à quatre millions sept cent
mille livres, équivalant au moins à cent quarante millions
de nos francs, somme énorme si l'on réfléchit que les pays
sur lesquels elle se prélevait ne formaient guère que la
moitié de la France actuelle, et que l'exemption des classes
privilégiées en faisait retomber toute la charge sur le peuple. Louis XI diminua le poids de ces charges par les priviléges qu'il accorda aux villes et au commerce, par l'activité de sa police, qui réprimait, avec une sévérité inconnue
jusque-là, tous les vols et brigandages, ainsi que les exactions des gens de guerre. La réunion de sept provinces à
la couronne (voir n°s 136 et 138) accrut aussi les forces de
l'État, qui se trouva assez puissant pour mettre sur pied
jusqu'à cent mille soldats et pour solder un corps auxiliaire de six mille Suisses, les plus braves soldats de l'Europe à cette époque. L'artillerie de Louis XI était aussi la

plus formidable, et son royaume le mieux défendu de l'Europe. Car *s'il prenait tout, il dépensait tout*, comme dit Commynes, et quoique dans ces dépenses, il eût surtout pour but l'extension du pouvoir royal, il faut reconnaître qu'elles tournèrent presque toutes à l'accroissement de la puissance de la France. Plus habile politique qu'aucun des princes de son temps, il sut encore augmenter cette puissance par des alliances utiles, sans se laisser entraîner à des conquêtes plus dangereuses que profitables. Aussi le vit-on refuser l'investiture du royaume de Naples et *donner au diable les Génois qui voulaient se donner à lui*, tandis qu'il achetait avec empressement toutes les villes et terres de son royaume, que des seigneurs ou des voisins appauvris se trouvaient dans la nécessité de lui vendre. C'est ainsi que son règne, « le plus sanglant et le plus oppressif de notre histoire, est à bien des égards le plus utile dont elle ait conservé le souvenir. » (POIRSON.)

QUESTIONNAIRE. — 132. — Quelle est la cause de l'établissement de la monarchie absolue sous Louis XI? — Comment doit-on entendre ce mot de royauté absolue? — 133. Où Louis XI apprit-il la mort de son père? — Comment Louis XI commença-t-il son règne? — Quelle révolte suscita cette conduite? — Quels événements amena la lutte de Louis XI contre la ligue du Bien public? — Par quels moyens Louis XI parvint-il à dissoudre cette ligue? — Quels traités y mirent fin? — 134. Pourquoi Charles le Téméraire forma-t-il contre Louis une nouvelle ligue? — Que se passa-t-il à Péronne? — A quelles conditions Charles rendit-il la liberté à Louis XI? — Quels avantages valut à Charles le Téméraire le traité de Péronne? — Comment Louis XI se débarrassa-t-il de ses ennemis intérieurs? — Quelles mesures prit-il ensuite à l'égard du duc de Bourgogne? — Comment Charles le Téméraire répondit-il à la citation de Louis XI, et combien de temps dura cette guerre? — Quel siége mémorable eut lieu durant cette guerre? — Comment se termina cette guerre? — 135. A quoi Louis XI employa-t-il son temps après avoir conclu la paix avec le duc de Bourgogne? — Quelles acquisitions fit-il? — Comment détruisit-il la quatrième ligue? — 136. Faites connaître les projets de Charles le Téméraire. — Quels obstacles rencontra-t-il? — Comment perdit-il la bataille de Granson? — Fut-il plus heureux à Morat? — Racontez le siége de Nanci. — Comment périt Charles le Téméraire? — 137. Qui Charles le Téméraire laissa-t-il pour héritier? — Plusieurs de ses provinces ne revenaient-elles pas de droit à la couronne de France? — Quel projet conçut Louis XI pour s'emparer de toute la succession du duc de Bourgogne? — Quel motif détermina Marie de Bourgogne à épouser Maximilien d'Autriche? — Quelles conséquences eut ce mariage? — Quelles circonstances amenèrent le traité d'Arras, et quels arrangements y furent stipulés? — 138. Comment Louis XI termina-t-il son règne? — Quelle vie menait-il dans son château du Plessis-les-Tours? — Comment s'efforçait-il de se rassurer contre la crainte de la mort? — Par quelle mesure Louis XI compléta-t-il l'abaissement des grands? — Comment cherchait-il à se rendre populaire? — Quel ordre créa-t-il pour récompenser le mérite? — Quand les postes ont-elles été organisées? — Quelles institutions doit-on encore à

Louis XI ? — Citez les maximes favorites de Louis XI. — Quelles provinces réunit-il à la couronne ?

ÉVÉNEMENTS CONTEMPORAINS. — 1467. Dernières conquêtes des Turcs en Europe; belle résistance et mort de Scanderbeg. — 1455-1485. Guerre des Deux-Roses en Angleterre. — 1458-1490. Règne illustre de Mathias Corvin en Hongrie et en Bohême. — 1469. Julien et Laurent de Médicis à Florence.— 1470. Sténon Sture I er, administrateur de Suède. — 1473. Venise s'empare du royaume de Chypre. — 1479. Belle défense de Rhodes par les chevaliers de Saint-Jean de Jérusalem contre les Turcs. — 1479. Réunion des royaumes de Castille et d'Aragon par le mariage d'Isabelle et de Ferdinand le Catholique. — 1480. Établissement de l'Inquisition en Espagne.

CHAPITRE DEUXIÈME.

CHARLES VIII. — RÉUNION DE LA BRETAGNE.
GUERRES D'ITALIE.
LOUIS XII. — FRANÇOIS I er.

159. CHARLES VIII (1483-1498).—Anne de France, fille de Louis XI, âgée de vingt-trois ans, et mariée depuis neuf ans à Pierre de Bourbon, sire de Beaujeu, avait été chargée par son père, conjointement avec son époux, du gouvernement de l'État pendant la jeunesse de son frère Charles VIII. Ce prince en effet était à peine âgé de treize ans, et de plus, Louis XI, qui n'avait pas oublié sa propre conduite à l'égard de son père, et qui voulait se prémunir contre de pareils dangers, avait tenu le jeune Charles enfermé au château d'*Amboise*, et dans une complète ignorance de tout ce qui avait rapport au gouvernement. La princesse Anne, pour se concilier le peuple, fit pendre le barbier Olivier le Daim et punir plusieurs des favoris de Louis XI, accusés par la voix publique d'avoir cruellement abusé de leur crédit: elle n'en vit pas moins se soulever contre elle les princes du sang, jaloux de son autorité; à leur tête se trouvait le duc d'Orléans, qui régna depuis sous le nom de Louis XII, et qui prétendait alors à la régence. Les États généraux, qu'Anne assembla (1484) pour prononcer sur cette question, ne nommèrent pas de régent, et laissèrent la tutelle du jeune prince à sa sœur, qui, maîtresse absolue de l'esprit du roi, conserva toute

l'autorité. Satisfaite de cette décision des États, elle s'empressa de les congédier, sans faire droit aux principales demandes qu'ils lui avaient adressées pour obtenir d'être convoqués tous les deux ans et d'avoir le droit de voter les impôts. Elle se contenta d'opérer quelques-unes des réformes demandées dans l'administration de la justice.
— Cependant les princes mécontents se liguent de nouveau contre Anne de Beaujeu, et font entrer dans cette ligue le duc de Bretagne, l'empereur Maximilien, le roi d'Angleterre Henri VII, et le roi d'Espagne Ferdinand Ier. Entourée d'ennemis, comme l'avait été son père, Anne fait face partout. Le duc d'Orléans, fait prisonnier par la Trémoille, à la bataille de *Saint-Aubin-du-Cormier*, près de Rennes en Bretagne (1488), est renfermé dans la tour de *Bourges*; et, trois ans après (1431), le mariage de Charles VIII avec Anne de Bretagne assure la réunion de cette importante province à la couronne. Le roi d'Espagne, Ferdinand, occupé alors à chasser les Maures, ne pouvait diriger contre la France aucune entreprise sérieuse : il ne restait donc à combattre que le roi d'Angleterre et l'empereur Maximilien, irrité de l'outrage qu'on lui avait fait en lui renvoyant sa fille, qui était élevée en France en attendant le moment où, suivant les conditions arrêtées avec Louis XI, elle devait épouser le jeune prince (Voir n° 138). En réalité, la ligue était dissoute et l'aristocratie vaincue, lorsque Charles VIII retira le gouvernement à sa sœur pour l'exercer lui-même.

149. GUERRE D'ITALIE. — Charles VIII, l'esprit rempli des exploits de Charlemagne et des grands capitaines de l'antiquité, brûlait du désir de se signaler par quelque expédition lointaine. Dédaignant les luttes obscures, mais utiles, qui avaient rempli les premières années de son règne, sacrifiant même en partie les résultats avantageux, fruit de l'habile politique de son père et de sa sœur, et qu'il lui était si facile de compléter, il se hâte d'acheter la paix de ceux des ennemis qui lui restaient à combattre. Il donne de l'argent au roi d'Angleterre (1492); il rend la Cerdagne et le Roussillon à celui d'Aragon (janvier 1493); l'Artois et la Franche-Comté à Maximilien (mai 1493); il est libre alors de se livrer à l'exécution de ses projets aventureux. Depuis le règne de Charles d'Anjou (Voir n° 98), la France se croyait des droits sur le royaume de Naples, enlevé par la maison d'Aragon (1142) à celle d'Anjou, qui avait légué ses droits au roi de France. Charles VIII résolut de revendiquer ses droits par la force des armes. Il était d'ailleurs appelé en Italie par Ludovic le More, qui, ayant usurpé l'autorité à Milan, au préjudice de son petit-neveu, Jean-Marie Galéas Sforza, avait vu se former contre lui une ligue redoutable. Charles remet donc à sa sœur le gouvernement du royaume, et franchit les Alpes à la tête d'une armée de trente mille guerriers français et suisses, soutenus par une artillerie de cent quarante canons, la plus formidable qu'on eût encore traînée à la suite d'une armée. La France et l'Italie durent également maudire le jour où les bandes guerrières du nord mirent le pied sur cette terre, qu'elles ravagèrent cruellement de l'une à l'autre extrémité, mais que tant de Français engraissèrent de leur sang. Cette première expédition s'annonça toutefois sous les plus brillants auspices. « De tous côtés, les peuples d'Italie commençaient à prendre cœur pour les Français, désirant nouvelletés, voulant voir choses qu'ils n'eussent vues de longtemps. » (COMMYNES.) Depuis quatre ans, le moine florentin Savonarole, devenu l'idole du peuple par ses prédications éloquentes contre les honteux désordres qui déshonoraient la papauté, annonçait Charles VIII comme le *fléau de Dieu*, envoyé pour châtier les tyrans de l'Italie et réformer l'Église par l'épée. » En effet, la marche de ce prince à travers toute l'Italie fut celle d'un triomphateur. Le roi de Naples, Alphonse II, détesté de son peuple pour sa cruauté et son avarice, se sauva en Sicile, laissant le trône à son fils Ferdinand II, qui essaya vainement d'arrêter les Français. Ses sujets reçurent Charles VIII comme le libérateur de l'Italie, et à son entrée dans leur capitale les Napolitains jetèrent des fleurs sur son passage (22 février 1495). Il ne fallait que de la prudence pour consolider cette belle conquête ; mais quoique Charles ne manquât ni de lumières ni de bonnes intentions, nul n'était moins que lui digne d'être le fils du plus habile politique des temps modernes. Il mécontenta les seigneurs napolitains en donnant tous les emplois à ses capitaines, et le peuple, en ne réprimant pas la licence de ses soldats. Bientôt une ligue se forme contre lui dans le nord de l'Italie entre ce même Ludovic qui avait appelé les Français, les Vénitiens, le pape Alexandre VI, l'empereur Maximilien, les souverains d'Aragon et de Castille.

Apprenant que les alliés veulent lui fermer le chemin de la France, Charles part précipitamment, laissant à Naples un faible corps d'armée ; il trouve les confédérés réunis à Fornovo ou *Fornoue*, près de Parme ; s'ouvre, avec huit mille soldats, un passage à travers cette armée de quarante mille hommes, qui ne peut résister à la *furie française* (5 juillet 1495), et rentre dans son royaume, heureux que *ce voyage eût été*, comme dit Commynes, *conduit de Dieu tant à l'aller qu'au retourner ; car le chef et les conducteurs ne servirent de guères*. — Peu de temps après le départ du roi de France, Ferdinand II, aidé du fameux Gonzalve de Cordoue, fit prisonnier le comte de Montpensier, laissé par Charles à Naples en qualité de vice-roi. A peine quelques débris de son corps d'armée, échappés aux maladies pestilentielles, parvinrent-ils à regagner leur patrie. Cette malheureuse entreprise n'eut pour la France d'autres résultats que d'y exciter une ardeur insensée pour de nouvelles expéditions en Italie, qui devaient lui coûter des flots de sang. Charles lui-même voulait y retourner, lorsqu'un accident l'enleva, à peine âgé de vingt-huit ans, à ses sujets, dont il était tellement aimé, que plusieurs, dit-on, moururent de douleur en apprenant sa mort ; car si Charles se montra peu habile et *peu entendu*, comme le dit l'historien Commynes, *il était si bon qu'il n'était point possible de voir meilleure créature*. Avec lui s'éteignit la première branche des Valois, qui, en cent soixante-dix ans (1328-1498), avait donné sept rois à la France.

141. INSTITUTIONS DE CHARLES VIII. — Les États-généraux convoqués, pendant la minorité de roi, par la dame de Beaujeu (1484), sont remarquables moins par le nombre des députés des trois ordres, qui ne fut que de deux cent quarante-six, que par le mode suivi dans les délibérations et par les principes qui y furent énoncés. Ce ne fut point par ordres que les États délibérèrent, mais en se partageant par *nations*, au nombre de six, savoir : France, Bourgogne, Normandie, Aquitaine, Langue d'Oc et Langue d'Oil, composées de la réunion des provinces les plus voisines. Mais ce qui étonne le plus, c'est de voir, au moment même où s'établissait la monarchie absolue, les États adopter, sur la proposition de l'un des députés de la noblesse de Bourgogne, le principe que la *souveraineté réside dans le peuple, composé non de la populace, mais de la totalité* *des citoyens;* que ce peuple a le droit de régler, par ses députés, soit la succession au trône devenu vacant, soit la régence pendant la minorité et la captivité des rois ; principe qu'ils mirent immédiatement en pratique, ainsi que nous l'avons dit, en confirmant la tutelle du roi à la dame de Beaujeu et en lui nommant un conseil de régence. Nous avons dit aussi comment la princesse Anne éluda les vœux exprimés par ces États, qui venaient de poser des principes si libéraux. Charles VIII suivit la politique adoptée par sa sœur, en ne convoquant pas une seule fois les États-généraux pendant toute la durée de son règne ; mais naturellement juste et bon, il réduisit les impôts d'un sixième, malgré les charges occasionnées par la guerre d'Italie. Se plaisant à rendre lui-même la justice à ses sujets, à l'exemple de saint Louis, il s'appliqua à les faire jouir de tous les avantages qui résultent d'une bonne administration judiciaire. C'est dans ce but qu'il établit à Paris d'une manière fixe (1497) et qu'il compléta le *Grand conseil*, chargé du jugement des causes les plus importantes, et qu'il fit commencer la rédaction des *coutumes*, d'après le plan arrêté par Charles VII (voir n° 132), mais qui ne fut complétement exécuté que sous Charles IX. Il avait aussi conçu, pour la réforme des abus qui s'étaient introduits dans l'Église de France, des projets dont l'exécution, arrêtée par une mort prématurée, aurait peut-être préservé la France des malheurs de la *réforme*.

C'est pendant le règne de ce prince qu'eurent lieu les deux plus grandes découvertes des temps modernes, savoir : celle de l'*Amérique* par *Christophe Colomb* (1492), et celle de la route des Indes Occidentales par le cap de *Bonne-Espérance*, qui fut doublé par *Vasco de Gama* cinq ans plus tard (1497).

142. Louis XII, dit LE PÈRE DU PEUPLE (1498-1515). — Louis XII, arrière-petit-fils du roi Charles V, était le plus proche héritier de Charles VIII. Il avait hérité du titre de duc d'Orléans par son père et par son aïeul, ce Louis, duc d'Orléans, époux de Valentine de Milan, « par qui le sang italien commença à couler dans les veines de nos monarques et à leur communiquer le goût des arts : race légère et romanesque, mais élégante, brave, intelligente, et qui mêla la civilisation à la chevalerie. » (CHATEAU-BRIAND.) Tout le monde connaît la noble réponse que ce roi fit aux courtisans, qui l'engageaient à se venger de ceux qui

s'étaient montrés opposés à lui pendant ses prétentions à
la régence (voir n° 141) : *Ce n'est pas au roi de France,*
leur dit-il, *à venger les injures du duc d'Orléans.* Il accorda toute sa confiance à La Trémoille, qui l'avait fait
prisonnier à Saint-Aubin, en disant : *Si La Trémoille a si
bien servi son roi contre moi, j'espère qu'il me servira
avec la même affection contre les ennemis de l'État.* Tout
son règne fut une confirmation de ces sentiments généreux : il réduisit les impôts à la moitié de ce qu'ils étaient
sous Louis XI; il donna une solde aux gens de guerre,
afin qu'ils n'eussent aucun prétexte pour faire subir à ses
sujets des vexations qu'il réprima sévèrement ; il donna
aussi des traitements aux juges, afin de les rendre plus
inaccessibles à la corruption. Il fit un grand nombre de
règlements pour l'administration de la justice, et pour rétablir l'ordre dans l'Église et dans l'Université, qui abusaient
souvent de leurs priviléges. Il favorisa de tout son pouvoir
le commerce, l'agriculture et les lettres ; il eût été enfin
un souverain accompli, si, à l'exemple de Charles VIII,
il ne s'était laissé entraîner par la passion des conquêtes
à des expéditions désastreuses : encore doit-on lui rendre
cette justice, qu'à la suite même de ses entreprises les plus
ruineuses, il ne rétablit jamais les impôts qu'il avait supprimés, et que, pour toute réponse aux railleries qu'on se
permettait à sa cour sur sa sévère économie, il disait :
*J'aime mieux voir les courtisans rire de mon avarice, que
le peuple pleurer de mes dépenses.* On a prétendu trouver
une compensation au mauvais succès de ses guerres dans
l'affaiblissement nouveau que fit éprouver à la féodalité la
mort dans ces entreprises meurtrières d'un grand nombre
de seigneurs plus ou moins puissants. Ce qu'on peut affir-
mer avec vérité, c'est que ce ne furent du moins ni le
courage personnel, ni les généraux habiles, ni les braves
soldats qui lui manquèrent. On connaît le mot qu'il adressa
à des courtisans moins braves que lui, qui tremblaient de
se voir exposés avec lui pendant la bataille d'*Agnadel :
Quiconque a peur se mette derrière moi.* Il avait au nombre
de ses généraux : La Trémoille, que Commynes appelle
le plus grand capitaine du monde, et Bayard, *le chevalier
sans peur et sans reproche,* qui soutint seul sur le pont du
Garigliano (en 1503, l'effort de deux cents Espagnols.
Enfin, instruit par les défaites que l'infanterie suisse avait
fait éprouver à Charles le Téméraire, Louis XII avait donné

tous ses soins à la formation d'une bonne infanterie, arme
jusque-là négligée et même méprisée en France ; quant à
ses chevaliers, ils passaient toujours pour les plus braves
de l'Europe. Ce qui lui manqua, comme à Charles VIII,
pour le succès de ses entreprises, ce fut une politique habile. C'est surtout pour avoir négligé de s'assurer des
alliances utiles, ou faute d'avoir su les conserver, qu'il vit
échouer tous ses plans.

143. SUITE DES GUERRES D'ITALIE. — Louis XII
eut plus d'un motif pour se laisser entraîner à continuer
ces guerres si fatales. Il voulait reconquérir le royaume
de Naples, possédé un instant par Charles VIII ; mais il
tenait plus encore à faire valoir les droits héréditaires qu'il
avait hérités de son aïeule, Valentine Visconti, sur le duché de Milan. Après s'être assuré des bonnes dispositions
des princes qui auraient pu traverser son entreprise, il se
fit en Italie des alliés des puissances mêmes que son prédécesseur avait eues pour ennemies, des Vénitiens, du pape,
des Florentins et du duc de Savoie, qui livra passage à
son armée (1499). Elle fit en vingt jours la conquête du
Milanais, et en chassa le duc Ludovic Sforza, qui le gouvernait ; ce prince parvint toutefois, à la faveur d'un soulèvement excité par la licence des soldats français, à reconquérir son duché (février 1500) ; mais ce ne fut que pour
le reperdre deux mois après (avril 1500). La facilité de
cette conquête encouragea Louis à voler à celle du royaume
de Naples, qu'il était convenu avec le roi d'Espagne Ferdinand le Catholique, de partager avec lui. Elle fut presque
aussi rapide que la précédente ; mais les difficultés qui
s'élevèrent entre les deux rois pour le partage firent bientôt reconnaître à Louis la gravité de la faute qu'il avait
commise en s'associant avec son plus dangereux rival. La
guerre éclata entre eux, et Gonzalve de Cordoue, général
de Ferdinand, vainqueur des Français à *Cérignole* (1503),
les chassa une seconde fois du royaume de Naples. Le duc
de Nemours, qui les commandait et qui fut tué à Cérignole,
était le dernier descendant de ces Armagnacs qui s'inti-
tulaient *comtes par la grâce de Dieu*, et qui faisaient remonter jusqu'à Clovis l'origine de leur illustre maison. Les
troubles qu'elle avait suscités en France en firent peu
regretter l'extinction.

Réduit à la possession du Milanais, Louis XII voulut au
moins rendre cette possession complète en y rattachant

quelques villes conquises par les Vénitiens. Il forma contre
eux la ligue de Cambrai (1508), dans laquelle il fit entrer
le pape, l'empereur Maximilien et le roi Ferdinand le Catholique. Vaincus à la sanglante bataille d'*Agnadel* (1509),
les Vénitiens, ne pouvant rien par la force des armes, ont
recours aux négociations ; par leur adroite politique et par
des sacrifices faits à propos, ils détachent successivement
de la cause de Louis tous ses alliés. Le pape Jules II forme
même contre lui (1511) la *sainte ligue*, dans laquelle entrent, outre le pape et les Vénitiens, le roi d'Espagne,
Ferdinand le Catholique, et Henri VIII, roi d'Angleterre.
Cependant la brillante valeur d'un nouveau duc de Nemours, de Gaston de Foix, neveu de Louis XII, qui remporte sur les confédérés les victoires de *Bologne*, de *Brescia* et de *Ravenne*, retarde quelque temps la perte du
Milanais ; mais ce héros de vingt-trois ans succombe à *Ravenne* au milieu même d'un triomphe chèrement acheté
(11 avril 1512). *Plût à Dieu que mes ennemis eussent gagné
une pareille bataille*, dit le roi en en recevant la nouvelle,
ils seraient bientôt perdus sans ressource. Avec Gaston périt
en effet la fortune de la France. Louis XII, dépouillé du
Milanais, qui retombe au pouvoir de Maximilien Sforza,
ne conserve plus en Italie que quelques forteresses : les
Génois, qui s'étaient déjà révoltés une première fois contre lui (1507) et dont il avait alors réuni la seigneurie à
son domaine royal, s'affranchissent de sa domination : les
Médicis rentrent dans Florence, et la maison d'Albret est
punie de son alliance avec le roi de France par la perte
de la portion espagnole de son royaume de Navarre, qui
est conquise par Ferdinand le Catholique. Bientôt même,
les Espagnols franchissent les Pyrénées, et Louis XII, attaqué à la fois sur toutes ses frontières, se voit menacé par
la moitié de l'Europe conjurée contre lui.

144. Dernières guerres et mort de Louis XII.
— La grandeur du péril n'effraya ni la France ni son souverain. N'ayant plus pour allié que le roi d'Écosse, il espère encore tenir tête au pape, à l'Empereur, aux Suisses
et aux deux rois d'Espagne et d'Angleterre, qui renou-
vellent leur ligue contre lui à *Malines* (avril 1513). Déjà
les Vénitiens s'étaient séparés d'eux, et une armée française, envoyée en Italie sous le commandement de la Trémoille, reprit même le Milanais ; mais la France paya cher
ces succès d'un moment. La Trémoille est défait à Novare

par les Suisses, qui chassent les Français du Milanais et
viennent bientôt, réunis aux Francs-Comtois et soutenus
par la cavalerie et l'artillerie allemande, mettre le siége
devant Dijon (septembre 1513). Au nord de la France,
l'empereur Maximilien, à la tête de vingt-trois mille Allemands, et réuni au roi Henri VIII, débarqué à Calais
avec trente mille Anglais, venait de surprendre une armée
française à Enguinegatte, près de Saint-Omer, à la *journée des Éperons* (août 1513), qui, comme l'indique son
nom, fut moins une bataille qu'une déroute ; enfin la défaite et la mort du roi d'Écosse, Jacques IV, à la sanglante
bataille de *Flodden* (1513), laissait la France sans alliés.
Elle était donc menacée de nouveau des plus grands dangers, lorsque, heureusement pour elle, la discorde éclate
parmi ses ennemis. La Trémoille sauve Dijon en éloignant
à prix d'argent les Suisses, qui n'avaient déserté le parti
de la France que sur le refus d'une augmentation de
solde. Enfin d'habiles négociations amènent la trêve d'Orléans, suivie bientôt (septembre 1514) du traité de *Londres*, par lequel le roi de France abandonnait toutes ses
conquêtes.

Louis XII, veuf depuis neuf mois d'Anne de *Bretagne*,
dont l'alliance avait assuré la réunion de ce puissant duché à la couronne, épousa, un mois après la conclusion
du traité de Londres, la sœur du roi d'Angleterre
Henri VIII ; mais il ne survécut que trois mois à cette
nouvelle union, et mourut, à l'âge de cinquante-deux ans,
accompagné dans la tombe des regrets de tous ses sujets,
qui lui confirmèrent, pendant ses funérailles, le beau
nom de *Père du peuple*, que lui avaient décerné les États-
généraux de Tours (en 1506). Il ne laissait après lui que
des filles, et fut ainsi le premier et le dernier roi de la
première branche d'*Orléans*, la troisième de la race des
Capétiens.

A ce que nous avons dit des institutions de ce prince,
en traçant le caractère général de son règne, il faut ajouter que ce fut lui qui érigea en parlement (1499) la cour
souveraine de Normandie, nommée jusqu'alors l'*Échiquier*, et qui créa le parlement d'*Aix* (1501). Ce fut aussi,
comme nous l'avons dit (143), Louis XII qui organisa
l'*infanterie française*, sur le modèle de cette infanterie
suisse qui, depuis un demi-siècle, avait décidé le succès
des batailles, en dépit du mépris des *gens d'armes*, qui

combattaient toujours à cheval. Aussi ne fut-ce pas sans de vives instances et de grandes promesses du roi que les gentilshommes consentirent à entrer dans ce corps, qui devait faire désormais la force des armées.

145. FRANÇOIS Ier (1515-1547). — Le successeur de Louis XII fut son cousin, François Ier, comte d'Angoulême et duc de Valois, ce qui fait donner ordinairement à la branche de la troisième race dont il fut le chef le nom de branche de *Valois-Angoulême*, ou seconde des Valois. Ce jeune prince, auquel le roi avait donné une de ses filles en mariage, manifestait une ardeur pour la gloire et pour les plaisirs qui faisait souvent dire à Louis XII : *Hélas ! mes amis, ce gros garçon gâtera tout.* Il se borna cependant, dans le commencement de son règne, à suivre l'exemple de son prédécesseur. Descendant comme lui de Valentine Visconti, il avait les mêmes droits à faire valoir sur le Milanais. Mais les désastres du règne précédent avaient épuisé les finances : François Ier se créa de nouvelles ressources en étendant à tous les offices de judicature la vénalité, bornée, sous son prédécesseur, aux emplois financiers et à quelques magistratures inférieures. Cette mesure, justement blâmée, puisqu'il était à craindre que des juges qui achetaient leurs charges ne vendissent la justice au peuple, eut du moins un résultat utile : ce fut de consolider l'inamovibilité des magistrats. Avec de l'argent, François Ier comprit qu'il lui fallait des alliés : il traita donc avec les Vénitiens, et marcha sur le Milanais, qui était défendu par des Suisses seulement ; mais c'étaient alors, avec les Français, les plus braves soldats de l'Europe. Il fallut toute la bravoure de François Ier et de Bayard, toute l'habileté du connétable de Bourbon, pour gagner sur eux la célèbre bataille de *Marignan*, qui dura deux jours entiers (13 et 14 septembre 1515) ; *bataille de géants*, comme l'appelle un historien, non moins honorable peut-être pour les vaincus que pour les vainqueurs. Les Suisses abandonnèrent enfin, mais en bon ordre, le champ de bataille, couvert de quinze mille de leurs morts. François Ier avait passé la nuit qui sépara ces deux mémorables journées sur un affût de canon, à cinquante pas d'un bataillon suisse ; il voulut, après la victoire, être armé chevalier de la main de Bayard. Le Milanais devint le prix de cette brillante affaire. Elle fut suivie de la *paix perpétuelle* faite avec les Suisses, qui depuis restèrent fi-

dèles à la France, et de traités d'alliance avec les Florentins et avec le pape. Ce dernier conclut avec François Ier
(14 décembre 1515) une convention célèbre sous le nom
de *Concordat*, destinée à remplacer la Pragmatique-Sanction, que le Saint-Siége n'avait jamais voulu ratifier. Ce
concordat transférait au roi la nomination aux évêchés et
aux abbayes, sauf l'institution réservée au pape, et déclarait la Pragmatique-Sanction abolie. Il fut, pour ce dernier motif, repoussé longtemps par le clergé, par l'Université et par les parlements, qui ne l'enregistrèrent que
sur les ordres réitérés du roi.

**146. RIVALITÉ DE FRANÇOIS Ier ET DE CHARLES-
QUINT.** — La longue et sanglante rivalité de François Ier
et de Charles-Quint dut son origine à la préférence accordée à ce dernier par les princes électeurs de l'Allemagne
pour la couronne impériale, que tous deux avaient bri-
guée après la mort de l'empereur Maximilien. Charles-
Quint, qui déjà avait succédé en Espagne à Ferdinand le
Catholique, se trouva ainsi maître des Pays-Bas, de l'Espagne, du royaume des Deux-Siciles et de l'Allemagne.
Par politique, autant que par le ressentiment d'un amour-
propre vivement blessé, François Ier devint l'ennemi irréconciliable de Charles-Quint. Il s'ensuivit entre eux une
guerre acharnée, qui remplit presque tout le règne de
François Ier, et que des traités ou trêves conclus à diverses reprises partagent naturellement en quatre périodes.
La première, marquée par de grands désastres et par la
captivité du roi à Pavie, se termine au bout de cinq ans
par les conditions désastreuses du traité de Madrid; —
la seconde commence par des succès en Italie, suivis
bientôt de nouveaux revers, et se termine, au bout de trois
ans, par la paix onéreuse de Cambrai; — la troisième,
peu féconde en événéments remarquables, mais plus glorieuse pour la France, dure deux ans, et se termine à la
trêve de Nice; — la quatrième enfin est illustrée par une
brillante victoire des Français, et se termine, au bout de
deux ans, en même temps que la querelle des deux rivaux, par le traité de Crépi, auquel accéda, deux ans
après, le roi d'Angleterre Henri VIII, qui avait pris part
à la lutte.

**147. PREMIÈRE PÉRIODE (1521-1526). BATAILLE
DE PAVIE. PAIX DE MADRID.** — Au moment de commencer une lutte redoutable contre un adversaire dont

les États entouraient les siens presque de toutes parts, François Iᵉʳ songea à s'assurer quelques alliances; mais son rival était plus fin politique que lui. L'entrevue qu'eut le roi de France avec celui d'Angleterre au *Camp du drap d'or*, où il fit, ainsi que toute la noblesse française, une vaine parade d'une magnificence ruineuse, n'eut aucun résultat utile, et n'empêcha pas Charles-Quint de rattacher Henri VIII à sa cause, qu'embrassa aussi le pape Léon X. La guerre commença bientôt sur trois points à la fois, dans les Pays-Bas, dans le Milanais et sur la frontière des Pyrénées. Elle présentait de ce dernier côté surtout des chances assurées, si François Iᵉʳ avait su profiter, pour y attaquer Charles-Quint, de l'occasion favorable que lui offraient des révoltes survenues en Espagne; mais il la négligea, et la Navarre, contre laquelle il dirigea une tardive expédition, fut aussitôt reperdue que conquise. La guerre ne fut pas mieux conduite du côté du nord. Le duc de Bouillon, qui, à l'instigation de François Iᵉʳ, avait attaqué l'Empereur du côté des Pays-Bas, ne fut pas secouru à temps; il y perdit ses états, et la frontière du nord resta dès lors à découvert. Quand le roi se décida à marcher en personne pour la défendre, elle était envahie, et la Champagne l'eût été tout entière, sans l'héroïque résistance de Bayard, qui s'enferma dans *Mézières*, en déclarant qu'il n'en sortirait que sur un pont formé des cadavres de ses ennemis. L'arrivée du roi de France contraignit les Impériaux à se retirer : François pouvait anéantir leur armée, en lui coupant la retraite, s'il eût suivi le conseil du connétable de Bourbon ; mais, non content de mépriser les avis d'un guerrier dont la victoire de Marignan avait prouvé l'habileté et la bravoure, il l'irrita en lui retirant le commandement de l'avant-garde, poste d'honneur toujours réservé au connétable. L'occasion perdue ne se représenta jamais, et François Iᵉʳ s'était fait un ennemi de plus. Il n'avait été du reste, dans cette circonstance, que l'instrument des passions haineuses de sa mère, la duchesse d'Angoulême, femme impérieuse dont l'ambition et la cupidité furent la première cause des revers de la France. C'est à elle aussi qu'il faut attribuer la perte du Milanais, où se porta bientôt tout l'effort de la guerre. Le maréchal de Lautrec, qui y commandait, également en butte à sa haine, et privé par ses intrigues de l'argent qui lui était nécessaire pour payer les Suisses à sa solde, se vit abandonné par ces mercenaires, et perdit, par leur retraite, la bataille de la *Bicoque* (1522), à la suite de laquelle il fallut évacuer le Milanais et la ville de Gênes.

C'est à cette époque que le connétable de Bourbon, dépouillé par le roi et par la duchesse d'Angoulême de l'immense succession de la maison de Bourbon, à laquelle il avait des droits incontestables, se laissa entraîner, par les injustices dont il était victime, à trahir sa patrie. Il conclut avec Charles-Quint et Henri VIII un traité qui, dans le partage projeté de la France, lui assurait, outre les provinces qui avaient dû former son légitime héritage, celles de Dauphiné et de Provence, avec le titre de roi. Cependant les ennemis furent repoussés sur tous les points (1523); mais les tentatives faites pour reprendre le Milanais échouèrent par l'incapacité de Bonnivet, et coûtèrent la vie au brave chevalier Bayard, qui périt à la déroute de *Romagnano* (1524). Frappé à mort, ce digne chevalier se fait porter au pied d'un arbre, et ordonne qu'on lui tourne le visage vers l'ennemi : car, dit-il, *n'ayant jamais tourné le dos devant l'ennemi, je ne veux pas commencer à la fin de ma vie.* Ce fut dans cette position qu'il vit arriver auprès de lui le connétable de Bourbon, qui lui témoigna sa douleur de le voir en cet état. *Monseigneur,* lui répondit Bayard, *il n'y a point de pitié en moi, qui meurs en homme de bien, servant mon roi ; il faut avoir pitié de vous, qui portez les armes contre votre prince, votre patrie, votre serment...* Cependant l'héroïque défense de *Marseille,* assiégée par ce prince et les Impériaux, fait échouer leurs projets. François Ier traverse les Alpes, reprend le Milanais, mais commet des fautes qui amènent la perte de la célèbre bataille de *Pavie* (24 février 1525). Après avoir combattu avec un courage désespéré, après avoir perdu huit mille de ses soldats, une grande partie de sa noblesse, ses meilleurs capitaines, et surtout le brave La Trémoille, François, blessé lui-même, tombe au pouvoir de l'ennemi, et est emmené captif à Madrid. *Madame,* écrivit-il à sa mère après ce grand désastre, *tout est perdu, fors l'honneur.* Cette princesse, que le roi avait nommée régente avant son départ, se hâta de réunir de nouveaux moyens de défense, et amena le roi d'Angleterre Henri VIII, effrayé de l'accroissement de la puissance de Charles-Quint, à faire alliance avec la France. Ces circonstances déterminèrent Charles à conclure le *traité de Madrid* (14 jan-

vier (1526), qui rendait à François sa liberté ; mais, de
son côté, le roi de France cédait à l'Empereur la Bourgogne
et le Charolais, et s'engageait à abandonner ses prétentions
sur le Milanais, sur Gênes et sur le royaume de Naples,
ainsi que ses droits sur la Flandre et l'Artois, et à rendre
au connétable de Bourbon ses immenses domaines qui
avaient été confisqués. François livra ses deux fils en otage
pour sûreté de l'exécution de ce honteux traité, contre
lequel néanmoins il avait d'avance protesté en secret.

**148. SECONDE PÉRIODE (1526-1529). PAIX DE
CAMBRAI.** — Les trois dernières périodes de la rivalité de
François Iᵉʳ et de Charles-Quint n'offrent pas, si l'on en
excepte les événements qui la terminèrent, de faits d'une
importance égale à ceux de la première. A peine François
eut-il recouvré sa liberté, qu'au mépris des engagements
contractés à Madrid, et ne songeant qu'à la vengeance, il
signa à *Cognac* (mai 1526) le traité qui arrêtait la formation d'une ligue entre lui, le roi d'Angleterre, les Suisses,
le duc de Milan, les Vénitiens et le pape, épouvantés de
l'ambition de Charles-Quint. Mais les fautes et les perfidies
de ces nouveaux alliés les rendirent plus dangereux qu'u-
tiles. Cependant Lautrec conquit une partie du Milanais et
du royaume de Naples ; mais les maladies contagieuses
se mirent dans son armée, l'emportèrent lui-même, et
forcèrent le reste de ses troupes à se rendre (1528).
Une nouvelle armée fut détruite à *Landriano*, près de
Milan (1529) ; et bientôt après les deux rois, épuisés par
huit ans de guerre, signent (15 août 1529) la *paix de
Cambrai* ou *des Dames*, ainsi nommée parce que ce furent
la mère du roi et la tante de l'empereur qui la décidèrent.
François Iᵉʳ acheta, au prix de deux millions d'écus d'or
(près de soixante-huit millions de francs), la conservation
de la Bourgogne et la liberté de ses deux fils, dont la captivité avait si mal garanti à Charles-Quint l'exécution du
traité de Madrid.

**149. TROISIÈME PÉRIODE (1536-1538). TRÈVE DE
NICE.** — Les conditions de la paix de Cambrai ne lavaient
que bien imparfaitement la honte de celles de Madrid,
puisqu'elles n'en différaient que par la faculté accordée à
François de racheter à prix d'or, et par l'abandon qu'il
faisait de tous ses alliés, l'importante province de Bourgogne. Il n'avait donc rien gagné à ces guerres, qui lui
avaient tant coûté ; son ambition ni ses ressentiments n'é-

taient satisfaits, cette sanglante rivalité n'était pas finie. Tel était toutefois l'épuisement de la France, qu'il ne fallut pas à François Ier moins de sept années de paix pour réunir les moyens de réparer ses désastres. En même temps qu'il annexe définitivement à la couronne (1532) la Bretagne et tous les domaines aliénés, qu'il renforce son armée et qu'il augmente ses trésors de la succession de sa mère, dans les coffres de laquelle il trouva quinze cent mille écus d'or, il conclut de nouvelles alliances avec le roi d'Angleterre, avec le pape, et, chose nouvelle alors, mais qui prouve les progrès de la politique, avec les Turcs, il suscite même des ennemis à l'Empereur au milieu de ses possessions, en soulevant contre lui les protestants d'Allemagne. Enfin, tandis que Charles-Quint est occupé à une expédition contre Tunis, il envahit le Milanais; mais il ne sait pas profiter de ses succès. Charles-Quint le trompe par de vaines promesses, et attaque la France de plusieurs côtés à la fois; cependant il éprouve des revers, et les deux monarques, ruinés par ces nouveaux efforts, signent à *Nice* (1538) une trêve de dix ans. Une faible acquisition de territoire, du côté du Piémont, ne compensait ni les frais de cette nouvelle guerre, ni l'accroissement de l'influence de Charles-Quint en Italie.

150. QUATRIÈME ET DERNIÈRE PÉRIODE (1541-1546). PAIX DE CRÉPI ET D'ARDRES. — La trêve, conclue pour dix ans, n'en dura que trois; mais, cette fois, ce ne fut point François Ier qui fut l'agresseur. Ce prince, au caractère franc et loyal, qui croyait possible de ressusciter au seizième siècle la courtoisie des temps chevaleresques, n'avait pas été désabusé par les traitements rigoureux que lui fit subir pendant sa captivité un rival jaloux. Il conserva dans ses relations avec ce prince astucieux et perfide une loyauté dont celui-ci ne manqua pas de tirer parti avec son habileté ordinaire, et qui fit perdre au roi chevalier de nombreuses occasions de reprendre sur lui tous ses avantages. Ainsi, loin de profiter de la révolte des habitants de Gand contre l'Empereur (1539), il lui accorda le passage à travers la France pour les aller soumettre, sous la seule promesse que lui fit Charles-Quint de donner à l'un de ses fils l'investiture du Milanais. Pressé ensuite d'accomplir sa promesse, Charles la nie. Deux ambassadeurs français sont assassinés en Italie. François Ier, irrité de ces perfidies, lève de nouvelles armées, qui envahis-

sent le Luxembourg et le Roussillon. Ces provinces sont
bientôt reprises par Charles-Quint (1432); mais, malgré
la ligue qu'il forme de nouveau avec Henri VIII pour démembrer la France, les armes de François Ier obtiennent
de nouveaux succès dans les Pays-Bas (1543); le comte
d'Enghien gagne en Italie la brillante victoire de *Cérisoles*
(1544), et Charles-Quint s'estime heureux de signer le
traité de *Crépi en Valois* (17 septembre 1544), par lequel
François Ier abandonnait ses prétentions sur le royaume
de Naples et ses droits de souveraineté sur la Flandre et
l'Artois, tandis que l'Empereur renonçait seulement à ses
prétentions sur la Bourgogne, et promettait le duché de
Milan et la main de sa nièce au second fils du roi, le duc
d'Orléans. La mort du duc, arrivée peu de temps après,
l'affranchit de l'obligation de tenir cette nouvelle promesse,
sans qu'il voulût entendre parler d'aucune compensation.
Henri VIII, dont tous les succès s'étaient réduits à la prise
de *Boulogne*, fit sa paix séparée à *Ardres*, deux ans plus
tard (juin 1546), et s'engagea à rendre Boulogne pour
une somme d'argent.

Neuf mois après, François Ier descendait dans la tombe,
où l'avait précédé, à l'âge de vingt-six ans, l'illustre vainqueur de Cérisoles, le comte d'Enghien, que ses vertus,
non moins que sa valeur, rendaient cher à la patrie, à
laquelle il promettait un héros accompli.

La France semblait n'avoir rien gagné à ces guerres si
sanglantes et déjà si longues, quoique non terminées
encore : elles eurent pourtant un résultat d'une immense
importance. L'ambitieux Charles-Quint ne visait à rien
moins qu'à l'établissement d'une monarchie universelle,
c'est-à-dire à l'asservissement de l'Europe entière ; ses projets dont rien ne semblait pouvoir arrêter l'exécution,
furent déjoués par l'opposition persévérante de François Ier. Ce ne sera pas la seule fois que nous verrons la
France se charger ainsi, à ses risques et dépens, d'un généreux protectorat, et ce noble rôle convenait particulièrement au prince dont nous avons signalé le caractère
chevaleresque.

154. INSTITUTIONS DE FRANÇOIS Ier. — La monarchie, devenue absolue de fait sous le règne des prédécesseurs de François Ier, conservait néanmoins encore, au
moins dans la forme, quelque apparence d'intervention
populaire. Ces derniers vestiges de liberté disparurent sous

François Ier, qui n'assembla pas une seule fois les États-généraux, et qui brisa par des menaces de destitution et d'exil la résistance du parlement. C'est ainsi que, dès les premières années de son règne, il le contraignit à enregistrer le Concordat (1518) et l'ordonnance contre la chasse (1519), dont la sanglante pénalité était digne des temps les plus barbares du moyen âge. La réunion à la couronne des quatre provinces du Bourbonnais, de la Marche, de l'Auvergne et du Lyonnais, dépouille du connétable de Bourbon, anéantit le dernier grand fief qui restât en France. Dès lors, il n'y eut plus aucune résistance, et le roi put impunément inscrire au bas de ses édits les plus tyranniques cette formule toute nouvelle : *Car tel est notre bon plaisir.*

Une augmentation considérable dans les impôts fut naturellement une des conséquences de ce nouveau mode de gouvernement, et cependant les recettes ne purent suffire encore aux dépenses de la guerre et à celles du roi. Il lui fallut, pour se procurer de l'argent, avoir recours aux *premiers emprunts en rentes* et à divers expédients, parmi lesquels on doit citer la création de nouvelles charges vénales et l'impôt immoral de la *loterie,* abolie seulement de nos jours. Il faut reconnaître toutefois qu'une bonne partie de ces impôts, rendus d'ailleurs moins insupportables par l'ordre régulier établi dans l'administration des finances, reçut une destination utile. Les places fortes furent augmentées et réparées, l'armée mise sur un pied formidable ; la première marine fut créée, le port du *Havre* fut creusé, et, à la mort du roi, on trouva dans ses coffres des sommes considérables.

L'administration de la justice, malgré divers désordres causés par la vénalité des charges, reçut aussi de nouveaux perfectionnements. La législation fut améliorée, les procédures abrégées, et la langue française substituée dans tous les actes au latin barbare qu'on y avait employé jusque-là. Le commerce, favorisé par de sages mesures, prit aussi un accroissement considérable, et procura à un grand nombre de marchands de tels bénéfices et de si grandes fortunes, qu'un auteur du temps affirme qu'il se trouvait en France, à cette époque, plus d'or et d'argent que toutes les mines n'en auraient pu fournir en deux cents ans. Les grandes découvertes récemment faites en Afrique et en Amérique stimulèrent l'ardeur des marins français, et surtout ceux du port de *Saint-Malo*, qui ne le cédaient en audace à aucun autre peuple. Un des plus habiles d'entre eux, François Cartier, fit, dans la partie septentrionale de l'Amérique, plusieurs expéditions, suivies bientôt des premiers établissements fondés par la France dans le Canada, en dépit des prétentions que les Espagnols et les Portugais élevaient sur la possession exclusive du Nouveau-Monde. — *Je voudrais bien voir*, disait François Iᵉʳ, *l'article du testament d'Adam qui leur lègue l'Amérique*.

Mais l'un des plus beaux titres de gloire de François Iᵉʳ, c'est la protection éclairée et efficace qu'il accorda aux lettres et aux sciences, et qui lui a valu le titre de *Restaurateur des lettres*. Non content d'encourager les hommes instruits, tels que Marot, Rabelais, Budée et une foule d'autres savants et d'artistes qu'il recevait à sa cour et qu'il récompensait généreusement, il fonda le collége royal de France et l'imprimerie royale, et augmenta considérablement la Bibliothèque. Les arts, dont ses expéditions en Italie lui avaient donné le goût, ne reçurent pas de moindres encouragements. Les palais de *Fontainebleau*, de *Saint-Germain*, de *Chambord*, du *Louvre*, furent bâtis et décorés par des artistes et des peintres distingués qu'il fit venir d'Italie, ou par ceux que leurs leçons formèrent en France. La manufacture des *Gobelins* commença à fabriquer ces belles tapisseries admirées dans toute l'Europe. C'est du règne de François Iᵉʳ enfin que datent pour la France, dans les lettres, dans les sciences et dans tous les arts intellectuels, ces rapides et immenses progrès qui ont placé notre patrie à la tête de la civilisation moderne.

QUESTIONNAIRE. — 139. Quelles circonstances firent confier la régence du royaume à la princesse Anne, sœur aînée du jeune roi Charles VIII? — Que fit la princesse Anne pour se concilier le peuple et qui eut-elle pour adversaires? — Que firent les Etats-généraux assemblés par la princesse Anne, et comment les congédia-t-elle? — Quelle ligue se forma contre Anne de Beaujeu? —Comment Anne parvint-elle à affaiblir cette ligue? — Quelle femme épousa Charles VIII et quel résultat important eut ce mariage? — Quels ennemis restaient encore à combattre lorsque Charles VIII retira le gouvernement à sa sœur? — 140. Quels projets belliqueux conçut Charles VIII? — Par quelles concessions se délivra-t-il de ses ennemis? — Quels droits prétendait-il avoir sur le royaume de Naples? — Racontez les premiers succès de son expédition en Italie. — Comment fut-il reçu à Naples? — Montra-t-il la prudence nécessaire pour consolider cette conquête? — Comment mécontenta-t-il les Napolitains? — Quelle bataille eut-il à livrer pour effectuer son retour en France ? — Que devinrent les troupes françaises restées à Naples ? — Quel résultat eut pour la France cette entreprise ? — Dites les derniers projets de Charles VIII et les regrets qu'excita sa mort. — Quelle branche de la famille royale finit avec Charles VIII ? — 141. Faites connaître les institutions de Charles VIII ? — Quel fut le rôle des Etats-généraux sous ce règne ? — Quelles sont les grandes découvertes géographiques qui datent du règne de Charles VIII ? — 142. A quel titre Louis XII succéda-t-il à Charles VIII ? — Faites connaître sa belle réponse à ceux qui l'excitaient à se venger de ses anciens ennemis. — Comment se conduisit-il à l'égard de la Trémoille ? — Conserva-t-il pendant tout son règne ces sentiments généreux ? — Ne fit-il pas aussi un grand nombre de règlements d'administration ? — Pourquoi ne peut-on pas considérer Louis XII comme un souverain accompli ? — Que répondait-il à ceux qui le raillaient sur son économie ? — Dans quel but Louis XII entreprit-il ses grandes expéditions militaires ? — Réussit-il dans ces expéditions ? — Citez un mot qui prouve son courage. — Quels étaient ses principaux généraux ? — De quelles troupes se composait l'armée de Louis XII ? — Que manqua-t-il à Louis XII pour le succès de ses entreprises ? — 143. Comment Louis XII fit-il la conquête du Milanais ? — Avec qui entreprit-il celle du royaume de Naples ? — Quelles suites eurent les difficultés qui s'élevèrent entre les deux rois ? — Pourquoi Louis XII forma-t-il une ligue contre les Vénitiens ? — A quels moyens les Vénitiens eurent-ils recours pour se défendre ? — Quelle ligue le pape Jules II forma-t-il contre Louis XII ? — Faites connaître les victoires et la fin héroïque de Gaston de Foix. — Quels désastres éprouva la France après la mort de ce héros ? — 144. Comment la France fut-elle sauvée du danger qui la menaçait ? — Quel avantage recueillit-elle des guerres d'Italie ? — Quand mourut Louis XII et quel nom lui fut décerné ? — Quelle branche des Capétiens commença et finit avec Louis XII ? — Quel important changement Louis XII introduisit-il dans l'armée ? — 145. Quel fut le successeur de Louis XII ? — Comment François Ier commença-t-il son règne ? — Pourquoi rendit-il vénales les charges de la magistrature ? — Quels alliés s'assura-t-il et où porta-t-il la guerre ? — Racontez la bataille de Marignan. — Quel fut le prix de la victoire de Marignan ? — Quelle convention François Ier conclut-il avec le pape ? — 146. Quelle fut l'origine de la longue rivalité de François Ier et de Charles-Quint ? — Comment peut-on diviser les événements auxquels cette rivalité donna lieu ? — Faites connaître l'étendue de la première période de la guerre ; — celle de la seconde période ; — celle de la troisième période ; — enfin celle de la quatrième période. — 147. Quels alliés François Ier chercha-t-il à se concilier ? — Où eut lieu son entrevue avec le roi d'Angleterre, et quel en fut le résultat ? — Sur quel point commencèrent les hostilités entre François Ier et Charles-Quint ? — Quels événements se passèrent dans le Milanais ? — Quels motifs poussèrent le connétable de Bourbon à trahir sa patrie ? — Quel résultat eurent les tentatives faites pour reprendre le Milanais ? — Racontez la mort de Bayard, et sa belle réponse au connétable de Bourbon. — Quels événements amenèrent la désastreuse bataille de Pavie ? — Faites connaître les résultats de la bataille de Pavie, et la lettre écrite par François Ier à sa mère. — Que fit la régente pendant la captivité du roi ? — Exposez les clauses du traité de Madrid. — 148. Indiquez les principaux événements de la seconde guerre entre François Ier et Charles-Quint. — Comment et à quelles conditions fut conclue la paix de Cambrai ? — 149. A quoi François Ier employa-t-il les loisirs de la paix qui suivit le traité de Cambrai ? — Quelle entreprise François Ier dirigea-t-il encore sur le Milanais et comment se termina la guerre ? — Quelles autres commit François Ier dans ses relations avec son rival ? — 150. Quelles causes rallumèrent la guerre entre les deux rois ? — A quels événements donna lieu cette quatrième guerre ? — Quels furent les clauses du traité de Crépi ? — Quel traité Henri VIII conclut-il avec Louis XII ? — Quel fut le résultat des guerres contre Charles-Quint ? —

Quand moururent François Ier et le duc d'Enghien ? — 151. Quelle extension François Ier donna-t-il au pouvoir monarchique ? — Comment les finances furent-elles administrées sous François Ier ? — En quel état se trouvait le commerce sous le règne de ce prince ? — Quels perfectionnements opéra François Ier dans la législation et la procédure ? — Quelle destination reçurent les impôts levés sous François Ier ? — Quelles découvertes géographiques et quels établissements lointains eurent lieu sous le règne de François Ier ? — Comment François Ier raillait-il les prétentions exclusives des Portugais et des Espagnols sur le nouveau monde ? — Comment François Ier mérita-t-il le titre de restaurateur des lettres ? — Que fit François Ier en faveur des savants et des sciences ? — Comment François Ier encouragea-t-il les arts et quel palais fit-il édifier ? — François Ier ne fonda-t-il pas une célèbre manufacture ? — Quels progrès datent pour la France du règne de François Ier ?

ÉVÉNEMENTS CONTEMPORAINS. — 1483. Colonie espagnole dans les îles Canaries. — 1484 Découverte du Congo. — 1486 Découverte du cap de Bonne-Espérance par Barthélemy Diaz. — 1492. Prise de Grenade ; règne de Ferdinand et d'Isabelle en Espagne ; fin de la domination musulmane ; découverte de l'Amérique par le Génois Christophe Colomb. — 1498. Vasco de Gama se rend aux Indes-Orientales en doublant le cap de Bonne-Espérance. — 1501. Découverte du Brésil. — 1505. Almeida, premier vice-roi des Indes pour le Portugal. — 1507. Ximénès gouverne l'Espagne. — 1509. Henri VIII, roi d'Angleterre. — 1513-1522. Pontificat de Léon X illustré par la protection éclairée que ce pape accorde aux lettres et aux arts. — 1515. Mort d'Albuquerque ; décadence de la puissance portugaise dans les Indes — Charles-Quint, roi d'Espagne en 1516 ; empereur en 1519. — Conquêtes du Mexique par Fernand Cortez (1519), du Pérou et du Chili par Pizarre (1529).—1521. Gustave Vasa, roi de Suède.— 1522. Belle défense de Rhodes par les chevaliers de Saint-Jean.—1530.Charles-Quint leur donne Malte. — 1529. Les Turcs devant Vienne. — 1542. Marie Stuart, reine d'Écosse. — 1545. Concile de Trente.

CHAPITRE TROISIÈME

LA RÉFORME.

LA RENAISSANCE DES LETTRES ET DES ARTS.

§ Ier. LA RÉFORME.

152. ORIGINE ET PROGRÈS DU PROTESTANTISME EN ALLEMAGNE. — CONCILE DE TRENTE. — Depuis plusieurs siècles déjà, on désirait la réformation de la discipline ecclésiastique : « Qui me donnera, disait saint Bernard, que je voie, avant de mourir, l'Église de Dieu

comme elle était dans les premiers jours ? » Si ce saint
homme a eu quelque chose à regretter en mourant, ç'a
été de n'avoir pas vu un changement si heureux ; il a
gémi hautement des maux de l'Église ; il n'a cessé d'en
avertir les peuples, le clergé, les évêques, les papes même.
Les désordres s'étaient encore augmentés depuis : l'Église
romaine, la mère des Églises, qui durant neuf siècles
entiers avait maintenu la discipline ecclésiastique dans
tout l'univers, n'était pas exempte de mal ; et dès le temps
du concile de Vienne, un grand évêque mit pour fondement de l'ouvrage de cette sainte assemblée, qu'il y fallait
réformer l'Église dans le chef et dans les membres. Pendant le grand schisme, on entend plus que jamais cette
parole dans la bouche non-seulement des docteurs particuliers, d'un Gerson, d'un Pierre d'Ailly, des autres grands
hommes de ce temps-là, mais encore les conciles s'en occupent ; tout en est plein dans le concile de Pise et dans
le concile de Constance. On sait ce qui arriva dans le
concile de Bâle où la réformation fut malheureusement
éludée. Le cardinal Julien représentait à Eugène IV les
désordres du clergé, principalement de celui d'Allemagne,
qui excitaient, disait-il, la haine du peuple contre tout
l'ordre ecclésiastique ; il prédisait que si on ne réformait
promptement le clergé d'Allemagne, après l'hérésie de
Bohême, il s'en élèverait bientôt une autre encore plus
dangereuse.

« Je crois, ajoute ce grand cardinal, que la cognée est
à la racine ; l'arbre penche : et au lieu de le soutenir pendant qu'on le pourrait encore, nous le précipitons à
terre. » Il aperçoit une prompte désolation dans le clergé
d'Allemagne. Les biens temporels dont on voudra le priver lui paraissent comme l'endroit par où le mal com-
mencera. « Les corps, dit-il, périront avec les âmes ; Dieu
nous ôte la vue de nos périls, comme il a coutume de
faire à ceux qu'il veut punir : le feu est allumé devant
nous et nous y courons. » (BOSSUET, Histoire des variations, liv. 1.)

Ainsi, nul ne prétendait nier qu'il n'y eût dans la discipline et dans la hiérarchie de l'Église de criants abus à
corriger, de grands scandales à réparer : ainsi le mot de
réforme n'était pas nouveau quand Luther vint le faire
retentir si fort dans le monde. Mais la réforme que l'Église
réclamait, c'était la réforme des mœurs de ses ministres

et non l'abolition du ministère; c'était la destruction des abus qui s'étaient glissés dans les pratiques chrétiennes, et non l'anéantissement des pratiques; c'était enfin des changements dans la discipline altérée, et non dans le dogme, qui, au milieu de toutes les révolutions et de tous les ébranlements, s'était conservé pur et immuable, d'après les promesses de Dieu même. Or, Luther, après avoir attaqué les abus, emporté bientôt par son esprit fougueux, en vint à ébranler la doctrine. De réformateur il devint hérésiarque; et cette réforme qu'il avait si hautement annoncée, il ne fit que la reculer. Ce fut cette Église dont il se sépara, qui se chargea de l'accomplir. Le concile de Trente en eut la gloire, et, chose remarquable, preuve frappante de l'inaltérable confiance de l'Église en elle-même, en présence des entreprises coupables des prétendus réformateurs, le concile donna pour titre à la plupart de ses décrets: *De la réforme.*

Léon X, généreux protecteur des lettres et des arts, mais trop ami des plaisirs et des fêtes somptueuses, Léon X, ruiné par ses prodigalités et par les dépenses excessives qu'entraînaient l'érection de la magnifique basilique de Saint-Pierre, eut recours, pour remplir ses trésors, à la désastreuse ressource de la vente des indulgences, condamnée par plusieurs conciles. Les moines dominicains, chargés de les distribuer dans toute l'Europe, en firent un scandaleux trafic. Le chef des moines augustins, jaloux du privilège conféré à un ordre rival, chargea un de ses moines, Martin Luther, professeur à l'université de Wittemberg, d'écrire, non pas contre les indulgences, mais contre la manière dont elles étaient dispensées par les dominicains. Quelques jours après, Luther faisait paraître un long mémoire, où déjà il manifestait quelques opinions hasardées, mais en protestant sincèrement de sa soumission au Saint-Siége: « Car il ne faut pas croire qu'il eût dès lors le dessein de renverser l'Église romaine, qu'il marchât par des voies tracées d'avance à l'exécution d'un plan prémédité. Luther fut toujours entraîné par les conjonctures. Il entra dans la carrière sans but déterminé : une querelle monastique lui mit la plume à la main ; l'orgueil et les circonstances firent le reste. » (RAGON.) En effet, le moine si soumis au pape leva bientôt l'étendard de la révolte. Exaspéré par les anathèmes lancés contre ses doctrines, il répondit par des injures grossières aux

avertissements comme aux condamnations du souverain
pontife, brûla ses bulles en place publique, et attaqua
successivement les dogmes de l'intercession des saints,
du purgatoire, de la transsubstantiation, de l'infaillibilité
de l'Église.

L'alarme était enfin donnée; l'empereur Charles-Quint
fit sommer Luther de comparaître à la diète de Worms
pour y rendre compte de sa doctrine. Luther y vint avec
un sauf-conduit de l'empereur, mais refusa toute rétrac-
tation; Charles le déclara schismatique et hérétique, et le
mit au ban de l'empire. Le moine rebelle s'était enfui à la
hâte. Caché dans le château de Wartzbourg, qu'il appelait
son *Pathmos*, il enflammait par ses écrits le zèle de ses
disciples, et augmentait le nombre de ses partisans. Déjà
plusieurs princes allemands, à l'exemple de Frédérik le
Sage, duc de Saxe, premier protecteur de Luther, se
déclaraient pour le novateur; de tous côtés, les moines
quittaient leurs frocs et leurs couvents.

Ces bruits séditieux qui retentissaient dans l'Église et
dans les hautes classes de la société, se faisaient entendre
aussi parmi le peuple, parmi les hommes du plus bas rang,
accablés depuis tant de siècles sous le joug de la féodalité.
Les attaques de Luther contre l'autorité de l'Église furent
le signal d'une attaque furieuse contre toute autorité temporelle, d'une lutte générale contre l'ordre établi.

Luther avait vu se manifester rapidement ces fatales
conséquences de ses innovations : les fureurs de Carlosdat,
qui courait d'église en église, brisant les images et renver-
sant les autels, avaient été, dès l'année 1522, le prélude
d'excès plus déplorables encore. Une foule de paysans,
excités par les paroles fanatiques de Munzer, ravageaient
l'Allemagne en tous sens, forçant toute personne à recevoir un nouveau baptême (d'où ils furent appelés *anabaptistes*). En vain Luther s'efforça par ses écrits, modérés
d'abord, bientôt d'une grande violence, de réprimer ceux
qu'avaient soulevés ses doctrines, il fallut, pour terminer
la révolte, que la cavalerie des nobles, dont ils envahis-
saient les biens, les écrasât de toutes parts (1526).

Luther se consolait de ces horreurs en citant froidement
ces paroles de l'Évangile : *Je suis venu apporter non la
paix, mais la guerre.* Toutefois, il se séparait du peuple
pour s'attacher aux princes, que leur avidité pour les biens
ecclésiastiques disposait en sa faveur. La même année,

Albert de Brandebourg, grand-maître de l'ordre des chevaliers Teutoniques, sécularisa son état tout entier, et en
fit le duché héréditaire de Prusse. Luther enfin se détermina lui-même à suivre l'exemple que lui donnaient depuis longtemps ses disciples. Le moine Augustin épousa,
au grand étonnement de l'Allemagne, une religieuse qu'il
avait fait sortir de son couvent.

Sous le drapeau de la religion, deux partis politiques se
dessinaient en Allemagne : les catholiques, par la ligue de
Dessau, les *réformés*, par celle de Torgau, se divisèrent en
deux camps (1525-1526). En vain Charles-Quint parut-il
se déclarer contre les derniers après la victoire de Pavie.
Une guerre avec les Turcs l'occupa ailleurs ; la diète
d'Augsbourg ne changea rien à la position des partis ; et la
diète de Spire (1529), qui, après avoir condamné les anabaptistes à la peine de mort, défendait toute propagation du
luthéranisme, ne fit qu'amener une célèbre *protestation*,
d'où est venu le nom qui désigne généralement tous les
réformés. L'année suivante, les *protestants* firent connaître
leur doctrine dans la *Confession d'Augsbourg*, rédigée par
Mélanchton, le plus modéré des amis de Luther. Elle ne
fut pas longtemps leur unique symbole.

Charles-Quint, irrité de leur constante opposition, répondit par un décret qui les mettait au ban de l'empire.
Les réformés aussitôt se confédérèrent à Smalkalde, pro-
testèrent contre l'élection de Ferdinand, frère de Charles,
comme roi des Romains, et déjà ils se trouvaient prêts à
combattre, quand une nouvelle invasion des Turcs réconcilia un instant l'Allemagne. Une armée immense, où tous
les partis envoyèrent leur contingent, refoula les Turcs au
delà de leurs frontières. Mais en même temps, la secte des
anabaptistes se relevait en Allemagne, plus nombreuse,
plus menaçante que jamais, sous les ordres de Jean de
Leyde, garçon tailleur hollandais, qui prêchait la guerre
contre ceux qu'il appelait les deux *prophètes du diable*, le
pape et Luther. Les fureurs de ces misérables, qui renversèrent partout les couvents et les églises, détruisaient tous
les monuments des arts, brûlaient tous les livres, excepté
la Bible, soulevèrent l'Allemagne entière. Ces vandales
furent massacrés pour la plupart avec leur chef dans la ville
de Munster.

CONCILE DE TRENTE. — Cependant le pape annonça
l'ouverture d'un concile général, depuis si longtemps

promis à l'Allemagne par l'empereur; mais les protestants,
qui l'avaient d'abord demandé avec affectation, déjà le
récusaient d'avance, et préféraient avoir raison les armes
à la main. En effet, les premiers décrets du concile qui
s'ouvrit à Trente (1545), conformes à la doctrine perpétuelle de l'Église, sapaient le protestantisme par la base;
ils déclaraient canoniques les livres de l'Écriture sainte que
les Luthériens repoussaient comme apocryphes, donnaient
à la tradition de l'Église la même autorité qu'à l'Écriture,
reconnaissaient la *Vulgate* comme seule traduction authen-
tique de la Bible, et rétablissaient sur l'eucharistie, sur
la confession, sur le purgatoire, sur les indulgences, les
dogmes que les réformés avaient prétendu abolir.

Les anathèmes du concile, suivis d'une bulle du pape
qui déposait l'hérétique archevêque de Cologne, donnèrent
l'alarme à tous les réformés : une armée considérable fut
levée par l'électeur de Saxe et le landgrave de Hesse contre
Charles V, qui paraissait prêt à soutenir les décisions du
concile et du pape. Un cartel envoyé au *soi-disant* empereur
fut le signal de la guerre. La trahison du duc Maurice,
que son ambition réunit aux catholiques, assura l'avantage
à Charles-Quint. L'électeur de Saxe fut pris à la bataille
de Muhlberg (1547), et ses dépouilles récompensèrent la
défection de Maurice. Le landgrave de Hesse tomba lui-
même entre les mains de l'empereur, et sa captivité mit
fin à la guerre.

Luther était mort (1546) avant d'avoir vu la défaite de
ses partisans.

Charles-Quint avait durement usé de la victoire. Son
frère Ferdinand l'imita : les Bohémiens révoltés, dont la
défaite de Muhlberg anéantissait les espérances, furent
punis par la perte de leurs privilèges. En même temps,
la mort d'un compétiteur redoutable, Jean Zapoli, et
l'assistance des Turcs, affermirent sur la tête de Ferdinand
la couronne de Hongrie.

Charles-Quint espéra un instant terminer les querelles
religieuses par la soumission des dissidents consternés :
mais fier de sa toute-puissance temporelle, il voulut
prendre en mains l'autorité spirituelle; le prince séculier
prétendit imposer à tous une profession de foi concilia-
trice, qui fut appelée *l'intérim*. Il mécontenta les protestants, qui crièrent à l'oppression, les catholiques, qui
crièrent au scandale. En même temps, il menaçait les libertés

politiques de l'Allemagne, par son projet de rendre la dignité impériale héréditaire dans sa maison.

Toutefois l'empereur ne s'inquiétait pas des murmures, et poursuivait l'exécution de ses plans, chargeant Maurice de Saxe de réduire Magdebourg, qui seule lui opposait une opiniâtre résistance. Mais ce fut Maurice, traître jadis en faveur de Charles-Quint, qui tout à coup mit fin à ses triomphes par une trahison nouvelle. A peine à la tête des troupes de l'empereur, il s'allia secrètement avec le landgrave prisonnier, avec le roi de France, et marcha tout à coup sur Inspruck, où Charles résidait dans une sécurité profonde. Une sédition dans l'armée de Maurice l'arrêta un instant et sauva l'empereur, qui s'enfuit au milieu de la nuit, et se réfugia dans les montagnes de Carinthie. Mais il lui fallut céder, rendre la liberté au landgrave, à l'ancien électeur de Saxe, et accepter la *transaction* de Passau, bientôt après suivie de la paix d'Augsbourg (1555). Ce traité accordait aux protestants le libre exercice de leur culte, avec le droit d'entrer dans la chambre impériale, et leur maintenait les biens ecclésiastiques dont ils étaient en possession. Malheureusement, il contenait plusieurs points litigieux, qui ne devaient pas tarder à amener de nouvelles querelles.

Ce fut alors que l'empereur, obligé de souscrire aux conditions que lui avaient imposées les rebelles, fatigué du poids de sa triple couronne, abandonna ses États héréditaires à son fils Philippe, l'empire à son frère, et alla en Espagne ensevelir ses derniers jours dans le cloître de Saint-Just (96).

155. RÉFORME EN FRANCE. — La *réforme religieuse* trouva en France un apôtre plus ardent encore que Luther : ce fut Jean Chauvin ou *Calvin*, fils d'un tonnelier de Noyon, qui avait été destiné dès son enfance à l'état ecclésiastique. Déjà les nouvelles doctrines avaient pénétré en France, et s'étaient répandues surtout dans les provinces du midi, où l'hérésie des Albigeois avait laissé quelques étincelles d'un feu qui couvait sous la cendre et qu'il ne fut que trop facile de ranimer. Elles avaient été accueillies également avec faveur par quelques membres de l'Université et des Parlements, constants défenseurs de la *Pragmatique* et adversaires obstinés du *Concordat*, conclu au mépris de leurs remontrances et de leur opposition. Aussi s'était-il secrètement formé au sein même du

Parlement de Paris un parti favorable aux idées d'indépendance politique et religieuse.

François Ier éprouvait naturellement une grande répugnance à intervenir dans les querelles de religion; il n'ignorait pas d'ailleurs que les supplices sont le plus mauvais moyen de combattre les progrès d'une croyance nouvelle, à moins que l'on ne soit décidé à en exterminer tous les partisans; et il n'était ni dans ses désirs ni dans son caractère de recommencer la guerre des Albigeois. Mais on réussit à alarmer sa politique en même temps que sa conscience, en lui représentant que les partisans des idées nouvelles étaient des hommes non moins dangereux par leurs opinions antimonarchiques que par leurs doctrines religieuses. Il permit les supplices, et les bûchers se dressèrent de toutes parts. Ces cruelles exécutions devinrent bientôt un embarras pour sa politique. Les protestants d'Allemagne, qu'il lui importait de maintenir dans son alliance, s'en alarmèrent. Pour les rassurer, François Ier fit composer et répandre divers écrits dans lesquels on affirmait que les hommes traités en France avec tant de rigueur n'étaient pas des sectateurs de la réforme, mais des anabaptistes, non moins ennemis de tout ordre politique que de la religion elle-même. Ce fut pour prouver la fausseté de cette assertion, que Calvin, qui s'était déjà signalé par ses prédications anticatholiques, et que la crainte de ces mêmes supplices avait forcé de se retirer à Bâle, y publia son livre de l'*Institution chrétienne* (1535). Cet ouvrage, présenté comme la profession de foi des réformés français, formulait une doctrine bien plus éloignée encore de la foi catholique que celle des protestants d'Allemagne. Rédigé avec autant d'adresse que de talent, il eut un immense succès. L'année suivante, Calvin se fixa à Genève, y organisa son église, et dirigea de là les démarches de ses partisans français, dont le nombre croissait de jour en jour. Bientôt le fanatisme de ces derniers, qui, partout où ils se trouvaient en force, renversaient les églises et se portaient aux plus criminels excès, provoqua contre eux les mesures les plus sévères. Un édit, plus rigoureux qu'aucun de ceux promulgués jusqu'alors par François Ier, proscrivit la réforme (1538). Les bûchers s'élevèrent de nouveau dans toutes les provinces où elle avait pénétré, et à Paris, sur les poursuites des Parlements. Celui de Provence dépassa les autres par ses ri-

gueurs, de malheureux sectaires, connus sous le nom de
Vaudois et établis dans la Provence, aux environs d'Aix,
furent enveloppés dans la condamnation des réformés,
aux opinions desquels ils s'étaient rattachés. Trois mille
d'entre eux, hommes, femmes et enfants, furent massacrés par des troupes dirigées contre eux, et le reste envoyé au supplice ou aux galères. La petite ville de *Mérin-
dol* et vingt-deux villages qu'ils occupaient furent réduits
en cendres, et le fertile pays d'alentour converti en désert
(1545). Cet horrible massacre peut être considéré comme
le premier acte des malheureuses guerres de religion, que
nous allons voir, pendant près d'un siècle, ensanglanter
la France.

Ces barbares exécutions, loin d'être utiles à la cause de
la religion, avaient eu l'effet ordinaire des persécutions;
elles avaient augmenté le nombre des hérétiques, qui, à la
fin du règne de François Ier, se trouvaient répandus dans
dix-sept provinces.

154. LA RÉFORME EN SUISSE, EN ANGLETERRE ET
EN ÉCOSSE. — La réforme avait commencé en SUISSE, à la
même époque qu'en Allemagne, pour jeter la division dans cette
paisible contrée et armer les uns contre les autres ces braves
montagnards dont l'épée ne s'était guère trempée encore que
dans le sang de l'étranger. Zwingle, curé de Glaris, commença
vers 1516 à prêcher une doctrine assez analogue à celle de Luther. Le clergé de Zurich le premier, séduit par la simplicité
apparente qu'il introduisait dans la religion aux dépens des dogmes constamment admis par l'Église, adopta ses réformes par
un édit qui abolissait la plupart des cérémonies religieuses, le
culte des images et le célibat des prêtres. La doctrine nouvelle,
cependant, éprouva de grandes oppositions. Luther, qui ne voulait d'autre chef que lui à la tête des ennemis de l'Église, attaqua avec sa violence accoutumée, ce rival qu'il appelait un ré-
prouvé et un serviteur du diable. En même temps, les cantons
catholiques de la Suisse formaient pour la défense de la foi une
ligue, contre laquelle s'organisa aussitôt une ligue protestante.
La rupture éclata, et Zwingle, qui marchait lui-même à la tête
de ses partisans, fut trouvé parmi les morts au combat de Cap-
pel (1531).

Une révolution religieuse plus importante encore se préparait.
Genève venait de s'affranchir, avec l'aide des Suisses, de la suzeraineté des ducs de Savoie. Le parti républicain ou *huguenot*,
nom donné peu après à tous les réformés de France, adopta les
principes de la réforme, et fit dresser une profession de foi par
un protestant français, Farel, qui bientôt appela près de lui Cal-

vin, chassé de France. Genève le reçut avec enthousiasme, et se soumit à lui ; mais bientôt, la tyrannique sévérité de son gouvernement le fit chasser encore, ainsi que Farel (1538) ; on le rappela cependant trois ans après. Ce fanatique froid et cruel établit à Genève le despotisme religieux le plus impitoyable. Il publia des codes où la peine de mort était prodiguée : un des crimes les plus impardonnables était de ne pas penser comme lui. Le Genévois Perrin fut mis à mort pour ses opinions politiques ; on brûla l'Espagnol Servet pour ses idées nouvelles sur la Trinité. Par de tels moyens, Calvin maintint Genève dans la soumission ; il y régna paisiblement jusqu'en 1566 ; mais en même temps, il avait fomenté sans cesse les troubles religieux à l'extérieur, et surtout en France. Genève, placée par lui à la tête du mouvement réformateur, demeura longtemps encore le chef-lieu du protestantisme.

Les doctrines de Genève ont inspiré les partisans les plus exaltés de la réforme dans tous les pays protestants de l'Europe. Jean Knox, un de ces sectaires connus en Écosse sous le nom de *Puritains*, fut le plus puissant apôtre de ces doctrines, dont la prédication amena les plus déplorables excès. L'Angleterre ne fut pas à l'abri ; elle avait ouvert son sein à toutes les erreurs en se séparant du Saint-Siége, sous le règne de Henri VIII.

En Angleterre, la réforme eut un caractère tout particulier : ce ne fut pas, comme en Allemagne, la démocratie que l'on tenta d'introduire dans la religion ; on lui laissa sa hiérarchie et son chef ; seulement, le chef changea, il fut un prince temporel au lieu d'être un prince spirituel, et les évêques relevèrent du roi, au lieu de relever du pape. Henri VIII, l'auteur du schisme d'Angleterre, prétendait accomplir une révolution politique bien plutôt qu'une révolution religieuse ; ses passions le poussèrent à la révolte, comme l'orgueil y avait entraîné Luther.

Henri avait épousé, avec dispense du pape, Catherine d'Aragon, veuve de son frère Arthur. Dix-huit ans après, son coupable amour pour Anne de Boleyn, fille d'honneur de la reine, lui inspira tout à coup des scrupules sur la validité de son mariage, et le cardinal Wolsey eut la faiblesse d'appuyer ses projets de divorce, que le pape Clément VII désapprouva constamment. Toutefois Wolsey, cardinal catholique, voulait garder des ménagements avec la cour de Rome. Anne craignit ses irrésolutions, et le fit disgracier. Cromwell, ministre d'État après Wolsey, et le docteur Cranmer récemment élevé à l'archevêché de Cantorbéry, achetèrent l'assentiment des universités de l'Europe, pour rassurer la conscience du roi. Catherine, après avoir été jugée publiquement, fut chassée du palais de Windsor ; le divorce fut prononcé par le clergé anglais, malgré les efforts de François 1er et de Charles-Quint, et Henri épousa Anne de Boleyn. Quelques jours après, sur l'avis presque unanime de ses cardinaux, le pape frappa d'excommunication le roi et sa nouvelle épouse (1534). Ce coup brisa les derniers liens qui unissaient l'Angleterre au Saint-Siége. Cranmer se hâta de faire publier un acte du parlement, qui attachait la souveraineté ecclésiastique à la couronne. En même temps, les ordres religieux furent abolis, leurs biens envahis par le roi et prodigués à ses courtisans. Thomas Morus, grand chancelier, Fisher, le saint évêque de Rochester, marchèrent à l'échafaud pour n'avoir point voulu reconnaître la suprématie spirituelle du roi.

Henri VIII, schismatique, n'était pas hérétique pourtant; il s'honorait toujours du titre de *défenseur de la foi*, que Léon X lui avait donné pour un écrit publié contre Luther.

Les luthériens furent persécutés pour leurs erreurs, comme les catholiques l'étaient pour leur attachement au Saint-Siége. Les soupçons d'hérésie qui planaient sur la tête d'Anne de Boleyn contribuèrent, peut-être autant que ses prétendues infidélités, à la condamnation de cette infortunée, qui périt de la main du bourreau, après avoir été supplantée par sa suivante, Jeanne Seymour, comme elle-même avait supplanté Catherine d'Aragon (1537) La dernière femme de Henri, Catherine Parr, faillit suivre sur l'échafaud la malheureuse Catherine Howard, pour avoir manifesté des opinions religieuses peu orthodoxes. Les protestants, qui avaient compté sur la révolte du roi pour l'entraîner dans leurs erreurs, étaient cruellement déçus dans leurs espérances. Un sectaire, le maître d'école Lambert, osa soutenir des opinions contraires à celles des catholiques sur la présence réelle; il fut brûlé par ordre du roi, qui, las d'argumenter contre lui, lui avait donné le choix de se rétracter ou de mourir (1539). Du reste, catholiques et protestants étaient souvent mis à mort ensemble pour avoir nié la *suprématie*.

Henri VIII laissa sa couronne et son titre de défenseur de la foi à Édouard VI, le fils de Jeanne Seymour. Malgré la lutte de Henri contre la réforme, le schisme d'Angleterre avait préparé ce pays à recevoir l'hérésie. Sous Édouard, qu'on éleva dans les principes du calvinisme, Cranmer, aidé de Sommerset, protecteur du royaume pendant la minorité du jeune prince, travailla activement à propager le protestantisme. Pour établir l'unité, il fit prononcer contre les dissidents des arrêts de mort, que le jeune Édouard signait en pleurant; et les assemblées du clergé anglais et du parlement approuvèrent aveuglément tous les actes de l'archevêque. Cependant la toute puissance de Cranmer s'ébranlait: à Édouard VI, mort en 1553, succéda Marie Tudor, fille de Catherine, catholique ardente, et bientôt femme de Philippe II, roi d'Espagne, ce prince qui fit de l'inquisition un si terrible abus. Elle se hâta de replacer sur leurs siéges les prélats catholiques dépossédés, de jeter Cranmer en prison, et de faire déclarer par un acte du parlement la religion catholique rétablie en Angleterre. La politique de Philippe II avait exigé la mort de Jeanne Grey, l'infortunée rivale de Marie : sans doute, il faut attribuer à son influence le plus grand nombre des supplices par lesquels Marie crut affermir son œuvre, et qui méritèrent à cette reine le surnom de *Marie la Sanglante*. Deux amis de Cranmer furent condamnés au feu. Cranmer lui-même rétracta des soumissions arrachées par la terreur, et périt sur le bûcher ; un grand nombre de protestants subirent le même sort. Ces cruautés ne rendirent le règne de Marie ni plus heureux ni plus tranquille : délaissée par son époux Philippe II, humiliée par la prise de Calais, que l'Angleterre avait possédée deux cents ans, effrayée du progrès de l'hérésie malgré les bûchers et les échafauds, elle mourut jeune encore (1558), laissant le trône à sa sœur Élisabeth, fille d'Anne de Boleyn. En Écosse, à cette époque, régnait un calvinisme fanatique, ennemi de toute autorité temporelle comme de toute autorité spirituelle, que le farouche Jean Knox propageait parmi les montagnards, en excitant leur zèle sauvage aussi bien contre les monuments que contre les doctrines du catholicisme. En Angleterre, la réforme n'eut jamais ce sombre caractère de démocratie, elle resta attachée au pouvoir qui l'avait protégée. Ce fut Élisabeth qui la constitua définitivement. Cette reine, que les catholiques regardaient comme illégitime, se fit protestante par politique, et se hâta d'abolir tous les actes de Marie. Le parlement et la nation anglaise jouaient un triste rôle pendant ces variations religieuses ; schismatiques, hérétiques et catholiques au gré de leurs princes, les Anglais ne s'opposèrent pas aux volontés d'Élisabeth. Le parlement, qui sous Henri VIII, avait proclamé la suprématie spirituelle du roi, en maintenant la foi catholique ; qui sous Édouard, avait approuvé la réforme pour l'abolir sous Marie, déclara la réforme rétablie définitivement sous Élisabeth. La reine ne trouva de résistance que dans les évêques catholiques, qui pour la plupart aimèrent mieux perdre leur dignité que d'abandonner leur foi. L'exil et les supplices, dont Élisabeth fut peut-être aussi prodigue que Marie, firent justice de cette opposition ; et la reine fonda sur les doctrines calvinistes cette église, nommée église anglicane, qui règne encore dans les états britanniques. La hiérarchie ancienne fut conservée avec quelques modifications, mais releva du souverain, et une femme fut reconnue chef suprême de la religion.

De tous les pays de l'Europe, l'Espagne presque seule était fermée à la réforme : elle ne la combattait pas seulement par 'inquisition ; des ordres religieux se formèrent pour conserver l'intégrité de la foi et arrêter l'esprit d'innovation et de révolte ; le plus célèbre est la *compagnie de Jésus*, ou l'ordre des *Jésuites*, fondé par *Ignace de Loyola*, jeune officier, qui, revenant sur les erreurs de sa vie passée pendant le repos forcé qu'une blessure reçue au siége de Pampelune, en 1521, le força de garder, résolut de fonder un ordre de chevalerie chrétienne pour la défense de la foi. François Xavier le seconda dans ses projets, qui furent approuvés par une bulle du pape Paul III, l'an 1540. Après la mort d'Ignace, *Lainez*, déclaré général de l'ordre, lui donna une constitution qui a toujours été regardée comme un chef-d'œuvre de force et de sagesse. La société de Jésus prit un accroissement rapide. A peine cinquante ans s'étaient-ils écoulés, que ses établissements et son influence s'affermissaient partout, et que ses missionnaires étaient répandus dans les Indes, le Japon, la Chine, le Brésil et l'Éthiopie.

Un de ses beaux titres de gloire fut la fondation de la république du Paraguay et son étonnante prospérité.

§ II. LA RENAISSANCE.

155. LETTRES. — Nous avons vu que le dixième siècle avait été le plus stérile pour la littérature; le onzième la vit jeter quelques lueurs en Italie; les relations avec les Arabes favorisèrent ses premiers progrès, et ce fut l'un des bienfaits des croisades. Ces progrès se continuèrent lentement, mais sans interruption, pendant le règne de la scolastique, jusqu'au quinzième siècle, où le renouvellement des études classiques ramena le bon goût, par l'influence salutaire des beaux modèles de l'antiquité. Ce fut le siècle de l'érudition, dont les recherches savantes préludèrent aux productions plus hardies et plus neuves du génie. L'Italie fut encore le principal siége de la littérature classique, qui s'y développa plus rapidement par l'introduction de l'imprimerie : Nicolas V, Sixte-Quint, Léon X, lui prêtèrent successivement leur appui. Nous pouvons citer parmi les érudits, Sadolet, Vida, Sannazar, le cardinal Bembo. L'Italie, qui avait reçu l'imprimerie de l'Allemagne, lui paya ce bienfait, en la faisant entrer la première après elle dans le mouvement intellectuel; et bientôt les universités de Prague, de Vienne, de Cologne, jouirent d'une réputation méritée. La France suivit sans peine l'impulsion donnée : les souvenirs de Pierre d'Ailly et de Gerson étaient tout vivants encore ; ces grands hommes devaient avoir d'illustres successeurs. La Hollande cite avec orgueil le nom d'Érasme de Rotterdam, aussi remarquable par sa science profonde que par la finesse de son esprit et par l'élégance de son style, et dont les satires mordantes firent autant de mal à la partie corrompue du clergé, que le plus sérieux de ses ouvrages aux doctrines de Luther. Il avait pour ami le Français Guillaume Budée, mathématicien, architecte, théologien et helléniste ; puis l'Espagnol Vivès, le maître de Thomas Morus, qui ranima dans son pays le goût des saintes études, et fut l'un des plus ardents adversaires de la scolastique expirante. Ces trois hommes formaient comme le triumvirat de la science; ils avaient mis leurs pays à la tête du mouvement intellectuel ; les autres nations, l'Angleterre elle-même, ne suivirent encore que de loin.

En même temps, commençaient à apparaître les premiers chefs-d'œuvre des littératures modernes. Depuis deux siècles, l'Italie répétait les chants du Dante et de Pétrarque. Au seizième siècle, la muse féconde et joyeuse de l'Arioste, le génie sublime du Tasse, l'immortel auteur de la *Jérusalem délivrée*, qu'une tardive reconnaissance ne couronna qu'après sa mort, l'enrichirent de trésors nouveaux. A part ses immorales doctrines en politique, Machiavel offre souvent des modèles d'éloquence et de style historique. Guichardin est le grand annaliste italien de cette époque.

La France, dont la littérature nationale est bien en arrière de celle de l'Italie, la France continue cependant à produire quelques écrivains de talent qui peu à peu régularisent la langue. L'Angleterre, à la fin du siècle, assiste aux premiers drames de Shakspeare, inculte mais vigoureux génie, qui introduit un genre tout nouveau, et se lance dans une voie difficile, où nul ne l'a précédé, où peu le suivront sans s'égarer. L'Espagne a cet inimitable Cervantes, à jamais célèbre par son *Don Quichotte ;* Lope de Véga, bien plus vanté de son temps, mérite cependant moins de gloire pour ses innombrables pièces de théâtre, pauvres en général d'invention et d'intérêt. Le Portugais Camoëns laisse à son pays le poëme de la *Lusiade,* œuvre de patriotisme autant que de génie poétique, où il a évoqué tous les souvenirs glorieux de l'histoire nationale. L'Allemagne seule ne peut nous offrir aucun nom illustre. La réforme ne veut que des commentaires sur le texte de la Bible, elle abat de côté et d'autre les branches déjà florissantes des connaissances humaines, et, sous prétexte de faire régner la raison, elle étouffe tout d'abord l'imagination, arrête son essor. Le seizième siècle est un siècle de fer pour la littérature allemande. Son plus grand génie est un cordonnier de Nuremberg, Hans Sachs, le poëte de la réforme, qui mêle à ses spirituels cantiques des poésies érotiques, et inonde l'Allemagne de compositions sans nombre, dont les traits spirituels se noient dans une multitude de pensées communes et triviales. Hans Sachs n'a pas même de rival.

BEAUX-ARTS. — C'est encore en Italie que nous voyons les beaux arts renaître et jeter le plus vif éclat. Le treizième et le quatorzième siècle avaient déjà produit les peintres Cimabuë et Giotto. Plus tard vint le sculpteur Donatello, dont Michel-Ange admirait les œuvres avec enthousiasme. Enfin le seizième siècle nous présente une étonnante série d'artistes fameux, et Léonard de Vinci, dignement accueilli par la noble hospitalité du roi de France, et le Corrége, et Raphaël, dont le suave pinceau a si purement reproduit de célestes figures ; au-dessus de tous peut-être, un homme formé dans les écoles de Florence, un génie colossal, effrayant par sa hardiesse, prodigieux par son étendue, le fameux Michel-Ange, peintre, sculpteur, architecte, poëte, qui couvrait en quelques jours un mur entier de gigantesques images, qui taillait sans modèle ses admirables statues dans les blocs de marbre, et qui éleva vers les cieux la coupole de Saint-Pierre de Rome.

L'invention de la peinture à l'huile avait puissamment servi le développement des arts. On l'attribue assez généralement au Flamand Jean Van Eyk. L'école flamande, qui la possédé la la première, produisit tout à coup des chefs-d'œuvre, et se plaça dès l'abord au premier rang, remarquable entre toutes les autres par l'originalité des compositions et la richesse de son coloris. L'Allemagne eut plusieurs écoles ; mais il suffit pour sa gloire artistique d'avoir à citer Albert Durer, célèbre par le degré de perfection auquel il porta la gravure, célèbre par ses talents comme sculpteur, comme peintre, comme architecte, comme mathématicien : c'est le Michel-Ange de l'Allemagne.

Ces écoles de Flandre et d'Allemagne déchurent à la fin du seizième siècle. Jalouses de la brillante réputation des peintres italiens, elles perdirent leurs qualités originales, par l'imitation servile de ces modèles étrangers, sans pouvoir s'en approprier le mérite. L'école flamande-italienne fut bien inférieure à celle de Van Eyk. Après les disciples d'Albert Durer, aucun nom ne se fait remarquer en Alle-

magne. La réformation chasse les artistes, et ses fureurs
iconoclastes, sous prétexte de proscrire l'idolâtrie, poursuivent à la fois les arts et la religion. Le génie s'exile de
ces régions de discordes et d'erreurs, pour chercher dans
les pays où la vieille foi règne encore un asile plus hospi-
talier (1).

SCIENCES. — Nous avons peu parlé des sciences : pour
la plupart, en effet, le moment du réveil n'est pas arrivé.
La philosophie cultivée par Érasme et par Vivès ne pren-
dra son essor que lorsqu'une route nouvelle lui sera
ouverte par l'observation et l'expérience. La politique est
réduite en art par Machiavel, qui ne sait pas encore la concilier avec la morale. Deux sciences seules ont de dignes
représentants, l'astronomie et la science médicale. C'est
dans ce siècle peut-être que la première fait ses plus importants progrès. Copernic découvre un système du monde
destiné à renverser toutes les vaines hypothèses des anciens
astronomes, système qui est soutenu avec une infatigable
persévérance par Galilée. En Danemark, Tycho-Brahé enrichit la science d'observations précieuses, et ses idées,
rectifiées par son disciple Keppler, conduisent à la découverte des lois les plus importantes de l'astronomie.

A la fin du seizième siècle paraît Ambroise Paré, une
des gloires de la médecine et de la chirurgie française.

QUESTIONNAIRE. — 152. Depuis quel moment se préoccupait-on de la
Réforme ? — Quels grands hommes s'en étaient préoccupés — Quelle
cause fit éclater le mal ? — Où et quand la Réforme prit-elle naissance ?
— Comment et par qui fut-elle prêchée ? — Que fit Charles-Quint ?
— Quels fanatiques furent suscités par les innovations de Luther ? —
Comment se divisèrent les partisans de la réforme et ceux du catholicisme ? — Quel événement réunit momentanément toute l'Allemagne ?
— Que fut-il fait au concile de Trente ? — Comment Charles-Quint sou-
tint-il les anathèmes du concile ? — Comment usa-t-il de sa victoire ? —
Quel revers inattendu le frappa ? — Où Charles-Quint alla-t-il terminer
sa vie ?—153. Quel fut l'apôtre de la réforme en France ?—Quelle sympathie rencontra-t-elle ? — Quelle conduite tint François Ier à l'égard de la
réforme ? — A quelle occasion Calvin publia-t-il le livre de *l'Institution
chrétienne* ? — Comment les parlements exécutèrent-ils les édits de
François Ier contre les réformés ? — Comment le parlement de Provence
traita-t-il la secte des *Vaudois* ? — 154. Comment et par qui la réforme
fut-elle prêchée en Suisse ? — Quelle ville donna asile à Calvin chassé
de France ? — Comment gouverna-t-il Genève ? — Quel fut le caractère de la réforme en Angleterre ? — Quelles circonstances rendirent
Henri VIII schismatique ? — Quel fut le successeur de Henri VIII et
comment le protestantisme fut-il favorisé sous ce règne ?— Quelle fut

_____

(1) La plupart de ces réflexions sur l'influence de la réforme sont
tirées de Schœl, écrivain qui n'est pas suspect sur ce sujet.

la conduite de Marie Tudor à l'égard de la religion ? — Quel fut l'apôtre de l'Ecosse et quel caractère eurent ses prédications ? — Par qui la réforme fut-elle définitivement constituée en Angleterre ? — Quel ordre célèbre fut alors fondé en Espagne ?— Comment et par qui fut-il établi ? — 155. A quelle époque et en quel pays la littérature commença-t-elle à reparaître ? — Quels noms peut-on citer parmi les érudits et quels papes les favorisèrent ? — Quelles universités célèbres furent fondées en Allemagne ? — Quels noms peut-on citer dans les lettres en France, en Hollande et en Espagne ? — Quel célèbre politique et quel annaliste produisit l'Italie à cette époque ? — Citez les poètes célèbres en Angleterre, en Espagne et en Portugal. — Pourquoi l'Allemagne ne produit-elle rien à cette époque ? — Dans quel pays les beaux-arts jettent-ils le plus vif éclat ? — Nommez les grands artistes de l'Italie à cette époque. — Quelles sont les plus célèbres écoles de peinture à cette époque et quels en sont les maîtres les plus remarquables ? — Quelle est l'influence de la réforme sur les arts ? — Quel est l'état des sciences au seizième siècle ? Citez les noms célèbres dans l'astronomie et les sciences médicales.

CHAPITRE QUATRIÈME.

HENRI II. — TRAITÉ DE CATEAU-CAMBRÉSIS.

FRANÇOIS II. — CONJURATION D'AMBOISE.

156. HENRI II (1547-1559). — Henri II, parvenu à l'âge de vingt-huit ans lorsque son père lui laissa sa couronne, était depuis longtemps déjà admis dans tous ses conseils et initié aux secrets de sa politique : aussi son règne ne fut-il en quelque sorte que la continuation de celui de François Ier. La tâche que s'était imposée ce prince en se constituant le protecteur de l'indépendance de l'Europe et l'adversaire de Charles-Quint n'était pas accomplie. L'Empereur devait survivre près de vingt ans à son rival et se donner de son vivant même, dans son fils, un héritier de ses projets ambitieux. Les princes de l'Italie, menacés de la perte de leurs possessions, les souverains protestants de l'Allemagne, soulevés par le despotisme de l'Empereur, implorèrent l'appui du successeur de François Ier. La guerre commença presque aussitôt (1551) : les progrès de Charles-Quint en Italie furent arrêtés, et la conquête des trois évêchés de *Metz*, *Toul* et *Verdun* (1552), fut le prix de l'assistance donnée par Henri II aux princes allemands. Charles-Quint, en voulant les reprendre, perdit sans résultat quarante mille hommes au siège de Metz, défendue par le duc de Guise, François de Lorraine (1552 et 1553). Trois années d'une guerre marquée par d'horribles dévastations et par la défaite de Charles-

Quint à *Renti* (1554) furent suivies (1556) de la trève de *Vaucelles*, qui laissait à la France la Savoie, une partie du Piémont, les Trois-Évêchés et la Lorraine. Mais la guerre recommença presque aussitôt avec Philippe II, devenu roi d'Espagne, de Naples et des Pays-Bas, par l'abdication volontaire de son père Charles-Quint. Le mariage du nouveau roi d'Espagne avec la reine d'Angleterre, Marie Tudor, rendait cette guerre plus dangereuse pour la France. Les succès en furent variés. La perte des batailles de *Saint-Quentin* (1557) et de *Gravelines* (1558) se trouva compensée (1er janvier 1558) par la prise de *Calais*, la dernière place possédée sur le territoire du royaume par les Anglais, qui l'occupaient depuis deux cent treize ans. Le traité de *Cateau-Cambrésis* (avril 1559) conserva à la France cette place importante et les Trois Évêchés. La paix fut cimentée par le mariage d'une fille du roi avec Philippe II, devenu veuf. Henri II mourut bientôt après d'une blessure reçue dans un tournoi, laissant de la trop fameuse Catherine de Médicis, son épouse, quatre fils, dont les trois aînés ont successivement occupé le trône, et trois filles, dont la plus jeune fut mariée au roi de Navarre, Henri de Bourbon, qui régna après les trois fils de Henri II, sous le nom de Henri IV.

La monarchie absolue, établie par François Ier, continua paisiblement son règne sous Henri II, qui restreignit encore le peu de libertés publiques qui avaient survécu jusqu'alors. Une *assemblée de notables* réunie (1558) après la bataille de Saint-Quentin, pour remplacer les États-généraux, mais dont le roi avait lui-même nommé tous les membres, lui laissa le soin de remédier, *suivant sa volonté*, aux maux de l'État, et vota trois millions d'écus d'or. Ces contributions extraordinaires plusieurs fois renouvelées sous le règne de Henri II, et tous les expédients déjà employés par son père pour se procurer de l'argent, ne purent suffire aux guerres qu'il eut à soutenir, et moins encore à ses prodigalités insensées envers ses favoris, les princes lorrains de la famille de Guise, le connétable de Montmorency, leur rival, et la belle Diane de Poitiers. Il mourut laissant dans les finances de l'État un déficit de quarante-deux millions (plus de cent quarante d'aujourd'hui). — Les seules institutions remarquables de ce règne sont, la création du parlement de Bretagne, qui porta à huit le nombre de ces cours souveraines, et l'abolition du *combat judiciaire*, à la suite de celui qui avait eu lieu, devant le roi et toute sa cour, entre Jarnac et La Châtaigneraie, qui y fut tué par suite d'un coup imprévu que lui porta son adversaire (coup de Jarnac).

Le déplorable résultat produit par les persécutions de François Ier contre les hérétiques, n'ouvrit pas les yeux aux conseillers de Henri II. Après une courte réaction en faveur des religionnaires, la persécution recommença avec plus de rigueur. L'édit d'*Écouen* (1559), qui les condamnait tous à mort, interdit aux juges la faculté de diminuer la peine, et prescrivit de poursuivre comme hérétiques ceux mêmes qui oseraient solliciter en faveur des hérétiques. Cette nouvelle rigueur menaçait ceux des membres du Parlement qui se montraient favorables aux opinions nouvelles. Henri II ne s'en tint pas à la menace. Quelques jours après avoir signé l'édit d'Écouen, il se transporta en personne dans le sein du Parlement, il y fit arrêter cinq conseillers suspects d'hérésie, et ordonna qu'on instruisît leur procès. Suspendu un instant par sa mort, ce procès fut repris dès le commencement du règne de François II. Quatre des accusés se rétractèrent; le cinquième, ayant persisté à professer le calvinisme, fut brûlé vif. Les partisans les plus ardents de ces cruelles exécutions étaient les princes de Guise, et particulièrement le cardinal de Lorraine, secondés par l'*Inquisition*, introduite en France vers la fin du règne de François Ier, malgré les remontrances du Parlement. Tous leurs efforts n'empêchèrent pas l'hérésie de grandir de jour en jour. Dans les campagnes, les réformés ou, comme on les nommait en France, les *Huguenots*, tenaient des assemblées où ils se réunissaient jusqu'au nombre de dix mille; Paris et toutes les grandes villes avaient leurs *prêches* ou églises calvinistes, et bientôt les dissidents comptèrent au nombre de leurs prosélytes le roi de Navarre, sa femme Jeanne d'Albret, Coligny, chef de l'infanterie française, et une foule de personnes illustres. Le royaume était donc déchiré par les dissensions religieuses et ruiné par les folles prodigalités de Henri II, lorsque ce prince transmit le sceptre à son jeune fils.

147. FRANÇOIS II (1559-1560). CONJURATION D'AMBOISE. — Ce triste héritage tombait aux mains d'un roi de quinze ans, d'une santé maladive et d'un esprit plus débile encore. Aussi son règne de dix-sept mois ne fut-il que celui

de ses favoris, le duc de Guise et son frère le cardinal de Lorraine, qui avaient fait épouser au jeune roi leur nièce, la belle Marie Stuart, fille et héritière de Jacques II, roi d'Écosse, dont la couronne se trouva ainsi réunie, mais pour bien peu de temps, à celle de France. La faveur dont jouissaient les Guises et les rigueurs qu'ils continuaient à provoquer contre les calvinistes, firent tramer contre eux la *conjuration d'Amboise*, vaste conspiration dans laquelle entrèrent l'amiral de Coligny, chef du parti protestant, et le prince de Condé, mécontent de la faveur des Guises. Ce complot, dont le but principal était de renverser les princes lorrains, en s'emparant de la personne du roi, fut découvert. La vengeance implacable des Guises s'exerça sans pitié sur tous ceux qu'elle put atteindre. Le vertueux chancelier de *l'Hospital* s'opposa de tous ses moyens à ces horreurs et aux cruautés exercées sur les huguenots. C'est dans ce but qu'il fit rendre l'édit de *Romorantin* (mai 1560), qui, en chargeant les évêques et les présidiaux de poursuivre l'hérésie, affranchit du moins la France du joug sanglant de l'Inquisition. Il réussit même à faire ordonner la suspension des poursuites jusqu'à la réunion d'un concile national. Cependant le roi de Navarre, qui partageait, comme nous l'avons dit, les opinions des calvinistes, faillit être assassiné, par l'ordre des Guises, dans la chambre même du roi; et le prince de Condé, condamné à mort, allait perdre la tête, lorsque François II mourut. Sa veuve, *Marie Stuart*, âgée de dix-huit ans seulement, retourna en Écosse, où l'attendaient les plus cruelles infortunes. — Aucune création remarquable ne se rattache au règne si court de ce prince *sans vices*, disent ceux qui l'approchaient, *sans vertus*, ajoutent les écrivains protestants.

158. CHARLES IX (1560-1574). — François laissait la couronne à son frère Charles IX, dont le nom est resté souillé des odieux forfaits accomplis sous son règne; et cependant tout le sang versé alors doit bien moins retomber sur la tête de ce prince, monté sur le trône à l'âge de dix ans et mort à vingt-trois, que sur celle de sa mère, la sanguinaire *Catherine de Médicis*, qui gouverna sous son nom. Effrayée d'abord de l'ascendant qu'avaient pris les Guises, la reine-mère rendit la liberté au prince de Condé, rappela à la cour Montmorency et l'amiral de Coligny, et donna la lieutenance générale du royaume au roi de Na-

varre, Antoine, qu'elle réconcilia avec les Guises. Dirigée par les sages conseils du chancelier de *l'Hospital*, qui opéra dans toute l'administration, et surtout dans les matières judiciaires et dans les lois, les plus sages réformes, Catherine travailla même à apaiser les querelles religieuses, et, dans ce but, diverses mesures de conciliation furent proposées aux États-généraux *d'Orléans* et de *Saint-Germain*. Elle assembla le *colloque de Poissy*, où les plus habiles théologiens catholiques et protestants eurent ensemble des conférences sans résultat ; enfin elle accorda aux réformés (janvier 1562) le libre exercice de leur culte, à la condition expresse qu'ils ne chercheraient pas à faire de nouveaux prosélytes. Ces sages dispositions, qui, de la part de la reine, étaient probablement peu sincères, restèrent sans effet par suite du massacre de *Vassi*. Le duc de Guise, accompagné de quelques-uns des siens, traversait cette petite ville de Champagne, et s'y était arrêté pour entendre la messe. Une querelle s'éleva entre ses gens et quelques habitants du parti des huguenots. Le duc, accouru pour apaiser le tumulte, ayant été blessé d'un coup de pierre, tous ceux qui l'entouraient se jettent sur les protestants désarmés, pénètrent dans une grange où un assez grand nombre d'entre eux étaient rassemblés pour célébrer leur office, et massacrent tous ceux qu'ils peuvent atteindre (1er mars 1563). Chaque province devint alors le théâtre d'une foule de combats isolés, dans lesquels plusieurs chefs subalternes signalèrent leur férocité. L'histoire a surtout conservé le nom de ce féroce baron *des Adrets*, chef protestant, qui obligeait ses prisonniers à se précipiter du haut d'une tour sur les piques de ses soldats. Les forces principales des deux partis se rencontrèrent au siége de *Rouen*. Après trois assauts, cette ville est prise (octobre 1562) sur les protestants et les Anglais; mais le roi de Navarre, Antoine, devenu l'un des chefs catholiques, y périt et laisse sa couronne à son fils (depuis Henri IV). La bataille de *Dreux*, qui se livra trois semaines plus tard (décembre 1562), fut presque également funeste aux deux partis : les commandants des deux armées, Montmorency, général des catholiques, et Condé, chef des protestants, furent pris : le maréchal de Saint-André, qui formait, avec le duc de Guise et Montmorency, le *triumvirat* catholique, fut tué. Cependant Guise gagna la bataille; mais deux mois après, il périt lui-même assassiné par le protestant

Poltrot de Méré au siége d'*Orléans* (février 1563). Quels qu'aient été les torts de ce chef ambitieux mais habile, on ne peut s'empêcher d'admirer ses dernières paroles à son assassin : « Or çà, lui dit-il, je veux vous montrer combien » la religion que je tiens est plus douce que celle de quoi » vous faites profession : la vôtre vous a conseillé de me » tuer sans m'ouïr, n'ayant reçu de moi aucune offense; » et la mienne me commande que je vous pardonne, tout » convaincu que vous êtes de m'avoir voulu tuer sans » raison. »

Cette guerre cruelle, suspendue pour quelques années par le *traité d'Amboise* (1563), recommença à trois reprises différentes. Pendant la seconde guerre, les catholiques vainqueurs des huguenots dans la plaine de *Saint-Denis* (1567), y perdirent le connétable de Montmorency; dans la troisième, le duc d'Anjou (depuis Henri III) gagna encore sur eux la bataille de *Jarnac* (mars 1569), où le prince de Condé, fait prisonnier, fut lâchement assassiné, et celle de *Moncontour* (octobre 1569), que sut rendre inutile Coligny, le plus habile des chefs protestants. La *paix de Saint-Germain* (16 août 1570), qui accordait aux réformés les conditions les plus avantageuses et quatre places pour leur sûreté, fut le prix de cette habileté; mais cette paix cachait un piége horrible. La quatrième guerre commença par un des événements les plus épouvantables dont l'histoire ait conservé le souvenir.

159. **Massacre de la Saint-Barthélemi.** — Le massacre de la Saint-Barthélemi révéla l'atroce politique de Catherine de Médicis. Cette princesse italienne, voulant écraser d'un seul coup le protestantisme en France, imagina un attentat dont la perfidie surpasse celle des Vêpres siciliennes. Pendant que tous les chefs protestants se trouvaient réunis à Paris pour assister aux fêtes du mariage du jeune roi de Navarre avec la princesse Marguerite, sœur du roi (1572), le complot tramé contre eux reçut son exécution. Le roi, sollicité de donner son consentement au meurtre de leur chef, l'amiral de Coligny, s'y était longtemps refusé; vaincu enfin par l'insistance de sa mère et de ses conseillers, il s'était écrié avec fureur : « Puisque vous trouvez bon qu'on tue l'amiral, je le veux; mais aussi tous les huguenots de France, afin qu'il n'en demeure pas un qui puisse me le reprocher après. » Il ne fut que trop promptement obéi. Le lendemain, dimanche

24 août, jour de la *Saint-Barthélemi*, à deux heures du matin, l'amiral de Coligny est assassiné par les émissaires du duc de Guise : aussitôt le massacre des protestants commence dans tous les quartiers de la capitale, et se continue pendant trois jours. Le roi de Navarre et son cousin, le prince de Condé, ne sauvèrent eux-mêmes leur vie qu'en abjurant la religion protestante. De Paris, le carnage s'étendit dans les provinces par les ordres de la cour, qui ne furent que trop fidèlement exécutés en bien des endroits, et qui coûtèrent la vie à soixante mille protestants. Au milieu de ces scènes d'horreur, on lit avec consolation la noble réponse du vicomte d'Orthès, gouverneur de Bayonne, qui écrivit à Charles IX : « J'ai communiqué le commandement de » Votre Majesté à ses fidèles habitants et gens de guerre » de la garnison ; je n'y ai trouvé que bons citoyens et » fermes soldats, mais pas un bourreau. C'est pourquoi » eux et moi supplions très-humblement Votre Majesté de » vouloir employer en choses possibles, quelques hasar- » deuses qu'elles soient, nos bras et nos vies. » Les gouverneurs de la Bourgogne, de la Provence, de la Normandie, s'étaient aussi refusés à l'exécution de ces ordres barbares, qui bientôt furent révoqués. — Loin d'effrayer les calvinistes, cet horrible massacre exalta leur courage. Ils se signalèrent surtout pendant le siége de *La Rochelle*, la plus importante de leurs places, défendue par le brave Lanoue, et devant laquelle les catholiques perdirent inutilement quarante mille hommes (1573). Cette forteresse resta, à la paix conclue peu de temps après, et jusqu'au règne de Louis XIII, le principal boulevard du protestantisme. Charles IX mourut, l'année suivante, d'une horrible maladie, en proie aux remords affreux qui ne l'avaient pas quitté un instant depuis le jour de la Saint-Barthélemi. *Il lui semblait à tout moment, aussi bien veillant que dormant*, comme il le disait à son médecin, le célèbre Ambroise Paré, *que ces corps massacrés se présentaient à lui, les faces hideuses et couvertes de sang.* Il expira entre les mains d'une femme *huguenote*, qui avait été sa nourrice, répétant encore : « *Ah ! nourrice, ma mie, que de sang ! que de meurtres ! Ah ! que j'ai suivi un méchant conseil ! O mon Dieu ! pardonne-le-moi, s'il te plaît.* » Châtiment terrible, mais qui semblerait trop doux encore s'il fût tombé sur celle qui avait conçu un aussi abominable forfait.

160. Henri III (1574-1589). — **Formation de la Ligue.** — Ce fut encore l'odieuse Catherine de Médicis qui gouverna la France en attendant le retour de son troisième fils, le duc d'Anjou, qui avait été élu roi de Pologne, neuf mois avant la mort de son frère Charles IX. Dès qu'il eut appris l'événement qui l'appelait à la couronne de France, il se hâta de quitter la Pologne, où l'avait déjà fait détester sa méprisable mollesse, son amour pour les plaisirs et sa honteuse corruption. Il rapportait ainsi dans sa patrie les vices les plus opposés aux qualités qu'il lui eût fallu pour conjurer ces calamités nouvelles. Les intrigues employées par la régente pour rapprocher les partis n'avaient pas empêché les difficultés de se multiplier dans l'intervalle de deux mois qui sépara la mort de Charles IX de l'arrivée de Henri III. Aux calvinistes s'étaient réunis les *Politiques*, c'est-à-dire les catholiques modérés, qui désapprouvaient les cruautés exercées contre les réformés, et qui voulaient faire écarter les Guises du gouvernement. Le duc d'Alençon, frère du roi, le roi de Navarre et le prince de Condé, qui avaient tous deux rétracté leur abjuration forcée, aussitôt qu'ils furent parvenus à s'échapper de Paris, se joignirent à ce parti, qui compta ainsi dans ses rangs trois princes du sang et dont le duc d'Alençon fut déclaré généralissime. Le chef du parti opposé était le duc de Guise, *Henri le Balafré*, fils de l'illustre duc de Guise, assassiné au siége d'Orléans. Toutes ces rivalités amenèrent une cinquième guerre civile. Le roi et sa mère, pour y mettre fin, firent aux réformés et à leurs chefs des concessions exorbitantes par le traité signé à Chastenoy, près de Château-Landon, et appelé avec raison la *paix de Monsieur* (mai 1576). Les princes obtinrent le gouvernement des provinces les plus importantes, et les calvinistes le libre exercice de leur culte, des chambres mi-partie de catholiques et de réformés dans les parlements du royaume, et huit places de sûreté ; savoir : La Rochelle, Montauban, Cognac, Saint-Jean-d'Angely, Niort, Saumur, la Charité et Mézières.

Ce démembrement de la France, en faveur des calvinistes et des princes ligués, excita dans le parti opposé un violent mécontentement. Guise en profita pour former (1576) la *Ligue* ou *Sainte Union*, dont tous les membres devaient obéir aveuglément à un chef qui ne fut pas désigné d'abord, et s'obligeaient à consacrer leur vie et tous

leurs biens au soutien d'une cause que l'on disait être
celle de la religion, mais qui n'était en réalité que celle
des Guises. Le roi crut déjouer ce redoutable complot en
se déclarant lui-même, dans les premiers États-généraux de Blois (décembre 1576), le *chef de la Ligue;*
mais manquant de troupes et d'argent, méprisé pour l'infamie de ses mœurs, il n'en fut le chef que de nom;
Guise continua à en être l'âme. Les projets de ce dernier
éclatèrent (1584) à la mort du duc d'Alençon, héritier
présomptif du roi, qui lui-même n'avait pas d'enfants.
Cette mort appelait à la succession de Henri III le roi de
Navarre, Henri de Bourbon. Mais ce prince était protestant; il ne s'agissait donc pour Guise, qui visait à s'emparer de la couronne, que de faire exclure Henri de Bourbon
comme hérétique. Ce fut dès lors le but de toutes ses
démarches. Une coalition se forme contre Henri entre les
Guises, les Ligueurs, le roi d'Espagne Philippe II et le
pape, qui prononce l'exclusion de Henri de Béarn, roi
de Navarre; l'imbécile Henri III entre lui-même dans
cette coalition (1585). Le Béarnais prend les armes pour
soutenir ses droits: alors commence la guerre des *trois
Henri* (1586). Tandis que le roi de Navarre est vainqueur
à *Coutras* (1587), Henri de Guise gagne deux autres batailles sur les Allemands et les Suisses envoyés au secours
du parti protestant. Ces victoires augmentent la popularité
et l'audace du duc de Guise. Le roi, qui le redoute, veut
l'empêcher de revenir à Paris; mais Guise méprise ses
ordres et rentre dans Paris en triomphe (9 mai 1588).
Depuis longtemps déjà, il avait organisé la *Ligue des Seize,*
ainsi nommée parce que ses chefs s'étaient partagé les
seize quartiers de Paris. Henri III, sachant que, par leur
entremise, Guise disposait à son gré de la capitale, veut
y faire entrer six mille Suisses et soldats de ses gardes,
pour contenir les factieux; mais le peuple de Paris, soulevé par les *Seize,* s'oppose à l'entrée des Suisses. Les
rues sont dépavées, des barricades s'y élèvent de toutes
parts; les soldats étrangers, assaillis par les fenêtres, sont
tués ou désarmés, et les barricades sont poussées jusqu'au
Louvre, où le roi se trouve prisonnier. C'est ce qu'on
nomma la *journée des Barricades* (12 mai 1588). Elle
remettait entre les mains du duc de Guise, issu, disait-on,
du sang de Charlemagne, cette couronne de France usur-
pée, six siècles auparavant, par Hugues Capet. Le Balafré

n'osa cependant pas la placer sur sa tête. Henri réussit à
lui échapper et se retira à Chartres, puis à Rouen, où il se
décida à signer (juillet 1578) l'édit d'*union* qui portait
amnistie pour le passé, déclarait tout prince hérétique
exclu par avance de la succession au trône, nommait
Guise lieutenant général du royaume, et annonçait la
convocation prochaine, à Blois, de nouveaux États-généraux.

161. ÉTATS DE BLOIS (1588). — ASSASSINAT DES
GUISES. — Ce fut le 16 octobre de cette même année
que se rassemblèrent les seconds États-généraux de Blois.
Les calvinistes, exclus des élections depuis le triomphe de
la Ligue, n'y avaient aucun représentant; les Politiques,
sur lesquels le roi comptait s'appuyer, avaient eu le des-
sous dans la lutte électorale; le parti des Guises et des Ligueurs était donc tout-puissant dans l'assemblée. Ils le
prouvèrent bientôt en achevant de dépouiller le roi du
peu d'autorité qui lui restait encore. Ce fut alors que
Henri, pour la ressaisir, conçut le projet de jeter l'épou-
vante parmi les Ligueurs en faisant assassiner leur chef.
Le duc de Guise, averti du complot, se contenta de répondre : *Il n'oserait.* Il ne s'agissait que d'un assassinat :
le fils de Catherine de Médicis osa. Le Balafré, mandé
dans le cabinet du roi, fut frappé au moment d'y entrer,
par des assassins apostés par Henri lui-même. Son frère le
cardinal, arrêté au même moment, fut mis à mort le lendemain (24 décembre 1588). Cet attentat redoubla la
fureur de la Ligue. Excommunié par le pape, Henri III
est déclaré par la Sorbonne déchu du trône; le parlement,
qui refuse d'imiter la Sorbonne, est jeté en prison par
Bussy-le-Clerc, le plus furieux des Seize, et le duc de
Mayenne, frère des Guises, est nommé lieutenant général
du royaume. Henri III, voyant son autorité partout mé-
connue, court se jeter dans les bras du roi de Navarre.
Le Béarnais consent à s'unir à lui pour sauver le trône
menacé. Bientôt les Ligueurs sont battus sur tous les
points, et les deux rois arrivent à *Saint-Cloud.* Ils se préparaient à assiéger dans Paris les chefs de la Ligue, lorsque Henri III, l'assassin des Guises, est assassiné lui-
même par le moine dominicain *Jacques Clément,* qui le
frappe au bas-ventre avec une arme empoisonnée (1er août
1589). Catherine de Médicis était morte, oubliée, quelques mois auparavant (5 janvier 1589).

162. EXTINCTION DE LA RACE DES VALOIS. —
Henri III était le cinquième et il fut le dernier roi de la
branche des Valois-Angoulême, qui avait occupé le trône
pendant soixante-quatorze ans. Avec lui s'éteignit aussi
cette race des Valois, qui, dans un espace de deux cent
trente et un ans, avait donné treize rois à la France.

Nous avons montré comment, sous les dix premiers de
ces princes, le pouvoir royal s'était progressivement accru
aux dépens de la féodalité, et comment s'était successivement opérée la fusion en une puissante monarchie de
toutes ces provinces, qui avaient si longtemps formé autant d'États séparés. Devenu absolu sous François Ier et
Henri II, ce pouvoir, ébranlé sous leurs successeurs par
une irrésistible réaction, n'avait pu être protégé par les
mesures mêmes les plus violentes, et s'était écroulé sous
les coups des factions religieuses et politiques. — La funeste impuissance et les crimes qui signalent les règnes
des trois derniers Valois ne rendirent cependant pas ces
règnes totalement stériles pour la France. Les ordonnances d'Orléans (1561), de Moulins (1566), ouvrage du
chancelier de l'Hospital, et celle de Blois (1577), achevèrent de créer notre législation civile, tracèrent à l'administration des règles plus sages que celles précédemment suivies, et assurèrent aux citoyens, pour leur honneur, leur vie et leur fortune, des garanties inconnues
jusqu'alors. Mais le noble rôle si bien rempli par François Ier et par Henri II était oublié. « La France, loin
d'arrêter les progrès de la puissance de l'Espagne en Europe, était maintenant livrée à ses intrigues, et courait
risque d'être réduite prochainement en province espagnole. Dans cet état désespéré, elle trouva Henri IV pour
la sauver d'une ruine certaine. » (POIRSON.)

QUESTIONNAIRE. — 156. Comment Henri II monta-t-il sur le trône, et
quel forme eut son gouvernement ? — Quels furent les événements de la
guerre contre Charles-Quint et quelles acquisitions y fit la France ? —
Contre qui recommença bientôt la guerre ? — Quels en furent les succès ?
— Quel traité mit fin à cette guerre, et quel mariage cimenta la paix ?
— Comment mourut Henri II, et combien laissa-t-il d'enfants ? — Dans
quel état se trouvaient les finances ? — Ce règne est-il marqué par quelque établissement important ? — Comment Henri II traita-t-il les protestants ? — Quels étaient les partisans les plus ardents des exécutions
sanglantes ? — Quel fut le résultat de ces persécutions ? — Quels étaient
les chefs des protestants ? — 157. Qui exerça le pouvoir pendant le court
règne de François II ? — Quelles furent les causes de la conspiration
qui se trama contre les Guises ? — Comment les Guises se vengèrent-
ils ? — Qui s'opposa aux horreurs que leur inspira la vengeance ? —
Quels dangers coururent le roi de Navarre et le prince de Condé ? —

Que devint Marie Stuart à la mort de François II ? — 158. Quel fut le caractère du règne de Charles IX ? — Quels furent les premiers actes de Catherine de Médicis ? — D'autres mesures ne signalèrent-elles pas le gouvernement de la reine-mère ? — N'essaya-t-elle pas de réunir les catholiques et les protestants ? — Comment échouèrent ces sages dispositions ? — Qu'est-ce que le massacre de Vassi ? — Quelles furent les conséquences de ce massacre ? — Comment la ville du Rouen fut-elle prise par les catholiques, et quel est celui de leurs chefs qui périt à ce siége ? — Quelles furent les pertes des deux partis à la bataille de Dreux ? — Comment mourut le duc de Guise et quelles furent ses dernières paroles ? Combien de fois recommença cette guerre cruelle ? — Quels furent les événements de la seconde guerre ? — Quels furent ceux de la troisième ? — Quelles conditions obtinrent les réformés à la paix de Saint-Germain ? — Par quel événement commença la quatrième guerre ? — 159. Racontez le massacre de la Saint-Barthélemi. — N'accuse-t-on pas le roi lui-même d'y avoir pris part ? — Comment le roi de Navarre et le prince de Condé sauvèrent-ils leur vie ? — Le carnage s'étendit-il dans les provinces ? — Faites connaître la belle réponse du vicomte d'Orthez à Charles IX. — Quels autres gouverneurs se refusèrent à exécuter les ordres du roi ? — Quel effet produisirent ces massacres sur les calvinistes ? — Au siége de quelle ville se signalèrent-ils surtout ? — Comment mourut Charles IX ? — 160. Comment Henri III monta-t-il sur le trône ? — Dans quel état trouva-t-il la France à son arrivée ? — Quels étaient les principaux chefs du parti des calvinistes et des politiques réunis ? — Qui était le chef du parti opposé ? — Quel événement amenèrent leurs prétentions rivales ? — Par quel traité se termina la cinquième guerre de religion ? — Comment se forma la Ligue ? — Quelle conduite tint le roi à l'égard de la Ligue ? — A quelle occasion éclatèrent les projets du duc de Guise, et quels étaient ces projets ? — Au moyen de quelle coalition Guise s'efforça-t-il d'arriver à son but ? — Comment éclata la guerre des trois Henri ? — Quelle popularité et quelle audace donnèrent à Guise ses victoires sur les étrangers ? — Quelle ligue avait-il organisée dans Paris ? — Quel événement amena la journée des Barricades ? — Quelle puissance la journée des Barricades donna-t-elle à Guise, et comment en usa-t-il ? — 161. Qu'arriva-t-il aux États de Blois, et par quel crime Henri III essaya-t-il de ressaisir son autorité ? — Quelles furent les conséquences de cet attentat ? — A qui Henri III eut-il alors recours ? — Quel événement empêcha les deux rois de poursuivre leurs succès. — 162. Quelle branche de la famille royale finit avec Henri III ? — Combien de temps avaient régné les Valois et combien donnèrent-ils de rois à la France ? — Résumez en peu de mots l'histoire du pouvoir royal pendant cette période. — Quelles ordonnances célèbres furent publiées et que concernaient-elles ?

ÉVÉNEMENTS CONTEMPORAINS. — 1547. Commencement des guerres suscitées par la réforme. — 1555. Paix de religion. — 1556. Abdication de Charles-Quint. — 1558. Mort de Charles-Quint. — 1567. Le duc d'Albe gouverne les Pays-Bas. — 1571. Don Juan d'Autriche remporte sur les Turcs la célèbre bataille de Lépante. — 1580. Philippe II s'empare du Portugal. — 1581. Réforme du calendrier. — 1585. Pontificat de Sixte-Quint. — 1587. Les Médicis à Florence. Mort de Marie Stuart. — 1588. Destruction de la flotte nommée par Philippe II l'invincible Armada.

CHAPITRE SIXIÈME.

HENRI IV.

165. Avénement de Henri IV (1589-1610). —
Henri III, avant d'expirer, avait désigné comme son successeur le roi de Navarre, Henri IV, son plus proche
héritier, quoiqu'il ne fût son parent qu'au vingt-deuxième
degré. Les Ligueurs eux-mêmes, tout en le rejetant comme
hérétique, reconnurent ses droits, puisqu'ils proclamèrent
roi, sous le nom de *Charles X*, son oncle, le vieux cardinal de Bourbon, qui mourut l'année suivante (1590). Le
trône sanglant qu'on lui disputait semblait pourtant peu
digne d'envie. La France était en proie à toutes les horreurs de la guerre civile; les provinces étaient ravagées,
la capitale dominée par une faction sanguinaire, le trésor
public grevé d'une dette de près de deux cents millions,
et les habitants des villes et des villages dans un tel état
de misère, qu'ils étaient obligés de vendre le chaume qui
couvrait leurs maisons pour payer les impôts. C'est à tant
de maux que le triomphe de Henri IV sur tous ses ennemis devait mettre un terme. Mais le culte qu'il professait était un obstacle presque insurmontable : en vain
s'engagea-t-il solennellement à maintenir la religion catholique, à s'en faire instruire et à ne permettre l'exercice de la religion réformée que dans les limites fixées par
l'édit du feu roi; une grande partie des seigneurs et des
troupes réunies au camp de Saint-Cloud refusèrent le
serment de fidélité et se retirèrent. Contraint par cette
désertion à renoncer au siége de Paris, Henri gagna la
Normandie, où il se vit bientôt poursuivi par le duc de
Mayenne.

164. Guerre de Henri IV contre la Ligue. —
Le nouveau chef de la Ligue avait promis aux Parisiens
de leur ramener le Béarnais lié et garrotté; toutes les
fenêtres de la rue Saint-Denis étaient louées pour le voir
passer. Mayenne avait écrit au pape et au roi d'Espagne,
ses alliés, que Henri ne pouvait lui échapper à moins de
sauter dans la mer. Son armée était en effet trois fois

moins nombreuse que celle de Mayenne; cependant celui-ci fut vaincu à *Arques*, près de Dieppe (21 sept. 1589). C'est après cette bataille que Henri écrivit à Crillon, un de ses amis les plus dévoués : « Pends-toi, brave Crillon, nous avons combattu à Arques, et tu n'y étais pas. » — Cette victoire fut confirmée peu de mois après par celle d'*Ivry*, près de Dreux (14 mars 1590). *Enfants*, avait dit Henri à ses soldats avant cette bataille, *si vous perdez vos enseignes, cornettes ou guidons, ralliez-vous à mon panache blanc; vous le trouverez toujours au chemin de l'honneur et de la victoire*. Il paya en effet de sa personne comme un simple soldat. Les Ligueurs, taillés en pièces, s'enfuirent de toutes parts. *Main basse sur l'étranger*, s'écriait Henri en les poursuivant, *mais épargnez les Français*. Ces généreuses paroles et trois victoires remportées ainsi presque coup sur coup rendaient chaque jour Henri plus populaire; mais ses succès redoublent l'archarnement des Ligueurs. Le parlement, mutilé par eux, défend, sous peine de mort, tout accommodement avec lui.

Réduit à continuer la guerre, Henri, aidé des secours de la reine Élisabeth d'Angleterre, vint mettre le siége devant Paris, dont il emporta les faubourgs (27 juillet 1590). Bientôt la ville se trouva réduite à une si horrible disette, que l'on fit du pain avec des ossements réduits en poudre, et que des mères elles-mêmes dévorèrent leurs propres enfants. Instruit de ces horreurs, le bon Henri s'écrie : *J'aimerais mieux n'avoir jamais Paris que de l'avoir tout ruiné et tout désolé par la mort de tant de personnes ;* et il permet à ses soldats de faire passer des vivres aux malheureux Parisiens. Cette clémence ne désarma point les farouches Ligueurs. Philippe II, leur allié, qui espérait faire tourner à son profit les discordes politiques de la France, envoyait à leur secours une armée espagnole commandée par le duc de Parme, gouverneur des Pays-Bas. Ce général, regardé comme le plus habile capitaine de son siècle, força Henri à lever le siége de Paris; mais il évita d'en venir à une bataille rangée.

La guerre se continua encore plus de trois ans dans les diverses provinces, sans succès décisif. Nous citerons seulement : la *journée des Farines* (janvier 1591), ainsi nommée d'une tentative inutile faite par le roi pour surprendre Paris à l'aide de soldats déguisés en marchands de farine; le combat d'*Aumale* (8 février 1592), où Henri fut blessé par un soldat qu'il voulut depuis avoir au nombre de ses gardes; le siége de *Rouen* (avril 1592) délivré comme Paris par le duc de Parme, et la prise d'*Épernai* (juillet 1592) par Henri IV, qui y perdit l'un de ses plus braves compagnons, Armand Biron, qui se glorifiait d'avoir passé par tous les grades, depuis celui de soldat jusqu'à celui de général.

165. ÉTATS DE 1593.—ABJURATION DE HENRI IV. —SON ENTRÉE A PARIS. — Cependant la discorde s'était mise parmi les Ligueurs, et elle avait pénétré jusque dans le sein des États-généraux, assemblés à Paris par Mayenne, le 26 janvier 1593. La proposition faite par les envoyés espagnols, d'élire pour reine la jeune infante d'Espagne, révolta tous ceux qui conservaient encore quelques sentiments patriotiques, et ouvrit les yeux à ceux même des Ligueurs qui avaient été jusque-là dupes de la politique espagnole. Les États, auxquels le Parlement longtemps muet se joignit bientôt, déclarèrent qu'ils n'avaient pas de procuration pour renverser la loi fondamentale du royaume, et repoussèrent vivement toute élection d'une princesse ou d'un prince étranger. Pendant une trève conclue pour les environs de Paris, des conférences s'étaient ouvertes à *Suresnes* (29 avril 1593) et avaient déjà rapproché les esprits, lorsqu'on apprit que Henri, après avoir eu à Mantes, où il avait convoqué tout le clergé du royaume, une discussion de cinq heures avec les plus habiles théologiens catholiques, s'était déclaré convaincu, et que, cédant aux instances de ses amis et même des calvinistes, il avait solennellement abjuré la religion protestante devant la porte de l'église de Saint-Denis, et reçu l'absolution de l'archevêque de Bourges en attendant celle du pape.

Dès lors, le seul obstacle sérieux à un rapprochement complet avait disparu. En vain Mayenne, s'appuyant sur le parti des Seize et de l'Espagne, tenta-t-il de nouveaux efforts ; en vain la Ligue arma-t-elle contre Henri l'assassin *Barrière*, qui fut saisi et écartelé, la promesse d'une amnistie générale pour tous ceux qui feraient une prompte soumission ramena au roi un grand nombre de ses adversaires. Bientôt la Provence, les villes de Meaux, d'Orléans, de Bourges et de Lyon et bien d'autres encore lui furent remises ou *rendues* par leurs gouverneurs. Ainsi l'autorité royale commençait à prévaloir de toutes parts, lorsque Henri jugea utile de lui donner une sanction plus forte en se faisant sacrer à *Chartres* (27 février 1594). Quelques jours après, Cossé-Brissac, gouverneur de *Paris*, lui vendit secrètement une des portes de cette ville, où la nouvelle qui s'y répandit bientôt d'une nouvelle amnistie, publiée l'avant-veille à Senlis, et d'un pardon général accordé par Henri, le fit recevoir au milieu des cris partout répétés de *Vive le roi !* — Parmi les causes qui amenèrent cette révolution si désirée, il ne faut pas oublier la publication de la *Satire Ménippée*, écrit ingénieux, qui, en versant le ridicule sur la Ligue et sur les manœuvres des chefs du parti, contribua puissamment à sa ruine.

166. Victoire de Fontaine Française. — Pacification de la France. — Edit de Nantes. — La soumission de Paris à Henri IV portait le coup mortel à cette faction ; cependant les Ligueurs, toujours soutenus par le roi d'Espagne, se maintenaient encore dans plusieurs provinces. Henri IV marcha en personne vers la Bourgogne, où il remporta (juin 1595) la brillante victoire de *Fontaine-Française* sur le duc de Mayenne, qu'il avait témérairement attaqué avec une armée bien inférieure à la sienne. « Peu s'en faut que vous n'ayez été mon héritière, » écrivit à sa sœur Henri IV, qui s'était précipité tête nue dans la mêlée. Il courut en effet les plus grands dangers dans cette journée, où la Ligue expirante combattit avec plus de fureur que jamais. Après sa défaite, le duc de Mayenne vint faire sa soumission au roi, reçut de lui son pardon, et devint un de ses plus fidèles serviteurs. Son exemple fut imité par toutes les villes qui tenaient encore pour la Ligue. Henri IV, pressé de mettre un terme à la guerre civile, acheta la plupart de ces soumissions par des concessions onéreuses pour le trésor royal, qui se trouva épuisé par ces libéralités forcées, mais dont une sage administration devait bientôt réparer les pertes. — La Bretagne fut, de toutes les provinces de France, la dernière qui se soumit au roi. Le duc de Mercœur, prince de la maison de Lorraine et gouverneur de la Bretagne, avait aussi profité des troubles civils pour s'emparer de cette province, sur laquelle il prétendait faire valoir les droits souverains de sa femme, Marie de Pentbièvre. Il se persuadait qu'il était encore possible de ressusciter l'indépendance des anciens ducs de Bretagne, et il ne fallut rien moins que la présence du roi pour dissiper le *long rêve* dont il s'était bercé (1598).

L'*édit de Nantes* (13 avril 1598) assura aux protestants le libre exercice de leur religion et l'admission à tous les emplois. Aux remontrances que lui adressa le parlement à ce sujet, Henri répondit : « Il ne faut plus faire de distinction de catholiques et de huguenots; il faut que tous soient bons Français, et que les catholiques convertissent les huguenots par l'exemple de leur bonne vie. » Deux ans auparavant (1596), Henri IV s'était réconcilié avec le pape, qui lui avait envoyé l'absolution.

167. Paix de Vervins. -- Fin de la guerre étrangère. -- La soumission des chefs de la Ligue avait mis fin à la guerre civile; mais la France, délivrée de ses ennemis intérieurs, ne l'était pas encore des ennemis extérieurs. Les Espagnols, en prêtant leur secours à la Ligue, n'avaient pas oublié leurs propres intérêts. Possesseurs des Pays-Bas, ils cherchèrent à étendre de ce côté leur domination aux dépens de la France, en s'emparant par surprise de la ville d'*Amiens* (11 mars 1597). Henri, qui profitait alors des premiers loisirs que lui laissait la guerre pour mettre ordre aux affaires de son royaume, fut vivement affligé de cette nouvelle. *C'est assez faire le roi de France*, s'écria-t-il, *il est temps de faire le roi de Navarre*. Quelques jours après, il marchait, à la tête de son armée, sur Amiens, qui ne fut cependant repris par le maréchal de Biron qu'après un siège de six mois (25 sept. 1597). L'année suivante (2 mai 1598), Henri IV signait, avec le roi d'Espagne, Philippe II, le traité de *Vervins*, qui stipulait la remise de toutes les places encore occupées par les Espagnols, et qui terminait ainsi, d'une manière glorieuse pour la France, une guerre qui lui avait causé tant de maux.

Les armes de Henri ne furent pas moins heureuses contre le duc de Savoie, qui avait aussi trouvé dans les troubles de la Ligue l'occasion d'enlever à la France le marquisat de *Saluces*, seul débris de ses conquêtes en Italie. Une première campagne de Lesdiguières, le *renard du Dauphiné*, comme l'appelait le duc de Savoie, amena ce prince à signer (27 février 1600) un traité par lequel il s'engageait à restituer le marquisat. S'étant ensuite refusé à l'exécuter, il vit ses États envahis à la fois par ce même Lesdiguières et par le maréchal de Biron. Réduit encore une fois à demander la paix, il abandonna au roi, par un nouveau traité, en échange du marquisat de Saluces, qu'il conservait, la *Bresse*, le *Bugey* et le *Val-Romey*, qui furent alors réunis définitivement à la France (17 janvier 1601). Ce fut dans le cours de cette expédition que le roi épousa à Dijon (10 décembre 1600) *Marie de Médicis*, alors âgée de vingt-sept ans, et dont la régence ne devait guère être moins orageuse que celle de la trop fameuse Catherine.

168. DERNIERS ÉVÉNEMENTS DU RÈGNE DE HENRI IV. — SON ASSASSINAT. — Cependant l'Espagne et la Savoie n'avaient pas renoncé à leurs projets contre la France. Cherchant un nouvel appui dans les idées féodales qui s'agitaient encore dans quelques têtes, elles avaient tramé avec les mécontents de l'intérieur un complot ayant pour but de démembrer le royaume en plusieurs petits États. Le maréchal de Biron, longtemps serviteur fidèle de Henri et son rival en bravoure, mais qui avait déjà pris part à des intrigues avec le duc de Savoie, se laissa encore entraîner par son caractère présomptueux et brouillon dans ce nouveau complot. La trame fut découverte, et Biron, traduit devant le Parlement, fut condamné à mort. Ce ne fut pas sans une vive douleur que le bon Henri laissa exécuter cet arrêt prononcé contre un ami auquel il avait sauvé la vie trois fois, et notamment à Fontaine-Française, au risque même de la sienne, et dont il se plaisait à dire *qu'il le présentait avec un égal succès à ses amis et à ses ennemis.* Vainement il employa les instances les plus vives pour déterminer Biron à acheter sa grâce par un aveu sincère de son crime : le duc s'y refusa, et sa tête tomba sous le fer du bourreau (1602). Cette rigueur, reprochée quelquefois à Henri, était sans doute nécessaire pour effrayer ceux qui projetaient encore le démembrement de la France.

Les dernières années du règne de Henri IV n'offrent d'autre événement remarquable que le rappel de la société des *Jésuites*, bannis de France par arrêt du Parlement (1594), à la suite d'un assassinat tenté sur la personne de Henri par Jean Châtel, dont le poignard brisa seulement une dent du roi. Les Jésuites avaient été accusés d'être les complices du crime de ce jeune fanatique et enveloppés dans sa condamnation sous le prétexte qu'il avait fait ses études dans un de leurs collèges, et que des propositions d'où l'on avait induit des doctrines régicides se trouvaient énoncées dans quelques livres publiés par des membres de leur société. Henri IV consentit à leur rappel

(1603), malgré les remontrances du Parlement; il leur rendit plusieurs colléges, et fonda même pour eux celui de la Flèche, dans lequel il voulait faire élever les jeunes gentilshommes qui se destinaient à la profession des armes.

Enfin Henri, tranquille au dedans comme au dehors, et après être intervenu plus d'une fois comme médiateur entre les puissances étrangères, s'occupait d'un projet digne des sentiments d'humanité qui l'avaient toujours animé. Il voulait faire adopter à tous les États chrétiens une sorte de fédération européenne, dont le résultat aurait été le maintien d'une paix perpétuelle. Pour arriver à ce but, il lui semblait indispensable d'anéantir la prépondérance dont jouissait la maison d'Autriche, et il s'occupait sérieusement de ce projet, lorsqu'il tomba sous le poignard d'un nouvel assassin. L'exécrable *Ravaillac* saisit le moment où le carrosse du roi se trouvait arrêté par un embarras d'autres voitures dans la rue de la Ferronnerie; il s'élance sur celle de Henri IV, et lui porte deux coups de poignard qui lui donnent la mort (14 mai 1610). C'était la dix-neuvième tentative d'assassinat dirigée contre un prince auquel on n'avait à reprocher d'autre crime que d'avoir enchaîné les passions furieuses qui bouleversaient la France à son avénement. Quelques vieux ligueurs applaudirent, dit-on, à cet odieux attentat : l'Espagne s'en réjouit ; mais la France entière pleura le *bon Henri*, *le seul roi dont le peuple ait gardé la mémoire*, suivant l'expression d'un poëte; et, comme à la mort de Charles VIII, plusieurs personnes moururent de douleur en apprenant celle de cet excellent prince.

469. INSTITUTIONS ET ADMINISTRATION DE HENRI IV. — Henri IV n'avait pas attendu que la tranquillité fût rétablie pour commencer à travailler à réparer les désastres de la guerre. Dès l'année 1596, il avait réuni à Rouen une assemblée de notables auxquels il avait dit : « Je ne » vous ai point appelés ici pour vous obliger d'approuver » mes volontés, comme faisaient mes prédécesseurs; je » vous ai assemblés pour recevoir vos conseils, pour les » suivre, et pour me mettre en tutelle entre vos mains. » C'est une envie qui ne prend guère aux rois, aux bar- » bes grises et aux victorieux; mais l'amour que je porte » à mes sujets et l'extrême désir que j'ai de rétablir l'État » me fait trouver tout facile et honorable. » La belle Gabrielle d'Estrées, qui assistait à cette séance, fit reproche au roi de ce qu'il avait parlé de se mettre en tutelle : *Ven-*

tre saint-gris, cela est vrai, répondit-il, *mais je l'entends avec mon épée au côté.*

Ces nobles paroles font voir comment Henri IV comprenait les devoirs de la royauté. Sa conduite ne les démentit pas. L'assemblée des notables s'étant séparée sans avoir rien fait pour cicatriser les plaies de l'État, Henri se chargea lui-même de ce soin. Il profita, pour y parvenir, du pouvoir absolu que la force des armes avait mis entre ses mains, sans tenter de convoquer les États-généraux, dont la réunion, au milieu de toutes les passions ennemies qui fermentaient encore, aurait été plus dangereuse qu'utile. Secondé par son digne ministre, le sage Sully, il rétablit l'ordre dans les finances au moyen d'une sévère économie, acquitta toutes les dettes de l'État, qui ne s'élevaient pas à moins de trois cent trente millions (plus de neuf cents millions d'aujourd'hui), et racheta pour cinquante millions de domaines aliénés. Malgré les charges énormes auxquelles il avait à satisfaire, les impôts les plus onéreux au peuple, les tailles et les gabelles, furent considérablement diminués. L'agriculture devint, grâce à la protection accordée à ceux qui s'y livraient, plus florissante que jamais. Ses produits augmentèrent à tel point que le roi ne craignait pas de permettre l'exportation des grains, jusque-là sévèrement défendue. La France, redevenue le grenier de l'Europe, trouva dans ce commerce une source nouvelle de richesses. Ainsi fut pleinement justifiée cette parole que Sully ne cessait de répéter au roi : « Le labourage et le pâturage sont les deux mamelles » dont la France est alimentée, les vraies mines et trésors » du Pérou. » Henri IV pouvait alors espérer de vivre assez pour voir l'accomplissement de ce vœu si cher à son cœur : « Je veux que chaque laboureur de mon royaume, » disait-il, puisse mettre la poule au pot le dimanche. »

La sollicitude de Henri IV embrassa toutes les parties de l'administration. Il réprima avec une grande sévérité les exactions des financiers et la licence des gens de guerre. « Si l'on ruine mon peuple, disait-il, qui me nourrira, » qui soutiendra les charges de l'État? Vive Dieu! s'en » prendre à mon peuple, c'est s'en prendre à moi- » même. » Afin d'ôter tout prétexte au pillage des gens de guerre, il assura le paiement exact de leur solde, et leur donna une preuve de sollicitude en créant, pour ses soldats et officiers invalides, un hôpital militaire, noble penséc, qui devait recevoir de son petit-fils un développe-ment si magnifique et si digne de la grandeur de la France.

Quoique les arts industriels fussent encore peu appré-ciés, même par l'habile Sully, à une époque où l'on éprou-vait bien plus le besoin de vaillants soldats que d'ouvriers habiles, cependant les manufactures furent encouragées, celles de soieries, de tapisseries, de glaces, de verrerie, furent créées, ou prirent d'importants accroissements. L'éta-blissement du canal de *Briare* ouvrit une nouvelle voie au commerce et aux approvisionnements de la capitale. Paris s'embellit de somptueux édifices. Le *pont Neuf* est achevé; la longue *galerie* qui unit le *Louvre*, l'ancien palais des rois, avec celui des *Tuileries*, élevé par Cathe-rine de Médicis, est commencée : sur tous les points du royaume les places fortes sont relevées et armées d'une redoutable artillerie, les arsenaux augmentés; les grandes routes sont réparées et plantées d'ormes ou d'arbres frui-tiers; enfin la culture du mûrier et l'éducation des vers à soie, encouragée en France, assure à l'une de ses plus précieuses industries un immense développement.

La marine, quoique moins favorisée, ne fut cependant pas négligée, ainsi que le prouve l'extension donnée aux établissements français dans les deux Amériques. C'est en effet du règne de Henri IV que date la colonisation de la *Guyane* et celle du *Canada*, où furent jetés (1608) les fondements de la ville de *Québec*.

Les lettres, dont les progrès sont attestés par les noms de poëtes, d'orateurs, de moralistes et d'historiens, qui conservent de nos jours encore une réputation méritée, excitèrent aussi toute la sollicitude du roi. Les savants étran-gers furent attirés à Paris et magnifiquement récompensés; de nouveaux colléges furent fondés; enfin la *Bibliothèque royale*, qui était restée jusqu'alors à Fontainebleau, fut transférée à Paris et augmentée d'une foule d'ouvrages et de manuscrits précieux.

Les abus que tant de troubles et de violences avaient introduits dans l'administration de la justice furent répri-més. La vénalité des charges, que l'état des finances ne permettait pas d'abolir, fut modérée par l'institution de la *paulette*, qui rendit les offices de judicature héréditaires dans les familles, moyennant le paiement d'une somme annuelle. Le duel fut interdit sous peine de mort (1602 et 1609); la même peine menaça les banqueroutiers, et malheureusement aussi ceux qui contrevenaient aux lois rigoureuses contre la chasse, l'une des passions favorites du roi. L'histoire lui reproche encore celle du jeu et l'empire que les femmes exercèrent toujours sur lui. Mais, s'il montra à leur égard une déplorable faiblesse, il faut reconnaître du moins qu'il ne leur sacrifia jamais les grands intérêts de l'État, et que jamais non plus elles n'exercèrent aucune influence sur le choix des sages conseillers dont il eut le rare talent et le bonheur de s'entourer. Nous avons déjà nommé le grand *Sully*, le plus habile et le plus fidèle ministre qu'aucun souverain ait jamais possédé, et son coopérateur le plus actif dans l'exécution de tant de choses grandes et utiles. Ce n'est pas le moindre mérite de Henri IV que d'avoir su conserver sa confiance à ce digne ministre, en dépit de toutes les jalousies qu'excitait sa faveur; et l'histoire s'est plu à conserver un mot qui prouve de quelle considération il aimait à entourer cet ami fidèle, et quelle affection délicate il lui portait. A la fin d'une explication relative à de mensongères accusations portées contre lui, Sully s'était jeté aux pieds de Henri : « Relevez-vous, Sully, s'écria » vivement le bon roi; ceux qui nous voient vont croire » que je vous pardonne. » — Au nom de Sully, il faut ajouter, parmi ceux qui illustrèrent le règne de Henri IV, ceux du chancelier Sillery et du président Jeannin, et ceux des ministres Bellièvre et Villeroy, qui rappellent à la fois de grands talents et de grandes vertus.

Henri IV est un des princes dont l'avénement au trône a le plus enrichi le domaine de la couronne. Outre ce qui lui restait du royaume de *Navarre*, dont il réunit le titre à celui de roi de France, et que ses successeurs ont porté après lui, il lui apporta le *Béarn*, le duché d'*Albret*, les comtés de *Foix*, d'*Armagnac*, de *Bigorre*, de *Rodez*, de *Dreux*, de *Penthièvre*, de *Périgord*, de la *Haute-Marche*, qui faisaient partie de cette même souveraineté; les duchés de *Vendôme*, de *Beaumont-le-Vicomte*; les comtés de *Tarascon*, de *Marle*, de *La Fère*, et un grand nombre de terres d'une moindre importance.

QUESTIONNAIRE. — 163. En quel état se trouvait la France à l'avénement de Henri IV ? — Quels droits avait-il au trône ? — Qui fut proclamé roi par les Ligueurs ? — Comment Henri IV fut-il forcé de lever le siége de Paris ? — 164. Quelle promesse avait faite aux Parisiens le duc de Mayenne? — Quelle fut la première victoire remportée sur lui par

Henri IV? — Quelle lettre écrivit Henri IV à Crillon après la bataille d'Arques? — Quelle victoire confirma celle d'Arques, et quelles paroles Henri adressa-t-il à ses soldats avant la bataille? — Quelle fut sa conduite dans ce combat? — Quel effet produisirent sur la Ligue les victoires de Henri IV? — Racontez le siège de Paris, et la disette à laquelle cette ville fut bientôt réduite. — Par quelles paroles et quelles actions Henri montra-t-il alors sa clémence? — Comment fut-il forcé de lever le siège de Paris? — Combien de temps se continua encore la guerre, et quels en furent les principaux événements? — 165. Que se passa-t-il aux États-généraux de 1593? — Où Henri IV fit-il son abjuration et quel en fut le résultat? — Comment Henri ramena-t-il à lui plusieurs de ses adversaires? — Comment entra-t-il dans Paris? — Quel écrit contribua au succès de Henri IV? — 166. La soumission de Paris au roi mit-elle fin à la guerre civile? — Quelle victoire remporta encore Henri IV sur le duc de Mayenne, et quel en fut le résultat? — Comment Henri IV acheta-t-il la soumission des derniers rebelles? — Pourquoi Henri IV publia-t-il l'édit de Nantes? — Ne se réconcilia-t-il pas avec le pape? — 167. Quelle guerre restait-il encore à terminer? — Quels furent les événements de la guerre avec le roi d'Espagne et comment se termina-t-elle? — Comment Henri IV eut-il à combattre le duc de Savoie, et quels généraux conduisirent cette guerre? — Quelle acquisition la France fit-elle en donnant la paix à la Savoie? — Qui Henri IV épousa-t-il? — 168. Dans quelle intrigue entra le maréchal de Biron, et comment mourut-il? — Comment les jésuites furent-ils rappelés par Henri IV? — Quel projet occupa Henri IV dans les dernières années de sa vie? — Comment le bon Henri fut-il assassiné? — Quelle sensation produisit cet odieux attentat? — 169. Quelles paroles adressa Henri IV à l'assemblée des notables tenue à Rouen? — Sa conduite répondit-elle à ses paroles? — Par quel ministre fut-il secondé dans son administration, et comment rétablit-il l'ordre dans les finances? — Quels progrès fit l'agriculture sous le règne de Henri IV? — Quelle opinion avait Sully de l'agriculture? — Rappelez le vœu du bon Henri. — Avec quelle sollicitude Henri IV s'occupait-il de son peuple? — Quels encouragements accorda-t-il aux arts industriels? — Quel canal fut ouvert par Henri IV? — De quels monuments embellit-il la ville de Paris? — Les provinces n'eurent-elles pas aussi leur part dans ces utiles travaux? — Quelles colonies furent fondées sous le règne de Henri IV? — Les lettres n'excitèrent-elles pas aussi la sollicitude du bon roi? — Quel reproche l'histoire fait-elle à Henri IV? — Faites connaître le grand Sully, et les rapports de confiance et d'affection de Henri IV avec ce fidèle ministre? — Quels noms doit-on encore citer parmi ceux qui illustrèrent le règne de Henri IV? — De quelles provinces Henri IV enrichit-il le domaine?

ÉVÉNEMENTS CONTEMPORAINS. — 1609. La république des Provinces-Unies (Pays-Bas) fait reconnaître son indépendance. — 1609-1621. Cosme II de Médicis fait fleurir les lettres, le commerce, les sciences et les arts.

CHAPITRE SEPTIÈME.

LOUIS XIII.

RICHELIEU. — GUERRE DE TRENTE ANS.

170. ÉTAT DE LA MONARCHIE. — Les règnes des trois fils de Henri II nous ont offert, dans les troubles

suscités par les nouvelles idées religieuses et par l'ambition des princes, le spectacle de la réaction provoquée par
l'établissement définitif de la monarchie absolue sous François Ier et sous Henri II. Cette lutte, continuée pendant
les premières années du règne de Henri IV, sembla se
terminer au profit du pouvoir absolu, par le triomphe de
ce prince, qui monta sur le trône *par droit de conquête*
autant que *par droit de naissance*. Son assassinat et les
troubles qui le suivirent prouvèrent cependant que la
résistance n'était pas terminée encore. Mais elle devait
céder enfin aux coups répétés que lui portèrent les deux
habiles ministres et le grand prince dont nous allons maintenant raconter l'histoire. Cette succession non interrompue de trois hommes supérieurs, employant à assurer le
succès de la même cause les qualités diverses et si remarquables que la Providence leur avait départies, ne pouvait
manquer de vaincre tous les obstacles qui devaient se présenter encore.

171. **Louis XIII** (1610-1643). — **Régence de**
Marie de Médicis. — *Mes amis*, disait Henri IV à
quelques seigneurs mécontents de son administration,
quand vous ne m'aurez plus, vous connaîtrez ce que je
valais. Les désordres qui suivirent sa mort prématurée
ne le révélèrent que trop. L'assassinat de Henri IV livrait
le trône à un enfant de neuf ans, et le gouvernement à
une femme d'un esprit trop au-dessous de son ambition,
et « qui ne fut peut-être pas assez surprise ni assez affligée
de la mort funeste d'un de nos plus grands rois. » (Hé-
nault.) Le jour même de l'assassinat, le duc d'Épernon,
son complice peut-être, se rendit au parlement, escorté
des gardes françaises et suisses, et portant la main sur son
épée : « Elle est encore dans le fourreau, dit-il d'un air
menaçant : mais il faudra qu'elle en sorte, si l'on n'accorde pas dans l'instant à la reine un titre qui lui est dû
selon l'ordre de la nature et de la justice. » C'est ainsi que
le titre de régente fut décerné sans délibération à Marie
de Médicis. Son administration fut le règne des plus vils
intrigants. Dominée par une Italienne nommée Léonore
Galigaï, sa sœur de lait, elle donna toute sa confiance au
mari de cette femme, le Florentin *Concini*, plus connu
sous le nom de maréchal d'Ancre. Sully et tous les autres
ministres de Henri IV furent renvoyés du conseil, où
domina bientôt en maître ce maréchal de France, qui

n'avait jamais assisté à un combat. Irrités de sa fortune scandaleuse, le prince de Condé et plusieurs autres princes et grands seigneurs se retirèrent de la cour (1614), et la régente, pour éviter une nouvelle guerre civile, se vit contrainte de prodiguer aux mécontents les gouvernements les plus considérables et de convoquer les États-généraux (octobre 1614).

172. MAJORITÉ DU ROI. — Louis XIII ayant atteint sa quatorzième année, fit proclamer sa majorité par le parlement (2 octobre 1614), quelques jours avant l'ouverture des États-généraux. Ces États, les derniers qui aient été assemblés sous l'ancienne monarchie avant ceux de 1789, qui la renversèrent, se composaient de cent quarante députés du clergé, cent trente-deux de la noblesse et cent quatre-vingt-douze du tiers-état. Réunis dans les circonstances les plus favorables au développement des libertés nationales, ils perdirent le temps en vaines disputes de préséance, en réclamations, restées inutiles, contre les impôts existants et contre la fureur des duels, enfin à la rédaction de longs cahiers de doléances qui demeurèrent également sans résultat. Cinq mois après leur réunion, ils se séparèrent (24 mars 1615), sans avoir même donné satisfaction aux grands, qui reprirent les armes. Le roi se vit donc réduit à acheter leur soumission par de nouveaux sacrifices. Quelques années plus tard (1617), le maréchal d'Ancre après avoir abusé pendant sept ans d'un crédit sans bornes, fut assassiné avec l'approbation de Louis XIII, qui lui donna pour successeur un obscur gentilhomme nommé *de Luynes*. Celui-ci avait gagné les bonnes grâces du jeune roi en dressant pour lui des pies-grièches à prendre des moineaux. Cet homme, *qui ne savait pas ce que pesait une épée*, comme disait le duc de Mayenne, reçut celle de connétable (1621) ; mais peu de mois après, une violente maladie emporta ce nouveau favori, « qui, en quatre ans, dit un historien, avait mis plus de biens et de charges dans sa maison que le maréchal d'Ancre, contre lequel on avait tant crié. »

Ces onze années d'une mauvaise administration avaient remis la France dans l'état déplorable d'où l'avait tirée Henri IV. Trente millions amassés par Sully avaient été dissipés ; la reine-mère, brouillée avec son fils, avait été enfermée par ses ordres dans le château de Blois, d'où elle fut délivrée par le duc d'Épernon, toujours prêt à braver les lois et l'autorité ; enfin les réformés, inquiétés dans l'exercice de leur culte, s'étaient soulevés (1621), et une nouvelle guerre religieuse avait commencé à désoler la France, quand arriva la mort du duc de Luynes, suivie bientôt de l'entrée dans les conseils du roi (4 mai 1624) de l'un des plus célèbres ministres qui aient jamais existé.

175. MINISTÈRE DE RICHELIEU. — Ce ministre, dont le nom devait éclipser celui du prince sous le règne duquel il gouverna la France, était Armand Duplessis *de Richelieu*, d'abord évêque de Luçon, et promu depuis quelque temps (septembre 1622) à la dignité de cardinal, en récompense des services qu'il avait rendus, et surtout de l'habileté avec laquelle il avait conduit les négociations auxquelles donnèrent lieu les mécontentements des princes et les nouvelles intrigues de la reine-mère, qui s'était une seconde fois brouillée et raccommodée avec son fils. Appelé au ministère au milieu des circonstances les plus difficiles, il trouva dans son génie les moyens de triompher de tous les obstacles. Au dehors, l'influence toujours croissante de la maison d'Autriche devenait de plus en plus menaçante : au dedans, les divisions religieuses et les troubles suscités par l'ambition des grands continuaient à paralyser complétement l'action de la puissance publique, soit à l'intérieur, soit à l'extérieur. « Je puis dire avec vérité, écrivait Richelieu à Louis XIII, que les huguenots partagent l'État avec Votre Majesté, que les grands se conduisent comme s'ils n'étaient vos sujets, et les plus puissants gouverneurs des provinces, comme s'ils étaient souverains en leur charge. » Dès qu'il eut pris en main le pouvoir, toute sa politique se réduisit à trois points principaux, savoir : abaisser la trop puissante maison d'Autriche, réduire les protestants d'un côté, de l'autre les grands, à l'impuissance de troubler la France. Afin de mieux suivre la marche de Richelieu dans l'exécution de ce triple projet, nous exposerons séparément ce qui se rapporte à chacune de ces trois grandes résolutions, suivies avec constance pendant dix-huit années, en faisant observer toutefois que le cardinal sut presque toujours les mener de front. L'indication des dates de tous les événements remarquables suffira pour établir l'ordre dans lequel les faits divers se sont succédé.

174. GUERRE CONTRE LES PROTESTANTS. — L'as-

sassinat de Henri IV, que les protestants regardaient toujours, malgré son abjuration, comme leur protecteur
contre la haine que leur portaient les catholiques, renouvela toutes leurs alarmes. Portés à la révolte par les rivalités de ceux qui se disputèrent le pouvoir pendant les
premières années du règne de Louis XIII, ils avaient,
comme nous l'avons dit, repris les armes (1621). Les
places fortes, que Henri IV avaient eu l'imprudence de
leur laisser pour leur sûreté, facilitaient leur résistance
et leur permettaient de se considérer comme une puissance au milieu de l'État. Une assemblée composée des
principaux chefs, et réunie à *La Rochelle*, qu'ils regardaient comme leur capitale, avaient même rêvé l'établissement en France d'une république protestante divisée
en huit cercles, dont elle avait déjà nommé tous les gouverneurs. Cependant la ville de *Saint-Jean d'Angely* et
plusieurs autres leur furent enlevées par le roi, et la paix
de Montpellier (1622) ne laissa entre leurs mains que les
deux places de La Rochelle et de Montauban. Richelieu,
arrivé au pouvoir, dut bientôt les combattre à son tour
(1625). Ils se soulevèrent au moment même où le ministre,
décidé à recommencer la lutte contre la maison d'Autriche, venait de porter la guerre en Italie. Ne voulant
pas avoir à la soutenir au dedans et au dehors tout à la
fois, il fit la paix avec tout le monde (1626), se réser-
vant de profiter de cette paix même pour achever la ruine
des huguenots, et ajournant ses projets contre la maison
d'Autriche jusqu'au moment où il les aurait entièrement
écrasés. Il se montra donc peu difficile sur les conditions
d'une paix qu'il ne comptait pas observer longtemps. Par
le traité conclu entre eux (3 février 1326), les protestants
conservèrent tous les avantages dont ils étaient en possession, et qui leur furent même garantis par l'Angleterre.
Une rupture avec cette puissance fit recommencer la
guerre plus promptement que le cardinal ne l'avait projeté
(juillet 1627). Cependant déjà ses mesures étaient prises
pour s'emparer de La Rochelle. Décidé à renverser ce
boulevard du protestantisme en France, il se rend lui-
même sous ses murs avec le jeune roi (nov. 1627). Cette
ville prolongea toutefois près d'une année sa résistance,
grâce aux avantages de sa situation au milieu de marais
qui en défendaient l'approche et au fond d'un petit golfe
qui lui permettait de recevoir par mer les secours de

l'Angleterre. Convaincu de l'impossibilité de s'en emparer tant que subsisteraient ses communications avec la mer, Richelieu les ferme à l'aide d'une digue jetée en travers du golfe et regardée encore de nos jours comme un ouvrage gigantesque. En vain les flottes anglaises s'efforcèrent-elles d'arrêter les travaux et de rompre la digue ; en vain les Rochellois réduits à leurs propres forces, mais soutenus par le courage héroïque de leur maire *Guiton*, opposèrent-ils à toutes les attaques une constance et des efforts inouïs ; réduits par la famine à cinq mille de vingt-six mille qu'ils étaient au commencement du siége, ils furent contraints de se rendre (30 octobre 1628) et de livrer leurs armes. Toutes les fortifications qui défendaient la ville du côté de la terre furent rasées et tous les priviléges de la commune abolis. Les réformés, atterrés par ce terrible échec, n'opposèrent plus qu'une faible résistance : de toutes les places qui leur restaient, Montauban seule tenait encore, lorsque le traité d'*Alais* (28 juin 1729) mit enfin un terme aux guerres de religion. Ce traité assurait aux protestants le libre exercice de leur culte ; mais toutes forteresses leur étaient enlevées, leurs assemblées étaient supprimées et tous leurs priviléges abolis ; en un mot, ils avaient cessé de former un État dans l'État. Les grands, que la défaite des protestants privait de leurs plus puissants auxiliaires, allaient bientôt en ressentir le contre-coup ; mais des soins plus pressants préoccupèrent d'abord le vainqueur des huguenots.

175. ABAISSEMENT DE LA MAISON D'AUTRICHE. — GUERRE DE TRENTE ANS. — Libre de tourner contre l'étranger toutes les forces de la France, Richelieu, qui, dès la première année de son ministère, avait attaqué l'Autriche dans ses possessions en Italie, résolut de poursuivre l'exécution du projet conçu par Henri IV d'abaisser cette puissante maison, dont l'ambition menaçait plus que jamais l'indépendance de l'Europe. L'une des branches de cette famille occupait le trône impérial et possédait la Bohême et la Hongrie avec la plus grande partie de l'Allemagne, et l'autre dominait sur l'Espagne, les Pays-Bas, la Franche-Comté et l'Amérique. Mais, au sein de l'Allemagne, l'empereur Ferdinand II avait à soutenir une guerre terrible contre les princes protestants. Richelieu, qui venait d'écraser les hérétiques en France, les aide en Allemagne de tous ses moyens, pendant la célèbre guerre appelée guerre de Trente Ans, dont nous allons ici donner un récit abrégé.

L'Allemagne était bouleversée lors de l'avénement de Ferdinand II, par les suites des guerres de religion : les protestants donnaient la couronne à Frédéric V, électeur palatin et gendre du roi d'Angleterre. La Hongrie se livrait à Betlem Gabor, prince de Transylvanie. Ferdinand II, entouré d'ennemis, faillit être pris dans Vienne. Mais le duc de Bavière et la ligue catholique d'Allemagne se déclarèrent en sa faveur. Le calviniste Frédéric V, abandonné de la ligue luthérienne, perdit, par sa négligence et sa lâcheté, la bataille de Prague (1620) : la valeur d'Ernest de Mansfeld ne put lui conserver même le Palatinat. Ferdinand partagea les dépouilles du vaincu entre ses alliés, et pour punir la révolte de la Bohême, il y rétablit solennellement la religion catholique, bannit les ministres protestants, et déchira les lettres de majesté. Ainsi se termina la *Période Palatine* de la guerre de trente ans.

Bientôt commença la *Période Danoise*. Les protestants, inquiets de la puissance de Ferdinand, appelèrent à leur secours Christian IV, roi de Danemark. Ferdinand, pour ne pas se mettre sous la dépendance de la ligue catholique d'Allemagne, donna le commandement au célèbre comte de Waldstein, qui se chargea de lever lui-même une armée de cinquante mille hommes. Tandis que Tilly, chef de l'armée de la ligue catholique, battait Christian IV à Lutter, Waldstein envahissait le Mecklembourg, la Poméranie, le Holstein, et assiégeait Stralsund (1628). Le roi de Danemark, tremblant pour ses propres États, conclut une paix humiliante (1629). Ferdinand, encore une fois vainqueur, traita sévèrement l'Allemagne ; l'*édit de restitution* des biens ecclésiastiques fut lancé contre les protestants, et Waldstein, chargé de l'exécuter, livra l'Allemagne à la merci de ses soldats. Ce fut une effroyable dévastation : les plaintes des alliés mêmes de Ferdinand le forcèrent à disgracier Waldstein ; l'empereur s'était privé de son meilleur général, quand les Suédois et Gustave-Adolphe, qui venaient de s'illustrer par trois guerres glorieuses contre le Danemark, la Russie et la Pologne, appelés par Richelieu et secourus par lui, se précipitèrent sur l'Allemagne.

Ce roi de neige fondra au soleil du midi, disait Ferdinand à la nouvelle de l'invasion. Mais si les hommes du nord déconcertèrent la routine allemande en commençant la guerre en plein hiver, ils ne furent pas moins redoutables l'été suivant, et l'impétueuse rapidité de leurs mouvements rendit inutile tout le système de défense adopté par l'empereur. « Se rendre maître des places fortes en suivant le cours des fleuves, assurer la Suède en fermant la Baltique aux impériaux, leur enlever tous

leurs alliés, cerner l'Autriche avant de l'attaquer : tel fut le
plan de Gustave-Adolphe. S'il eût marché droit à Vienne, il
n'apparaissait à l'Allemagne que comme un conquérant étranger;
en chassant les impériaux des États du nord et de l'occident
qu'ils écrasaient, il se présentait comme le champion de l'Empire contre l'empereur. »

Tilly, par la destruction de Magdebourg, ne fit qu'attirer sur
son parti l'exécration générale, et augmenter le nombre de ses
ennemis : vaincu à la sanglante bataille de Leipzig (1631), il
ne put empêcher Gustave-Adolphe de traverser comme un torrent les électorats de Trèves, de Mayence, du Rhin, l'Alsace
et la Bavière, et il mourut de ses blessures en défendant les
bords du Lech (1632).

Ferdinand, sans armée, sans général, dut recourir à Waldstein.
L'orgueilleux sujet ne reprit le commandement qu'avec un pouvoir militaire au moins égal à celui de l'empereur. Bientôt les
deux plus grands généraux de leur siècle étaient en présence,
hésitant l'un et l'autre à compromettre leur réputation d'invincibles. Enfin Gustave-Adolphe attaqua le premier, pour défendre
l'électeur de Saxe, son allié. Waldstein perdit la bataille de
Lutzen ; mais elle coûta la vie au roi de Suède.

La Suède cependant conserva le rôle glorieux que lui avait
donné Gustave. Le génie du chancelier Oxenstierna et l'alliance
de la France empêchèrent la dissolution de la ligue protestante.
D'habiles capitaines, formés à l'école de Gustave-Adolphe, continuèrent la guerre. Waldstein, retiré dans son palais de Prague,
où il avait une véritable cour, attendait l'occasion d'accabler les
Suédois, et plus encore celle de se rendre indépendant de l'empereur. Ferdinand II s'en débarrassa, comme Henri III du duc
de Guise (1634); trois assassins le tuèrent dans son palais. Cependant une victoire de l'archiduc Ferdinand releva le parti
impérial, et la paix de Prague (1635) suivit de près la bataille
de Nordlingen. Les Suédois n'étaient plus assez forts pour lutter
seuls, et la France allait paraître en personne sur le champ de
bataille pour terminer glorieusement la guerre.

Richelieu, qui depuis longtemps soutenait les Suédois de ses
secours, se déclara ouvertement; il suscita un nouvel ennemi à
l'Espagne et à l'Autriche, en faisant entrer dans la ligue contre
la maison d'Autriche la Hollande, à laquelle il promit le partage
des Pays-Bas, mit sur pied sept armées à la fois, et acheta les
services de Bernard de Weimar, le meilleur général de Gustave-
Adolphe. Banner, autre général suédois, ouvrit la campagne
par la victoire de Wittstock. En même temps, à Ferdinand II
succéda Ferdinand III, prince plus tolérant et plus modéré; mais
la guerre allumée de toutes parts ne pouvait s'éteindre tout à
coup. Un instant les impériaux reprirent l'avantage en Allemagne, et la frontière française des Pays-Bas fut entamée, tan-

dis que la fortune en Italie semblait favorable aux Espagnols ; toutefois les exploits de Bernard, qui emporta Fribourg et Brisach, après avoir battu quatre armées, et surtout la révolution de Portugal (1640), qui en occupant ailleurs les forces de l'Espagne, la réduisit à la défensive, rendirent au parti français toute sa supériorité. Malgré quelques revers partiels, cette guerre avait mis au pouvoir de la France, à l'époque de la mort de Louis XIII, l'Artois, Sedan, la Lorraine, l'Alsace, la forteresse de Pignerol, l'une des clefs de l'Italie, le Roussillon et la plus grande partie de la Catalogne. De plus, la révolte du Portugal avait encore diminué la puissance des ennemis de la France. Le plan de Richelieu se trouvait donc déjà accompli en partie au moment où commença le règne de Louis XIV.

176. LES GRANDS RÉDUITS A L'OBÉISSANCE. — L'exécution de ses projets contre les protestants et la maison d'Autriche n'avait pas distrait Richelieu d'une troisième entreprise, à laquelle il n'attachait pas une moindre importance. A la faveur des querelles religieuses, la féodalité, représentée par les seigneurs qui entouraient le trône, tentait un dernier effort pour ressaisir son influence ; mais, réduite à l'impuissance d'agir à force ouverte, c'était par un mépris hautain des lois de l'État et par des complots dirigés contre tous ceux qui exerçaient le pouvoir, qu'elle manifestait ses projets ambitieux. L'arrivée de Richelieu au ministère suscita de nouvelles conspirations : il les punit avec une inflexible rigueur. Le comte de Chalais, convaincu d'être entré dans un complot contre la vie du ministre, est décapité 1626), et le cardinal se fait donner une compagnie de gardes pour sa sûreté. Deux autres gentilshommes des plus illustres, qui avaient cru pouvoir enfreindre impunément les lois du duel, sont exécutés en place de Grève (1627). La reine-mère, irritée de se voir réduite à plier sous un ministre dont elle a fait la fortune, et Gaston, duc d'Orléans, frère du roi, qui portait une haine violente au cardinal, sont forcés, en punition de leurs intrigues contre lui, à quitter le royaume. Ce fut la *journée des dupes* (10 novembre 1630). Pour avoir pris part à ces intrigues, le maréchal de Marillac, illustré par quarante années de services rendus à son pays, est arrêté au milieu de son armée, condamné sur de vagues accusations, et décapité (mai 1632). Le duc de Montmorency, gouverneur du Languedoc, qui avait pris les armes, à la sollicitation de Gaston, pour seconder un complot tramé par ce prince avec les Espagnols, est fait prisonnier au combat de *Castelnaudary*, condamné à mort comme coupable de haute trahison, et exécuté (octobre 1632). Le supplice de cet illustre et dernier représentant de la féodalité apprit à la noblesse que le rang le plus élevé ne serait plus un asile pour ceux qui tenteraient de s'appuyer sur l'étranger afin de porter le trouble dans l'État. Enfin la condamnation de Cinq-Mars, favori du roi, qui avait essayé de supplanter le ministre, et de son ami, le jeune de Thou, exécutée (12 septembre 1642) trois mois seulement avant la mort du redoutable ministre, prouve avec quelle jalousie il retint le pouvoir jusqu'à ses derniers moments. Louis XIII, qui ne l'aimait pas, eut du moins la sagesse de lui conserver sa confiance, malgré toutes les intrigues de ses ennemis; mais on ne s'étonne pas qu'il ait vu sans chagrin (4 décembre 1642) la mort d'un ministre dont le joug lui pesait. « Richelieu, dit Montesquieu, fit jouer à son monarque le second rôle dans la monarchie et le premier dans l'Europe : il avilit le roi, mais il illustra le règne. » Richelieu fit plus encore; il voulut se survivre à lui-même, en léguant, en quelque sorte, à son prince un successeur capable de continuer son œuvre; mais Louis XIII eut à peine le temps de l'apprécier. Déjà gravement malade à l'époque de la mort de Richelieu, il le suivit dans la tombe cinq mois après (14 mai 1643).

177. INSTITUTIONS ET CRÉATIONS DIVERSES. — Les institutions de la France reçurent peu de développements pendant ce règne tout consacré à faire triompher de grandes combinaisons politiques; mais nous devons mentionner une ordonnance (1641) qui complétait le système politique de Richelieu. Par cette ordonnance, le roi, qui vint en personne la faire enregistrer, rappelait aux parlements « qu'ils n'avaient été établis que pour rendre la justice; leur faisait en conséquence très-expresses *inhibitions* et défenses de prendre à l'avenir connaissance d'aucunes affaires qui peuvent concerner l'État, administration et gouvernement d'icelui; déclarait nuls toutes délibérations et arrêts qui pourraient être rendus à l'avenir contre cet ordre; ordonnait que tous les édits qu'il enverrait à ses cours sur le gouvernement et administration de l'État fussent publiés et enregistrés, *sans que le Parlement en prît même connaissance;* permettait seulement de déduire les difficultés que pourraient présenter ceux qui re-

garderont les finances, mais non d'y apporter aucune
modification ; et, si le roi ne jugeait pas à propos d'y rien
changer, ordonnait qu'ils fussent enregistrés toute affaire
cessante. » Afin d'ôter au Parlement l'envie de résister à
cet acte, qui le dépouillait d'un pouvoir usurpé, il est
vrai, mais que la nation pouvait regarder comme sa dernière sauvegarde, le roi déclara qu'il supprimait les charges d'un président et de quatre conseillers qui s'étaient
signalés récemment par leur opposition. L'acte qui enlevait ainsi violemment à la magistrature son inamovibilité
était le digne complément de toutes les mesures tyranniques employées par Richelieu pour établir le despotisme
sur les derniers vestiges des libertés nationales.

Ces violences dirigées contre les cours judiciaires indiquent assez quelles garanties pouvait offrir aux accusés
l'administration de la justice. Livrés à des commissions
extraordinaires, ils n'avaient aucune chance d'échapper à
la mort, si la politique du ministre exigeait leur supplice.
Le nom du conseiller *Laubardemont*, qui accepta l'odieuse
commission de faire brûler vif le curé de Loudun, Urbain
Grandier, accusé de sortilége (1634), est devenu pour les
juges vendus au pouvoir la plus sanglante injure.

L'attention de l'historien se reporte plus volontiers sur
les encouragements accordés aux sciences et aux lettres
par Richelieu, qui fonda l'*Académie française*, l'établissement du *Jardin des Plantes*, et qui rétablit la *Sorbonne*,
dont il choisit l'église pour le lieu de sa sépulture. Ce fut
lui aussi qui fit bâtir le *Palais-Cardinal*, nommé Palais-
Royal depuis la donation que le cardinal en fit au roi par
son testament. On peut citer encore, parmi les monuments de ce règne, la statue élevée sur le pont Neuf à
Henri IV.

L'érection du siége épiscopal de *Paris* en archevêché
date aussi du règne de Louis XIII (20 octobre 1622).
C'est à cette époque enfin que vivait *Vincent de Paul*, que
son immense charité et ses vertus ont fait mettre par l'É-
glise au nombre des saints. Plusieurs des institutions de
cet illustre bienfaiteur de l'humanité, et particulièrement
celle des sœurs de la Charité, se rapportent au règne de
Louis XIII. L'établissement des Enfants-Trouvés, qui fut
aussi une des créations de ce vénérable apôtre de la charité chrétienne, fut fondé seulement dans les premières
années du règne de Louis XIV (1648).

QUESTIONNAIRE. — 170. Quel était l'état du royaume à l'avénement de Louis XIII ? — 171. Quel âge avait le fils et le successeur de Henri IV ? — Comment la régence fut-elle remise à Marie de Médicis ? — Comment en exerça-t-elle les pouvoirs ? — Quel ministre choisit-elle ? — 172. A quel âge Louis XIII fut-il déclaré majeur ? — Comment furent composés les Etats généraux de 1614 et que firent-ils ? — Que devint Concini ? — Qui eut-il pour successeur ? — Quelle dignité obtint de Luynes et comment mourut-il ? — Quelles furent les conséquences de la mauvaise administration de la régente ? — Dans quel état se trouvait la France à la mort du duc de Luynes. — 173. Faites connaître le ministre célèbre qui remplaça de Luynes. — Quelle tâche Richelieu avait-il à accomplir ? — Quel moyen prit-il pour y arriver ? — 174. Dans quelle situation se trouvaient en France les protestants depuis le règne de Henri IV ? — Comment furent apaisées les différentes révoltes qu'ils tentèrent sous Louis XIII? — Comment éclata de nouveau la guerre contre eux ? — Faites connaître la conduite de Richelieu au siége de la Rochelle, et la manière dont il s'en empara. — Quel fut le résultat de la prise de la Rochelle ? — Par quel traité fut terminé la guerre, et quelles en étaient les conditions ? — 175. Quel objet se proposa le cardinal de Richelieu dans sa politique extérieure ? — Sur quelles contrées dominaient les deux branches de la maison d'Autriche ? — Indiquez les divers moyens employés par Richelieu pour affaiblir cette maison ? — Quel était l'état de l'Allemagne à l'avénement de Ferdinand II ? — Racontez les événements de la *période palatine* de la guerre de trente ans. — Quels furent les généraux qui se distinguèrent pendant la *période donoise* ? — Pourquoi Waldstein fut-il disgracié par l'empereur ? — Quelle plaisanterie Ferdinand II fit-il sur l'invasion de Gustave-Adolphe ? — Comment la guerre fut-elle conduite par le roi de Suède ? — Comment Ferdinand fut-il forcé de rappeler Waldstein ? — Comment mourut Gustave-Adolphe et quels généraux lui succédèrent ? — Comment Richelieu dirigea-t-il la guerre et quel moyen employa-t-il pour se créer des auxiliaires ? — Quelles furent les alternatives de la guerre ? — Quels résultats avait amenés la guerre à la mort de Louis XIII ? — Qu'était-il arrivé en Portugal ? — Le cardinal vit-il son plan entièrement accompli ? — 176. Quelle autre entreprise Richelieu menait-il de concert avec sa lutte contre la maison d'Autriche ? — Faites connaître quelques-unes des victimes des rigueurs du cardinal. — Ces rigueurs n'atteignirent-elles pas la reine mère elle-même et Gaston d'Orléans ? — Quel sort éprouva Marillac ? — Quelle condamnation encourut le duc de Montmorency ? — Quelle leçon donna son supplice à la noblesse ? — Que prouve la condamnation de Cinq-Mars et de son ami le jeune de Thou ? — En quel état se trouvait la féodalité à la mort du cardinal de Richelieu ? — Louis XIII survécut-il longtemps à son habile ministre ? — 177. Les institutions de la France reçurent-elles beaucoup de développements sous le règne de Louis XIII ? — Quelle ordonnance fut rendue concernant le parlement et par quelles mesures fut-elle appuyée ? — Quels établissements fonda Richelieu en faveur des lettres et des sciences ? — Quels monuments éleva-t-il dans Paris ? — Quel grand saint vécut sous le règne de Louis XIII, et quels sont les principaux établissements dus à son immense charité ?

ÉVÉNEMENTS CONTEMPORAINS. — 1611-1632. Règne de Gustave-Adolphe en Suède. — 1632. Galilée condamné par l'inquisition. — 1633. Les Pays-Bas catholiques réunis à la couronne d'Espagne. — 1640. Avénement de l'électeur Frédéric-Guillaume le Grand, fondateur de l'indépendance et de la grandeur de la Prusse. — 1640. Révolution de Portugal : avénement de la maison de Bragance.

CHAPITRE SEPTIÈME.

LOUIS XIV.

RÉGENCE D'ANNE D'AUTRICHE. — MAZARIN.

BATAILLES DE ROCROY ET DE FRIBOURG. — TRAITÉ DE WESTPHALIE.

LA FRONDE. — TRAITÉ DES PYRÉNÉES. —COLBERT.

TRAITÉ D'AIX-LA-CHAPELLE.

178. LOUIS XIV. — RÉGENCE D'ANNE D'AUTRICHE. -- MAZARIN (1643-1715). — Le successeur de Louis XIII, son jeune fils, Louis XIV, n'avait pas cinq ans lorsqu'il monta sur le trône, qu'il devait occuper soixante-douze ans. C'est le règne le plus long et le plus rempli dont l'histoire fasse mention. D'après le testament de Louis XIII, le prince de Condé devait être le chef du conseil de régence pendant la minorité du roi ; mais le Parlement déféra la régence à la reine-mère, Anne d'Autriche, comme il l'avait donnée à Marie de Médicis. Ce droit, que s'était ainsi deux fois arrogé le Parlement, n'était pas la moins importante des usurpations législatives par lesquelles ce corps, qui s'appelait le *tuteur des rois*, essaya, comme nous le verrons, d'établir pendant la minorité de Louis XIV une sorte de *monarchie parlementaire*. Mais il rencontra un obstacle à ses prétentions dans un homme que Richelieu en mourant avait recommandé au roi. Le soir même, en effet, de la mort de Richelieu, Louis XIII avait appelé à son conseil le cardinal de Mazarin, prélat italien, qui avait passé du service du pape à celui du roi de France. Ami et confident de Richelieu, chargé de ses missions les plus difficiles, Mazarin se trouvait naturellement appelé à continuer le système politique de son prédécesseur ; mais c'était le *renard succédant au lion*. Doué d'une finesse et d'une habileté peu communes, d'un sens exquis et d'une admirable pénétration, Mazarin avait compris combien il lui importait de ne point accepter le funeste héritage de toutes les haines que Richelieu laissait après lui. Prévoyant la mort du roi, qui ne pouvait tarder longtemps, et sentant que c'était pour la prochaine minorité qu'il lui

importait de se ménager le pouvoir, il n'avait rien négligé pour se réconcilier avec tous les ennemis de la cour.
Un caractère conciliant, un esprit fécond en expédients,
des formes douces et polies lui permirent de tenter avec
succès une difficile entreprise, savoir, de calmer les passions en servant d'intermédiaire entre les partis. Il voulut détendre tous les ressorts, tout adoucir, gagner partout de la reconnaissance, et cependant ne causer aucune
secousse, n'amener aucun brusque changement de système. Cette politique habile lui réussit complétement, et
lorsque arriva la mort de Louis XIII, il se trouva prêt à
se charger seul du pouvoir, qu'il avait jusque-là partagé
avec deux secrétaires d'État. Il eut alors l'adresse de gagner toute la confiance et même toutes les affections de la
régente, et réussit à se faire déclarer par elle premier ministre, malgré toutes les intrigues du parti des *Importants*, composé de quelques seigneurs, à la tête desquels
figurait un petit-fils de Henri IV, le duc de Beaufort, qui
avait aussi l'ambition de gouverner l'État.

179. Traité de Westphalie. — Tandis que ces intrigues s'agitaient à la cour, la guerre se continuait contre
l'Empire et l'Espagne. Le règne du nouveau roi fut inauguré par de brillantes victoires. Cinq jours après son avénement (19 mai 1643), la glorieuse bataille de *Rocroy* fut
gagnée sur les Espagnols par un jeune héros, le duc d'Enghien, âgé de vingt-deux ans seulement, et si célèbre
depuis sous le nom de *grand Condé*. Cette victoire et celles
de *Fribourg* (1644), de *Nordlingen* (1645), et de *Lens*
(1648), toutes remportées par le grand Condé, amenèrent
(24 octobre 1648) les traités célèbres de *Munster* et d'*Osnabruck*, appelés aussi la *paix de Westphalie*. La destruction
de la prépondérance exclusive de la maison d'Autriche et
d'importantes modifications opérées dans le nombre et dans
les limites des divers États établirent en Europe le *système
d'équilibre*, qui fait encore la base de la politique actuelle.
Ce traité, qui a mérité ainsi le surnom de *Code des nations*,
conserva à la France l'*Alsace*, les *Trois-Evêchés*, et les forteresses de *Philippsbourg*, de *Brisach* et de *Pignerol*,
regardées comme les clefs de l'Allemagne et du Piémont. Mais
ce qui lui fut plus utile encore que ces agrandissements de
territoire, ce fut l'immense accroissement de son influence
morale en Europe, juste récompense de la persévérance et
de l'habileté avec lesquelles son gouvernement avait pour-

suivi l'exécution du hardi projet de Henri IV et de Richelieu. L'Espagne ne voulut pas accéder aux traités de
Westphalie, et continua la guerre, qui dura encore onze
années par suite des troubles survenus dans l'intérieur de
la France, où l'Espagne trouva, comme au temps de la
Ligue, ses plus utiles auxiliaires.

180. GUERRE DE LA FRONDE.— TRAITÉ DES PYRÉ-
NÉES.—Quelque habile que fût l'administration du cardinal
Mazarin, les ambitions déçues et sa qualité d'étranger, qui
le rendait odieux au peuple, ne pouvaient manquer de lui
susciter de grandes difficultés. La création de quelques
charges nouvelles et de nouveaux impôts sur les denrées
qui entraient dans Paris (1647), donna lieu aux premières
discussions graves entre la cour et le Parlement, qui, ces-
sant de s'occuper du soin de rendre la justice, se mit à la
tête du parti politique opposé au cardinal. C'est alors que
fut tenté l'établissement de cette *monarchie parlementaire*,
qui, « dans son règne d'un moment, eut pour magistrat
Matthieu Molé, pour prélat le cardinal de Retz, pour héroïne
la duchesse de Longueville, pour héros populaire le beau
duc de Beaufort, surnommé le *Roi des Halles*, et pour généraux Condé et Turenne. Mais cette monarchie neutre,
qui n'était ni la monarchie absolue, ni la monarchie tem-
pérée des États, cette monarchie qui paraissait entre l'une
et l'autre, qui ne voulait ni la servitude ni la liberté, qui
n'aspirait qu'au renversement d'un ministre fin et habile,
cette monarchie, à la suite de quelques princes brouillons
et factieux, passa vite. Louis XIV, devenu majeur, entra
au parlement avec un fouet, sceptre et symbole de la monarchie absolue, et les Français furent mis à l'attache pour
cent cinquante ans. » (CHATEAUBRIAND.)

La lutte entre la cour et le Parlement, entre les *Maza-
rins*, qui soutenaient le cardinal, et les *Frondeurs*, qui
attaquaient son administration, dura cinq années (1648-
1653), pendant lesquelles les deux partis se combattirent
par des bons mots et des railleries autant au moins que par
les armes. L'arrestation, par ordre de la reine, du vieux
conseiller Broussel et de deux autres membres du Parlement, devint le signal de la guerre. Le peuple de Paris,
qui voyait en eux ses défenseurs, se souleva en leur faveur.
Des barricades furent dressées, le jour même où l'on chantait le *Te Deum* pour la victoire de Lens (26 août 1648).
La cour s'enfuit à Saint-Germain et trouva un défenseur

12.

dans le grand Condé : les Parisiens et le Parlement avaient
pour eux le maréchal de Turenne, le duc de Beaufort, le
duc de la Rochefoucauld, et Gondy, neveu et coadjuteur
de l'archevêque de Paris. La lutte se continua avec des
succès variés. Ceux de la Fronde furent dus surtout aux
secours qu'elle reçut des Espagnols. Nous indiquerons
seulement, parmi les principaux événements de cette guerre:
le siége de Paris par Condé (1649), suivi bientôt du *traité
de Rueil*, qui apaisa un instant les troubles de la Fronde ;
l'arrestation (1650) du prince de Condé, rentré par ce
traité en grâce avec la cour, à laquelle il ne tarda pas à se
rendre odieux par suite des prétentions exagérées que lui
inspiraient ses services; son alliance (1652) avec l'Espagne, que Turenne abandonne pour rentrer dans le parti
de la reine ; les savantes campagnes (pendant les années
1652 et 1653) de ces deux généraux, qui, l'un à la tête
des troupes royales, et l'autre à la tête des Espagnols et
d'une portion des Frondeurs, se poursuivent et se com-
battent jusque dans le faubourg Saint-Antoine; enfin les
deux retraites du cardinal Mazarin (1651 et 1652), deux
fois rappelé par la reine. Son second rappel fut suivi de son
triomphe sur tous ses ennemis, qui termina la guerre de
la Fronde (1653). Les seigneurs qui s'étaient alliés à la
bourgeoisie s'emparèrent à leur profit du mouvement
commencé par elle, en changèrent le caractère et le firent
avorter. « Au lieu d'être une tentative du peuple pour obtenir des garanties de liberté, la Fronde ne fut plus que la
dernière campagne de l'aristocratie contre la royauté. »
(LAVALLÉE.) Cependant toutes les ambitions n'étaient pas
satisfaites. Condé resta uni aux Espagnols, qui l'avaient
nommé leur généralissime, et continua les hostilités; mais
Turenne l'obligea (1654) à lever le siége d'Arras, et, quatre
ans après (1658), il gagna sur lui la célèbre bataille des
Dunes, près de Dunkerque, qui amena (1659) la signature
de la *paix des Pyrénées*. Elle confirma la réunion à la
France de la plus grande partie de l'Artois et de plusieurs
forteresses importantes sur la frontière des Pays-Bas. Le
mariage de Louis XIV avec l'infante Marie-Thérèse devait
sceller la réconciliation des deux cours. — Ce traité si
utile pour la France fut le dernier acte remarquable de la
politique habile de Mazarin, qui mourut deux ans après
(1661), laissant, dit-on, une fortune de cinquante millions
    181. GOUVERNEMENT DE LOUIS XIV. — COLBERT.

—Après la mort du cardinal Mazarin, les chefs des diverses administrations se présentèrent devant le roi et lui demandèrent à qui ils devaient s'adresser désormais pour les affaires de l'État. — *A moi*, répondit le jeune monarque, qui ne tarda pas à prouver la vérité de cet augure prononcé par Mazarin, *qu'il y avait en lui de l'étoffe pour faire quatre rois et un honnête homme.* Doué d'une volonté forte, qui imprima à son règne un caractère tout spécial, il gouverna en effet par lui-même jusqu'à sa mort; mais il sut s'entourer de coopérateurs habiles. Parmi ses ministres, les deux plus célèbres furent *Colbert* et *Louvois*. Le premier, fils d'un marchand de laines de Reims, fut nommé (1661) contrôleur général des finances, à la place du surintendant Fouquet, condamné à une détention perpétuelle pour ses exactions. Colbert opéra dans les finances une foule de réformes importantes, et, tout en réalisant sur les impôts des réductions considérables, il porta de trente-deux à quatre-vingt-treize millions les sommes qui entraient annuellement dans le trésor de l'État. A l'aide de ces ressources, il créa une marine de cent vaisseaux de guerre; le port de *Dunkerque* fut acheté de l'Angleterre, moyennant une somme de quatre millions (1662): les frontières du nord et de l'est de la France furent couvertes d'une triple ligne de places fortifiées par Vauban, le plus habile ingénieur qui ait jamais existé. Une part importante de ces travaux revient au second ministre de Louis XIV, Louvois, fils et successeur du ministre Letellier. Ce fut Louvois qui organisa ces redoutables armées qui devinrent la terreur de l'Europe, et qui ont porté si haut la gloire de la France; ce fut lui qui le premier, réunit, pour le service des troupes, des magasins de vivres et d'habillements; par ses soins aussi, de nouveaux arsenaux furent créés, et une nombreuse artillerie hérissa les remparts de toutes nos places de guerre. Tels furent les fondements de cette puissance qui permit à Louis XIV de braver l'Europe entière.

Dans ses relations avec les gouvernements étrangers, Louis XIV montra, dès le premier moment, avec quelle jalousie hautaine il saurait maintenir la France dans le rang auquel l'avaient élevée en Europe les premières victoires de son règne. L'Espagne et la cour de Rome furent contraintes à des réparations pour des insultes faites à ses ambassadeurs. L'envoi à l'empereur Léopold d'un corps de troupes auxiliaires, qui prit part à une brillante victoire remportée sur les Turcs, et celui d'une flotte dans la Méditerranée, pour réprimer les pirateries des corsaires africains, app`irent à ces peuples barbares eux-mêmes à respecter le nom de la France.

Une entreprise bien plus importante éveilla bientôt l'ambition de Louis XIV. Son beau-père, Philippe IV, roi d'Espagne, venait de mourir. Louis, qui réclamait inutilement depuis longtemps une somme de cinq cent mille francs promise en dot à sa femme, soutint que cette princesse devait, en vertu d'un prétendu droit de *dévolution*, hériter d'une partie des biens de son père, et réclama à ce titre la possession des *Pays-Bas espagnols*. Appuyant aussitôt ses prétentions par les armes, il fait (1667) la conquête des Pays-Bas et de la Franche-Comté. Cet accroissement de puissance effraya les Hollandais. Oubliant les services que Louis XIV leur avait rendus tout récemment, en les secourant dans une guerre qu'ils avaient eue à soutenir contre l'Angleterre, ils forment contre lui, avec cette même Angleterre et la Suède, une *triple alliance*, qui force le roi de France à conclure (1668) la paix d'*Aix-la-Chapelle*, par laquelle il rend la Franche-Comté, mais conserve la Flandre, que la France a toujours gardée depuis cette époque.

QUESTIONNAIRE. — 178. Quel âge avait Louis XIV quand il monta sur le trône? — A qui le Parlement défera-t-il la régence? — Faites connaître les tentatives de ce corps pour se donner de l'influence. — Qui l'arrêta dans cette voie? — Faites connaître le fin et habile politique qu'Anne d'Autriche choisit pour premier ministre. — 179. Comment s'ouvrit à l'extérieur le règne de Louis XIV? — Quelles victoires amenèrent les traités de Munster et d'Osnabruck? — Quel système politique fut établi en Europe par la paix de Westphalie? — Quelles acquisitions ce traité assura-t-il à la France? — L'Espagne accéda-t-elle à cette paix? 180. Quelle cause amena la guerre de la Fronde? — Quel caractère particulier distingue la guerre de la Fronde, et combien dura-t-elle? — A quelle occasion éclata cette guerre, et comment les deux partis se trouvèrent-ils composés? — Indiquez-en les principaux événements. — Condé et les Espagnols ne continuèrent-ils pas la guerre lorsque les Frondeurs eurent posé les armes? — Quels avantages assura à la France la paix des Pyrénées? — Par quel mariage la paix fut-elle consolidée? — Quand mourut Mazarin et quelle fortune laissa-t-il? —181. Comment Louis XIV prit-il en main les rênes de l'État? — Quelle preuve avait-il déjà donnée de la fermeté de sa volonté?—Quels furent les deux principaux ministres de Louis XIV? —Comment Colbert devint-il ministre, et quelles réformes opéra-t-il dans les finances? — Quels travaux fit-il exécuter? — Faites connaître le ministre Louvois, et la part qui lui revient dans l'organisation militaire de la France.—Par quels actes Louis XIV signala-t-il ses premières relations avec les puissances étrangères? — Quelle entreprise occupa Louis XIV à la mort du roi d'Espagne? — Quel fut le peuple qui s'opposa aux projets de Louis XIV?

ÉVÉNEMENTS CONTEMPORAINS. — 1644-1654. Christine, reine de Suède.— 1648. L'indépendance de la confédération helvétique reconnue par la paix de Westphalie. — 1649. Révolution d'Angleterre; Charles Ier décapité; la république proclamée. — 1630. Jean de Witt, grand pensionnaire de Hollande. — 1653. Cromwel gouverne l'Angleterre sous le titre de Protecteur. — 1660. Restauration des Stuarts en Angleterre.

CHAPITRE HUITIÈME.

GUERRE AVEC LA HOLLANDE. —TRAITÉ DE NIMÈGUE.
RÉVOCATION DE L'ÉDIT DE NANTES.
REVERS DE LOUIS XIV. — TRAITÉ D'UTRECHT.
MORT DE LOUIS XIV.

182. GUERRE AVEC LA HOLLANDE. — TRAITÉ DE NIMÈGUE. — Le traité d'Aix-la-Chapelle avait laissé dans le cœur de Louis XIV le vif désir de se venger des Hollandais, qui se vantaient orgueilleusement d'avoir arrêté dans sa marche ce brillant soleil (1. : « Mes pères ont su les élever, s'écriait le grand roi, blessé dans sa vanité; je saurai les détruire. » Pour y parvenir, il détache de leur alliance la Suède et l'Angleterre; puis il *franchit le Rhin* à la tête d'une armée de cent vingt mille hommes, commandés, sous ses ordres, par Condé, Turenne, Vauban, Luxembourg et Louvois. La Hollande implore la paix, mais le roi lui fait des conditions si dures, qu'elle préfère, plutôt que de les accepter, s'ensevelir sous les flots, en perçant les digues qui la défendent contre l'irruption de l'Océan. L'ambition toujours croissante de Louis XIV alarme alors l'Europe, et arme contre la France tous les peuples qui l'avaient naguère aidée dans sa lutte contre l'Autriche. Attaqué à la fois par l'Espagne, par l'Empereur et par les princes de l'Allemagne, Louis XIV fait face partout. Tandis qu'il va en personne achever la conquête de la Franche-Comté et prendre *Besançon* (15 et 21 mai 1674), Condé livre en Flandre, au prince d'Orange (11 août 1674), la fameuse bataille de *Seneffe*, qui reste indécise, malgré quatorze heures d'une lutte acharnée et

(1) Louis XIV avait pris pour emblème un soleil; les Hollandais firent frapper une médaille où l'on voyait Josué arrêtant le soleil, avec ces mots pour exergue : *In conspectu meo stetit sol.*

la mort de vingt-sept mille combattants. Turenne se signale sur les bords du Rhin par deux savantes campagnes (1674 et 1675), malheureusement suivies de la mort de ce grand capitaine, tué à Saltzbach en visitant une batterie (27 juillet 1675). Son armée, consternée de la mort de celui que tous les soldats appelaient leur père, repassait les Vosges, lorsque le vieux Condé, tout accablé qu'il était d'infirmités, vint en prendre le commandement, et couronna par une habile et dernière campagne une vie glorieuse, qu'il alla finir sous les ombrages de Chantilly.

L'année suivante (1676), Duquesne remporta dans la Méditerranée les brillantes victoires navales d'*Agousta*, où le célèbre amiral hollandais Ruyter perdit la vie, et de *Palerme*, où il anéantit les flottes réunies de l'Espagne et de la Hollande. Enfin deux brillantes campagnes dans lesquelles s'illustrèrent les élèves de Turenne et de Condé, Luxembourg, Créqui, Schomberg, et qui eurent pour résultat la prise de Valenciennes, de Cambrai, la brillante victoire de Cassel, gagnée par le duc d'Orléans, frère du roi (1677), l'expulsion des ennemis de la Flandre, de la Lorraine et de l'Alsace, l'invasion des Pays-Bas et des provinces allemandes de la rive droite du Rhin, et la victoire navale remportée par le comte d'Estrées à *Tabago*, dans les Antilles, déterminèrent les Hollandais à signer (11 août 1678) la paix de *Nimègue*, à laquelle accédèrent bientôt les Espagnols, l'Empereur et les princes allemands. Les traités conclus avec ces puissances laissèrent à la France la Franche-Comté et un assez grand nombre de places en Flandre et sur les bords du Rhin. Leur exécution amena de nouvelles difficultés. Les prétentions exagérées de Louis XIV, les innombrables usurpations décrétées par les *Chambres de réunion*, qu'il créa (1679) pour déterminer les limites des concessions faites à la France par les derniers traités, la prise de *Strasbourg* et de *Cassel*, une nouvelle invasion des Pays-Bas, couronnée par la prise de l'importante forteresse de Luxembourg (1683), faillirent armer de nouveau l'Europe contre lui; mais la trêve de *Ratisbonne*, conclue pour vingt ans (1584), mit fin à ces contestations.

185. NOUVELLE GUERRE CONTRE L'EUROPE COALISÉE. — Au lieu de vingt années, la trêve de Ratisbonne en dura quatre à peine. Plusieurs causes amenèrent cette nouvelle rupture. La première fut le désir qu'avait

Louis XIV d'empêcher le prince d'Orange, qui gouvernait la Hollande sous le nom de stathouder, de détrôner
le roi d'Angleterre Jacques II, allié de la France. Il ne
parvint cependant pas à lui conserver sa couronne, et ne
put que lui offrir, en échange, une généreuse hospitalité.
Cependant la conduite de Louis XIV, dans cette circonstance, prouva qu'il n'avait pas abandonné les prétentions
qui excitaient à juste titre les alarmes de toutes les puissances ; et l'incendie du Palatinat (1689) souleva de nouveau contre lui l'Europe tout entière. Malheureuse au
début de cette lutte nouvelle, la France, dont les finances
commençaient à s'épuiser, fit encore une fois d'héroïques
efforts, et bientôt ses armes furent victorieuses. Le maréchal de Luxembourg, l'élève de Condé, *le tapissier de
Notre-Dame*, dont il couvrit les voûtes de drapeaux arrachés à l'ennemi, remporta en Flandre les glorieuses victoires de *Fleurus* (1er juillet 1690), de *Steinkerque* (3 août
1692) et de *Nerwinde* (28 juillet 1693) ; le maréchal de
Catinat gagna en Italie les batailles de *Staffarde* (18 août
1690) et de *la Marsaille* (4 octobre 1693) ; la marine
française soutint aussi sa réputation sous le commandement
de Jean Bart, fils d'un pêcheur de Dunkerque, qui parvint au grade de chef d'escadre et s'immortalisa par son
intrépidité, et sous le vice-amiral de Tourville, qui ne put
cependant triompher à *la Hougue* (29 mai 1692) d'une
flotte anglaise et hollandaise deux fois plus forte que la
sienne ; mais il vengea ce revers (17 juin 1693) par la
victoire navale du cap *Saint-Vincent*, sur les côtes du
Portugal. Cet échec, qui coûta aux Anglais et aux Hollandais plus de quarante millions, n'était rien encore en
comparaison des dommages immenses que faisaient éprouver au commerce ennemi les corsaires français, et particulièrement ceux de Saint-Malo, qui en neuf ans prirent
262 vaisseaux de guerre et 3380 navires marchands. Malgré ces succès, la guerre se prolongea plusieurs années
encore, et se termina (20 septembre 1697) par le traité
de *Ryswick*, qui laissait à la France l'Artois, le Roussillon,
la Franche-Comté et la ville de Strasbourg.

**184. GUERRE DE LA SUCCESSION D'ESPAGNE. —
REVERS. — TRAITÉ D'UTRECHT.** — Pendant les stipulations relatives au traité de Ryswick, les puissances qui y
prirent part ne s'étaient point fait scrupule de régler entre
elles le partage de la future succession d'un prince encore

vivant et le plus puissant de ceux entrés dans la coalition.
« Le roi d'Espagne Charles II, vieillard à trente neuf ans
et sans enfants, quoique marié deux fois, traînait une vie
agonisante au milieu des intrigues ardentes qui se croi-
saient autour de son lit de mort pour sa succession. »
(LAVALLÉE.) Sans s'inquiéter des désirs de la nation espagnoles ni de son roi, la France, la Hollande et l'Angleterre
signèrent à la Haye (1698), pour le partage de la monarchie espagnole, un premier traité, remplacé dix-neuf mois
après (mai 1700) par un second, qui appelait avec la
France deux princes allemands à cette royale curée. Mais
la nation espagnole, furieuse de se voir ainsi partagée sans
son aveu, éclata en murmures qui retentirent jusqu'aux
oreilles du prince moribond. Vingt-huit jours avant sa
mort (arrivée le 1er novembre 1700), il signa un testament par lequel il instituait pour son héritier le duc d'Anjou, petit-fils de sa sœur Marie-Thérèse et de Louis XIV.
Il n'y a plus de Pyrénées, dit Louis en embrassant le jeune
prince, qui fut proclamé roi par les Espagnols sous le nom
de Philippe V, et reconnu en cette qualité par la plupart
des puissances de l'Europe. Mais Louis XIV profita de
cette circonstance pour faire occuper par une armée les
Pays-Bas espagnols, et souleva ainsi de nouveau contre lui
l'Europe effrayée de son ambition.

Cependant les premières années de cette lutte nouvelle
sont encore glorieuses pour la France; mais ses finances,
mal administrées depuis la mort de Colbert (1683), se
trouvent épuisées; ses meilleurs généraux sont morts, et
elle n'en a que de médiocres ou d'incapables à opposer à
l'habile prince Eugène et au célèbre Anglais Marlborough.
La défaite de *Hœchstett* (15 août 1704) coûte à la France
trente mille de ses vieux guerriers, et tout ce qu'elle avait
conquis au delà du Rhin; celle de *Ramillies* (23 mai
1706) lui enlève les Pays-Bas; celle de *Turin* (7 septembre 1706) chasse les Français de l'Italie. Ces revers,
toutefois, sont entremêlés de quelques succès, et les
triomphes d'un second d'Estrées et de Duguay-Trouin
vengent la marine française de l'échec de la Hougue. Mais
l'horrible disette occasionnée par le rigoureux hiver de
1709, qui anéantit toutes les productions de la terre, et
la funeste journée de *Malplaquet* (11 septembre 1709),
forcent Louis XIV humilié à demander la paix aux Hollandais. Ils lui imposent les plus dures conditions, et

exigent qu'il se charge lui-même de renverser du trône d'Espagne son petit-fils. — *Puisqu'il faut faire la guerre,* répond le vieux roi, *j'aime mieux la faire à mes ennemis qu'à mes enfants.* Un nouvel effort est tenté. La victoire de *Villaviciosa,* remportée en Espagne par le duc de Vendôme (10 décembre 1710), raffermit le trône de Philippe V, qui repose, pendant la nuit qui suit la bataille, sur un lit formé avec les étendards pris sur l'ennemi, *le plus beau lit sur lequel un monarque eût jamais couché,* suivant l'expression de Vendôme. L'année suivante (23 septembre 1711), Duguay-Trouin ruine le commerce du Portugal, en s'emparant de Rio-Janeiro malgré l'artillerie de ses forts. Cependant le prince Eugène n'était qu'à quelques marches de distance de Paris. Louis XIV envoie contre lui sa dernière armée, et dit à Villars, en lui donnant le commandement : *S'il vous arrivait malheur, je ramasserai tout ce qui me restera de troupes, et j'irai faire un dernier effort avec vous, et périr ensemble ou sauver l'État.* La victoire de Villars à *Denain* (24 juillet 1612) sauva la patrie, et la paix fut signée à *Utrecht* (6 avril 1712) sans déshonneur pour la France. La destruction du port de *Dunkerque* en était la seule condition pénible ; mais la succession d'Espagne était assurée à Philippe V, qui dut seulement renoncer à tous ses droits à la couronne de France, comme ses frères renoncèrent à tous ceux qu'ils pourraient jamais avoir à lui succéder en Espagne. Le royaume y gagna de n'avoir plus à se défendre du côté des Pyrénées, et de pouvoir porter toutes ses forces sur les frontières de l'est et du nord.

185. AFFAIRES DE RELIGION. — RÉVOCATION DE L'ÉDIT DE NANTES. — Les affaires religieuses tiennent une place importante dans le règne de Louis XIV ; nous mentionnerons seulement : 1° les discussions avec le Saint-Siége, qui amenèrent la *Déclaration de 1682;* 2° la *Révocation de l'Édit de Nantes;* 3° l'affaire du *Quiétisme;* et 4° enfin la querelle du *Jansénisme.*

Les contestations qui s'élevèrent entre le roi et le pape eurent pour cause première l'extension que Louis XIV voulut donner au droit de *régale,* c'est-à-dire, au droit qu'avait le roi de jouir des revenus des siéges épiscopaux vacants et de nommer à certains bénéfices. Ces premières contestations déterminèrent Louis XIV à convoquer une assemblée du clergé de France, qui rédigea (1682) une *déclaration* dans laquelle les opinions du roi étaient soutenues. Cette déclaration, attaquée vivement par le Saint-Siége, fut, du reste, plus tard abandonnée par le roi, qui se réconcilia avec le pape.

Louis XIV poussa son zèle pour la religion jusqu'à un aveuglement funeste, en révoquant (1685) l'édit de Nantes, par lequel Henri IV avait accordé aux protestants le libre exercice de leur culte (voir le n° 164). Cédant au conseil que lui en donnèrent le vieux ministre Louvois et le père la Chaise, son confesseur, il se laissa entraîner à signer l'édit qui interdisait formellement aux réformés tout exercice de leur religion, même dans les maisons particulières. Tous les ministres du culte protestant furent bannis du royaume ; mais défense fut faite aux autres religionnaires de sortir de France, sous peine des galères. Cependant plus de cinq cent mille réformés quittèrent le sol français afin de se soustraire aux violences exercées, dans les provinces où le calvinisme conservait de nombreux sectateurs, par les soldats envoyés pour appuyer de leurs armes les prédications des missionnaires catholiques (dragonnades). Ils transportèrent en Allemagne, en Angleterre et en Hollande, le siége de leur industrie. « La France, disait à cette occasion la reine Christine de Suède, est comme un pauvre malade à qui l'on a coupé bras et jambes pour le guérir d'un mal qu'un peu de patience et de douceur aurait entièrement dissipé. »

Deux querelles religieuses, celle du *Quiétisme* et celle du *Jansénisme*, agitèrent encore les esprits sous le règne de Louis XIV. La première, qui fit briller du plus grand éclat l'érudition et la merveilleuse fécondité des deux plus illustres prélats de l'Église française, Fénélon, archevêque de Cambrai, et Bossuet, évêque de Meaux, son redoutable adversaire, se termina (1699) par la condamnation, en cour de Rome, du livre des *Maximes des Saints*, publié par Fénélon. Ce vertueux évêque donna un noble exemple de la soumission due par tout chrétien au chef de l'Église, en annonçant lui-même en chaire et en ratifiant sa propre condamnation.

La querelle du *Jansénisme* n'eut une solution ni aussi facile ni surtout aussi prompte. Né d'une discussion sur l'accord de la grâce et de la liberté qui s'était élevée entre le jésuite espagnol Molina et Jansénius, évêque d'Ypres, le Jansénisme avait trouvé en France un assez grand nombre de partisans. Les plus zélés, qui protestaient en même temps de leur horreur pour toute hérésie, furent les illustres solitaires et les savants religieux de la maison de *Port-Royal*, les Pascal, les Arnauld, les Nicolle, les de Sacy. Le père Quesnel, l'un d'eux, ayant publié des *Réflexions morales*, dans lesquelles les jésuites, ennemis du Jansénisme, crurent retrouver une partie des opinions de Jansénius, antérieurement condamnées par le Saint-Siége, les Jansénistes furent dénoncés au roi, qui, sur les instances du jésuite Letellier, successeur du père la Chaise, ordonna la destruction de Port-Royal (1799), et obtint du pape Clément XI (1713) la fameuse bulle *Unigenitus* qui condamnait cent une propositions du livre du père Quesnel. Acceptée par une partie du clergé français, cette bulle fut repoussée par une autre partie, à la tête de laquelle se trouvait le cardinal de Noailles, archevêque de Paris. Plus tard, néanmoins, ce prélat et la plus grande partie des autres opposants finirent par se soumettre à la décision de Rome, en signant la bulle *Unigenitus;* mais la querelle se prolongea au delà du règne de Louis XIV, dont elle avait troublé les dernières années.

186. DERNIÈRES ANNÉES DU RÈGNE DE LOUIS XIV ; SES RÉSULTATS. — Tout semblait en effet se réunir pour attrister les derniers moments du grand roi. Aux malheurs de la guerre, aux querelles intestines, vinrent se joindre pour lui les pertes domestiques les plus cruelles : le dauphin, son fils, élève de Bossuet; son petit-fils, le duc de Bourgogne, élève de Fénélon, qui donnait les plus belles espérances; l'épouse de ce jeune prince et l'aîné de leurs fils; enfin le duc de Berri, le plus jeune des petits-fils du roi, enlevés coup sur coup, l'avaient précédé dans la tombe, qui engloutit ainsi, en moins de quatre ans, quatre générations royales. Louis XIV, sur son lit de mort, se fit amener le jeune dauphin, fils du duc de Bourgogne, qui allait lui succéder : *Mon enfant, lui dit-il, vous allez être un grand roi. Ne m'imitez pas dans le goût que j'ai eu pour la guerre. Tâchez d'avoir la paix avec vos voisins... Tâchez de soulager vos peuples, ce que je suis assez malheureux de n'avoir pu faire.* Le grand roi n'avait que trop mérité le reproche qu'il se faisait ainsi à lui-même. Les pays qui entourent la France, et surtout le Palatinat du Rhin, avaient été horriblement dévastés par la guerre, et la dette de l'État s'élevait, à la mort de Louis XIV, à deux milliards soixante-deux millions. Une partie de cette dette énorme provenait, il est vrai, des dilapidations commises dans les finances depuis la mort de Colbert et des dépenses considérables occasionnées par la construction du château de *Versailles* et d'une foule d'autres monuments dont s'honore aujourd'ui la France. Parmi ceux qui méritent toute notre admiration, il faut citer l'*hôtel des Invalides*, où les guerriers qui ont prodigué leur sang pour la patrie trouvent un asile assuré pour leur vieillesse, et le *canal royal du Languedoc*, qui, en unissant l'Océan à la Méditerranée, ouvrit une voie nouvelle au commerce. — Nommons encore la maison de *Saint-Cyr*, fondée pour l'éducation des filles de gentilshommes sans fortune, et qui eut pour directrice la célèbre madame de Maintenon.

Louis XIV a mérité le nom de *Grand* que lui donnèrent ses contemporains, par les efforts heureux qu'il fit pour joindre aux triomphes militaires tous les autres genres de gloire. Prince guerrier, il révéla à la France le secret de sa force, en prouvant qu'elle pouvait se rire des ligues de l'Europe jalouse; législateur, il rendit sur la procédure civile et sur la procédure criminelle, sur le commerce, sur la marine et sur l'esclavage, des ordonnances que leur sagesse a fait adopter dans la plupart des États de l'Europe. Créateur d'une foule d'institutions propres à favoriser l'extension du commerce, il établit les *Compagnies des Indes orientales et occidentales*, augmenta et multiplia les colonies de la France, accorda la franchise aux ports de Marseille et de Dunkerque, établit dans l'intérieur d'importantes manufactures, et favorisa toutes les industries. Protecteur éclairé des lettres et des arts enfin, il leur accorda les nobles encouragements qui ont fait éclore tous les chefs-d'œuvre auxquels le siècle de Louis XIV doit d'avoir été mis au nombre des grands siècles littéraires. Tous les noms illustres qui appartiennent à ce grand règne ont été réunis par un éloquent orateur (le cardinal Maury) dans le tableau suivant:

« Ce monarque, dit-il, eut à la tête de ses armées Turenne, Condé, Luxembourg, Catinat, Créqui, Boufflers, Montesquiou, Vendôme et Villars; Château-Regnault, Duquesne, Tourville commandaient ses escadres; Colbert, Louvois, Torcy étaient appelés à ses conseils; Bossuet,

Bourdaloue, Massillon lui annonçaient ses devoirs; son premier sénat avait Molé et Lamoignon pour chefs, Talon et d'Aguesseau pour organes; Vauban fortifiait ses citadelles; Riquet creusait ses canaux; Perrault et Mansard construisaient ses palais, Puget, Girardon, le Poussin, le Sueur et Lebrun les embellissaient; le Nôtre dessinait ses jardins; Corneille, Racine, Molière, Quinault, la Fontaine, la Bruyère, Boileau éclairaient sa raison et amusaient ses loisirs; Montausier, Bossuet, Beauvilliers, Fénélon, Huet, Fléchier, l'abbé de Fleury élevaient ses enfants. C'est avec cet auguste cortége de génies immortels que Louis XIV, appuyé sur tous ces grands hommes qu'il sut mettre et conserver à leur place, se présente aux regards de la postérité. » (MAURY.)

« A ce beau côté de Louis XIV il y a un vilain revers. Ce prince, qui fit notre patrie, pour l'administration, la force extérieure, les lettres et les arts, à peu près ce qu'elle est demeurée, écrasa le reste des libertés publiques, viola les priviléges des provinces et des cités, posa sa volonté pour règle, enrichit ses courtisans de confiscations odieuses. Il ne lui vint pas même en pensée que la liberté, la propriété, la vie de ses sujets, ne fussent pas à lui... Dans les idées du temps, ou plutôt dans les idées formées par Louis XIV, cela ne choquait point..... mais ce que l'on ne sentait point alors, les générations suivantes le sentirent; l'impression du despotisme resta, et quand Louis XIV eut cessé de vivre, on en voulut à ce roi d'avoir usurpé à son profit la dignité de la nation. »

(CHATEAUBRIAND.)

QUESTIONNAIRE. — 182. Que fit Louis XIV pour se venger des Hollandais ? — Quel effet produisirent en Europe les succès de Louis XIV ? — Quels ennemis Louis XIV eut-il à combattre et comment se défendit-il ? — Quand et comment mourut Turenne ? — Quelles victoires déterminèrent les Hollandais à signer la paix de Nimègue ? — Quels avantages retira la France de ces guerres ? — Quelle trève mit fin aux difficultés que souleva l'exécution des traités ? — 183. Quelle cause amena la rupture de la trève de Ratisbonne et la nouvelle ligue contre Louis XIV ? — Quelles victoires illustrèrent les armées françaises pendant cette nouvelle guerre? — Quand et par quel traité se termina cette guerre ? — 184. Que se passat-il en Europe au sujet de la succession d'Espagne ? — Qui le roi d'Espagne Charles II avait-il institué pour héritier ? — Sous quel nom le duc d'Anjou fut-il proclamé roi d'Espagne ? — Comment l'ambition de Louis XIV ralluma-t-elle la guerre ? — En quel état se trouvait alors la France ? — Quelles furent les suites des défaites de Hochstett, de Ramillies et de Turin ? — Ces revers ne furent-ils pas entremêlés de quelques succès ? — Quels désastres forcèrent Louis XIV à demander la paix ? — Quelles conditions voulurent lui imposer les Hollandais ? — Que ré-

pondit le vieux roi ? — Quel fut le résultat de la victoire de Villaviciosa?
— Quel ville fut prise par Jean Bart ? — Que dit Louis XIV à Villars en
lui confiant sa dernière armée?—Quelle victoire sauva la France, et à
quelles conditions la paix fut-elle signée?— 185. Quelles sont les plus
importantes des affaires religieuses qui agitèrent le règne de Louis XIV ?
A quel sujet s'élevèrent les premières contestations entre Louis XIV et le
pape ? — Que fit le clergé dans l'assemblée de 1682 ? — Quels furent les
champions de la querelle du quiétisme? — Comment naquit la querelle
du jansénisme? — Quelle bulle publia le pape contre les jansénistes, et
quel effet produisit-elle en France? — 186. Quels chagrins domestiques
attristèrent encore les dernières années de Louis XIV ? —Quelles paroles
Louis XIV mourant adressa-t-il à son jeune successeur? — Louis XIV
méritait-il les reproches qu'il s'adressait ainsi lui-même?—D'où provenait
l'énorme dette laissée par Louis XIV ? — Quels sont les plus beaux monuments du règne de Louis XIV? —Comment Louis XIV mérita-t-il le
surnom de Grand? — Quels services rendit-il à la France comme législateur ? — Par quelles institutions favorisa-t-il le commerce ? — Quels encouragements accorda-t-il aux lettres ? — Présentez le tableau dans lequel un orateur a réuni tous les noms illustres du règne de Louis XIV ?
—Quel reproche peut-on faire à Louis XIV?

ÉVÉNEMENTS CONTEMPORAINS. — 1672. Révolution dans les
Provinces-Unies ; Guillaume d'Orange, stathouder héréditaire. —
1682-1725. Règne de Pierre le Grand en Russie. — 1683. Les
Turcs battus aux portes de Vienne par Charles de Lorraine et
Sobieski, roi de Pologne. — 1688. Nouvelle révolution en Angleterre; Guillaume d'Orange remplace Jacques II. — 1699. Paix de
Carlowitz entre l'Autriche et les Turcs. — 1700. Charles XII, roi
de Suède, vainqueur des Russes à Narva. — 1701. Frédéric III
premier roi de Prusse. — 1703. Fondation de Saint-Pétersbourg
par Pierre le Grand. — 1704. Stanislas Lecksinski élu roi de Pologne. — 1704. Gibraltar pris par les Anglais. — 1707. Les
principautés de Neuchâtel et de Valengin dévolues au roi de
Prusse. — 1709. Charles XII battu à Pultava par Pierre le Grand.

CHAPITRE NEUVIÈME.

ÉTAT DES LETTRES, DES SCIENCES ET DES ARTS
AU DIX-SEPTIÈME SIÈCLE.

§ Ier. LITTÉRATURE. PREMIÈRE PÉRIODE.

187. POÉSIE. — Lorsque, en traçant le tableau de la littérature française au XVIe siècle, nous nous sommes arrêtés aux
derniers poëtes de l'école de Ronsard, nous n'avons pas prétendu
dire qu'avec eux se fût éteinte l'influence de cette école, dont
les témérités même contribuèrent d'une manière utile et puissante à l'éducation de notre littérature.

Régnier (1573-1613), qui ouvre la liste des poëtes du XVIIe
siècle, était un des admirateurs de Ronsard, et cependant ses

vers, frappés au type du vieil esprit français, rappellent Villon.
La politique avait inspiré la satire du xvıe siècle, sanglante et
implacable dans d'Aubigné, vive et mordante dans la Ménippée ;
celle de Régnier, caustique, mais légère, s'attaque seulement
aux préjugés et aux ridicules de son époque, mais avec tant de
justesse et de bonheur que ses portraits sont encore ressemblants
aujourd'hui. La verve de la pensée et le mouvement du style
se produisent chez lui sous toutes les formes et avec des expressions antiques :

> Heureux si ses discours. craints du chaste lecteur,
> Ne se sentaient des lieux que fréquentait l'auteur.

Mais quel est ce poëte rival dont Régnier ne voit que les
défauts, et dont, suivant lui,

> Le savoir ne s'étend seulement
> Qu'à regratter un mot douteux au jugement,
> Prendre garde qu'un *qui* ne heurte une diphthongue,
> Espier si des vers la rime est brève ou longue, etc. ;

qui n'a jamais su faire autre chose.

> Que proser de la rime et rimer de la prose ?

C'est pourtant ce même poëte dont Boileau a dit :

> Enfin, Malherbe vint. et le premier en France,
> Fit sentir dans les vers une juste cadence ;
> D'un mot mis à sa place enseigna le pouvoir,
> Et réduisit la muse aux règles du devoir.

Cependant le reproche de Régnier n'est pas complètement
injuste. « *Malherbe* (1555-1628) manque d'imagination : il
semble ne s'inquiéter que de la forme et du dehors de la poésie.
Mais aussi quelle précision et quelle clarté de style ! Par quel
instinct de génie a t-il trouvé ce rhythme harmonieux ignoré
jusqu'alors, et que l'oreille reconnaît aussitôt comme le rhythme
naturel de notre langue ! Voilà enfin la poésie française, celle
qui ne sera pas *vaincue du temps* et qui ne *cèdera pas à ses
outrages* ! » (M. SAINT-MARC GIRARDIN.)

Malgré les critiques amères de Régnier, l'autorité de Malherbe
fut respectée par ses successeurs. — *Racan* (1589-1670), son
disciple favori, appliqua les principes du maître avec plus de
grâce et d'abandon, sinon avec autant de force et d'énergie. On
a retenu quelques-unes de ses *stances*, et ses *bergeries* abondent
en descriptions gracieuses. *Maynard* (1582-1646) et *Malle-
ville* se distinguent parmi les partisans de la nouvelle école. —
Toutefois les traditions de la Pléiade ne sont pas encore oubliées.
Mademoiselle de *Gournay* (1566-1645), fille adoptive de Mon-
taigne, se fait le courageux champion d'une littérature dédai-
gnée. *Chapelain* (1596-1674), *Scudéry* (1601-1667), *Saint-*

Amant (1594-1660), *Cyrano de Bergerac* (1620-1655), se rangent sous la même bannière, et *l'hôtel de Rambouillet* devient le rendez-vous de cette génération de poëtes stériles, qui, sous l'inspiration de la littérature, altérée déjà, de l'Italie et de l'Espagne, répandent sur notre langue cette teinte uniforme de fade galanterie, à laquelle n'échappera pas toujours le génie même du grand Corneille.

La poésie dramatique engagée, avec les disciples de Ronsard, dans une voie mauvaise, s'agitait sans avoir encore découvert celle qui devait la conduire au but. Cependant les élèves de Hardy l'effacèrent en l'imitant. Le *Pyrame et Thisbé* de *Théophile* (1590-1626), l'*Amarante* et les *Danaïdes* de *Gombaud* (1576-1666), l'*Arténice* de *Racan*, la *Marianne* de *Tristan* (né en 1601), la *Sylvie* et la *Sophonisbe* de *Mairet* (1604-1686), se font remarquer par la douceur et l'élégance du style; mais, malgré les doctes conseils du savant Belge *Heinsius* (1611) sur la constitution de la tragédie, les progrès de l'art sont à peu près nuls dans toutes ces œuvres. Il fallait un homme qui, se plaçant par l'effort de son génie dans une région plus haute, échappât à ces influences vulgaires, un homme qui, à la fois grand poëte et grand écrivain, vivifiât d'un souffle créateur ces éléments épars.

Le cardinal de Richelieu, non content de sa gloire politique, ambitionnait ardemment l'illustration du poëte. Il dirigeait et inspirait cinq auteurs dramatiques, dont il publiait les compositions sous son propre nom, après les avoir remaniées. « Prêtez-moi votre nom, leur disait-il, je vous prêterai ma bourse. » Ces aides littéraires étaient de Bois-Robert, Colletet, de l'Estoile, Rotrou ; le cinquième était *Corneille*.

Pierre Corneille, né à Rouen (1606-1684), et fils d'un avocat général, fut d'abord destiné au barreau, et étudia la procédure comme clerc de procureur, jusqu'à ce qu'une vocation impérieuse l'entraînât vers la poésie. Le joug du cardinal tint quelque temps son esprit enchaîné. *Mélite*, la *Place-Royale*, *Clitandre* (1629-1632), bien qu'applaudis à leur apparition, sont de médiocres essais. Dans quelques scènes de la tragédie de *Médée* le poëte se révèle (1635); enfin il échappe au frein ; l'année 1636 voit paraître *le Cid*, et l'art dramatique est constitué en France.

Aux tracasseries jalouses de Richelieu, Corneille répond par des chefs-d'œuvre. *Les Horaces, Cinna, Polyeucte*, la comédie du *Menteur, Rodogune* (1629-1646), furent accueillis avec enthousiasme et fondèrent la gloire immortelle du *grand Corneille*. « Il fut pour le théâtre ce que Malherbe avait été pour le genre lyrique. Le *Cid* a fixé la langue de la tragédie, le *Menteur* a créé celle de la comédie. Corneille a peint l'héroïsme sous toutes ses faces, et il n'y a pas une âme élevée dont il n'ait fortifié la vertu et retrempé le caractère. *Les Horaces, Polyeucte, Nico-*

mède, pour ne pas parler de ses autres chefs-d'œuvre, furent un cours de morale héroïque qui n'a pas été sans influence sur la société. » (M. GÉRUZEZ.) Toutefois le génie de Corneille déclina vers la fin de sa carrière. La traduction en vers de *l'Imitation* n'est pas à la hauteur de ses œuvres dramatiques ; ses dernières tragédies, *Agésilas*, *Attila*, *Suréna*, sont depuis longtemps oubliées. — *Rotrou* (1609-1650), que Corneille, quoique plus âgé que lui, appelait *son père*, parce qu'il lui avait quelques obligations, rappelle, dans plusieurs scènes de ses tragédies de *Venceslas* et de *Chosroës*, l'énergie et l'élan vigoureux de son illustre contemporain.

Toutefois, le siècle n'est pas encore entré dans la voie nouvelle. Une ridicule affectation se perpétue dans les grands poëmes épiques qui se produisent en foule. *Scudéry*, *Saint-Amant*, *Desmarets* (1596-1676), *Chapelain*, stigmatisé par Boileau, le père *Lemoyne* (1602-1671), malgré quelques beautés, fatiguent par une prolixité que ne relève pas l'intérêt de l'action. — *D'Urfé* (1587-1625) et mademoiselle de *Scudéry* (1607-1701) écrivent de longs et insipides romans ; *l'Astrée*, roman pastoral du premier, le *Cyrus*, la *Clélie*, poëmes héroïques de la seconde, peignent l'amour sous les plus fades couleurs. — Seul, inventeur à la fois et modèle, *Scarron* (1610-1660), dans son *Roman comique*, atteindra l'originalité en s'arrogeant la palme du burlesque.

188. PROSE. — ACADÉMIES. — Durant cette même période se formaient, dans les écrits en prose comme dans les œuvres de la poésie, plusieurs auteurs distingués. *Balzac* (1594-1655), dont les *Lettres* eurent une vogue prodigieuse, « donna le premier du nombre et de l'harmonie à la prose. » (VOLTAIRE.) La pompe, l'élégance et la noblesse de son style, qui dans quelques-unes de ses œuvres morales, telles que *l'Aristippe* et le *Socrate chrétien*, s'élève jusqu'à la véritable éloquence, doivent faire pardonner la recherche et l'exagération dont ses expressions sont souvent empreintes. Plus encensé encore que Balzac par ses contemporains, *Voiture* (1598-1648) cultiva comme lui le style épistolaire. « C'est le premier qui fut en France ce qu'on appelle un bel esprit. On a de lui de très-jolis vers, mais en petit nombre. » (VOLTAIRE.) — Dans un genre plus sévère, le philosophe *Descartes* (voir plus bas, chif. 191) donna au style la clarté et la vigueur de son génie. — L'éloquence judiciaire si désordonnée au siècle précédent, maintenant grave, étudiée et régulière, hâta, par son impulsion journalière, la marche progressive de la littérature. Le célèbre avocat *Antoine Lemaître* (1608-1658) excitait l'admiration du parlement. *Patru* (1604-1681), moins brillant, mais plus solide, et *Perrot d'Ablancourt* (1606-1664), infatigable auteur de traductions plus remarquables par le style que par leur fidélité (*les belles infidèles*, comme les nommaient ses contemporains), ont mérité les éloges de Boileau.

Cette première époque est fermée par la création d'une institution fameuse, l'*Académie française*, qui vint, trop brusquement peut-être, rompre avec le passé et tracer la loi de l'avenir.
— Après quelques essais infructueux, une association s'était formée entre des beaux esprits qui devaient discuter les questions intéressantes de grammaire et de poésie. Richelieu, instruit en 1634 de l'existence et des plans de la société, pour ne pas laisser une institution indépendante, même dans le domaine littéraire, lui imposa sa protection, au grand regret de la plupart des membres de la réunion. Les statuts furent dressés aussitôt sous l'approbation du cardinal. L'institution naissante eut à triompher d'une opposition fort vive de la part du parlement, lequel n'enregistra les lettres patentes accordées par le roi qu'au bout de deux ans et demi, et après trois lettres de jussion.

Parmi les premiers membres de l'Académie on remarque Valentin *Conrart*, le premier secrétaire perpétuel, Guillaume Colletet, Claude de l'Étoile, Racan, de Balzac, Voiture, le chancelier Séguier, *Vaugelas* (1585-1650), l'impitoyable grammairien, Perrot d'Ablancourt, Olivier Patru, qui fit le premier discours de réception, Jean Chapelain, le dur versificateur, etc. — Corneille n'y fut reçu qu'en 1647. — Ce corps savant s'occupa aussitôt de sa grande œuvre législatrice. La rédaction du *Dictionnaire de l'Académie* fut commencée et confiée au patient et puriste Vaugelas. Bientôt allait se former d'une réunion particulière de quelques membres de l'Académie Française, l'*Académie nouvelle des inscriptions et belles-lettres*. Chargée dès 1663 de la tâche modeste de composer des inscriptions et des devises pour les bâtiments publics, elle ne reçut qu'en 1712 ses lettres patentes et son organisation définitive.

§ II. LITTÉRATURE. DEUXIÈME PÉRIODE.

189. POÉSIE DRAMATIQUE.—La poésie dramatique, l'une des plus grandes gloires du dix-septième siècle, avait été placée si haut par les puissants efforts de Corneille, qu'il semblait presque impossible de lui faire faire de nouveaux progrès : ce fut pourtant le mérite de *Racine* (1639-1699), qui, sans s'élever peut-être à la même hauteur que son rival, le surpassa par l'inimitable harmonie de langage qu'il sut joindre à la grâce et au pathétique. Né à la Ferté Milon, il fut nourri des fortes études de Port-Royal, et eut pour conseils et pour guides assidus Molière et Boileau. Après quelques essais médiocres, il manifesta tout son talent dans la tragédie d'*Andromaque* (1667), se soutint ou grandit encore dans *Britannicus* (1669), *Bérénice* (1670), *Bajazet* (1672), *Mithridate* (1673), *Iphigénie* (1674), et couronna sa carrière théâtrale en donnant à la France la tragédie de *Phèdre* (1677), et sa vie poétique en composant pour les jeunes filles élevées à Saint-Cyr par madame de Maintenon, *Esther* (1689) et *Athalie* (1691), œuvres dans lesquelles l'inspiration prophétique a trouvé son plus sublime interprète.

Racine, plein de gaieté et de fine ironie dans sa comédie des *Plaideurs*, s'est montré dans ses *Lettres* et *Discours* académiques, dans son *Abrégé de l'histoire de Port-Royal*, presque aussi habile écrivain en prose qu'en vers.

Après Racine, le représentant le plus remarquable du genre tragique fut *Thomas Corneille* (1623-1709), qui remplaça son frère à l'Académie; ses pièces eurent un grand succès, et l'on admire encore les tragédies d'*Ariane*, d'*Essex*, et la comédie en vers du *Festin de Pierre*.

Dans la comédie de caractère, *Molière* (1622-1673), le génie le plus original peut-être du siècle de Louis XIV, le profond et ingénieux observateur du cœur humain, Molière est resté sans rival. Ses trois chefs-d'œuvre, *le Misanthrope*, *Tartuffe* et *les Femmes Savantes*, ont donné à la comédie toute la force, toute l'élévation qu'elle peut atteindre. Un génie constamment fécond et varié, une verve intarissable, animent les comédies tant de fois applaudies du *Bourgeois gentilhomme*, du *Malade imaginaire*, de l'*Avare*, des *Précieuses ridicules*, etc., portraits toujours frappants de vérité après tant de changements dans les usages et les mœurs. Malgré l'obscurité de sa naissance, Jean-Baptiste Poquelin, fils d'un tapissier, tapissier lui-même, puis acteur, sous le nom de Molière, dans une troupe de province, jouit constamment des bonnes grâces de Louis XIV, qui le fit manger à sa table. Molière, qui souvent jouait ses pièces lui-même, mourut en achevant une représentation du *Malade imaginaire*.

Regnard (1647-1709), le premier de nos poètes comiques après Molière, se livra au théâtre pour y peindre les aventures romanesques qui avaient rempli sa jeunesse. Ses principales pièces, *le Joueur*, *le Distrait*, *le Légataire universel*, ont une réputation méritée. Mais rarement on y découvre une intention morale, et il semble n'avoir d'autre but que de plaire et d'égayer.

Parmi les comiques du second ordre, nous devons citer *Dufresny* (1648-1724), et *Boursault* (1638-1701), qui eut le tort de se faire le détracteur de Molière.

Poursuivi par les dédains de l'Aristarque de son temps, *Quinault* (1635-1688) a fait cependant preuve d'un mérite réel dans ses opéras, premiers monuments de la tragédie lyrique.

190. GENRES DIVERS DE POÉSIES. — Les autres genres de poésie ne sont pas cultivés avec moins de succès. *Jean la Fontaine* (1621-1695), glorieux émule d'Ésope et de Phèdre, qu'il surpasse toutes les fois qu'il les imite, marque l'apologue du sceau de son inimitable génie; il lui donne un caractère de naïveté, de finesse et de profondeur dont nul autre n'a retrouvé le secret.

La poésie didactique, la satire, l'épître revendiquent à la fois Nicolas *Boileau*, surnommé *Despréaux* (1636-1711), l'ami et le guide des plus grands poëtes de son temps, et qui mériterait d'être appelé l'*Horace français*, si à un jugement d'une rectitude admirable, à un goût délicat et sûr, à une raison lumineuse, il eût joint, comme l'illustre ami de Virgile, l'enthousiasme et l'énergie du poëte lyrique. « Boileau est l'homme de goût par excellence ; il en est l'oracle et l'arbitre : c'est là sa mission et sa gloire... Il déclare sa mission par ses *Satires*, sa compétence par l'*Art poétique*, sa supériorité par *le Lutrin*. Il critique, il enseigne, il pratique. » (GÉRUZEZ.)

La poésie lyrique n'eut pas de digne représentant pendant ce siècle. La poésie légère et la pastorale, pleine de grâce et de délicatesse dans quelques-unes des idylles de madame *Deshoulières*(1638-1694), amie des deux Corneille, et de *Segrais* (1624-1701), louée par Boileau, eut en général plus d'élégance et de finesse que de naturel dans les œuvres de *Benserade* (1612-1691), bel esprit, que le charme de sa conversation mit en faveur à la cour ; il en fut de même de *la Fare* (1624-1712), poëte et militaire, et de l'épicurien *Chaulieu* (1639-1720), dont la poésie voluptueuse marque la transition à une autre époque littéraire.

191. PHILOSOPHIE ET THÉOLOGIE.—Une école philosophique et une école de théologie qui exercèrent l'une et l'autre une grande influence sur leur siècle, se formèrent simultanément : le cartésianisme et Port-Royal.

René *Descartes*, en latin *Cartesius* (1596-1650), le père de la philosophie moderne, quitta jeune encore la carrière des armes pour la retraite et la réflexion. Pénétré du danger des hypothèses dans les études métaphysiques, il n'accepta pour base de la certitude que l'évidence. *Je pense, donc je suis ;* telle est l'idée fondamentale du fameux *Discours sur la méthode*, des *Méditations sur la philosophie première*, des *Principes de philosophie*. — C'est la séparation absolue du domaine de la foi et de celui de la raison. — Tandis que Descartes, pensionné par Mazarin, appelé et admiré par les princes, allait mourir en 1650 à la cour de Christine de Suède, sa doctrine était l'objet des attaques violentes de quelques philosophes, de l'adhésion non moins vive de plusieurs. Citons parmi ses premiers adversaires le théologien Voet, Hobbes le matérialiste, *Gassendi* (1592-1655), métaphysicien français, qui a prétendu réhabiliter, non les dogmes impies, mais la doctrine morale d'Épicure. Les principes posés par Descartes se retrouvent au fond du système de presque tous les grands penseurs du dix-septième siècle, qui du reste en tirèrent les conséquences les plus opposées. — Spinosa

s'en servit pour établir le panthéisme. — Le père *Malebranche*
(1638-1715), de l'Oratoire, génie profond et original, dans son
ouvrage de la *Recherche de la vérité*, soutint qu'il fallait attribuer toutes nos idées à l'action directe et immédiate de Dieu sur
notre intelligence. — *Bayle* (1647-1705), le trop fameux critique, accepta le doute méthodique de Descartes non plus comme
un moyen provisoire, mais comme un principe ; il s'en servit
pour le triomphe du scepticisme, dans son *Dictionnaire historique et critique*. Hâtons-nous de dire, à la gloire de Descartes,
que plusieurs éminents esprits, repoussant toutes ces exagéra-
tions téméraires ou funestes, prouvèrent par des œuvres admirables que sa méthode peut être utilement employée à la défense
de la vérité religieuse et morale. Parmi les glorieux disciples
de Descartes on peut nommer Arnauld, Bossuet, Fénélon, Nicole
et la plupart des penseurs de Port-Royal.

Des hommes d'une vertu sévère, quelques-uns d'un talent supérieur, s'étaient retirés dans la solitude de Port-Royal des
Champs, pour se préserver, par le travail et la pénitence, de la
corruption du siècle. Ils produisirent, le plus souvent en commun, d'excellents ouvrages qui ont survécu à la ruine du monastère : la *Logique* et la *Grammaire*, la *Méthode grecque* et
la *Méthode latine*, les *Racines grecques*, etc. Dans une sphère
plus élevée, *de Sacy* publia d'excellents commentaires sur la *Bible* ; *le grand Arnauld* écrivit le livre de *la Fréquente com-
munion*, le fameux traité de *la Perpétuité de la foi*, auquel
travailla aussi *Nicole*, l'ouvrage intitulé *des Vraies et Fausses
idées*, contre Malebranche. *Tillemont* composa une *Histoire
ecclésiastique*. *Nicole* est surtout connu par l'excellent ouvrage
intitulé : *Essais de morale et Institutions théologiques*. Enfin
Blaise Pascal, fils d'un président à la cour des aides de Clermont, laissant pour la retraite les plaisirs d'une vie dissipée et
mondaine, écrivit ces sublimes *Pensées*, cent fois interrompues
par les maladies, fragments inachevés d'un magnifique ouvrage,
où l'on trouve pourtant et les observations les plus profondes sur
la nature humaine, et les preuves les plus frappantes de la divinité du christianisme.

Les querelles qui s'élevèrent à l'occasion des doctrines de
Jansénius, ardemment défendues par les solitaires de Port-
Royal, compliquées d'une lutte acharnée contre les Jésuites, qui
aboutit à la destruction du monastère, suscitèrent d'innombrables ouvrages depuis longtemps oubliés, mais ont laissé toutefois un monument impérissable dans les célèbres *Lettres provinciales* de Pascal, chef-d'œuvre de verve, d'ironie mordante,
et quelquefois d'entraînante éloquence, et dont l'admirable style
a définitivement fixé la langue française.

Des moralistes ingénieux, profonds quelquefois, s'attachent
au côté le plus pratique de la philosophie et étudient avec soin

tous les travers de l'esprit et du cœur humain. Le duc *François de la Rochefoucauld* (1605-1680) est l'auteur de ce fameux livre des *Maximes* où l'amour de soi est érigé en principe de toutes les actions humaines. — *Jean de Labruyère* (1644-1696) est célèbre par ses *Caractères*, ouvrage non moins remarquable par la perfection du style que par la finesse des observations.

192. ÉLOQUENCE. — L'éloquence religieuse, voilà l'immortelle couronne du siècle de Louis XIV. Dans l'antiquité, le plus grand intérêt, la plus puissante affection, c'était la liberté; dans le dix-septième siècle, ce fut la religion. » (M. VILLEMAIN.)

Mascaron (1634-1703), prêtre de la congrégation de l'Oratoire, puis évêque de Tulle, s'était fait, comme prédicateur, une réputation immense, malgré l'affectation et l'enflure qui déparent trop souvent son style, quand un homme parut, dont l'incomparable génie devait éclipser toutes les renommées. — Jacques-Bénigne *Bossuet* (1627-1704), né à Dijon, fut élevé au collége de Navarre. Chargé de l'éducation du dauphin en 1670, membre de l'Académie en 1671, il fut appelé en 1681 à l'évêché de Meaux. Bossuet, historien supérieur dans ce chef-d'œuvre qu'il composa pour l'éducation d'un prince, le *Discours sur l'histoire universelle*, philosophe profond dans son livre de la *Connaissance de Dieu et de soi-même*, et dans son *Traité du libre arbitre*, apologiste invincible de la foi catholique et adversaire triomphant de la réforme dans son *Histoire des variations des églises protestantes*, dans ses *Avertissements* aux protestants, qui sont presque des prophéties, et dans ses *Lettres* à Leibnitz pour la réunion des églises dissidentes; théologien plein de force et d'onction dans son *Exposition de la doctrine de l'Eglise*, qui arracha Turenne à l'erreur, dans ses *Méditations sur l'Evangile* et ses *Elévations sur les mystères*, œuvres sublimes composées pour d'obscures religieuses; orateur sans rival, dont la parole puissante rencontre, dans des *sermons* préparés à peine, les plus brillants effets d'éloquence, sans les chercher jamais, et s'élève dans des *Oraisons funèbres*, magnifiques de grandeur et de majesté, à une hauteur que n'atteignit aucun des plus fameux orateurs de l'antiquité; Bossuet est le plus grand et le plus universel de tous les grands hommes de son siècle.

Fléchier (1632-1710), remarquable surtout comme écrivain, par l'heureux choix des mots, l'harmonie du style, l'abondance et le mouvement des périodes, a acquis par ses *Oraisons funèbres* une réputation méritée.

Dans un genre différent, *Bourdaloue* (1632-1784), prédicateur dont s'enorgueillit l'ordre des Jésuites, dédaignant tous les artifices du langage, atteignit l'éloquence par la seule énergie de sa pensée, par la seule force de son raisonnement.

Fénélon (François de Salignac de la Mothe) (1631-1715), qu'une controverse théologique devait mettre aux prises avec Bossuet, et qui accepta le triomphe de son illustre adversaire avec une soumission évangélique plus belle encore que la victoire; Fénélon, plein d'une grâce entraînante dans ses œuvres théologiques, a abordé avec une égale supériorité de style et de raison la philosophie et la littérature, la morale et la politique : il suffit de nommer la *Démonstration de l'existence de Dieu*, le traité *De l'éducation des filles*, les *Dialogues sur l'éloquence*, *Télémaque*, ingénieuse exposition des devoirs d'un roi, qui lui valut la disgrâce de Louis XIV, dont les idées sur ce sujet ne s'accordaient guère avec les siennes, les *Mémoires sur la guerre de la succession d'Espagne* (1701), et quelques *Lettres particulières*, où il signale, avec autant d'énergie que de pénétration, les abus du gouvernement absolu, et les remèdes qu'y devraient apporter des institutions sagement libérales.

193. HISTOIRE. — L'histoire proprement dite n'a produit qu'une œuvre supérieure, le *Discours sur l'histoire universelle* de Bossuet. Bornons-nous à citer dans une sphère bien inférieure *Mézeray* (1610-1683) ; *Varillas* (1624-1696), qui a écrit souvent avec l'inexactitude d'un romancier la vie de plusieurs rois de France, et l'*Histoire des hérésies*; *Saint-Réal* (1639-1692), *Adrien de Valois* (1607-1692), *Péréfixe* (1605-1670), précepteur de Louis XIV et historien de Henri IV; l'abbé *de Fleury* (1640-1723), auteur d'une *Histoire ecclésiastique* remarquable par le style et par la science, des *Mœurs des Israélites et des chrétiens*, du *Catéchisme historique*, etc. Les principaux érudits du dix-septième siècle sont les savants Jésuites *Sirmond* (1559-1651), *Pétau* (1583-1652), *Labbe* (1607-1667), *Moréri* (1643-1680), auteur du célèbre *Dictionnaire historique et géographique*; *du Cange* (1610-1688), dont les deux *Glossaires* sont la clef de l'histoire du moyen âge; *le Nain de Tillemont* (chif. 142), *Mabillon* (1632-1707), l'un des membres les plus savants de la savante congrégation des Bénédictins de Saint-Maur; *Baluze* (1630-1718), l'éditeur des *Capitulaires*, d'une *Collection des conciles*, etc.

En même temps, tous les matériaux de l'histoire contemporaine sont recueillis dans une foule de riches mémoires, sortis de la plume élégante et facile des seigneurs ou des dames de la cour. — En 1634, parurent les *Économies royales* ou Mémoires de Sully (1560-1641), très-précieux pour l'histoire de Henri IV. Citons encore les *Mémoires du cardinal de Richelieu* (1585-1642), du maréchal de *Bassompierre* (1579-1646), etc... Les fameux Mémoires du *cardinal de Retz* (1614-1679), forment la transition à la seconde époque inaugurée par les *Lettres de Mazarin* (1602-1661), et signalée par les *Mémoires de madame de Motteville* (1623-1689), etc.

194. GENRES DIVERS DE LITTÉRATURE.—Il nous reste, pour terminer le tableau de la littérature du dix-septième siècle, à nommer quelques écrivains qui dans des genres divers montrent souvent un talent remarquable. — Madame de *Sévigné* (Marie de Rabutin-Chantal) (1627-1696), célèbre par ses *Lettres*; madame de *la Fayette* (1632-1693) écrivit des romans qui eurent un immense succès.—*Chapelle* (1626-1687) publia des *Pièces fugitives* en vers et en prose, pleines de délicatesse. — *Charles Perrault* (1628-1703) est plus célèbre par ses *Contes des fées*, si populaires encore, que par son *Parallèle des anciens et des modernes*. — *Saint-Évremond* (1613-1703) publia plusieurs ouvrages de critique littéraire, d'un style original et élégant. — On doit au jésuite *Bouhours* (1628-1702) divers traités de critique estimés à juste titre, quoique entachés quelquefois d'affectation et de subtilité.

Au milieu de tout cet éclat de la littérature nationale, quelques esprits distingués cherchèrent dans les études purement classiques une gloire modeste, mais durable. — *Saumaise* (1588-1658) laissa près de cent quarante ouvrages, imprimés ou manuscrits, ayant la plupart pour objet la littérature grecque ou latine. — Le jésuite *Rapin* (1621-1687) a laissé un grand nombre d'ouvrages en vers latins dont le plus estimé est le poëme des *Jardins*.—*Santeuil* (1630-1697), bizarre, plein de verve et d'originalité, composa un grand nombre d'hymnes dont quelques-unes ont été adoptées dans les bréviaires français. — Le père *Jouvenci* (1643-2719), de la compagnie de Jésus, publia d'excellentes éditions des poëtes latins, et des ouvrages d'éducation dont Rollin a fait l'éloge. — A la fin du siècle brille un illustre couple d'érudits : *André Dacier* (1651-1722), qui fut secrétaire perpétuel de l'Académie Française, et madame *Dacier* (1651-1720), célèbre surtout par sa traduction de l'Iliade et de l'Odyssée.

§ III. SCIENCES.

195. SCIENCES MATHÉMATIQUES. — Nous retrouvons dans les sciences, à l'honneur de l'esprit humain, des noms à jamais illustres dans le domaine littéraire. *Descartes* (chif. 191) fit faire de grands progrès aux sciences mathématiques, par l'application de l'algèbre à la géométrie, par la découverte de la véritable loi de la réfraction. -- *Pascal* (chif. 191) se signala par des découvertes en mathématiques et en physique. — *Dominique Cassini* (1625-1712), de Nice, attiré en France par Colbert, et naturalisé Français, est le chef d'une famille célèbre par ses découvertes astronomiques. — Jacques *Ozanam* (1660-1717), *L'Hospital* (1661-1704), Jacques *Bernouilli* (1654-1705), doivent être nommés, après ces grands hommes, parmi les mathématiciens les plus distingués.

SCIENCES NATURELLES. — Parmi une foule de savants qui s'occupèrent avec succès des sciences naturelles, nous nommerons seulement Jacques *Rohault* (1620-1675), observateur exact et habile, auteur d'un traité de physique qui fut longtemps classique; et *Mariotte* (1620-1684), célèbre par ses expériences sur le mouvement des corps, par ses recherches sur l'hydrostatique, et surtout par la loi relative au volume des gaz, à laquelle il a donné son nom. — La médecine et les sciences naturelles proprement dites ont pour principaux représentants les médecins *Borel* (1620-1689), *Fagon* (1638-1718), premier médecin de Louis XIV; *Pecquet* (1610-1674), dont le nom se rattache à des découvertes anatomiques; les chimistes *de Langlade*, *Lémery* (1645-1715), auxquels on doit plusieurs inventions pharmaceutiques d'une application journalière; le célèbre botaniste *Tournefort* (1658-1708), auteur de la première classification régulière des plantes, qui entreprit, par ordre de Louis XIV, de longs voyages en Orient, d'où il rapporta une foule de plantes avant lui inconnues; enfin Sébastien *Vaillant* (1669-1722), directeur du jardin des Plantes, qui entreprit le fameux système de classification réalisé plus tard par Linnée.

GÉOGRAPHIE. — Les voyages scientifiques qui se multiplièrent à cette époque donnèrent tout à coup un immense développement aux études géographiques. — Samuel *Bochart* (1609-1667), savant orientaliste, publia une géographie sacrée; *Chardin* (1643-1713) rapporta des notions précises et exactes sur la Perse; *Thévenot* (1633-1667) visita l'Asie Mineure et le nord de l'Afrique. — Nicolas *Sanson* (1600-1667), le père de la géographie et de la cartographie en France, s'illustra par d'importants travaux sur la géographie ancienne et moderne, qu'il enseigna au roi Louis XIII, et transmit le titre de géographe du roi à ses fils *Adrien* et *Guillaume*, qui marchèrent sur ses traces; mais ils furent surpassés par Guillaume *Délisle* (1675-1726), professeur de géographie du jeune roi Louis XV, dont les cartes, appuyées sur les observations des astronomes et des voyageurs, opérèrent dans la science une révolution complète.

ACADÉMIE DES SCIENCES. — Une institution récente, digne complément de l'Académie Française, donnait à toutes les sciences une impulsion énergique. En 1666, Colbert avait fondé l'Académie royale des Sciences, et pour faciliter ses travaux, Louis XIV avait fait construire le palais de l'*Observatoire*, où Cassini commença aussitôt ses importantes observations. En 1699, la nouvelle académie entreprit la publication de ses *Mémoires*, qui forment aujourd'hui un si riche et si précieux arsenal des connaissances humaines.

13.

§ IV. BEAUX-ARTS.

196. PEINTURE. — Encouragés par la noble protection du monarque et de ses ministres, les arts comme la littérature obtinrent au dix-septième siècle de merveilleux succès. La France cessa de demander à l'Italie ses artistes, et nos compatriotes enfantèrent des œuvres immortelles. Nommons parmi les peintres : *Vouet* (1582-1649), qui obtint une grande réputation par ses portraits au pastel ; *Nicolas Poussin* (1594-1665), chef de l'école française, formé à Rome par l'étude des grands maîtres, également supérieur dans l'histoire et le paysage historique ; Philippe de *Champaigne* (1602-1674), élève du Poussin, dont le pinceau facile produisit une multitude de tableaux estimés. — Nicolas *Mignard* (1608-1668), qui fut chargé par Louis XIV de décorer plusieurs salons des Tuileries ; son frère Pierre *Mignard* (1610-1695), qui a peint la coupole du Val-de-Grâce et une des galeries de Versailles, et à qui ses portraits, plus remarquables par la grâce que par la vérité, ont valu une grande renommée ; Eustache *Lesueur* (1617-1655), le *Raphaël français*, qui, après avoir composé un grand nombre de tableaux d'église, qui presque tous sont des chefs-d'œuvre, mourut à trente-huit ans, poursuivi par la jalousie de ses rivaux, dont aucun n'égala la grâce, la vigueur et la noblesse de son style ; *Lebrun* (1619-1690), chargé par Fouquet des peintures du château de Vaux, par Louis XIV de celles de la grande galerie de Versailles, homme d'un talent éminent, mais pourtant inférieur à Lesueur, qu'il persécuta de tout son pouvoir. — Le paysage atteignit aussi un haut degré de perfection dans les œuvres de *Claude le Lorrain* (1600-1682), si remarquable par la richesse de ses compositions et la beauté de son coloris. — Après ces grands peintres, l'art entre dans une voie de décadence à peine sensible d'abord, mais qui bientôt deviendra plus rapide. *Jouvenet* (1647-1717), peintre d'histoire et de portraits, appartient encore à la glorieuse école du dix-septième siècle, mais il touche à celle du dix-huitième qu'il allait commencer avec les Van-Loo. — Déjà la gravure s'étudiait avec succès à reproduire les tableaux des grands maîtres ; il suffit de citer, dans une foule de graveurs distingués, *Callot* (1593-1635), *Nanteuil, Chasteau, Audran,* etc.

SCULPTURE. ARCHITECTURE. MUSIQUE. — Avec les prodiges de la peinture, les chefs-d'œuvre de la statuaire se multipliaient pour embellir les résidences royales et les palais des princes. *Sarazin* (1590-1660) et *Anguier* travaillèrent aux sculptures du Louvre. — *Puget* (1622-1694), né à Marseille, et dont le chef-d'œuvre est *la mort de Milon de Crotone*, fut à la fois ingénieur, architecte et statuaire ; *Girardon* (1630-

1715), de Troyes en Champagne, éleva le *mausolée de Richelieu*, à la Sorbonne; les deux frères *Marcy* (Balthazar, 1624-1674. et Gaspard, 1628-1681), ont orné de leurs œuvres les jardins de Versailles; *Desjardins* fondit en bronze la belle statue de Louis XIV couronné par la Victoire, qui fut détruite pendant la révolution; *Coysevox* (1640-1720) est l'auteur des chevaux ailés, placés à l'entrée des Tuileries, du côté de la place de la Concorde; on doit au ciseau de Nicolas et de Guillaume *Coustou* (1658-1733) de belles statues qui décorent les jardins de Marly et de Versailles, et quelques-unes des plus gracieuses sculptures du jardin des Tuileries.

Les palais auxquels étaient destinés ces chefs-d'œuvre s'élevèrent entourés de leurs magnifiques jardins, sous l'inspiration d'habiles architectes dont les noms sont à jamais célèbres. *François Mansard* (1598-1666), inventeur de cette sorte de toiture brisée qu'on appelle *mansarde*, en souvenir de son auteur, bâtit les châteaux de Berny, de Blois, de Maisons, etc. Son neveu et son élève, Jules Hardouin *Mansard* (1645-1708), acquit une réputation plus grande encore, et fut chargé des travaux les plus importants du règne de Louis XIV. Les châteaux de Marly, du grand Trianon, de Versailles, l'hôtel des Invalides, la place Vendôme, la place des Victoires, sont ses principaux titres de gloire. *Claude Perrault* (1613-1688) donna les plans du nouveau Louvre et de son admirable colonnade, de l'Observatoire de Paris, etc. *Lepautre* (1614-1691) bâtit une partie du château de Saint-Cloud; *Lemuet* éleva le Val-de-Grâce, et *Blondel* (1617-1686) donna les dessins de la *porte Saint-Denis*. — *Lenôtre* (1613-1700) conquit une réputation immense dans un art qu'il a véritablement créé; il a dessiné les jardins de presque tous les châteaux royaux, de Versailles, des Tuileries, de Saint-Cloud, de Saint-Germain, de Fontainebleau, etc.

La musique ne fait pas encore de progrès général. Le dix-septième siècle n'offre guère en France qu'un nom célèbre, celui de Jean-Baptiste *Lulli* (1633-1687). Recherché d'abord pour son talent sur le violon, il se livra ensuite avec un grand succès à la composition; il est l'auteur de la plupart des opéras dont Quinault écrivait les paroles, et de plusieurs morceaux de musique religieuse.

L'Académie de peinture et de sculpture, asile et récompense de toutes les renommées artistiques, avait été fondée par Mazarin dès 1648, et fut définitivement constituée en 1655.

QUESTIONNAIRE. — 187. Quelle fut l'influence de la littérature du seizième siècle sur celle du siècle suivant? — Quel rôle joua Malherbe? — Quels autres noms cite-t-on encore? — Qu'est-ce que l'hôtel de Rambouillet? — Quels sont les poètes dramatiques de cette époque? — Citez les chefs-d'œuvre de Corneille. — Quels sont les plus célèbres poètes épiques et les plus célèbres romanciers? — 188. Nommez les prosateurs. — Comment fut fondée l'Académie Française ? — Citez les plus connus parmi les premiers membres ? — 189. Citez les principales œuvres de Racine. — Quelles sont les plus célèbres comédies de Molière ? — Nommez les autres poëtes dramatiques de la seconde période. — 190. Quelles sont les œuvres de la Fontaine et de Boileau ? — Citez les noms des poëtes légers. — 191. Faites connaître Descartes et les philosophes qui appuyèrent ou combattirent ses opinions. — Quels sont les plus célèbres solitaires de Port-Royal, et quels sont leurs ouvrages ? — A quel propos furent composées les Lettres provinciales ? — Faites connaître la Rochefoucauld et la Bruyère. — 192. Faites connaître Bossuet. — Quelles sont les plus célèbres œuvres de ce grand homme ? — Quels sont les autres prédicateurs célèbres du siècle ? — Quelles sont les œuvres de Fénélon ? — 193. Quels hommes écrivirent l'histoire à cette époque ? — Nommez les plus célèbres érudits. — 194. Quels noms distingue-t-on dans les autres genres de littérature ? — 195. Nommez les plus célèbres mathématiciens. — Quels noms sont connus dans les sciences naturelles et dans la médecine ? — Citez les principaux géographes et les voyageurs les plus connus. — 196. Quels sont les peintres les plus célèbres et faites connaître leurs œuvres. — Nommez les plus connus parmi les sculpteurs. — Quels jardins et quels palais décorèrent-ils de leurs œuvres ? — Qui avait construit ces palais et tracé ces jardins ? — Quel musicien est célèbre à cette époque ? — Quelle académie artistique avait été fondée par Mazarin ?

CHAPITRE DIXIÈME.

LOUIS XV ET LOUIS XVI.

197. Avénement de Louis XV (1715-1774); **régence du duc d'Orléans.** — La mort du grand dauphin, fils de Louis XIV, et du vertueux duc de Bourgogne, son petit-fils, appelait à recueillir la succession du grand roi, son arrière-petit-fils, faible enfant de cinq ans, d'une santé chancelante, mais dont l'existence n'en devenait que plus chère à la nation, consternée de la mort successive de tant de princes de la maison royale. Le duc d'Orléans, neveu de Louis XIV et premier prince du sang, était appelé par sa naissance à exercer la régence pendant la minorité du jeune roi ; mais Louis XIV, tout en appréciant ses brillantes qualités et son courage, n'avait pu s'empêcher d'être effrayé des désordres de sa conduite. Il avait donc établi par son testament un conseil de régence, à la tête duquel il s'était contenté de placer son neveu. Le lendemain de la mort du roi, le duc d'Orléans, jaloux de faire valoir son droit et de posséder le pouvoir, eut recours au Parlement, qui saisit avec empressement l'occasion de se venger de la nullité politique à laquelle il avait été réduit, en cassant le testament d'un prince si absolu pendant sa vie. Le duc d'Orléans, déclaré seul régent du royaume, récompensa le Parlement de sa déférence en lui rendant le droit, dont il était privé depuis quarante-deux ans, de faire des remontrances sur tous les actes du pouvoir dont l'enregistrement lui serait demandé.

La France, qui jouit pendant cette régence du calme le plus profond, avantage si rare pendant les minorités, n'aurait eu qu'à se louer de l'arrêt rendu par le Parlement en faveur du duc d'Orléans, si la cour du régent, encouragée par ses funestes exemples, ne fût devenue une école de dépravation qui n'eut malheureusement que trop d'influence sur les mœurs publiques. Entouré de compagnons de débauches qui se faisaient honneur du titre de roués, le régent choisit pour premier ministre le plus infâme de tous, *Dubois*, fils d'un apothicaire de Brives-la-Gaillarde, qui joignait aux plus honteux désordres l'effronterie la plus cynique, et qui y mit le comble en osant prétendre au chapeau de cardinal.

Dans les relations extérieures, la régence du duc d'Orléans fut généralement marquée par une politique habile. Pour déjouer les projets du ministre d'Espagne, l'ambitieux cardinal Albéroni, qui voulait faire rendre à la monarchie espagnole les provinces qu'elle avait perdues, il forma avec l'Angleterre, l'Autriche et la Hollande, le traité de la *quadruple alliance* (1718), suivi bientôt d'une guerre qui força Philippe V à renvoyer son ministre et à adhérer aux principes arrêtés par les quatre puissances. Le mariage projeté du roi avec une fille de ce prince, âgée alors (1722) de quatre ans à peine, devait resserrer l'alliance des deux familles royales.

Louis XV ayant atteint sa majorité (1723), la fit déclarer par le Parlement. Cet événement mit fin à la régence, mais non à l'administration du duc d'Orléans, que le roi conserva pour premier ministre. Il ne le fut que neuf mois. La mort, qui venait de frapper le cardinal Dubois (août 1723), l'atteignit lui-même vers la fin de la même année (décembre 1723). Louis lui donna pour successeur le duc de Bourbon-Condé, prince aussi faible qu'altier, qui ne tarda pas à s'attirer l'animadversion générale. La jeune infante d'Espagne avait été amenée en France depuis trois ans pour être fiancée au roi; mais celui-ci lui préféra Marie Leckzinska, fille du roi de Pologne détrôné, Stanislas Leckzinski, et renvoya l'infante à son père (1725).

Philippe V, irrité de l'affront fait à sa fille, déclara la guerre à Louis XV. Ainsi la France, troublée dans son administration intérieure, avait encore à soutenir une guerre étrangère, quand Louis XV exila le duc de Bourbon (1726), et supprima le titre de *premier ministre*.

198. MINISTÈRE DU CARDINAL DE FLEURY. — En abolissant le titre de *premier ministre*, Louis XV avait déclaré vouloir gouverner par lui-même; mais cette tâche était au-dessus de ses forces, et il choisit immédiatement pour *principal ministre* son ancien précepteur, l'abbé de Fleury, auquel il fit donner le chapeau de cardinal, et dont les soixante-treize ans n'avaient pas refroidi l'ambition. Il sut du moins la justifier par une administration habile, toute paternelle, et dont la sagesse aurait cicatrisé les plaies de l'Etat, si le désordre des finances (voir le n° 191) n'eût depuis longtemps creusé l'abîme dans lequel devait s'engloutir la monarchie. Le vieux ministre sut du moins, par sa prudence, par son désintéressement et son économie, éloigner les dangers qui la menaçaient.

Son habileté arrêta aussi (1727) les hostilités qu'avait fait éclater le renvoi de l'infante d'Espagne, et prépara les succès obtenus par la France dans la guerre entreprise par Louis XV contre l'empereur d'Allemagne, Charles VI, dans l'intérêt de son beau-père Stanislas Leckzinski, rappelé au trône de Pologne. Cette guerre, soutenue avec gloire, en Allemagne, par le maréchal de Berwick, qui fut tué au siége de Philippsbourg, et en Italie par Villars et par les maréchaux de Coigny et de Broglie, se termina (1738) par le traité de *Vienne*, qui donna au roi Stanislas, en échange de la Pologne, la *Lorraine* et le *Barrois*. Après la mort de ce prince, ces provinces devaient être réunies à la France, et compléter ainsi les conquêtes du règne de Louis XIV. — La guerre venait de se rallumer en Allemagne, lorsque la mort frappa (1743) le cardinal de Fleury, qui avait conservé jusqu'à sa quatre-vingt-dixième année toutes les facultés qu'exigeaient les soins du gouvernement.

199. GUERRE EN ALLEMAGNE. — La guerre qui venait d'éclater (1741) fut la plus glorieuse du règne de Louis XV. Elle eut pour cause les contestations qui s'élevèrent, au sujet de la succession de l'empereur Charles VI, entre sa fille l'archiduchesse Marie-Thérèse et l'électeur de Bavière. La France s'étant, ainsi que la Suède et l'Espagne, déclarée pour ce dernier, eut à soutenir, avec les Espagnols, les Suédois et les Bavarois, une lutte redoutable contre l'Autriche, l'Angleterre, la Sardaigne et la Russie. Louis XV pénétra, à la tête d'une nombreuse armée, dans les Pays-Bas autrichiens, où le maréchal de Saxe, le plus habile de ses généraux, remporta la fameuse victoire de *Fontenoy* (11 mai 1745), suivie de la conquête des Pays-Bas. En parcourant le champ de bataille de Fontenoy, couvert de quinze mille ennemis tués et d'un nombre considérable de blessés, Louis XV dit au Dauphin, qui l'accompagnait : « Méditez sur cet affreux spectacle, mon » fils ; qu'il vous apprenne à ne pas vous jouer de la vie » de vos sujets et à ne jamais prodiguer leur sang dans des » guerres injustes. Qu'on ait soin de tous les Français » blessés comme de mes enfants , ajouta-t-il ; qu'on » prenne soin même des ennemis. » Belles paroles qui justifient le titre de *Bien-Aimé*, que les Français avaient décerné à ce prince l'année précédente, pendant la maladie qui avait failli le conduire au tombeau, et qui fit éclater dans toute la France la vive affection qu'on lui portait. De nouvelles victoires remportées à *Rocoux* (11 octobre 1746) et à *Laufeld* (2 juillet 1747) par le maréchal de Saxe, et la prise, après une héroïque défense, des forteresses de *Berg-op Zoom* et de *Maestricht*, forcèrent les ennemis à demander la paix, qui fut signée à *Aix-la-Chapelle* (18 octobre 1748). Les brillants succès obtenus dans cette guerre se trouvèrent compensés par la destruction de la marine française aux désastreux combats du *cap Finisterre* et de *Belle-Ile*, et par un énorme accroissement de la dette publique.

Quelques années seulement séparèrent cette guerre glorieuse de la fatale *Guerre de sept ans*, qui embrasa l'Europe entière, et qui porta à l'ancienne monarchie, humiliée à la fois sur terre et sur mer, un coup dont elle ne devait pas se relever. La première rupture eut pour cause des contestations de peu d'importance, qui s'élevèrent (1755) entre la France et l'Angleterre, au sujet de leurs possessions respectives dans l'Amérique septentrionale. Bientôt après, des intrigues de cour entraînèrent la France dans une alliance avec l'Autriche, la Russie et la Saxe, contre le roi de Prusse, Frédéric II, que ses brillantes qualités et ses victoires ont fait appeler le *Grand Frédéric*. L'Angleterre et le Hanovre entrèrent dans son alliance.

La cour de Louis XV, où régnaient la corruption et l'intrigue, ne sut opposer que des généraux incapables à cet habile capitaine, qui gagna sur le maréchal de Soubise (6 novembre 1757) la funeste bataille de *Rosbach*. Elle coûta la vie à dix mille Français, et fut bientôt suivie des défaites de *Crevelt* (1758) et de *Minden* (1759). Dans le même temps, l'Angleterre achevait de détruire notre marine, et nous enlevait toutes nos colonies en Amérique, en Asie et en Afrique. Au milieu de tant de désastres, trop rarement compensés par quelques succès, nous trouvons à citer, pour l'honneur de la France, l'héroïque dévouement du brave d'*Assas* (1760). Saisi par les Hanovriens, qui allaient surprendre le camp des Français, il voit toutes leurs baïonnettes croisées sur sa poitrine et prêtes à le percer s'il dit un seul mot. Fidèle à son devoir, il s'écrie : *A moi, Auvergne ! ce sont les ennemis*, et tombe percé de mille coups ; mais par ce dévouement sublime, il sauve l'armée française. Enfin, après avoir encore continué la guerre pendant trois ans, au moyen de l'alliance qu'il conclut avec l'Espagne sous le nom de *Pacte de famille*, Louis XV signa (18 février 1763) le traité de *Paris*, qui abandonnait à l'Angleterre le Canada avec les contrées voisines et le Sénégal. Par ces acquisitions et par la destruction presque complète de notre marine, la domination de l'Angleterre sur toutes les mers se trouva désormais assurée.

200. Désordre des finances. — Ces désordres, qui ruinaient la puissance de la France à l'extérieur, achevaient en même temps d'épuiser ses finances, dont la pénurie remontait aux dernières années du règne de Louis XIV. Le récit des événements occasionnés par ces embarras financiers n'est pas la partie la moins importante de l'histoire du règne de Louis XV. La dette qui lui avait été léguée par son prédécesseur était hors de toute proportion avec les revenus de l'État. Elle s'élevait, comme nous l'avons dit, à deux milliards soixante-deux millions, qui portaient quatre-vingt-dix millions d'intérêt. A peine investi du pouvoir, le duc d'Orléans chercha les moyens d'alléger un si lourd fardeau. Des poursuites dirigées contre les financiers qui, sous le règne précédent, s'étaient enrichis par leurs exactions, amenèrent une réduction de cent trente-sept millions, sans diminuer beaucoup les embarras de l'État. Ce fut alors que le régent adopta (1716) un système financier proposé par un aventurier écossais nommé *Law* (on prononce Laas). Au moyen de la création d'une banque et d'un *papier-monnaie* qui devait être reçu comme du numéraire, il promettait de rembourser les dettes de l'État, d'augmenter le revenu et de diminuer les impôts. A la banque d'escompte de Law fut jointe une compagnie de commerce ayant pour objet de mettre en valeur les pays situés sur les rives du Mississipi (Louisiane) et du Sénégal, qu'on annonçait comme contenant d'immenses richesses ; le privilége exclusif du commerce avec la Chine et les Indes devait encore augmenter considérablement les bénéfices de l'entreprise, et par conséquent, des porteurs du papier-monnaie de Law. La nation tout entière, partageant les illusions du régent, accueillit ce système avec un aveugle enthousiasme ; l'émission du papier-monnaie s'éleva à des sommes immenses ; mais les bénéfices promis ne se réalisèrent pas, et (1720) une honteuse banqueroute plongea dans la misère et le désespoir un grand nombre de familles. L'administration économe du cardinal de Fleury et une légère augmentation dans les revenus publics, seul résultat utile du système de Law, permirent à l'habile cardinal de supporter le fardeau des charges de l'État. Mais les guerres d'Allemagne et surtout les désastres de celle de Sept-Ans, joints aux prodigalités insensées du roi, avaient rendu le mal presque sans remède, lorsque le contrôle général des finances fut confié à l'abbé Terray, qui le conserva pendant les cinq dernières années du règne de Louis XV (1769-1774). L'administration de ce ministre, qu'on a résumée par ces mots : *Vol, au nom du roi, de l'argent de tous ses sujets*, ne fut en effet qu'un épouvantable brigandage, qu'une banqueroute reproduite sous toutes les formes : diminution des arrérages de tous les effets royaux, réduction des pensions payées par l'État, spoliation des grandes compagnies commerciales et même des tontines où les classes peu aisées déposaient leurs économies, réduction des rentes de l'hôtel de ville de Paris. Cette *banqueroute générale faite en détail* comme l'avait conseillé le maréchal de Saxe, la création d'un impôt sur toutes les charges publiques, et le monopole du commerce des grains, qui causa dans toutes les provinces des souffrances inouïes, ne suffirent pourtant pas à rétablir l'équilibre entre les recettes et les dépenses, dont l'excédant annuel

s'élevait encore à plus de vingt-cinq millions et demi,
quand la mort du roi amena la retraite de l'abbé Terray.

201. EXPULSION DES JÉSUITES. — Les embarras
financiers n'étaient pas le seul mal qui travaillait la France
à l'intérieur. Les querelles religieuses qui s'étaient élevées
à l'occasion du Jansénisme se perpétuèrent sous le règne
de Louis XV. Persécutés par le haut clergé et par les
Jésuites, les Jansénistes étaient soutenus par le Parlement.
Une tentative d'assassinat dirigée par un scélérat nommé
Damiens contre la personne même du roi, qui fut blessé
d'un coup de poignard (5 janvier 1757), devint un nouveau sujet de querelle entre les deux partis; ils s'accusèrent mutuellement, mais sans pouvoir le prouver, d'avoir
armé le bras de l'assassin, qui fut puni du plus affreux
supplice. Les Parlements, ennemis déclarés des Jésuites,
ne cessaient, de leur côté, de les poursuivre avec acharnement. Enfin, ayant gagné à leur parti la marquise de
Pompadour, qui exerçait un empire absolu sur l'esprit du
roi, ils parvinrent à faire signer à Louis XV (1764) l'ordonnance qui chassait de France tous les membres de la
Compagnie de Jésus. Quelques années plus tard (1773),
le pape Clément XIV prononça l'abolition de cette société.
— La société des Jésuites a été rétablie par le pape Pie VII,
au commencement du dix-neuvième siècle.

202. FIN DU RÈGNE DE LOUIS XV. — L'expulsion
des Jésuites avait signalé la puissance des Parlements. Ces
derniers avaient trouvé un auxiliaire dans le duc de Choiseul, ministre habile, dont l'administration fut marquée
par plusieurs actes utiles à la France. Nous ne parlerons
pas de la réunion de la *Lorraine*, préparée par Fleury, et
accomplie sous le ministère de Choiseul (1766) par la
mort du roi Stanislas; mais nous devons citer l'acquisition
de la *Corse*, cédée (1768) l'année qui précéda la naissance
de Napoléon, par la république de Gênes, à la charge de
la conquérir sur les habitants armés pour défendre leur
indépendance. Il ne fallut pas moins de deux ans pour
triompher de leur résistance (1769). C'est encore au duc
de Choiseul que la France dut une meilleure organisation
des corps de l'artillerie et du génie, des développements
importants donnés à nos colonies dans les Antilles, et à
notre marine, qui, en moins de sept ans, répara toutes
ses pertes, et put se montrer, sous le règne de Louis XVI,
aussi formidable que jamais.

Cependant à la marquise de Pompadour, protectrice du duc de Choiseul, avait succédé une nouvelle favorite, sortie de la classe la plus abjecte de la société. Mme du Barry se vengea des justes mépris de toute la cour en faisant exiler le premier ministre (1770). La même disgrâce devait atteindre bientôt les Parlements dont Choiseul s'était toujours montré le protecteur. Depuis le commencement du règne de Louis XV, ces cours souveraines, et surtout le Parlement de Paris, avec lequel tous les autres prétendaient ne former qu'un seul et même corps, travaillaient à faire revivre la monarchie parlementaire, et s'étaient ainsi attiré l'inimitié de la cour. Le chancelier *Maupeou* devint l'exécuteur de ses vengeances. Après une lutte très-vive et très-opiniâtre, Maupeou fit dissoudre le Parlement, en exila tous les membres (1771), qu'il remplaça par des hommes dévoués à ses caprices, et osa se vanter *d'avoir tiré la couronne de la poudre du greffe.*

Mais des actes de violence ne pouvaient rendre à cette couronne un éclat qui chaque jour se ternissait davantage. Avilie au dedans par la banqueroute, dont elle acceptait l'odieuse complicité, la royauté l'était aussi au dehors par le partage de la Pologne, dont elle restait spectatrice indifférente. En apprenant cette grande iniquité politique, Louis XV s'était contenté de dire : « Si le duc de Choiseul était encore ministre, il n'en serait point ainsi. » La nation n'avait plus rien à attendre de ce prince, devenu méprisable aux yeux de tous par la conduite scandaleuse qu'il continua sans pudeur jusqu'au terme de sa vie. La multitude, en troublant ses obsèques par de sanglants outrages proférés contre sa mémoire, le punit ainsi d'avoir si mal payé la vive affection que la France lui avait témoignée trop longtemps.

Pendant que le prince et la cour non moins dépravée qui l'entourait se plongeaient dans les plus infâmes débauches, une révolution immense s'opérait dans les esprits. Les Français, qui s'étaient soumis au despotisme glorieux de Louis XIV, ne pouvaient rester courbés sous le despotisme avilissant et ignoble des favorites de Louis XV. Les idées de liberté, comprimées depuis plusieurs siècles, s'étaient fait jour de nouveau ; les philosophes et les publicistes exhumaient de la poussière, où ils étaient depuis si longtemps ensevelis, les titres imprescriptibles du genre humain. Le gouvernement lui-même avait, sans le vouloir, secondé ce grand mouvement en favorisant tout ce qui pouvait contribuer aux progrès des sciences et au développement de l'esprit. Ainsi, tandis que les colléges étaient ouverts gratuitement à la jeunesse, et que l'*Ecole militaire* était fondée pour y recevoir et pour y instruire, aux frais de l'État, cinq cents gentilshommes sans fortune, des savants étaient envoyés sous l'équateur et vers les pôles, afin de prendre les mesures propres à déterminer la forme de la terre. Et cependant, il était facile de reconnaître que l'État marchait rapidement vers une dissolution prochaine et inévitable. « A voir le monarque endormi dans la volupté, des courtisans corrompus, des ministres méchants ou imbéciles, des philosophes les uns sapant la religion, les autres l'État; des nobles ou ignorants ou atteints des vices du jour; des ecclésiastiques à Paris la honte de leur ordre, dans les provinces pleins de préjugés, on eût dit une foule de manœuvres empressés à démolir un grand édifice. » (CHATEAUBRIAND.)

203. LA LITTÉRATURE AU DIX-HUITIÈME SIÈCLE. — Parmi les innombrables auteurs du dix-huitième siècle, nous ne pouvons citer que les plus éminents : *Jean-Baptiste Rousseau*, le premier de nos poëtes lyriques; *Montesquieu*, l'illustre auteur de l'*Esprit des lois* et des *Considérations sur les causes de la grandeur et de la décadence des Romains*; *Voltaire*, le plus spirituel et le plus célèbre des écrivains du dix-huitième siècle; excellant à la fois dans presque tous les genres de poésies, dans l'épopée, dans la tragédie et la comédie, où il n'a été surpassé que par Corneille, Racine et Molière; dans la poésie légère, où il n'a pas même de rivaux; dans l'histoire, dans le roman, dans le style épistolaire; mais dont la gloire immortelle serait bien plus pure, s'il n'avait pas trop souvent déshonoré sa plume par d'indignes outrages à la morale publique et par des attaques aussi passionnées qu'injustes contre la religion; *Buffon*, auteur de l'*Histoire naturelle*, précieux modèle de style, et monument d'une science immense; *Jean-Jacques Rousseau*, dont l'admirable éloquence n'a rendu que plus dangereux les séduisants paradoxes; *Diderot* et *d'Alembert*, les fondateurs de l'*Encyclopédie*, cette *Babel des sciences et de la raison;* mais dont le discours préliminaire, écrit par d'Alembert, présente un magnifique tableau des connaissances humaines. Ces auteurs furent, avec Voltaire, les chefs de cette école prétendue philosophique qui, sapant par leur base tous les fondements de la société politique et religieuse, préparèrent les malheurs de la révolution française.

On peut nommer encore *Vertot*, l'historien des *Révolutions romaines* et de celles de *Suède* et de *Portugal;* le bon *Rollin*, l'auteur du *Traité des études* et de l'*Histoire ancienne; Fontenelle,* le spirituel auteur de la *Pluralité des mondes*, des *Dialogues des morts* et de l'*Histoire de l'Académie*; les tragiques *Crébillon*, *Dubelloy* et *Ducis*; les poëtes comiques *Destouches*, *Marivaux*. *Piron*, *Collé*, *Favart*, *Sedaine*, *Beaumarchais*, *Collin d'Harleville* et *Gresset*, l'auteur de *Vert-Vert*; *Le Sage*, auteur de plusieurs romans, dont *Gil Blas* est le chef-d'œuvre; *Louis Racine*, dont les poëmes sur la *Religion* et sur la *Grâce* sont les ouvrages les plus remarquables; les historiens philosophes *Duclos*, *Mably*, *Raynal*; le savant *Barthélemy*, auteur du *Voyage du jeune Anacharsis*; le spirituel littérateur *Marmontel*; les académiciens *Thomas*, *Mercier*, *Chamfort*; les poëtes *Lefranc de Pompignan*, *Gentil Bernard*, *Saint-Lambert*, *Malfilâtre*, *Dorat*, *Boufflers*, *Lebrun*, *Jacques Delille*, *Gilbert*, *Parny*, et les deux *Chénier*; *Bailly*, auteur de l'*Histoire de l'astronomie*; le critique *Laharpe*, *Berquin*, l'auteur de l'*Ami des enfants*, etc., etc.

204. AVÉNEMENT DE LOUIS XVI (1774-1793). — Un prince de mœurs pures, un roi honnête homme, rempli des intentions les plus droites et les plus bienveillantes, succéda à son aïeul sur ce trône souillé par tant d'infamies, ébranlé déjà par de si violentes secousses. Une ère nouvelle sembla commencer pour la France avec le règne de Louis XVI, âgé de vingt ans à peine, et marié depuis quatre ans (1770) à l'archiduchesse d'Autriche, Marie-Antoinette, fille de l'immortelle Marie-Thérèse. Avide de l'amour de ses sujets, il s'empressa d'en mériter les bénédictions par la remise qu'il leur fit du droit de *joyeux avénement*, qui se payait à chaque changement de règne, par la suppression des *corvées*, qui furent converties en impôt pécuniaire, par la création du *Mont-de-Piété*, par l'abolition de la torture, qui était encore en usage dans la procédure criminelle, enfin, par le rappel des parlements exilés par Maupeou. Quelques années plus tard (1787), il rendit aux protestants la plénitude de leurs droits civils. Malheureusement, la bonté du cœur et la droiture des intentions ne suffisaient pas pour un règne qui commençait au milieu des circonstances les plus difficiles. La plus grave était l'impossibilité de faire face, avec les revenus existants, aux charges énormes de l'État. Louis XVI choisit des ministres qui méritèrent la confiance de la nation. Il renvoya d'Aiguillon, Maupeou et Terray, et appela au ministère M. de Machault, qu'il remplaça bientôt par le comte de Maurepas, vieillard frivole, qui s'adjoignit Miromesnil, Vergennes, Saint Germain à la guerre, et Sartines à la marine. Malesherbes, qui unissait à des vertus antiques des opinions nouvelles, fut chargé de

l'intérieur ; les finances furent données à son ami *Turgot*.
Ce dernier était doué du génie nécessaire pour suffire à la
tâche difficile dont il se trouvait chargé, celle de faire face aux
charges énormes de l'État avec les ressources qu'il pouvait offrir. Turgot commença par supprimer les corvées
et les droits onéreux qui gênaient l'agriculture et l'industrie, et rendit ainsi la fécondité à ces deux grandes sources
de la richesse des États ; il créa en faveur du commerce
une caisse d'escompte, origine de la Banque de France ;
enfin, par de sages réformes, il réussit à réaliser des économies au moyen desquelles il commença à payer les dettes
énormes de l'État. Mais, pour parvenir à combler cet
abîme, il fallait des ressources extraordinaires. Turgot,
après avoir demandé la liberté du commerce des grains et
l'abolition des jurandes et des maîtrises, qui devaient
achever de rendre leur essor à l'agriculture et à l'industrie, proposa l'égale répartition des impôts, qui depuis
longtemps pesaient presque exclusivement sur les classes
les moins aisées. Ces plans soulevèrent contre Turgot
toutes les classes privilégiées. Il fut congédié à regret
(1776) par Louis XVI, qui, désolé des embarras qu'on lui
suscitait de toutes parts, répétait avec douleur : « Il n'y a
que moi et M. Turgot qui aimions véritablement le
peuple. »

Clugny, successeur de Turgot, ne signala son court
ministère que par le rétablissement des corvées et des
maîtrises, et fut bientôt remplacé aux finances (octobre
1776) par un Genevois nommé *Necker*, auquel une fortune considérable, faite honorablement dans la banque,
et quelques écrits remarquables, avaient concilié l'estime
publique. La sage administration de ce ministre et la
prudence de ses réformes commençaient à faire renaître
la sécurité, lorsque la part prise par la France à un événement qui agitait alors le monde vint compliquer les difficultés de la situation.

205. GUERRE D'AMÉRIQUE. — Les puissantes et
riches colonies anglaises de l'Amérique du Nord, irritées
des vexations multipliées qu'elles avaient eues à supporter
de la part de la mère-patrie, venaient de proclamer leur
indépendance (1776). Leur envoyé à Paris, *Benjamin
Franklin*, célèbre par de grandes découvertes, détermina
le gouvernement français à secourir les Américains dans
leur guerre contre l'Angleterre, alors l'ennemie acharnée

de la France. La sage administration du duc de Choiseul et des ministres de Louis XVI avait remis notre marine sur un pied respectable. Tandis que sous d'Orvilliers, de Guichen et Lamotte-Piquet, elle soutient avec avantage la lutte contre la marine anglaise devant *Ouessant* (1779), le comte de Grasse et le comte d'Estaing allaient combattre dans les mers d'Amérique et seconder ainsi les efforts du généralissime américain *Washington*, qui, secondé par *Lafayette* et *Rochambeau*, à la tête des troupes françaises, forçait Cornwallis et 8,000 Anglais à capituler dans York-Town (1781). Dans l'Inde, le bailli de Suffren commandait avec gloire notre marine; de concert avec *Haider Ali-Khan*, sultan de Mysore, et plus tard avec son fils *Tippoo-Saëb*, il luttait avec constance et souvent avec succès contre les forces de l'Angleterre. Cette puissance, qui avait vu les Espagnols et les Hollandais se joindre contre elle à la France, et le nombre de ses ennemis s'accroître de jour en jour, sentit ses forces s'épuiser malgré la vigueur merveilleuse avec laquelle elle avait soutenu la lutte. Elle reconnut alors l'indépendance des États-Unis d'Amérique et signa en même temps à *Versailles* (2 septembre 1783) la paix avec la France qui recouvra une partie de ses colonies en Amérique, en Afrique et en Asie.

Ce ne fut pas pour la France le seul résultat de cette guerre. En combattant sous les drapeaux de la liberté et de l'égalité, les jeunes guerriers français s'étaient euxmêmes pris d'un vif enthousiasme pour ces nobles sentiments. Ils rapportèrent dans un pays en proie à un malaise insupportable ces idées républicaines dans lesquelles des esprits plus ardents que réfléchis crurent trouver le remède aux maux dont il était travaillé. Ne tenant aucun compte de l'extrême diversité des mœurs, des temps et des lieux, ils s'imaginèrent qu'il était possible d'improviser dans une vieille monarchie la constitution d'une jeune république. L'expérience leur réservait un cruel démenti; mais la France paya cette expérience du plus pur de son sang.

296. COMPTE RENDU DE NECKER. — MINISTÈRES DE CALONNE ET DE BRIENNE. — SECOND MINISTÈRE DE NECKER. — CONVOCATION DES ÉTATS-GÉNÉRAUX. — La guerre d'Amérique, qui coûta 1400 millions, accrut considérablement les embarras des finances, que Necker ne soutenait qu'à force d'emprunts. Dans un moment où les avantages qu'on espérait de cette guerre ne semblaient pas répondre aux dépenses énormes qu'elle entraînait, Necker, qui voyait baisser le crédit public, persuada au roi que cette grande institution financière ne pouvait avoir pour base que la confiance publique, et qu'il était indispensable de faire connaître à tous, par la publication d'un *compte rendu*, la situation financière du royaume, tenue jusqu'alors dans le plus profond secret (1784). Cette innovation, favorablement accueillie par l'opinion publique, mais blâmée par la cour, comme dégradante pour la royauté, n'eut pour résultats que de susciter à Necker de nouvelles difficultés et la jalousie du vieux Maurepas. D'ailleurs, les résultats satisfaisants présentés par le compte rendu n'étaient pas clairement démontrés, et, pour arriver à rétablir l'équilibre depuis si longtemps rompu entre les recettes et les dépenses, Necker se vit obligé d'en revenir aux plans proposés par Turgot pour l'égale répartition des impôts. Assailli alors, comme son prédécesseur, par les clameurs des classes privilégiées, ennemies de toute réforme, il fut obligé de donner sa démission (25 mai 1781). Sa retraite fut considérée comme une calamité publique.

Le court passage au ministère de *Joly de Fleury* ajouta 300 millions à la dette publique, que *d'Ormesson*, son successeur, essaya de réduire à l'aide d'économies bien entendues. Enfin la cour poussa au ministère (1783) *de Calonne*, qui, abusant avec autant d'imprudence que d'imprévoyance des dernières ressources financières de l'État, ajouta encore 861 millions à la dette, et ne sachant plus comment faire face aux difficultés qu'il avait contribué à accroître, convoqua une *première assemblée des notables* (22 février 1787), et, lui avouant un déficit annuel de 112 millions, lui demanda pour le combler d'adopter une partie des réformes proposées par Turgot. Ce fut le signal de sa chute.

Le cardinal *Loménie de Brienne*, qui remplaça de Calonne (3 avril 1787), obtint des notables l'adoption des réformes proposées ; mais une partie de ces mesures, et particulièment un édit sur la *subvention territoriale* et un autre sur le *timbre*, furent repoussés par le Parlement, qui demanda la convocation des *États généraux*. Ils n'avaient pas été réunis depuis l'année 1614 ; des difficultés s'élevèrent sur la proportion dans laquelle chacun des trois ordres devait y être représenté. Necker, rappelé au

ministère à la place de Brienne, que l'indignation causée
par des fautes sans nombre avait contraint à se retirer
(25 août 1788), réunit, pour résoudre cette question, une
seconde assemblée des notables (1788). Enfin, après de
longues discussions, les États-généraux de la nation furent
convoqués à Versailles pour le 5 mai 1789, au nombre
de douze cents membres, dont trois cents pour le clergé,
trois cents pour la noblesse, et six cents pour le tiers-état,
qui, après de longues discussions, avait obtenu que le
nombre de ses représentants fût double de celui de chacun
des deux autres ordres. Les trois ordres devaient former trois assemblées séparées. La révolution allait commencer.

QUESTIONNAIRE. —187. A quel âge Louis XV monta-t-il sur le trône ?—
Qui fut régent pendant la minorité de Louis XV ? — Quelle exemple
donna la cour du régent ? — Quel ministre choisit-il ? — Quelle fut à
l'extérieur la politique du régent ? — Pourquoi et avec qui le régent conclut-il le traité de la quadruple alliance ? — Quels ministres prit successivement Louis XV parvenu à sa majorité ? — 198. Quels services lui
rendit le cardinal de Fleury ? — Quelle guerre occasionna le mariage de
Louis XV, et comment se termina-t-elle ? — 190. Quelle fut la guerre la
plus célèbre de ce règne ? — Comment fut gagnée la bataille de Fon-
tenoi ? — Rappelez les belles paroles de Louis XV sur le champ de bataille, et la circonstance qui le fit surnommer le Bien-Aimé. — Quelles
victoires amenèrent la paix d'Aix-la-Chapelle ? — Quels désastres compensèrent ces brillants succès ? — Quelle fut la première cause de la
guerre de sept ans ? — Qui devint ensuite le plus illustre ennemi de la
France ? —Quels revers furent dus à l'impéritie des généraux opposés
par la cour de Louis XV au grand Frédéric ? — Quels dommages éprouva
la France dans sa marine et ses colonies ? — Racontez l'héroïque dévouement du brave d'Assas. — Comment se termina la guerre de Sept
ans ? — Quels avantages cette guerre assura-t-elle à l'Angleterre ? —
200. A quelle époque remontait le désordre des finances ? — Quelle dette
laissa Louis XIV ? — Quel moyen le régent employa-t-il pour remédier
au mal ? — Exposez le système de Law et ses conséquences. — Quels
furent les résultats de l'administration du cardinal de Fleury ? — De
quel nom fut flétrie l'administration de Terray ? — 201. Quels faits amenèrent l'expulsion des jésuites ? — Comment et par quels papes cet ordre
fut-il supprimé, puis rétabli ? — Quel attentat avait été commis sur la
personne de Louis XV ? — 202. Quels actes utiles signalent l'administration du duc de Choiseul ? — Comment ce ministre fut-il renversé du
pouvoir et par qui fut-il remplacé ? — Indiquez sommairement les derniers actes du règne de Louis XV. — Faites connaître le mépris dans
lequel était tombé ce prince. — Quel mouvement date de cette époque ?
203. Faites connaître l'état des lettres au dix-huitième siècle. — Nommez les auteurs les plus célèbres de cette époque. — 204. Quel fut le
successeur de Louis XV ?—Par quels bienfaits Louis XVI signala-t-il son
avénement ? — Ce prince avait-il toutes les qualités qu'exigeaient des circonstances aussi difficiles ? —Quelle était la plus grave de ces difficultés ?
— Quels ministres choisit d'abord Louis XVI ? — Par qui fut remplacé
le ministre Turgot ? — 205. Quel important événement extérieur éclata
au commencement du règne de Louis XVI ? — Comment la France fut-
elle amenée à prendre part à cette lutte ? — Quels succès et quels avan-

tages cette guerre valut-elle à la France? — Par quel traité fut-elle terminée? — 206. Quel résultat la guerre d'Amérique eut-elle pour les finances de la France? — Quelle mesure proposa *Necker?* — Comment fut-il renversé du ministère? — Quelles mesures furent proposées par *de Brienne?* — Les Notables ne furent-ils pas réunis deux fois? — Que fit la seconde assemblée des notables? — Comment furent convoqués les Etats-généraux ?

ÉVÉNEMENTS CONTEMPORAINS. — Règnes des impératrices Catherine Ire (1725-1727), Anne (1730-1740), Élisabeth (1741-1761) et Catherine II (1762-1776) en Russie ; de Marie-Thérèse (1740-1780) en Allemagne, du grand Frédéric (1740-1786) en Prusse, et de Poniatowski en Pologne (1764-1793). — 1755. Tremblement de terre de Lisbonne. — 1757. Le paratonnerre inventé par Franklin. — 1787. Découverte de la vaccine par Jenner.

CHAPITRE DOUZIÈME.

NOTIONS SOMMAIRES SUR LA LÉGISLATION ET L'ADMINISTRATION DE LA JUSTICE, SUR L'AGRICULTURE, LE COMMERCE ET LES COLONIES, SUR LES AGRANDISSEMENTS SUCCESSIFS DE LA FRANCE DEPUIS CLOVIS.

207. LÉGISLATION ET ADMINISTRATION DE LA JUSTICE. — Le soin que nous avons pris d'indiquer, dans le cours de cette histoire, toutes les modifications importantes survenues dans les lois et dans l'organisation judiciaire de la France, nous laisse peu de chose à dire ici sur ce sujet. Nous avons montré comment la législation générale de la nation se forma de la fusion qui s'opéra entre les lois adverses apportées par les peuples barbares qui avaient envahi la Gaule, et la législation romaine établie dans cette contrée (Voir le n° 58). Les lois barbares, réduites à un petit nombre de dispositions, presque toutes relatives aux personnes et suffisantes peut-être pour des hommes dont la vie tout entière s'était jusque-là passée dans les camps et au milieu des exercices de la guerre, se trouvaient nécessairement insuffisantes dès que ces guerriers commençaient à devenir des propriétaires et à substituer aux habitudes des camps les relations de la vie civile. La loi romaine vint combler ces lacunes. La participation du clergé des Gaules aux assemblées, où les conquérants travaillaient à mettre leurs lois en harmonie avec leurs nouveaux besoins, y introduisit aussi quelques-uns des principes du droit canonique. Ainsi se forma cette législation moitié religieuse, moitié romaine pour ses dispositions civiles, et toute barbare pour sa pénalité, empruntée tout entière aux lois germaines.

La législation romaine semble de même avoir eu peu d'influence sur la composition des tribunaux et sur l'adoption des formes de procédure, qui furent également importées par les conquérants. Chacun avait pour juges tous les hommes libres de son canton, suivant l'usage pratiqué chez toutes les tribus germaines, et qui a donné naissance à notre jury ; quant aux épreuves, ayant pour but de substituer le *jugement de Dieu* au jugement trompeur des hommes, on est dispensé d'en rechercher l'origine, quand on voit, dans les temps les plus anciens, le guerrier germain abandonner au cours du Rhin, dans le creux de son bouclier, l'enfant que vient de lui donner sa femme, et n'avouer pour son fils que celui qui est renvoyé sain et sauf par le dieu du fleuve dans ce frêle esquif.

La législation de Charlemagne, plus empreinte encore de l'élément religieux, se fait aussi remarquer par la régularisation de l'organisation judiciaire. L'institution des *Missi dominici* en complète le système, en assurant à la puissance législative du monarque les moyens d'atteindre jusqu'aux extrémités de son vaste empire, et de recevoir les plaintes de tous ceux que frappaient d'injustes condamnations ou des dénis de justice.

Cette organisation régulière disparut au milieu des désordres qui accompagnèrent la chute de la dynastie carolingienne, et quand la société sortit, à la fin du dixième siècle, de cet horrible chaos, les institutions de la vieille monarchie mérovingienne et le nouvel empire d'Occident avaient également disparu, et une foule de petits États ayant chacun leurs lois, leur haute, moyenne et basse justice, couvraient la surface de la France. C'est à l'organisation de la société féodale que remonte l'origine de toutes ces coutumes locales, dont le nombre s'éleva à plus de cent, et qui sont devenues une des sources les plus fécondes de notre droit français.

Nous ne raconterons pas de nouveau ici la longue lutte de la royauté contre la féodalité, exposée avec quelque détail dans cette histoire. Rappelons seulement que ce fut surtout en étendant le ressort des justices royales aux dépens de celles des seigneurs que les rois portèrent à la féodalité les plus terribles coups. Quand les peuples se furent habitués à voir dans le roi le véritable seigneur haut justicier, ils ne tardèrent pas à le reconnaître pour maître. Philippe-Auguste, en investissant la *cour des pairs* du droit de prononcer sur toutes les contestations survenues entre les membres du corps féodal (Voir n° 86), avait posé le principe en vertu duquel toutes les juridictions inférieures se trouvaient ramenées à l'unité d'une juridiction suprême, à la juridiction royale. La constitution définitive du Parlement par Philippe le Bel en fut la sanction. Devenue ainsi maîtresse de l'administration de la justice, la royauté tendit à rendre la législation uniforme, et c'est dans ce but que la rédaction de toutes les coutumes diverses, ordonnée par Charles VII (Voir n° 132), fut exécutée par les soins de Charles VIII et de ses successeurs. Ce fut aussi le but principal de la plus grande partie des ordonnances des rois de France, dont nous avons signalé les plus importantes aux époques où elles ont été rendues. Malgré tant d'efforts, on pourra juger combien l'on était encore éloigné du but, si l'on réfléchit qu'il ne fallut rien moins que la révolution immense qui, en **1789**, bouleversa la société française jusque

dans ses fondements pour établir tant de principes méconnus
jusqu'alors, des bienfaits desquels nous jouissons aujourd'hui, et
qui nous paraissent si simples, savoir, suppression de la vénalité et de l'hérédité des offices de judicature : justice rendue gratuitement par des juges qui ne reçoivent rien que de l'État: égalité de tous les Français devant la loi, et par conséquent: abolition de tous les priviléges en matière de juridiction, suppression
de tous les tribunaux extraordinaires et de ces jugements par
commission, sources de tant d'iniques condamnations sous la
monarchie absolue: institution du jury ou du jugement par ses
pairs, du moins en matière criminelle: jugements motivés, publi-
cité des audiences, des rapports et des jugements: séparation
du pouvoir judiciaire et du pouvoir administratif, et aussi du
pouvoir judiciaire et du pouvoir législatif, par l'interdiction faite
aux juges de prononcer, comme le faisaient souvent les parlements, par voie de dispositions générales et réglementaires;
enfin uniformité dans la législation et recours assuré contre
toutes les erreurs de la justice dans l'établissement régulier des
divers degrés de juridiction: tels sont, sous le rapport judiciaire,
les immenses résultats de cette révolution, qui, après avoir réagi
d'une manière terrible contre les anciennes institutions politiques, a du moins fini par assurer le juste triomphe de l'égalité
civile et de la liberté.

268. AGRICULTURE. — L'agriculture, qui avait été florissante
dans l'ancienne Gaule, comme le prouve le nombre de ses habitants, et pendant les premiers temps de la domination romaine,
se trouvait réduite à une détresse extrême lorsque les Barbares
arrivèrent dans ce pays (Voir le n° 7). Les ravages de l'invasion
et la dépopulation qui en fut la suite, complétèrent la ruine de
cette branche si importante de l'industrie humaine. Au milieu
des guerres qui les préoccupèrent sans cesse, les rois mérovingiens n'eurent guère le loisir de songer à l'agriculture. Mais ici
encore se manifeste la bienfaisante influence de ce clergé puissant, dont l'action se fait partout sentir d'une manière si utile
pour le pays pendant les premiers siècles de notre histoire. Déjà
propriétaire de vastes domaines, le clergé les faisait cultiver avec
soin par ses nombreux serfs et par les vassaux, peut-être plus
nombreux encore, qui étaient venus chercher asile et protection
sur les terres des églises et des monastères. Les leudes et les
feudataires suivirent l'exemple du clergé, et si la culture du sol,
livrée ainsi aux bras des serfs des seigneurs et de l'Église, n'atteignit pas un haut degré de perfection, il paraît du moins qu'elle
suffisait aux besoins: car il est rarement question à cette époque
de ces famines qui exercèrent par la suite de si cruels ravages.
Les capitulaires de Charlemagne nous offrent des preuves multipliées des soins qu'il faisait donner à la culture de ses domaines,
et l'exemple du monarque ne peut manquer d'avoir une heureuse
influence; mais une époque désastreuse survint bientôt. Les
guerres civiles qui entraînèrent des populations entières sur les
champs de bataille, puis les ravages des Normands, des Sarrasins et des Hongrois, ruinèrent de nouveau l'agriculture et cau-
sèrent ces famines qui dépeuplèrent des provinces entières. A

oes désastres se joignirent les guerres privées des seigneurs : et si la ruine n'avait pas été complète, elle fut alors consommée. Cependant l'Église intervient encore : la *trève de Dieu* rend au laboureur quelques jours paisibles pour cultiver son champ; mais on peut penser si l'agriculteur, incertain de recueillir ce qu'il semait, donnait alors beaucoup de soins à la culture. Enfin le pouvoir royal se constitua : un grand nombre de villes et de bourgs achetèrent ou conquirent leurs libertés; le clergé, héritier de tant de familles éteintes pendant les croisades, augmenta encore ses vastes possessions par d'importants défrichements ; de toutes parts, l'agriculture commença à prospérer. L'affermissement du pouvoir royal et le rétablissement de l'ordre favorisèrent ses progrès sous Louis XI et sous Louis XII. Enfin Sully parut, et la France, *alimentée par ses deux fécondes mamelles, le labourage et le pâturage* (Voir le n° 169), trouva dans son propre sol des mines plus fécondes, plus inépuisables surtout et d'une possession à tout jamais plus assurée que celles exploitées dans le nouveau monde par l'Espagne, sa rivale.

C'est à cette même époque (en 1600) qu'*Olivier de Serres* publia son *Théâtre d'agriculture,* ouvrage dans lequel sont exposés avec méthode tous les principes de cet art, et qui a valu à son auteur le titre glorieux de *Patriarche de l'agriculture française.* L'extrait qu'il en avait publié un an auparavant (1599), à la sollicitation du roi, sous le titre de *Cueillette de la soie pour la nourriture des vers qui la font,* est une preuve de la sollicitude de Henri IV pour cette branche si importante de l'industrie française. On sait que, contrairement à l'opinion de Sully, qui la voyait avec peu de faveur, le roi considérait la fabrication de la soie comme pouvant devenir la source d'un grand commerce intérieur et fournir même un jour un important objet d'exportation. Le temps s'est chargé de justifier Henri IV; mais il ne faut pas oublier qu'il avait été devancé par Louis XI, de qui la fabrication des étoffes de soie dans la ville de Tours avait obtenu les plus utiles encouragements. Sous le règne de Louis XIV, l'agriculture reçut une nouvelle impulsion des facilités que l'ouverture d'un grand nombre de routes et de canaux assura au transport de toutes les productions du sol. Vers le milieu du dix-huitième siècle enfin, l'agriculture, devenue la science à la mode, commença à être l'objet d'études spéciales. C'est alors que se forma l'école des *économistes,* dont les travaux appelèrent l'attention du gouvernement sur toutes les branches de l'industrie agricole. Des écoles vétérinaires furent établies à Lyon et à Alfort, et l'abolition de la *corvée* inaugura dignement le règne d'un prince sincèrement animé de l'amour du bien public. Le ministre Turgot, devenu le chef des économistes, seconda de tous ses moyens les intentions bienveillantes de Louis XVI. Tous deux se réunirent pour protéger contre d'absurdes préjugés les efforts de *Parmentier,* qui, en popularisant en France l'usage de la pomme de terre, a rendu à son pays un service qui doit le faire ranger au nombre des plus grands bienfaiteurs de l'humanité. Enfin l'abbé *Rozier* publiait son *Cours d'agriculture,* lorsque les événements de **1789,** suivis bientôt de l'abolition des dîmes, de l'aliénation des biens immenses du clergé et d'une partie de ceux de la noblesse, amenèrent dans l'agriculture, comme dans les institutions publiques, une révolution complète.

209. COMMERCE ET COLONIES. — L'invasion barbare porta sans doute en France un coup terrible au commerce et à l'industrie; il ne paraît cependant pas qu'elle les ait complétement anéantis, car les besoins des conquérants, si peu considérables qu'ils fussent à cette époque, durent provoquer l'industrie de ceux mêmes qu'ils avaient dépouillés, et l'accroissement du nombre des consommateurs leur fournit bientôt les moyens de réparer leurs pertes. Chaque ville dut avoir son tisserand, son forgeron, son corroyeur. Nous savons aussi que les Bourguignons se faisaient remarquer par leur habileté à travailler le bois et les métaux. Il paraît même que les fabrications de luxe ne furent pas complétement abandonnées, puisqu'il est encore fait mention, sous les rois francs, de ces tapisseries d'Arras déjà recherchées sous les empereurs romains. Le luxe de la cour de Dagobert (Voir nº 25) semble en être une nouvelle preuve : mais il nous donne en même temps une singulière idée de l'industrie de ce temps, où l'on voit que le plus habile orfèvre du royaume était un évêque. Il est juste de remarquer, toutefois, que ce fut précisément son talent qui éleva saint Éloi aux plus hautes dignités de l'Église et de l'État; et cette remarque même prouve que l'industrie n'était pas aussi méprisée au septième siècle qu'on se l'imagine communément. Sa marche semble néanmoins avoir été plutôt rétrograde que progressive, puisque nous voyons, au neuvième siècle, les rois eux-mêmes faire fabriquer leurs vêtements par des femmes attachées à leur service. L'anéantissement de l'industrie dut provenir surtout des obstacles insurmontables qui s'opposaient alors à toute extension du commerce. Ces obstacles résultaient surtout de la difficulté et du peu de sûreté des communications. Ils ne firent que s'accroître avec le développement de la féodalité. Le commerçant ne pouvait transporter avec lui ses marchandises sans se voir exposé à être dépouillé par les voleurs, ou rançonné par les seigneurs dont il avait à traverser les domaines. L'histoire nous a appris (Voir nº 77) que la protection accordée par Louis le Gros aux marchands, et ses efforts pour assurer la libre circulation sur les routes, furent un des grands bienfaits de son règne. Philippe-Auguste accorda aussi au commerce quelques encouragements; mais les persécutions dirigées encore, pendant près de deux siècles, contre les juifs et les marchands italiens, entre les mains desquels se trouvait alors concentré presque tout le commerce international, prouvent à combien de chances de ruine les marchands étaient encore exposés.

La participation prise, comme nous venons de l'indiquer, par les marchands italiens au négoce intérieur de la France montre combien les opérations commerciales avaient, au contraire, déjà pris de développements dans les cités maritimes de l'Italie. Depuis l'époque des croisades, les marchands de Venise, d'Amalfi, et successivement des autres ports de l'Italie, étaient devenus les facteurs de tout le commerce de l'Europe avec l'Orient, et ce commerce avait pris une extension toujours croissante par suite même des goûts nouveaux que le luxe des contrées qu'ils avaient parcourues avait inspirés aux croisés.

Le commerce des riches productions de l'Orient, devenues des objets de première nécessité, donna dès lors une nouvelle activité aux ports de la Méditerranée, et particulièrement à celui de Marseille, qui n'avait jamais cessé d'être l'entrepôt du commerce de la France avec toutes les contrées qui bordent la Méditerranée. Au treizième siècle, la formation de la *ligue han-séatique* créa de nouvelles relations entre nos ports de l'Océan et le nord de l'Europe. La fabrication et l'exportation des toiles fines de la Flandre prirent alors une grande extension : au com-mencement du quatorze siècle, il existait en Picardie des manu-factures de laines considérables Nous avons parlé (n° 130) des richesses immenses acquises, sous le règne de Charles VII, par le marchand Jacques Cœur, qui employait trois cents facteurs et qui dirigeait lui-même ses opérations sur les côtes d'Afrique et du Levant, d'où ses vaisseaux rapportaient des soieries et des épices. Sous François Ier, ce n'était plus un seul marchand, mais un grand nombre de familles, qui possédaient des fortunes énormes, acquises par le commerce. Déjà les villes de Dieppe, Rouen, Saint-Malo, Nantes, Bordeaux, étaient devenues de grands centres d'affaires. Les découvertes des Portugais en Afrique, des Espagnols en Amérique, excitèrent dans ces ports une nouvelle ardeur : ils armèrent de nombreux bâtiments, et, tandis que l'accroissement du pouvoir royal et le rétablissement de l'ordre à l'intérieur y facilitaient les transactions commer-ciales, les développements que prenait de jour en jour la ma-rine marchande préparaient la prospérité du commerce in-térieur.

Déjà les marins français voyaient avec jalousie les relations commerciales des Portugais et des Espagnols s'étendre sur ces rivages nouvellement découverts, qui avaient plus que doublé le nombre des marchés ouverts au commerce européen. Ceux du port de Saint-Malo surtout, qui prétendent aujourd'hui avoir connu avant les Espagnols la côte du nouveau monde, étaient impatients de faire aussi quelque importante découverte. En 1534, Jacques Cartier, un de leurs plus habiles navigateurs, part, d'après les ordres de François Ier, pour la côte septentrio-nale de l'Amérique ; il découvre l'île de Terre-Neuve, pénètre fort avant dans le grand fleuve du Canada (le Saint-Laurent), trafique sur toutes ces côtes, et prend possession, au nom du roi, de cette vaste contrée, à laquelle il donne le nom de *Nou-velle-France.* Deux autres voyages du même navigateur sont suivis du premier établissement fondé dans ce pays (en 1540) par le comte de Roberval, qui fut nommé par François Ier vice-roi de la Nouvelle-France. Sous Charles IX, Jean Ribaut élève (en 1562) le *fort Charles,* sur la côte d'*Acadie* (aujourd'hui Nou-velle-Écosse), où les Français commencent à faire avec les in-digènes le commerce des pelleteries et des perles. Deux ans après, un autre navigateur français visite pour la première fois les Antilles, et fonde, sur la côte de la *Floride,* le fort *Carolin,*

détruit bientôt (1565) par les Espagnols. Sous Henri IV. une
grande partie du Canada est reconnue; la colonie du *Port-
Royal* est fondée en Acadie, et un fort bâti dans l'île de *Sainte-
Croix;* enfin Champlain fonde sur les rives du fleuve Saint-Laurent la ville de *Québec* 1608). Sous le règne de Louis XIII. une
compagnie est créée (1617) pour soutenir ces établissements et
leur donner tous les développements dont ils sont suscepti-
bles. Richelieu, parvenu au pouvoir, comprit de quelle importance il était pour la France d'avoir des colonies et une nombreuse marine. Les îles de *Saint-Christophe*, de la *Martinique* et
de la *Guadeloupe*, dans les Antilles, et celle de *Cayenne*, sur la
côte de la Guyane, reçurent de nombreux colons. Mazarin suivit l'exemple de son prédécesseur : de nouveaux établissements
français s'élevèrent dans les îles de *Marie-Galante*, de *Saint-
Barthélemy*, de la *Grenade* (Antilles), et même dans la partie
méridionale de *Saint-Domingue;* enfin un navigateur français
alla prendre (en 1649), au nom du roi de France, possession
de l'île de *Bourbon*, découverte un siècle auparavant par les
Portugais.

On sait quels immenses développements l'administration de
Colbert et les conquêtes du règne de Louis XIV donnèrent au
commerce français. Ce fut dans le but d'accroître encore sa
prospérité que le grand roi fonda (1664) la *Compagnie des Indes
Occidentales*, à laquelle il concéda tous les établissements français en Amérique, et celle des *Indes Orientales*, à laquelle il
vendit l'île de *Bourbon*, abandonna celle de *Saint-Laurent* (Madagascar), et accorda le droit exclusif de navigation dans toutes
les mers de l'Orient et du Midi. Ces compagnies ne justifièrent
pas les espérances qu'elles avaient données. Toutes les colonies
ressentirent aussi le contre-coup des chances diverses qui signalèrent les guerres soutenues par Louis XIV. Louis XV et
Louis XVI. La paix d'Utrecht enleva à la France l'Acadie, dont
la perte se trouva bien faiblement compensée par les établissements formés, quelques années auparavant, dans l'île *Royale* ou
du *Cap Breton;* ce même traité lui coûta l'île de *Saint-Christophe*, dans les Antilles, où elle avait nouvellement colonisé celle
de *Saint-Martin;* d'importants établissements avaient aussi été
formés au *Sénégal* (en 1637 et 1664), au fort *Dauphin*, construit sur la côte de Madagascar (en 1665), et dans la *Louisiane*,
vaste contrée qui prit le nom de Louis XIV, sous lequel elle fut
découverte et colonisée. La ville de la *Nouvelle-Orléans*, qui en
devait être la capitale, y fut fondée au commencement du règne
de Louis XV, époque à laquelle eut aussi lieu la prise de possession, au nom du gouvernement, de l'île de *France*, qui devint
bientôt le centre de la navigation française dans les mers orientales. Le traité de Versailles, qui suivit la malheureuse guerre
de sept ans (1763), nous enleva presque toutes nos colonies : le
Sénégal, le Canada et toutes les terres à l'orient du Mississipi,
l'île Royale, celle de Saint-Jean, occupée en 1719, la Grenade,
la Dominique, Tabago, Saint-Vincent, dans les Antilles, où la
Désirade, les *Saintes* et *Saint-Lucie* avaient été récemment colo-
nisées. Six ans après (1769), la France céda à l'Espagne le reste

de la Louisiane et la ville de la Nouvelle-Orléans, qu'elle avait conservée jusqu'alors Ces pertes ne furent pas compensées par l'acquisition que fit le gouvernement de tous les établissements que la compagnie des Indes Orientales avait formés (de 1676 à 1739) sur les côtes de l'Hindoustan. c'est-à-dire *Pondichéry, Chandernagor, Mahé, Karikal* et leurs dépendances. En 1777, des établissements pour la pêche du corail furent formés à *la Calle* et au *Bastion-de-France*, non loin de Bone, sur la côte septentrionale de l'Afrique. Enfin le traité de Paris (1783) rendit à la France les établissements du *Sénégal*, l'île de *Tabago*, le droit de faire le commerce sur les côtes de l'Inde et celui de faire la pêche à *Terre-Neuve* et aux îles voisines de *Saint-Pierre* et de *Miquelon*.

La conclusion d'un traité de commerce avec l'Angleterre (en 1786) promettait de nouveaux débouchés aux produits de l'industrie française, stimulée par tous les encouragements qui lui avaient été donnés depuis deux siècles; les économistes, malgré quelques théories hasardées, parvenaient à faire prévaloir les principes favorables aux développements du commerce international; la révolution de 1789 ajourna toutes ces espérances.

210 AGRANDISSEMENTS SUCCESSIFS DE LA FRANCE DEPUIS CLOVIS (1). — Le royaume de Clovis, renfermé, au moment où ce prince fut élevé sur le bouclier à la place de son père, dans la petite contrée comprise entre l'Escaut et la mer du Nord, avec *Tournai* pour capitale, s'était successivement augmenté : 1° de toute la *Gaule Romaine*, c'est-à-dire du pays entre la Somme et la Seine, tombée au pouvoir des Francs par suite de la victoire de *Soissons* remportée sur Syagrius; 2° de la *Gaule Germaine*, conquise sur les Allemands des rives du Rhin, à la bataille de *Tolbiac;* 3° de toute la *Confédération Armoricaine*, ou des contrées comprises entre la Seine et la Loire, qui se soumirent volontairement à Clovis après sa conversion au christianisme; 4° de l'*Aquitaine*, c'est-à-dire du pays renfermé entre la Loire et les Pyrénées, conquis à la suite de la bataille de *Vouillé* sur les Visigoths, qui ne conservèrent plus dans la Gaule que la *Septimanie*, ou la côte de la Méditerranée; 5° de la *Petite-Bretagne* (Bretagne actuelle), dont le roi se reconnut tributaire de Clovis; et 6° enfin du *nord de la Gaule*, où il anéantit la domination des divers princes francs, dont les États avaient pour capitales le *Mans, Thérouanne, Cambrai* et *Cologne*. Ainsi Clovis, à sa mort, possédait toute l'ancienne Gaule, depuis les embouchures du Rhin jusqu'aux Pyrénées, à l'exception de la *Septimanie*, restée aux Visigoths. Du côté du nord-est, sa domination s'étendait au delà du Rhin, dans les contrées situées le long de la rive droite de ce fleuve, berceau de la nation franque; mais, au sud-est, ses États avaient pour bornes la Saône et le Rhône, au delà desquels s'étendaient les royaumes Bourguignons, et la Provence, qui ap-

_____

(1) Consulter dans le *Petit Atlas Historique* joint à ce *Cours d'Histoire et de Géographie* la carte de la FRANCE A LA MORT DE LOUIS XIV.

partenait aux Ostrogoths. *Paris* était devenu, dans les dernières années du règne de Clovis, la capitale de ce grand royaume.

Les partages divers, opérés par les descendants de Clovis dans le vaste empire qu'il avait fondé, n'empêchèrent pas la domination franque de prendre de nouveaux accroissements : nous continuerons donc de les mentionner sans tenir compte de ces partages.

La *Thuringe*, royaume qui confinait à l'empire franc, vers le N.-E., fut la première conquête des fils de Clovis (530) ; elle détermina les *Saxons*, qui touchaient ce royaume au nord, ainsi que les *Alemans* et les *Bavarois*, qui l'entouraient au sud, à reconnaître la suprématie des rois francs. — Peu d'années après, la conquête de la *Bourgogne* (533) et la cession, par le roi des Ostrogoths, de la *Provence*, rendit les Francs possesseurs de toute l'ancienne Gaule, à l'exception de la *Septimanie*, qu'ils ne conquirent un moment que pour la reperdre bientôt. Cette dernière province ne fut définitivement réunie à la monarchie que par Pépin le Bref (759). Dans ce long intervalle, les querelles des descendants de Clovis ne leur avaient pas laissé le loisir de faire de nouvelles conquêtes.

Nous n'insisterons pas sur celles de Charlemagne, par la raison que toute les contrées conquises par ce prince sont restées en dehors du royaume de France, qui doit seul nous occuper ici. C'est donc à l'époque du partage définitif de l'empire carolingien, au traité de Verdun (843), qu'il faut nous transporter, pour y rechercher les limites assignées alors au royaume qui devait définitivement conserver le nom de *France*.

Ce royaume avait les mêmes bornes que celui laissé par Clovis à ses enfants, si ce n'est vers le N.-E., où le nouvel État se trouvait resserré par le cours de la Meuse. Au delà s'étendaient, sur toute sa frontière orientale, le royaume de *Lotharingie*, aux dépens duquel il devait s'agrandir un jour; mais auparavant de violentes commotions intérieures allaient le déchirer lui-même en une foule de petits États. Il n'entre pas dans notre sujet d'indiquer ici comment eut lieu ce fractionnement qui constitua la *France féodale*. Nous passerons donc immédiatement à l'avénement de la troisième race, époque à laquelle commença le travail de reconstitution de la monarchie.

Lorsque Hugues Capet monta sur le trône, les possessions de sa famille constituèrent, avec les villes de *Laon* et de *Reims*, seuls débris du domaine des rois carolingiens, le nouveau domaine royal; il se composait des pays suivants, savoir :

Le *duché de France*, qui comprenait une bonne partie de ce qu'on a nommé depuis le gouvernement de l'Ile de France, depuis Mantes, au S.-O., jusqu'à Laon, au N.-E. — Le *comté de Paris*, enclavé dans le duché de France. — Le *comté d'Orléans*, au midi de ce même duché, dont il était séparé toutefois par les domaines de quelques petits seigneurs. Hugues Capet possédait en outre un grand nombre de riches domaines et les abbayes les plus considérables du royaume, de sorte que sa puissance égalait au moins celle de chacun des autres grands feudataires qui, depuis un siècle, travaillaient à se former des débris de l'empire carolingien de petites souverainetés féodales, dont le nombre s'élevait à plus de soixante. C'est leur réunion à la couronne, et par conséquent la reconstitution de la monarchie française, qu'il nous reste à faire connaître maintenant. Nous suivrons l'ordre chronologique dans lequel se sont opérées les réunions, en indiquant celles qui ont été suivies d'un nouveau démembrement.

966-1031. Le comté de *Dreux* (Eure-et-Loir), réuni sous le roi Robert à la couronne, dont il fut séparé de nouveau à diverses reprises jusqu'au règne de Louis XV.

1055. Le comté de *Sens*, tombé par déshérence ou défaut d'héritiers entre les mains du roi Henri Ier, et que Robert II, avait déjà confisqué en **1015**, pour punir son propriétaire de ses violences.

1069. Le comté de *Gâtinais* (capitale Château-Landon, dans le *Loiret*), cédé à Philippe Ier par son propriétaire Foulques le Réchin, devenu comte d'Anjou.

1082. Le comté du *Vexin français* (Pontoise, *Seine-et-Oise*), réuni à la couronne à la mort de son dernier comte.

1100 ou 1101. La vicomté de *Bourges*, qui ne formait qu'une partie du Berri, achetée par Philippe Ier du vicomte Eudes Arpin, partant pour la croisade.

1112. Le comté de *Corbeil* (Seine-et-Oise), enlevé par Louis le Gros au seigneur du Puiset en Beauce.

1118. La seigneurie de *Montlhéri* (Seine-et-Oise), par déshérence.

1137. Le comté de *Poitiers* et le duché d'*Aquitaine* ou de *Guyenne*, avec celui de *Gascogne*, qui y était réuni depuis l'an 1102. Ces riches provinces, unies un moment, par le mariage d'Éléonore d'Aquitaine avec Louis le Jeune, à la couronne de France, dont elles furent bientôt séparées, n'y furent définitivement rattachées, malgré diverses réunions et confiscations successives, qu'à la suite des conquêtes du règne de Charles VII.

1180. Le comté d'*Artois*, réuni par le mariage de Philippe-Auguste avec Isabelle; mais il sortit bientôt du domaine de la couronne pour n'y rentrer définitivement que longtemps après (voir **1640**).

1181. Le comté de *Nevers*, échu par déshérence à Philippe-Auguste, mais immédiatement concédé par lui en apanage.

1185. Le comté de *Vermandois* (Saint-Quentin) avec l'*Amiénois*, cédés à Philippe-Auguste par le comte de Flandre, qui conserva néanmoins *Péronne* et *Saint-Quentin*.

1196. Le comté, puis duché d'*Aumale* (Seine-Inférieure), réuni par confiscation au domaine royal, dont il fut détaché en **1200** pour n'y rentrer qu'en **1755**.

1200. Le comté d'*Evreux*, cédé par son dernier comte à Philippe-Auguste; mais il fut encore plusieurs fois séparé de la couronne (voir **1651**).

1203. Le comté de *Guines* (Pas-de-Calais) par conquête; mais sa réunion définitive, arrivée par suite de déshérence, ne date que de **1504**.

1204. Le duché de *Normandie* avec le *Vexin normand*, les comtés du *Maine* et d'*Anjou*, avec le duché de *Touraine*, qui y était alors réuni, et le comté de *Poitiers*, confisqués sur Jean Sans-terre. Nous avons déjà parlé du dernier ; les autres provinces, plusieurs fois données en apanage, ne furent définitivement réunies que longtemps après au domaine royal, savoir : la *Touraine* en 1434, la *Normandie* en 1469, le *Maine* en 1531, et l'*Anjou* en 1574, par l'avénement de Henri III au trône. — Le comté de *Meulan* ou *Meulant* (Seine-et-Oise) par déshérence.

1213. Le comté d'*Auvergne*, par confiscation ; mais il fut divisé par la suite en *comté d'Auvergne* (cap. Clermont) et *duché d'Auverge* (cap. Riom). Ce dernier, donné plusieurs fois en apanage, fit définitivement retour à la couronne en 1416 ; mais le comté, qui avait aussi été plusieurs fois apanagé, fut une des terres échangées par la couronne contre la principauté de Sédan (voir 1651).

1214. Le comté d'*Eu* (Seine-Inférieure) par confiscation ; mais il fut restitué, et il est presque toujours resté séparé du domaine royal.

1218. Le comté de *Clermont en Beauvaisis*, qui fut aussi plusieurs fois séparé de la couronne, à laquelle il n'a été définitivement réuni qu'en 1341.

1221. Le comté de *Ponthieu* (Somme) par confiscation ; mais il fut restitué et ne revint définitivement à la couronne qu'en 1696.

1225. Le comté d'*Alençon* et de *Bellême*, cédé par son héritière à Louis VIII ; mais, donné plusieurs fois en apanage, il resta presque constamment séparé du domaine royal.

1234. Les comtés de *Chartres*, de *Blois*, de *Sancerre* (Cher), et la vicomté de *Châteaudun* (Eure-et-Loir), achetés par saint Louis du comte de Champagne.

1239. Le comté de *Mâcon*, qui, séparé de la couronne plusieurs fois encore, n'y fut définitivement réuni qu'en 1544.

1247. Le comté de *Carcassonne* et la vicomté de *Rasez* (capitale Limoux, *Aude*), cédés aussi à saint Louis par leur propriétaire.

1257. Le comté du *Perche* (Nogent-le-Rotrou, *Eure-et-Loir*, et Mortagne, *Orne*), cédé au même roi par son dernier comte.

1258. Le comté de *Dammartin* (Seine-et-Marne) ; saisi sur ses héritiers, auxquels il fut ensuite restitué, il était encore en 1789 dans la maison de Montmorency.

1272. Le comté de *Toulouse*, par héritage, avec le comté de *Querci*, qui y était réuni depuis l'an 960, celui de *Rouergue* réuni depuis l'an 1088, et le marquisat de *Provence* ou *Haute Provence*, réuni, depuis 1128. C'est de ce dernier que Philippe le Bel détacha le *Comtat Venaissin*, qu'il abandonna au pape (1274).

1286. Le comté de *Chartres*, par acquisition.

1292. La sirerie de *Beaugenci* (Loiret), également achetée par Philippe le Bel.

1307. La baronnie de *Fougères* (Ille-et-Vilaine), par confiscation.

1308. Le comté de la *Basse-Marche* et le comté d'*Angoulême*, réuni au précédent depuis l'an 1218, confisqués par Philippe le Bel. Le dernier, donné depuis plusieurs fois en apanage, ne fut définitivement réuni au domaine royal qu'en 1696.

1309. Le comté de *Réthel*, par confiscation ; mais il fut restitué et finit par être érigé, sous le nom de *Mazarin*, en un duché, qui existait encore en 1789.

1313. Le comté de *Lyon*, cédé par l'archevêque de cette ville à Philippe le Bel.

1335. Le *Dauphiné de Viennois*, légué par son dernier dauphin.

1361. Les comtés de *Champagne* et de *Brie* (capitale Meaux), et de *Bar-sur-Seine*, qui faisaient partie des domaines de la famille royale depuis l'an 1335. — Le duché de *Bourgogne*, échu par héritage à Jean II, qui l'aliéna de nouveau en 1363.

1370. Le comté de *Pardiac* (capitale Montlezun, *Gers*), qui ne fut définitivement réuni à la couronne qu'en 1500.

1371. Le comté d'*Auxerre*, qui fut encore deux fois séparé de la couronne, à laquelle il ne revint définitivement qu'en 1529.

1399. Le comté de *Périgord*, par confiscation.

1423. Les comtés de *Valentinois* et de *Diois* (Valence et Die, *Drôme*), après la mort de leur dernier comte; mais le Valentinois, de nouveau distrait de la couronne, en était encore séparé avec le titre de duché en 1789.

1453. Le comté de *Comminges* (capitale Saint-Bertrand, *Haute-Garonne*), par donation; mais sa réunion définitive ne date que de 1540.

1463. La *Picardie* septentrionale, rachetée par Louis XI du duc de Bourgogne, auquel elle avait été cédée par le traité d'Arras.

1475. Le comté de *Saint-Pol* (Pas-de-Calais), par confiscation, ainsi qu'une moitié du comté de *Soissons*, dont le reste revint aussi à la couronne en 1498.

1477. Le duché de *Bourgogne* avec le comté de *Châlon-sur-Saône*, qui y était réuni depuis l'an 1237; — le comté de *Mâcon*, démembré par Louis XI de la succession de Charles le Téméraire. — La baronie de *Donzi* (Nièvre), mais quant à la suzeraineté seulement.

1478. Le comté de *Boulogne*, usurpé par Louis XI, qui en fit hommage à la sainte Vierge.

1481. Le comté de *Provence* ou la *Basse-Provence*, auquel était réunie depuis 1193 une partie de celui de *Forcalquier;* ces provinces, léguées à Louis XI par leur dernier comte avec tous ses autres États, ne furent définitivement réunies qu'en 1486.

1498. La baronie de *Couci*, dont une partie fut réunie à la couronne par l'avénement de Louis XII, qui en était possesseur, et le reste et 1589.

1507. La vicomté de *Narbonne*, par déshérence.

1515. Le duché d'*Angoulême*, par l'avénement de François Ier.

1523. Le comté de *Penthièvre* (Côtes-du-Nord), par confiscation; mais il fut ensuite restitué et érigé en duché.

1527. Le duché de *Bourbon*, avec la baronnie de *Beaujolais* (Rhône-et-Loire) et le pays de *Dombes* (Ain), qui y étaient réunis depuis l'an 1400. Ils revinrent à la couronne après la mort du connétable de Bourbon. Le comté de *Forez* (Montbrison, *Loire*), par déshérence.

1531. Le Dauphiné d'*Auvergne* (capitale Vodablé, près d'Issoire, *Puy-de-Dôme*), confisqué en 1523, avec la *Marche* et le *Lyonnais*, sur ce même connétable de Bourbon, et dont la possession fut assurée à la France, par le traité de Cateau-Cambrésis (1559), confirmé par la paix de Wesphalie (1648).

1532. Le duché de *Bretagne*, avec la baronnie de *Monfort-l'Amauri*, qui y était réunie depuis l'an 1294. Apporté en dot par Anne de Bretagne, d'abord à Charles VIII, en 1491, puis à Louis XII, en 1499, ce duché ne fut définitivement réuni à la couronne que par François Ier.

1547. Le comté de *Blois*, à l'avénement de Henri II, qui le réunit à la couronne, dont il fut encore séparé à diverses reprises pour être donné en apanage.

1552. Les trois évêchés de *Metz*, *Toul* et *Verdun*, enlevés à l'Empire par Henri II.

1559. La ville et le comté de *Calais*, reconquis sur les Anglais.

1589. L'avénement de Henri IV à la couronne de France amène la réunion à cette couronne de celle de Navarre : mais ce ne fut qu'en 1607 que Henri consentit à réunir au domaine royal son patrimoine, comprenant, outre la *Basse-Navarre*, la principauté de *Béarn*, qui y était réunie depuis l'an 1290 ; le comté de *Bigorre*, réuni au Béarn en 1425 ; le comté de *Foix*, réuni au royaume de *Navarre* en 1471 ; le duché d'*Albret*, les comtés de *Dreux*, de *Gaure*, de *Penthièvre*, de *Périgord* et de la *Haute-Marche*; les vicomtés de *Limoges* et de *Tartas* (Landes), réunies à ce même royaume en 1522 ; le comté d'*Armagnac*, réuni aussi à ce royaume en 1526, avec les comtés de *Fezenzac*, qui en faisait partie depuis l'an 1140, de *Rodez* depuis l'an 1292, de *Lodève* depuis 1319 ; les vicomtés de *Lomagne* réunie à ce même royaume en 1325, et de *Fezenzaguet* en 1403 ; enfin les duchés de *Vendôme* et de *Beaumont-le-Vicomte* (dans le Maine), que Henri tenait de son père, Antoine de Bourbon ; il transmit le premier à un fils qu'il avait eu de Gabrielle d'Estrées.

1601. La *Bresse*, le *Bugey* et le *Val-Romey*, cédés par le duc de Savoie en échange du marquisat de Saluces.

1634. Le duché de *Lorraine* avec celui de *Bar*, qui y était réuni depuis 1431 ; mais ils furent encore deux fois séparés de la couronne, à laquelle ils ne sont définitivement revenus qu'en 1766.

1640. Le comté d'*Artois*, conquis par Louis XIII, et cédé par la paix des Pyrénées (1659), à l'exception des villes d'*Aire* et de *Saint-Omer*, conquises en 1676 et 1677, et assurées à la France par les traités de Nimègue (1678) et d'Utrecht (1713).

1642. Le comté de *Roussillon* et de *Cerdagne*, conquis par le même prince, et cédé par le traité des Pyrénées. Il avait déjà été possédé par les rois de France à titre de gage pendant trente ans (1462-1492).

1648. L'*Alsace*, cédée par le traité de Westphalie, à l'exception des villes impériales, qui le furent par le traité de Nimègue, et de celle de *Strasbourg*, conquise en 1681.

1651. Les principautés de *Sédan* et de *Raucourt* (Ardennes), cédées par le duc de Bouillon, en échange des comtés d'*Evreux* et d'*Auvergne* et des duchés d'*Albret* et de *Château-Thierri*.

1659. Le *Charolais* (Saône-et-Loire), cédé par la paix des Pyrénées.

1661. Le comté d'*Astarac* (capitale Mirande, *Gers*), réuni par confiscation.

1667. La *Flandre française*, conquise par Louis XIV, et cédée difinitivement à la France par les traités de Nimègue et d'Utrecht. Le reste du *comté de Flandre*, l'un des anciens grands fiefs du royaume, ne fut réuni que passagèrement à la couronne.

1674. La *Franche-Comté*, conquise alors pour la seconde fois, par Louis XIV, auquel elle fut cédée par la paix de Nimègue.

1702. La principauté d'*Orange*, adjugée au roi de France par un arrêt du Parlement que confirma le traité d'Utrecht (1713).

1738. La vicomté de *Turenne* (Corrèze), vendue à Louis XV par le duc de Bouillon.

1766. Les duchés de *Lorraine* et de *Bar*, par succession.

1768. La *Corse*, cédée par la république de Gênes.

Plusieurs provinces, telles que le comté de *Montbéliard* (Doubs), la principauté de *Dombes* (Ain) et le *Comtat Venaissin*, quoique enclavées dans le royaume de France, n'y étaient pas encore réunies à l'époque de la révolution de **1789.**

QUESTIONNAIRE. — 207. Comment furent formées les premières législations des peuples barbares dans la Gaule ? — Indiquez les points où la législation romaine paraît davantage. — Quel est le caractère de la législation de Charlemagne? — A quelle époque remontent les *Coutumes* des provinces ? — Quels sont les rois dont les institutions ont eu le plus d'importance dans notre système de lois ? — Quel nouveau régime de lois a été créé depuis la révolution de 1789 ? — 208. Quel était l'état de l'agriculture lors de l'invasion? — Le clergé ne fit-il pas sentir encore son influence au sujet de l'agriculture ? — Comment la terre fut-elle de nouveau abandonnée? — Par quels rois furent favorisés les progrès de l'agriculture? — Faites connaître Olivier de Serres. — Qui établit en France l'éducation des vers à soie ? — A quelle époque l'attention générale fut-elle portée vers l'agriculture? — Quels établissements furent créés au dix-huitième siècle et quelle influence eut la révolution sur l'agriculture? — 209. Quel était l'état du commerce et de l'industrie en France au moyen âge? — A quoi tient l'état précaire du commerce pendant cette période? — Quels rois accordèrent des encouragements au commerce? — Quel fut le premier port important de la France sur la Méditerranée et avec quels pays faisait-il le commerce? — A quelle époque fut fondée la ligue Hanséatique? — Quelles villes se distinguèrent dans le commerce maritime? — Quelles découvertes fit Jacques Cartier et quelle colonie fonda-t-il ? — Citez les autres découvertes des Français. — Indiquez les développements du commerce et des colonies, fruits de l'administration de Louis XIV et de Colbert. — Quelle influence eurent les traités d'Utrecht et de Versailles sur la prospérité coloniale de la France? — Quelles acquisitions furent faites aux Indes-Orientales ? — 210. Comment Clovis étendit-il son royaume? — Quelles furent les conquêtes des descendants de Clovis? — Quelles étaient les possessions du domaine royal à l'avénement de Hugues Capet ? — Indiquez les réunions successives des grands fiefs à la couronne. — En quelle année et par qui la Normandie fut-elle réunie ? — En quelles années furent réunis le comté de Toulouse, le duché de Bourgogne, le duché de Bourbon, celui de Bretagne, la Navarre, l'Alsace et la Flandre ? — Quelles acquisitions ont été faites par la France depuis la révolution de 1789 ?

LIVRE CINQUIÈME.

RÉVOLUTION ; RÉPUBLIQUE ; EMPIRE.

CHAPITRE PREMIER.

ÉTATS-GÉNÉRAUX. — ASSEMBLÉE CONSTITUANTE. — FUITE DU ROI. — ASSEMBLÉE LÉGISLATIVE. — MASSACRES DE SEPTEMBRE. — CONVENTION NATIONALE. — PROCÈS ET MORT DE LOUIS XVI. — PREMIÈRE COALITION DE L'EUROPE CONTRE LA FRANCE. — LE COMITÉ DE SALUT PUBLIC. — LA TERREUR. — LE 13 VENDÉMIAIRE. — FIN DE LA CONVENTION.

§ Ier. ASSEMBLÉE CONSTITUANTE.

211. RÉUNION DES TROIS ORDRES. — Les *États-généraux*, demandés à l'envi par le parlement, par les États provinciaux, par le clergé, réclamés par l'opinion publique, se réunirent à Versailles le 5 mai 1789. Ils se composaient de deux cent soixante-dix députés de la *noblesse*; de deux cent quatre-vingt-onze députés du *clergé*; de cinq cent soixante-dix-huit députés du *tiers-état*. Ils avaient été inaugurés la veille dans l'église de Saint-Louis, par une magnifique cérémonie religieuse au milieu de l'enthousiasme universel.

À l'ouverture des États, le roi prononça au milieu des applaudissements de l'Assemblée, un discours terminé par ces nobles et paternelles paroles : « Puisse, messieurs, un » heureux accord régner dans cette assemblée, et cette » époque devenir à jamais mémorable pour le bonheur et » la prospérité du royaume! C'est le souhait de mon cœur, » c'est le plus ardent de mes vœux, enfin c'est le prix que » j'attends de la droiture de mes intentions et de mon » amour pour mon peuple. »

Ce chaleureux appel à l'union et au patriotisme des députés avait excité une vive émotion dans toutes les âmes. Toutefois, l'accord entre le roi et les États, si nécessaire pour opérer des réformes devenues inévitables, fut rendu dès l'abord impossible par une crise décisive. Le lendemain même de la séance royale, des dissentiments éclatèrent dans l'assemblée à propos de la vérification des pouvoirs. Les députés du *tiers-état* voulaient que cette vérification fût faite en commun par les trois ordres; la *noblesse* et le *clergé* refusèrent et soutinrent que chaque ordre devait vérifier à part les pouvoirs de ses membres. Pendant cinq semaines de pourparlers et de débats, le tiers-état persista énergiquement, et ne tarda pas à attirer à lui, malgré les efforts de l'éloquent abbé *Maury*, une partie du clergé, avec laquelle il se forma (le 17 juin 1789), sur la proposition de l'abbé *Siéyès*, en *Assemblée nationale constituante*. A cette nouvelle, le roi, auquel on conseillait de dissoudre les États, se contenta d'annoncer une séance royale pour le 23, en ordonnant la suspension des réunions de l'Assemblée jusqu'à ce jour. Mais le 20 juin, les députés trouvant la porte fermée, se réunissent, sur la convocation de *Bailly*, président du tiers, dans la *salle du jeu de paume*, où ils prononcent le serment de ne se séparer qu'après avoir donné une *constitution* à la France.

Dans la fameuse séance du 23 juin, le roi vint en personne réprimander les députés; il sortit après avoir ordonné à l'Assemblée de se séparer, et à chacun des trois ordres de se retirer dans leurs salles respectives.

Lorsqu'après le départ du roi, le marquis de *Brézé*, grand-maître des cérémonies, s'adressant au président Bailly, lui dit : « Vous avez entendu les ordres du roi? — Je vais prendre ceux de l'Assemblée, » répondit Bailly. Le marquis de *Mirabeau*, député du tiers-état pour la ville d'Aix, se levant alors, apostropha le marquis de Brézé en ces termes devenus célèbres : « Allez dire à votre maître que nous sommes ici par la volonté du peuple, et que nous n'en sortirons que par la force des baïonnettes. »

Le caractère personnel du roi et la gravité des circonstances s'opposaient à toute tentative d'employer la force; l'assemblée du tiers-état à laquelle, sur l'invitation du roi lui-même (27 juin), la majorité du clergé et un grand nombre de députés de la noblesse vinrent se réunir, resta donc maîtresse des destinées de la France.

212. PRISE DE LA BASTILLE. — La fermentation qui régnait dans l'Assemblée gagna rapidement la France entière. Des réunions populaires qui prirent le nom de *clubs* devinrent le lieu de discussions ardentes, où les actes du gouvernement étaient attaqués ou approuvés par de véhéments orateurs, au milieu des applaudissements de la multitude. La cour conseillait des mesures énergiques, qui, annoncées sans être suivies d'effets, ou tentées mollement, ne faisaient qu'accroître l'irritation populaire. Le roi ayant réuni une armée de trente mille hommes aux environs de Paris, le bruit se répandit que l'on voulait faire violence aux représentants de la nation, et l'éloignement des troupes fut vivement demandé par l'Assemblée. Le roi répondit en prononçant la révocation et l'exil du ministre Necker qui jouissait d'une grande popularité. — A cette nouvelle le peuple, aigri par un commencement de disette, fatal résultat du défaut d'approvisionnements et des inquiétudes du commerce, se soulève à la parole ardente de *Camille Desmoulins*, qui, dans le jardin du Palais-Royal, appelle les citoyens aux armes. L'émeute grossit et s'étend ; des maisons sont pillées par la populace, des barrières brûlées. Une charge de dragons, commandés par le prince de *Lambesc*, fait plusieurs victimes dans le jardin des Tuileries, et cette première collision redouble l'effervescence populaire (13 juillet). En même temps, les électeurs qui avaient nommé les députés du tiers continuant à se réunir dans les soixante *sections* électorales entre lesquelles la ville de Paris avait été divisée, forment une sorte d'assemblée délibérante, et décident l'institution immédiate d'une milice bourgeoise, la *Garde nationale*, équipée avec des armes enlevées dans les dépôts publics.

Le lendemain 14 juillet, la *Bastille*, célèbre prison d'État, la terreur de la capitale que dominaient ses remparts, est assaillie par une multitude armée de fusils, de piques et de sabres. Quarante Suisses et quatre-vingts invalides seulement en formaient la garnison ; mais elle était défendue par ses hautes murailles et plusieurs pièces de canon. Le peuple commença l'attaque en brisant les chaînes du premier pont. Les *Gardes Françaises*, qui s'étaient déclarés pour le peuple, étant arrivés avec du canon, la garnison pressa le gouverneur de se rendre et ouvrit les portes aux assaillants. Ce triomphe populaire fut souillé par les meurtres du gouverneur *Delaunay*, du prévôt des marchands, *Flesselles*, assassiné près de l'Hôtel de ville, et de quelques autres personnes, que la populace aveugle accusait de trahison.

Sous l'impulsion de son cœur, Louis XVI se rend à l'Assemblée sans gardes et sans cortége, et ses paroles généreuses réveillent toutes les sympathies. Il rappelle Necker, le ministre populaire; il vient à l'Hôtel de ville de Paris sanctionner l'élection de Bailly comme maire de la ville, de *La Fayette*, le héros de la guerre d'Amérique, comme chef de la garde bourgeoise. Il prend lui-même la cocarde bleue et rouge empruntée par la nouvelle milice aux armes de la ville, en y ajoutant le blanc, couleur du drapeau royal, et il sort de l'Hôtel de ville avec la cocarde tricolore à son chapeau. Le peuple applaudit; la joie est universelle; la réconciliation paraît entière.

Toutefois, le calme était loin d'être rétabli. L'agitation recommence bientôt à Paris, où la famine continue à se faire sentir; elle croît et se propage dans les provinces, où la prise de la Bastille a causé une émotion ressentie dans toute l'Europe. Dès le 22 juillet, une nouvelle émeute coûte la vie au contrôleur des finances *Foulon*, et à son gendre, l'intendant *Berthier*, accusés d'affamer à dessein le peuple. En même temps, des municipalités délibérantes et des gardes nationales armées s'organisent de toutes parts; des châteaux sont incendiés; les nobles en butte aux violences s'effrayent et se désespèrent. A la suite du comte d'*Artois*, frère du roi, du prince de *Condé* et de son frère, la noblesse, ennemie des réformes, commence à quitter la France. C'est l'*émigration*, provoquée par les premiers excès de la révolution, mais qui suscitera elle-même d'incalculables malheurs.

Cependant, l'Assemblée nationale poursuit rapidement son œuvre au milieu de l'émotion profonde que la prise de la Bastille a jetée dans toute la France. Dans la mémorable nuit du 4 août 1789, sur la proposition même des membres du clergé et de la noblesse, des *Noailles*, des *Grammont*, des *Mortemart*, des *Montmorency*, les prérogatives seigneuriales, ecclésiastiques, provinciales, les priviléges de toutes sortes, les entraves à la liberté du commerce et de l'industrie, sont abolis avec un entraînement impossible à décrire. Les derniers vestiges des institutions féodales ont disparu pour faire place aux institutions modernes.

Mais malheureusement les partis divers qui existaient dans l'Assemblée nationale se prononcent et se divisent au moment où il s'agit de fonder après avoir renversé, de constituer après avoir détruit. C'est le parti du haut clergé et de la noblesse, toujours attaché à l'ancien ordre de choses, que conduisent le célèbre abbé *Maury* et *Cazalès*. C'est le parti du ministère qui veut introduire en France le système anglais des deux chambres; il est dirigé par des hommes qu'entoure l'estime publique : *Mounier, Lally-Tollendal*. Le parti populaire, simulé par des hommes jeunes et ardents, *Duport, Barnave, Lameth*, pousse l'Assemblée en avant et surexcite l'opinion. Un parti nombreux commence à se grouper autour du duc d'*Orléans*, fils du régent, dont l'hostilité contre la cour s'est déclarée ouvertement. Mais la plus grande influence appartient à deux hommes éminents, dont l'un organise les travaux de l'Assemblée avec un esprit systématique et inflexible, l'abbé *Siéyès*, l'autre emporte les résolutions énergiques par l'impétuosité de son éloquence de tribun; c'est *Mirabeau*.

213. JOURNÉES DES 5 ET 6 OCTOBRE. — Tandis que ces partis se disputent une prépondérance qui va leur échapper à tous, l'esprit public s'exalte au dehors par l'action fiévreuse des clubs. La célèbre société des *Jacobins*, formée d'abord de quelques députés, bientôt d'une foule d'ambitieux obscurs, avides de pouvoir, enflamme les passions par des déclamations incessantes contre l'autorité royale et contre l'Assemblée elle-même accusée de tiédeur. Les hésitations continuelles du roi, placé entre les obsessions d'une cour hostile à toute réforme et les exigences impérieuses de l'opinion qui le presse, son refus de donner sa sanction à la fameuse *Déclaration des droits de l'homme*, votée par l'Assemblée, sont représentés au peuple comme autant de trahisons. La disette qui augmente à Paris, vient jeter dans la multitude une nouvelle cause de troubles, de défiances et de haines. Un repas donné au château de Versailles, par les gardes du corps, à des officiers nouvellement appelés à Paris, où éclatent, aux applaudissements de la cour, les démonstrations les plus imprudentes, servent de prétexte à de nouvelles et déplorables violences.

Le 4 octobre 1790, une sourde agitation annonçait un soulèvement prochain. Le lendemain, la foule se rassemble, envahit l'Hôtel de ville, s'empare des armes et se met en marche en criant : *à Versailles !* La Fayette, malgré ses efforts, est entraîné par le torrent, et dans la soirée,

une troupe en désordre, et plus nombreuse à chaque
instant, paraît devant le palais de Versailles pour porter
au roi les griefs du peuple. Une collision éclate aussitôt
entre les gardes du corps et la multitude ; des victimes
tombent de part et d'autre ; la fureur des assaillants
s'exalte jusqu'au délire, et dans la nuit, des forcenés,
surprenant les issues du palais, pénètrent jusqu'à l'ap-
partement de la reine. Elle n'est sauvée que par le dévouement de quelques gardes du corps qui se font tuer
sur le seuil de sa porte, tandis qu'elle s'enfuit demi-nue
auprès du roi.

Pendant que ces scènes sanglantes s'accomplissaient
dans le château, la multitude, assemblée sous le balcon du
roi, l'appelait avec une violence toujours croissante, demandant son départ pour Paris avec toute sa famille. Louis,
paraissant au balcon, promit aussitôt de partir. Lafayette
qui l'accompagnait, baisa respectueusement, devant tout
le peuple, la main de la reine : la foule applaudit, et le
jour même, le roi montant en voiture avec la reine et le
dauphin, revint au milieu d'une hideuse escorte dans cette
capitale qui allait être sa prison et devenir son tombeau
(6 octobre).

214. FUITE ET ARRESTATION DU ROI. — Après les
journées des 5 et 6 octobre, l'Assemblée Nationale avait
suivi le roi à Paris, et sa présence avait contribué à y ramener quelque tranquillité. Mais à peine s'était-elle signalée par ces mémorables mesures qui seront à jamais ses
titres de gloire (la suppression des anciennes provinces ;
la division de la France en départements, base de l'unité
politique, administrative, judiciaire ; l'application salutaire
en principe, mais trop généralisée, du principe d'élection ; la nouvelle organisation des juridictions civile et
criminelle), que les difficultés financières la poussèrent
à des mesures extrêmes qui provoquèrent de nouveaux
et irrémédiables désordres. Pressée par les clubs (Jacobins, Cordeliers) qui prenaient sur elle un ascendant
plus marqué de jour en jour, entraînée par les ardentes
harangues de Mirabeau, l'Assemblée décida coup sur
coup la vente des biens du clergé, et la création d'un
papier-monnaie, les *assignats*, dont la valeur devait être
garantie par le prix des domaines ecclésiastiques aliénés.
Bientôt, les ordres religieux furent supprimés, et un décret
à jamais déplorable, la *Constitution civile du clergé*, dé-

tachant l'Église de France du Saint-Siége, amena au bout
de quelque temps la ruine momentanée de la religion en
France.

La fête de la *Fédération*, célébrée avec une pompe
extraordinaire au champ de Mars, le jour anniversaire de
la prise de la Bastille, en présence des délégués de tous
les départements et d'un concours immense de peuple,
suspendit un instant les hostilités des partis. Mais le 4 septembre 1790, Necker, las de lutter contre toutes les intrigues qui s'agitent à la cour, se retire du ministère. La
division se met dans l'armée ; l'émigration redouble ; Mirabeau qui, après avoir joué le rôle de tribun, s'est rapproché depuis quelque temps de la royauté, meurt le 2 mars
1791, emportant le dernier espoir de conciliation entre le
roi et l'Assemblée.

Cependant les puissances européennes, effrayées des
principes de la révolution, avaient formé une coalition
contre la France. L'Autriche, la Suisse, l'Espagne, secon-
dées par la Prusse et l'Angleterre, devaient envahir la
France de tous les côtés à la fois (*Conférence de Mantoue,*
20 mai 1791). Louis XVI, devenu captif à Paris et refusant pourtant d'appeler contre sa patrie les secours
étrangers, résolut de chercher un refuge au sein d'une
armée fidèle que le marquis de *Bouillé* commandait en
Lorraine. La nuit du 20 juin 1791, le roi sortit des Tuileries sous un déguisement avec les membres de sa famille.
Déjà, les fugitifs atteignaient Varennes quand ils furent
reconnus et arrêtés le lendemain de leur évasion. Bouillé,
averti aussitôt, accourut avec un régiment de cavalerie ;
mais le roi, déjà reparti depuis plusieurs heures, rentrait
à Paris sous la surveillance des commissaires que l'Assemblée avait envoyés à la nouvelle de son évasion. *Barnave,*
l'un d'eux, touché du sens droit et généreux de Louis XVI,
de la dignité et de la grâce de Marie-Antoinette, voua dès
lors à cette famille infortunée un respect et un attachement qui ne devaient pas se démentir. Ramené prisonnier
dans la capitale, Louis XVI trouva l'Assemblée investie
de tous les pouvoirs. Il fut déclaré suspendu de ses pouvoirs et de ses fonctions jusqu'après l'achèvement de la
constitution nouvelle. Cependant Camille Desmoulins et
Danton demandaient à grands cris la déchéance de
Louis XVI. Après le refus de l'Assemblée, la multitude
s'assembla au champ de Mars pour porter sur l'autel de

la patrie une pétition incendiaire ; ce fut le signal d'une insurrection formidable. Lafayette, accouru avec Bailly à la tête des gardes nationaux, fut obligé de commander une décharge meurtrière pour reprimer l'émeute : première et funeste bataille livrée par la démagogie à l'ordre social (17 juillet 1791).

215. CONSTITUTION DE 1791. — Les démonstrations des puissances étrangères, en soulevant le sentiment national en faveur de la révolution menacée, ne faisaient qu'accroître son énergie. A la *déclaration de Pilnitz*, par laquelle les puissances prétendaient contraindre la France, par des menaces terribles, à remettre le roi sur le trône et à dissoudre l'Assemblée, celle-ci répondait en armant les provinces et en mobilisant cent mille gardes nationaux, qui volèrent aux frontières avec enthousiasme. Toutefois l'Assemblée Nationale se sentait elle-même dépassée par les exaltés. Elle se hâta d'achever la *Constitution* qui devait organiser sur ses nouvelles bases le gouvernement de la France et coordonner tous les décrets successivement adoptés. Ce code politique donnait le pouvoir législatif à une assemblée unique sans que le roi pût s'opposer à la mise en vigueur de ses décrets autrement que par un *veto* dont l'effet ne pouvait durer plus de quatre ans ; il conférait au roi le pouvoir exécutif, mais en l'enfermant dans des limites qui lui ôtaient toute force et tout prestige. Il admettait l'élection à deux degrés qui appelait tous les citoyens domiciliés depuis un an dans le canton et payant une contribution équivalant à trois journées de travail, à nommer des électeurs devant payer un cens d'environ deux cents francs et chargés de choisir les députés ou membres de la représentation nationale.

Telle fut l'œuvre dernière de l'Assemblée *Constituante* qui la proposa à l'acceptation du roi. Louis XVI en jura l'observation le 14 septembre et reprit l'exercice de ses pouvoirs. Quinze jours après, il se rendit à l'Assemblée, pour renouveler solennellement son adhésion à la Constitution, dans un discours interrompu fréquemment par des applaudissements unanimes.

Dès que le roi eut quitté la salle, le président *Thouret* déclara que l'Assemblée Constituante avait achevé sa mission et terminait en ce moment ses séances. Parmi les immenses travaux d'une assemblée réunissant dans son sein un si grand nombre d'hommes remarquables par leurs lumières, leur honnêteté, leur génie même, au milieu de services inappréciables et de fautes graves, une œuvre est restée qui suffirait à elle seule à la gloire de l'Assemblée Constituante, c'est l'abolition des priviléges et la réalisation de l'égalité civile.

§ II. ASSEMBLÉE LÉGISLATIVE.

216. DÉCLARATION DE GUERRE A L'AUTRICHE. — Un décret à jamais regrettable, inspiré par un désintéressement aveugle, avait interdit aux membres de l'Assemblée Constituante de figurer dans l'*Assemblée législative* qui lui succédait. La révolution affranchie de la direction de ceux qui l'avaient opérée, allait se précipiter avec une violence désormais irrésistible, au milieu du déchaînement de toutes les passions populaires. — La nouvelle Assemblée se réunit le 1er octobre 1791. Composée d'hommes jeunes, ardents, étrangers pour la plupart à la pratique des affaires et à l'art du gouvernement, elle devait se jeter rapidement dans les extrémités dont s'était difficilement gardé sa devancière. Elle se trouva, dès le moment de sa réunion, partagée en plusieurs fractions. Les députés qui siégèrent à droite, et qui reçurent le nom de *Feuillants*, étaient les royalistes constitutionnels qui demandaient le maintien de la Constitution de 1791; ce parti s'appuyait en dehors de l'Assemblée sur l'influence de Lafayette. Les députés qui prirent place à gauche étaient d'abord les républicains modérés désignés sous le nom de *Girondins*, parce que leurs orateurs les plus éloquents, *Vergniaud*, *Guadet*, *Gensonné*, appartenaient à la députation de la Gironde; puis, en second lieu, les républicains passionnés nommés *Jacobins*, parce qu'ils appartenaient au club de ce nom, occupant les gradins supérieurs de l'extrême gauche, composèrent ce que l'on nomma la *Montagne*.

Les premiers actes de l'Assemblée furent dirigés contre les princes français, dont les biens furent confisqués, et contre les émigrés réunis au delà des frontières, qui furent condamnés à mort, s'ils ne rentraient dans un délai déterminé. Un autre décret, qui privait de leur traitement les prêtres non assermentés, fut bientôt aggravé par une loi plus violente qui les condamna à la déportation (octobre). Le refus que fit le roi, suivant son droit constitutionnel, de sanctionner les deux derniers décrets, fut un prétexte aussitôt saisi par les factieux pour agiter de nouveau la population déjà surexcitée par les déclamations furieuses de journaux anarchiques où la voix de *Marat* excitait au meurtre et au pillage, et par la pernicieuse action des clubs, celui des Jacobins où dominait l'ancien constituant *Robespierre*, et celui des Cordeliers, plus exalté encore, où se signalaient par leurs violences Danton et Camille Desmoulins.

Les ministres du roi, pris dans le parti constitutionnel, durent se retirer devant les défiances de l'Assemblée où dominait déjà le parti de la Gironde, qui fournit le nouveau ministère, dans lequel le général *Dumouriez*, habile en intrigues, fécond en expédients, sceptique en politique, reçut le portefeuille des affaires étrangères, et *Roland*, républicain austère, dirigé par une femme ambitieuse et adroite, fut chargé de l'intérieur.

A peine le nouveau ministère fut-il installé, que le roi, paraissant à l'Assemblée avec tous ses ministres, chargea Dumouriez de lire un rapport où il exposait les griefs de la France contre la maison d'Autriche, centre et appui de la coalition organisée dans les conférences de Mantoue (n° 214) et de Pilnitz, et, prenant lui-même la parole, proposa la guerre contre le roi de Hongrie et de Bohême (1). L'Assemblée indiqua aussitôt pour le soir même une séance extraordinaire, où la guerre contre l'Autriche fut votée à la presque unanimité (20 avril 1792).

217. JOURNÉES DU 20 JUIN ET DU 10 AOUT. — De toutes parts, des levées d'hommes, des fournitures d'armes et de munitions furent ordonnées, et la nation entière répondit avec un merveilleux élan à l'appel de ses représentants. Mais l'indiscipline des nouvelles recrues fit échouer totalement le plan conçu par Dumouriez, et plusieurs échecs signalèrent les premières opérations de nos troupes. Ces revers et le refus persévérant du roi de sanctionner les décrets contre les émigrés et les prêtres non assermentés, rendirent une crise nouvelle imminente.

Le 20 juin, jour anniversaire du serment du Jeu de paume (n° 211), trente mille pétitionnaires armés, conduits par le brasseur *Santerre* et le marquis de *Saint-Huruges*, et demandant avec fureur les mesures les plus violentes, paraissent à la barre de l'Assemblée, qui n'ose leur

---

(1) François II n'était pas encore élu empereur.

interdire l'entrée, et se dirigent vers le château pour forcer le roi à donner sa sanction aux décrets. L'émeute envahit pour la première fois les Tuileries; mais Louis XVI fait ouvrir lui-même les portes à la multitude, et impose aux plus hardis par sa noble contenance. Les assaillants, déconcertés par l'attitude du roi, se retirent sans avoir atteint leur but.

L'indignation publique, un instant réveillée par ces ignobles scènes, vengea la royauté de tant d'humiliations; mais cette réaction ne dura qu'un instant, les auteurs du mouvement ne furent pas même recherchés, et bientôt, les événements vinrent donner aux esprits une direction fatale. Les puissances coalisées, la Prusse, l'Autriche, la Hesse, l'émigration, ont rassemblé toutes leurs forces. Quatre-vingt mille Prusiens, sous les ordres du duc de Brunswick, s'avancent sur les frontières, l'alarme se répand partout, et la patrie est déclarée en danger ; sur ces entrefaites, le duc de Brunswick répand contre la nation, dans une fougueuse et impolitique proclamation, des menaces qui portent à son comble l'effervescence populaire. Les agitateurs en profitent pour porter le dernier coup à la royauté.

Dans la fatale journée du 10 août, l'insurrection favorisée par le maire de Paris, *Pétion*, va briser les restes du trône. Traînant à sa suite des pièces d'artillerie, le peuple accourt en armes faire le siége des Tuileries, dont les Suisses, malgré la défense faite par le roi de tirer sur le peuple, essayent de défendre l'entrée. Ils sont massacrés. Louis XVI et sa famille avaient cherché un refuge dans le sein de l'Assemblée législative ; mais le peuple, irrité de la résistance des Suisses, le poursuit jusque dans l'Assemblée, et sur l'impérieuse demande de la municipalité de Paris, on décide qu'une *Convention nationale* sera convoquée pour juger le roi, dont la déchéance est prononcée. Louis est enfermé avec sa famille dans la *Tour du Temple*.

L'approche des Prussiens qui venaient de prendre Longwy et menaçaient la Champagne, avait exalté jusqu'à la frénésie les passions populaires. En quelques jours, tous les insignes de la royauté furent détruits, les statues des rois renversées, même celle du *bon Henri*, les partisans de la monarchie entassés dans les cachots. Un tribunal extraordinaire fut chargé de les juger, et le sang coula sous le couteau de la *guillotine*.

218. MASSACRES DE SEPTEMBRE. — La fatale machine, bientôt en permanence sur nos places publiques, était encore trop lente au gré de quelques hommes indignes du nom de Français. Un épouvantable forfait, préparé par les provocations furibondes de Marat, allait s'accomplir. On venait d'apprendre la prise de Verdun, l'une des clefs de la France; Danton fit tonner le canon d'alarme, s'écriant que pour vaincre les ennemis du dehors, il fallait écraser les ennemis au dedans, et *faire peur aux royalistes*. Aussitôt la commune de Paris organise un massacre général des nobles, des prêtres, des détenus de tout rang, enfermés dans les diverses prisons de la capitale. Les 2, 3 et 4 septembre, une poignée d'égorgeurs, soudoyés par la municipalité, parcourent les prisons et massacrent tous les infortunés que, par une parodie sacrilége, ils font comparaître devant un tribunal composé de bandits ivres de sang et de vin, juges et bourreaux tour à tour. La tête de la princesse de *Lamballe*, dame d'honneur de la reine, est portée au bout d'une pique sous les fenêtres des prisonniers du Temple.

L'Assemblée législative, qui avait applaudi au Dix août, n'osa pas condamner les journées de septembre; muette et consternée, elle fit de vains efforts pour rétablir l'ordre. Le pouvoir qui lui échappait avait passé à la Commune de Paris, qui, sous l'influence des clubs les plus violents, installait à l'Hôtel de ville son gouvernement sanguinaire.

Détournons les yeux de ces scènes d'horreur pour les reporter sur la frontière. Avec des armées mieux disciplinées, les succès ont remplacé les revers. Dans la forêt de l'Argonne, les *Thermopyles de la France*, une audacieuse et savante manœuvre de Dumouriez arrête les Prussiens dans leur invasion. *Kellermann* unit ses efforts à ceux de Dumouriez dans les champs de *Valmy*, où se distingue le jeune duc de Chartres, fils du duc d'Orléans. Une brillante canonnade, soutenue par nos conscrits avec un admirable sang-froid (20 septembre 1792), force le duc de Brunswick à la retraite, rend la confiance à nos soldats et présage de nouveaux succès. Les Français, en effet, reprennent Verdun et Longwy, tandis que, portant la guerre sur le territoire ennemi, *Custine* s'empare de Trèves, de Mayence, de Spire; que *Montesquiou* triomphe en Savoie et *Anselme* dans le comté de Nice. Ainsi commence cette glorieuse série de triomphes qui portera bientôt dans l'Europe entière la terreur de nos armes.

QUESTIONNAIRE. — 211. A quelle époque se réunirent les États généraux? — Comment étaient-ils composés ? — Comment furent-ils inaugurés ? — L'accord du roi et des États fut-il de longue durée ? — Quelle circonstance décisive le rendit impossible ? — Qu'est-ce que le serment du jeu de paume ? — Comment commença la révolution ? — 212. A quelle époque et comment la Bastille fut-elle prise par le peuple ? — Quels meurtres eut-on à déplorer ? — Quel ministre fut alors rappelé par Louis XVI ? — Qui fut nommé maire de Paris ? — Quel fut le chef de la garde nationale ? — Quel prince donna l'exemple de l'émigration ? — Que fit l'Assemblée dans la nuit du 4 août ? — Comment se formèrent les divers partis ? — Quel parti représentaient Cazalès et l'abbé Maury ? — Quels hommes étaient à la tête du parti du ministère ? — Quels étaient les deux orateurs les plus éminents ? — 213. Qu'était-ce que les clubs ? — Comment était composé le club des Jacobins ? — Que se passa-t-il dans les journées des 5 et 6 octobre ? — 214. Par qui la France fut-elle divisée en départements ? — Qui créa les assignats ? — La constitution civile du clergé fut-elle acceptée par le clergé et par le pape ? — Où et à quelle époque fut célébrée la fête de la Fédération ? — Quel événement fit évanouir tout espoir de conciliation entre le roi et l'Assemblée ? — Que tenta Louis XVI ? — Où fut-il arrêté ? — Comment fut-il ramené à Paris ? — Que fit alors le parti républicain ? — Qui réprima l'émeute du Champ-de-Mars ? — 215. Quel effet produisirent sur l'Assemblée les menaces des puissances étrangères ? — Quelles étaient les bases de la Constitution de 1791 ? — Que devint l'Assemblée après l'acceptation de la Constitution par le roi ? — 216. Les membres de l'Assemblée constituante pouvaient-ils faire partie de la législative ? — A quelle époque se réunit cette dernière ? — Comment se divisait elle ? — Quelles circonstances diverses jetèrent la surexcitation dans les esprits ? — Comment les Girondins arrivèrent-ils au pouvoir ? — Quel fut le premier acte du ministère Girondin ? — 217. Les premières opérations de la guerre d'Autriche furent-elles favorables ? — Qu'arriva-t-il le 20 juin ? — Que fit le duc de Brunswick ? — Quelles furent les suites de l'insurrection du 10 août ? — Où se réfugia Louis XVI ? — Que fit alors l'Assemblée ? — 218. Qu'arriva-t-il dans les journées des 2, 3 et 4 septembre ? — Entre les mains de qui passa le pouvoir ? — Où fut installée la Commune ? — Faites connaître les premiers succès de nos armées.

CHAPITRE DEUXIÈME.

CONVENTION NATIONALE. — ÉTABLISSEMENT DE LA RÉPUBLIQUE. — BATAILLE DE JEMMAPES. — PROCÈS ET MORT DE LOUIS XVI. — PREMIÈRE COALITION DE L'EUROPE CONTRE LA FRANCE. — GUERRE DE LA VENDÉE. — COMITÉ DE SALUT PUBLIC. — LA TERREUR. — 9 THERMIDOR. — CONQUÊTE DE LA BELGIQUE ET DE LA HOLLANDE. — PAIX AVEC LA PRUSSE ET L'ESPAGNE. — 13 VENDÉMIAIRE. — FIN DE LA CONVENTION.

(1792-1795.)

219. La Convention. — Abolition de la royauté. — Première coalition de l'Europe contre la France. — Les élections faites sous la pres-

sion des clubs amenèrent à la Convention les hommes les plus exaltés. On distinguait à la gauche des députés de Paris : Robespierre, Danton, Collot-d'Herbois, Marat, Camille Desmoulins, Fabre d'Églantine et le duc d'Orléans, qui s'était appelé Philippe-Égalité. Les Girondins, au milieu desquels brillèrent Vergniaud, Guadet, Brissot, Gensonné, etc., dépassés à leur tour par les Jacobins, occupaient la droite de l'Assemblée, dans laquelle leur savoir et leur éloquence semblaient devoir leur assurer la supériorité; mais la violence et l'audace de la Montagne allaient bientôt triompher du mérite. La *Plaine*, composée d'hommes modérés et faibles, qui siégeaient entre les Girondins et les Montagnards, devait suivre silencieusement le parti du plus fort.

La Convention ouvrit ses séances (21 septembre 1792) en abolissant la royauté sur la proposition de *Collot d'Herbois*, pour proclamer la *république une et indivisible*, et concentrer en elle-même tous les pouvoirs. Une nouvelle ère fut également adoptée, et le 22 septembre commença l'*ère républicaine*. Les mois reçurent de nouveaux noms et furent divisés en trois décades (1); toutes les fêtes et cérémonies de l'Église furent supprimées, et le catholicisme remplacé par l'athéisme sous le nom de culte de la *Raison*.

Les menaces de la coalition n'avaient fait qu'exciter l'élan national, et les armées de la République, se multipliant comme par prodige sous l'énergique impulsion de la Convention, attaquaient de tous côtés à leur tour. Aux efforts des puissances étrangères, la Convention a répondu par l'ordre d'une levée de trois cent mille hommes, et une jeunesse enthousiaste se précipite vers les frontières. Les Autrichiens sont forcés de lever le siége de Lille. Dumouriez, vainqueur sur nos frontières, s'immortalise par la brillante victoire de *Jemmapes*, se rend maître de Bruxelles et couronne la campagne de 92 par la conquête de la Belgique.

Cependant les partis qui composaient la Convention étaient déjà aux prises et animés d'une hostilité irréconciliable. Les Girondins, qui accusaient la Commune des

---

(1) Aux noms anciens furent substitués ceux de *vendémiaire, brumaire, frimaire,* pour l'automne; *nivôse, pluviôse, ventôse,* pour l'hiver; *germinal, floréal, prairial,* pour le printemps, et *messidor, thermidor, fructidor,* pour l'été.

massacres de septembre, voulaient obtenir des mesures de répression que les Montagnards repoussaient opiniâtrement; eux-mêmes étaient accusés par leurs antagonistes de rêver la division de la France en états distincts, réunis seulement par les liens d'une confédération commune, système désigné sous le nom de *fédéralisme*. Les deux partis, recherchant à l'envi la popularité, se rencontrèrent un instant dans une pensée commune; le jugement du roi.

220. PROCÈS ET MORT DE LOUIS XVI. — Malgré les dispositions formelles de la Constitution qui déclaraient le roi inviolable, un décret de la Convention (3 décembre 1792) décida que Louis XVI serait jugé par elle.

Cette assemblée fit comparaître le roi une première fois (11 décembre) pour entendre la lecture des crimes qu'on lui imputait, et une seconde (25 décembre) pour présenter sa défense, dont il avait chargé *Tronchet*, illustre jurisconsulte, le vénérable *Malesherbes* et *Desèze*, avocat renommé du barreau de Bordeaux. Mais ni raison ni justice ne devaient prévaloir contre la fureur des partis. Louis ajouta à sa défense quelques mots pleins de dignité pour repousser les crimes qu'on lui imputait. Tout fut inutile.

Les Girondins, craignant l'accusation de royalisme, s'unirent, malgré leur conscience, aux Montagnards pour déclarer le roi coupable, et pour voter la peine de mort (17 janvier 1793). Vainement ses défenseurs interjetèrent-ils appel de cette sentence à la nation, vainement cet appel fut-il soutenu par les Girondins dans un mouvement de tardif repentir; un nouveau vote (19 et 20 janvier) prescrivit l'exécution dans les vingt-quatre heures.

Louis XVI se prépara à la mort avec un calme et une fermeté admirables; après avoir embrassé la reine et ses enfants, il passa la nuit en prière, puis, le matin (21 janvier 1793), il entendit la messe et fut conduit au pied de l'échafaud par l'abbé Edgeworth qui lui adressa cet adieu suprême : *Fils de saint Louis, montez au ciel !* Avant de mourir, il adressa au peuple ces paroles : « *Je meurs innocent, je pardonne à mes ennemis. Je désire que mon sang soit utile...* » Un roulement de tambours, commandé par Santerre, couvrit sa voix, et sa tête tomba la première sur cette place de la Révolution que devait arroser bientôt le sang de tant d'autres victimes.

221. LA TERREUR. — COMITÉ DE SALUT PUBLIC.

— **GUERRE DE VENDÉE.** — Après la mort du roi, un délire terrible semble s'emparer de la Convention ; cette assemblée, gouvernée par Robespierre et Danton, n'hésite devant aucune mesure extrême, et, au dehors, le sanguinaire Marat exerce sur le peuple un fatal et terrible ascendant. Un *Tribunal révolutionnaire* est créé (10 mars), qui, avec un simulacre dérisoire de jugement, envoie à l'échafaud tous les ennemis de la révolution, et multiplie de jour en jour le nombre des victimes. Bientôt l'établissement du *Comité de Salut public* (6 avril) donne à Robespierre, qui en est le membre le plus influent, un pouvoir dictatorial dont il use avec une inflexible rigueur. Tout ce qui est *suspect* est voué à l'échafaud ; le sang du noble ou du prêtre se mêle dans une hécatombe immense à celui du pauvre et du roturier : le régime horrible, que la postérité a flétri du nom de *Terreur*, pèse sur la France.

Les persécutions exercées contre les ecclésiastiques qui avaient refusé de prêter serment à la Constitution civile du clergé avaient fait naître dans la Vendée des soulèvements que la mort du roi rendit plus menaçants. Le jeune fils de Louis XVI, enfermé dans la prison du Temple, fut proclamé roi dans cette province sous le nom de *Louis XVII*. Alors s'alluma une guerre civile, qui devait pendant plusieurs années faire couler dans d'héroïques combats le plus pur sang de la France. L'insurrection s'était étendue dans l'Anjou, le Poitou et jusqu'aux environs de Nantes. Les Vendéens, commandés par *Cathelineau*, *Bonchamp*, *Larochejaquelein* et *Charette*, détruisirent plusieurs corps d'armée ; et leurs victoires mirent un moment en danger la république. Mais la Convention, avec une indomptable énergie, faisait face partout : au dehors, à la guerre des souverains coalisés ; au dedans, à la guerre civile ; et bientôt l'insurrection vendéenne, écrasée par *Westermann* aux batailles du *Mans* et de *Savenay*, cessa d'être redoutable.

Les Girondins, qui avaient fait la république, mais qui voulaient s'opposer aux excès, n'avaient pas tardé à devenir un obstacle à la marche foudroyante de la révolution. Soulevé par les émissaires de la Montagne, le peuple envahit la Convention le 31 mai pour la forcer à livrer ses propres membres. Le canon est dirigé contre l'assemblée, et le 2 juin, un décret dicté par Marat proscrit les Girondins. Une jeune fille essaie de les venger : *Charlotte Cor-*

day, venue du fond de la Normandie, pénètre chez Marat et le poignarde dans son bain ; mais cette mort ne fait qu'exaspérer les passions populaires, et la guillotine, dressée dans toute la France, ne cesse de frapper. En vain, à la voix des Girondins proscrits, quelques provinces essayent d'imiter l'exemple de la Vendée, elles sont traitées avec la plus effroyable rigueur par les envoyés de la Convention : Collot d'Herbois ruine et mitraille Lyon ; Carrier ordonne les *noyades* de Nantes ; Lebon guillotine à Arras ; la mort frappe partout. La famine vient encore se joindre à ces horreurs pour aigrir les haines, et une loi qui fixe un *maximum* au prix de chaque marchandise anéantit tout commerce.

Une nouvelle Constitution avait été proclamée (10 août 1793) ; mais cet événement avait passé inaperçu au milieu de ceux qui l'accompagnèrent. L'illustre et infortunée reine Marie-Antoinette, et la sœur de Louis XVI, la vertueuse princesse Élisabeth, condamnées, par le tribunal révolutionnaire, laissent dans la prison du Temple le jeune Louis XVII, à qui la Commune de Paris a donné pour geôlier et pour instituteur un savetier, dont les mauvais traitements doivent, deux ans plus tard, faire périr l'innocent et malheureux prince de douleur et de misère (1er juin 1795). Marie-Antoinette monte sur l'échafaud le 16 octobre 1793. Elle y est suivie le 31 octobre par les Girondins, qui périssent au nombre de vingt-un avec un courage digne des héros de la Grèce et de Rome. Le 6 novembre, *Philippe-Égalité*, que ne peut préserver son vote régicide lors de la condamnation de Louis XVI, son parent, est immolé à son tour. La science et la vertu ne sauvent de la mort ni *Lavoisier*, ni *Bailly*, ni *Malesherbes*. Les fureurs des révolutionnaires s'étaient aussi tournées contre eux-mêmes, et les bourreaux se chargeaient de venger leurs victimes. Robespierre avait d'abord envoyé à la mort *Hébert* et ses amis, fanatiques partisans des excès les plus horribles (24 mars) ; puis, avec *Danton*, *Camille Desmoulins* et leurs adhérents, ceux qui avaient voulu revenir sur les mesures les plus violentes de la Convention (5 avril 1794). La Commune de Paris avait aussi perdu plusieurs de ses membres. La révolution, ainsi que l'avait dit le girondin Vergniaud, « semblable à Saturne, dévorait ses enfants. »

222. LE 9 THERMIDOR. — Robespierre préparait

des exécutions nouvelles lorsqu'une opposition formidable s'éleva contre lui; l'Assemblée, qui ne voyait plus de terme aux proscriptions, et dont chaque membre pouvait se croire menacé, se souleva (le 9 thermidor an II, 27 juillet 1794) à la voix de *Tallien*. Robespierre, dont la voix redoutée faisait taire naguère toute contradiction, se vit refuser la parole et fit de vains efforts pour présenter sa défense. L'Assemblée le décréta d'accusation avec *Lebas*, avec *Robespierre jeune*, ainsi qu'avec *Couthon* et *Saint-Just*, ses amis et ses collègues au comité de salut public. La Commune de Paris et les Jacobins, voulant soutenir les accusés, tentèrent une insurrection comme au 31 mai; cette tentative avorta, et Robespierre, après avoir en vain essayé de se brûler la cervelle, la mâchoire fracassée et la tête sanglante, fut traîné à l'échafaud. Son frère, Saint-Just, Couthon, Henriot et quatorze membres de la Commune périrent avec lui; après eux, leurs plus proches adhérents furent successivement envoyés au supplice.

La Convention, sortant de la voie où elle avait marché depuis deux ans, après s'être épurée elle-même, abroge ou revise les lois pénales révolutionnaires, portées pendant la dictature de Robespierre. La société des Jacobins est dissoute; les députés bannis après le 31 mai sont rappelés, et quelques hommes souillés de crimes, l'ignoble Carrier, *Fouquier Tinville*, l'accusateur public du tribunal révolutionnaire, sont envoyés au supplice. La loi des suspects et celle du maximum sont rapportées. Enfin, de nombreuses institutions qui doivent laisser des traces impérissables dans l'histoire, telles que l'École polytechnique, l'École normale, l'Institut des sciences et des arts, le bureau des longitudes, l'unité des poids et des mesures, sont établies. Les prisons sont ouvertes, et des milliers de malheureux destinés à l'échafaud sont rendus à la liberté.

225. CAMPAGNE DE 1794. — CONQUÊTE DE LA BELGIQUE ET DE LA HOLLANDE. — PAIX AVEC LA PRUSSE ET L'ESPAGNE. — Pendant que ces événements s'accomplissaient à l'intérieur, la guerre avait continué au dehors avec un redoublement d'énergie. Le supplice de Louis XVI avait soulevé toute l'Europe contre la France. Près de quatre cent mille hommes marchaient sous les drapeaux de la coalition. La Convention avait fait face à tout. Tous les jeunes gens de dix-huit à vingt-cinq ans avaient été appelés aux armes, et quatorze armées avaient couvert toutes les frontières de la France. Toutefois, la campagne de 1793 n'avait pas répondu aux efforts et aux espérances de la Convention. Dumouriez avait tenté la conquête de la Hollande; mais mal secondé pour l'exécution d'un plan d'ailleurs mal conçu, il avait perdu la bataille de *Nerwinden*, qui nous coûta la Belgique, et avait cherché dans les rangs ennemis un refuge contre les décrets d'accusation lancés contre lui. Dampierre avait péri en défendant la Flandre, et Custine, forcé de se replier derrière le Rhin, avait expié ses défaites par son supplice. Enfin, les Espagnols avaient franchi les Pyrénées, tandis que *Toulon* était livré aux Anglais (27 août).

La campagne de 1794 devait réparer les désastres de la précédente. Depuis la fin de l'année 93, la direction de la guerre était confiée au ministre *Carnot*, homme de génie, qui sut organiser à la fois et les plans de campagne et les immenses ressources nécessaires à tant d'armées. Sous cette nouvelle et puissante impulsion, avant que l'hiver ne vînt suspendre les hostilités, *Jourdan* battit les Autrichiens à Wattignies, et *Hoche* chassa les émigrés de Weissembourg. Au Midi, le jeune *Bonaparte* reprit Toulon aux Anglais (19 décembre).

Au printemps de l'année 1794, *Jourdan*, à la tête de l'armée de la Moselle, gagne sur le prince de Cobourg la mémorable bataille de *Fleurus* (26 juin), qui rend la Belgique à la France. Bientôt *Pichegru*, mis à la tête de l'armée du Nord, bat les alliés dans cinq rencontres successives, prend Bruges, Gand, Anvers, Nimègue, continue les hostilités malgré les rigueurs d'un hiver prématuré, et menant de victoires en victoires ses soldats dénués de tout, mais soutenus par leur enthousiasme, il parcourt en triomphe la Hollande tout entière, que ne défendent plus ni ses fleuves ni ses canaux congelés. Il couronne tous ses succès en prenant d'assaut, avec sa cavalerie, la flotte hollandaise, arrêtée dans les glaces au milieu du Zuyderzée : la Hollande conquise devient la *République Batave*. — Au midi, le général *Dugommier* trouve une mort glorieuse dans les Pyrénées, où il a repris Bellegarde. *Moncey*, âgé de trente ans à peine, passe les Pyrénées et s'empare du Guipuscoa. L'Espagne, victorieuse naguère au nord des Pyrénées, est envahie de deux côtés.

Tant de succès ont jeté le découragement parmi les

puissances alliées. Au printemps de l'année 1795, le roi de Prusse cède la frontière du Rhin, pour obtenir la paix (15 avril). L'Espagne, vivement pressée par Moncey, conclut à son tour le traité de Bâle (14 juillet). Le grand-duc de Toscane avait posé les armes dès le mois de février. L'Angleterre tenta de ranimer la guerre civile presque apaisée dans l'ouest, en jetant sur les côtes de Bretagne deux divisions d'émigrés : cernés par le général Hoche, dans la presqu'île de *Quiberon*, ils furent presque tous fusillés.

Les résultats de ces campagnes étaient immenses. La France, envahie naguère, s'étendait maintenant aux dépens des ennemis. La guerre civile était comprimée, et ce n'était qu'au prix d'efforts inouïs que l'Angleterre, gouvernée alors par le célèbre *Pitt*, entretenait de ses subsides la guerre sur le continent, tandis qu'en mer, ses flottes triomphaient non sans peine de nos vaisseaux, privés par l'émigration de tous les habiles officiers qui s'étaient illustrés dans les derniers jours de la monarchie (1).

224. LE 13 VENDÉMIAIRE. — Tandis que la lutte contre l'étranger se soutient avec des succès mêlés de quelques revers que l'indiscipline de l'armée rend inévitables, la *Constitution de l'an III* (22 août 1795) vient enfin rétablir quelque régularité dans le gouvernement, en créant un *Directoire* chargé du pouvoir exécutif, et deux *Conseils*, celui des *Anciens* et celui des *Cinq-Cents*, investis du pouvoir législatif. Mais l'anarchie ne reculera pas sans livrer bataille. Les *sections* s'arment à l'instigation des royalistes, et préparent un nouveau Dix août contre la Convention. Quarante mille insurgés s'avancent à la fois sur les Tuileries que défendent six ou sept mille soldats habilement commandés. Une bataille terrible s'engage, et les soldats de l'émeute, mitraillés devant l'église de Saint-Roch, sont vaincus pour la première fois (13 vendémiaire an III, 5 octobre 1795).

Les troupes de la Convention avaient pour chef ce jeune

---

(1) Pendant cette campagne, Villaret de Joyeuse perdit la bataille navale de Brest après une résistance immortalisée par l'héroïsme des marins du vaisseau *le Vengeur*. Le bâtiment étant désemparé, à demi submergé, ses défenseurs refusèrent de se rendre et combattirent au chant de *la Marseillaise* jusqu'à ce que le dernier d'entre eux eût disparu sous les flots avec les débris du vaisseau.

officier, né en Corse le 15 août 1769, lieutenant d'artillerie en 1785, au sortir de l'école de Brienne, fait capitaine en 1793 après avoir canonné les bandes marseillaises, général après la reprise de Toulon sur les Anglais (décembre 1793), appelé au premier rang par son génie, armé contre l'anarchie au début de sa carrière, restaurateur futur de l'autorité, *Napoléon Bonaparte*.

Au milieu de tant d'actes sanguinaires, la Convention nationale a du moins sauvé la France de l'invasion par son indomptable énergie. Lorsque la trop fameuse Assemblée révolutionnaire remet ses pouvoirs (4 brumaire an IV, 26 octobre 1795) au gouvernement qui lui succède, les traités de paix avec la Prusse et l'Espagne (223) ont réduit le nombre de nos ennemis, et la patrie entière va applaudir à la pacification de la Vendée, œuvre du jeune Hoche, général habile et prudent négociateur. — Toutefois la situation de la République est déplorable. Point d'administration, point de hiérarchie dans les pouvoirs; point d'argent dans le trésor; discrédit complet du papier-monnaie, suivi de la ruine de tout commerce; les mœurs publiques et privées, détruites par tant d'effroyables épreuves; la religion oubliée et sans culte, les liens de famille brisés par le divorce, les propriétés incertaines au milieu du chaos des confiscations et des aliénations nationales; au dehors, les armées sans équipement et sans vivres, les officiers sans solde, les soldats nus et découragés; les troupes sans discipline, et les revers commençant à succéder aux victoires; au gouvernement, des hommes médiocres, en face de la tâche immense d'une réorganisation universelle : telle était la France à l'avénement du Directoire. Son génie guerrier la sauva.

QUESTIONNAIRE. — 219. Qui remplaça l'Assemblée législative ? — A quelle époque fut constituée la Convention ? — Que fit-elle dans sa première séance ? — De quoi s'occupa-t-elle d'abord ? — Comment fut-il pourvu à la résistance au dehors ? — Quelle victoire et quelle conquête illustrèrent Dumouriez ?—Quels événements hatèrent le procès du roi ?— 220. Comment fut jugé et condamné Louis XVI ? — Quel jour monta-t-il sur l'échafaud ? — Racontez ses derniers moments. — 221. Comment la Convention agit-elle après la mort de Louis XVI ? — Par qui était-elle gouvernée.—A quelle époque furent créés le tribunal révolutionnaire et le comité de salut public ? — Qu'était-ce que le règne de la terreur ? — Quelle fut la cause du soulèvement de la Vendée ? — Racontez les événements de cette guerre. — Que devinrent les Girondins après la mort de Louis XVI ? — A quelle époque et par qui la Convention fut-elle envahie ? — Qui dirigeait les révoltés ? — Quel fut le résultat de cette invasion ? — Par qui fut poignardé Marat ? — Qu'est-ce que la loi

du maximum? — Citez quelques illustres victimes du règne de la Terreur.
— 222. Robespierre épargna-t-il ses amis? — Que se passa-t-il dans les
journées des 9 et 10 thermidor? — Quel résultat amena la mort de
Robespierre? — 223. Racontez les principaux faits de la campagne de
1793 et insistez sur celle de 1794. — Comment ses résultats furent-ils
complétés en 1795? — 224. Parlez de la Constitution de l'an III. —
Racontez la journée du 13 vendémiaire (an III). — Quel général commandait alors les soldats de la Convention? — A quelle époque la
Convention abandonna-t-elle ses pouvoirs? — Quels traités de paix avait-
elle signés alors? — Quel général pacifia la Vendée? — Dans quel état
se trouvait la France à l'avènement du Directoire?

CHAPITRE TROISIÈME.

DIRECTOIRE.

PREMIÈRE CAMPAGNE DE BONAPARTE EN ITALIE. —
MONTENOTTE, MILLÉSIMO, LODI, CASTIGLIONE,
ARCOLE. — CAMPAGNES DE MOREAU, DE JOURDAN
ET DE HOCHE EN ALLEMAGNE. — TRAITÉ DE
CAMPO-FORMIO. — EXPÉDITION D'ÉGYPTE. — DEU-
XIÈME COALITION. — L'ITALIE RECONQUISE PAR
LES ALLIÉS. — VICTOIRE DE MASSÉNA A ZURICH.
— RETOUR DE BONAPARTE EN FRANCE.— 18 BRU-
MAIRE.

(1795 — 1799.)

225. DIRECTOIRE (1796-1797). — Les cinq directeurs appelés à gouverner la France au milieu des circonstances les plus difficiles, étaient : *Larévellère-Lé-
paux, Rewbell, Letourneur, Barras* et *Carnot*, ce dernier
nommé à la place de Siéyès qui n'avait pas accepté. Un
seul, Carnot, chargé de la direction des opérations militaires, était à la hauteur de sa tâche. Les autres n'avaient
ni l'expérience du gouvernement, ni le génie qui supplée
à l'expérience; aussi le désordre va-t-il s'accroître dans
l'administration, tandis que de nouveaux exploits vont illustrer nos armes au dehors.

**226. PREMIÈRE CAMPAGNE DE BONAPARTE EN
ITALIE. — MONTENOTTE, LODI, CASTIGLIONE.** —
Carnot a conçu un plan de campagne qui doit porter
les armées de la République au cœur même des États ennemis. *Jourdan*, commandant l'armée de Sambre-et-

Meuse, *Moreau*, chef de l'armée du Rhin, à la place du traître Pichegru, *Bonaparte*, mis à la tête de l'armée d'Italie, doivent attaquer la monarchie autrichienne par l'Allemagne et le Tyrol, et marcher sur Vienne de trois côtés à la fois.

L'armée d'Italie, réduite à la défensive et dénuée de tout, forte à peine de trente mille hommes et aventurée sur le sommet des Alpes par un chef incapable, est en face d'une masse énorme de quatre-vingt-dix mille soldats piémontais et autrichiens, lorsque Bonaparte en prend le commandement. Sa jeunesse, sa victoire même sur les Parisiens insurgés, excitaient la défiance d'une armée où se trouvaient les généraux Laharpe, Augereau, Masséna, Serrurier, déjà glorieusement connus de l'ennemi. « *Soldats*, leur dit Bonaparte dans ce magique langage » dont seul il avait le secret, *vous êtes mal nourris* » *et presque nus, le gouvernement vous doit beaucoup et* » *ne peut rien pour vous. Je vais vous conduire dans les* » *plus fertiles plaines du monde, vous y trouverez de* » *grandes villes, de riches provinces... Vous y trouverez* » *honneur, gloire et richesse.* » Il tint parole. Débouchant tout à coup par la vallée de Savone entre l'Apennin et les Alpes, il rencontre le centre ennemi à *Montenotte* (12 avril 1796), le culbute et ouvre la campagne par une victoire ; deux autres combats livrés aux Piémontais à *Millésimo* (13 avril), puis aux Autrichiens à *Dégo* (14 avril), achèvent la séparation des deux armées coalisées. Ces trois jours de combats coûtaient à l'ennemi dix mille hommes et quarante canons.

Bonaparte a résolu d'en finir avec les Piémontais ; réunissant trois de ses divisions, il force l'ennemi à repasser le Tanaro, le bat complétement à *Mondovi*, et arrive à dix lieues de Turin, à *Cherasco*, où le roi de Piémont épouvanté signe un armistice (28 avril), bientôt suivi de la *Paix de Paris*. La Savoie et le comté de Nice réunis à la France, les places de Coni, de Tortone et d'Alexandrie, avec les vivres et approvisionnements qu'elles renfermaient, une puissante artillerie, vingt et un drapeaux pris sur l'ennemi, que Murat, aide de camp de Bonaparte, alla porter au Directoire : tels étaient les fruits de quinze jours de campagne et de six victoires.

La guerre terminée de ce côté, Bonaparte se met à la poursuite des Autrichiens retirés entre la Sesia et le Tésin.

Il tourne leurs positions, les jette derrière l'Adda, dont il enlève le pont à *Lodi*, malgré quatre-vingts pièces de canon, et force l'ennemi à repasser le Mincio. S'emparant de Pavie, de Crémone, il entre enfin à Milan (14 mai) : toute la Lombardie est en son pouvoir, un mois après l'ouverture des hostilités. Il y lève vingt millions, dont dix sont envoyés au Directoire et un à Moreau pour l'aider à se mettre en campagne. Aussitôt, sur les pas de l'armée autrichienne, il franchit le Mincio et l'Adige et assiége Mantoue.

Cependant l'Autriche a détaché de l'armée du Rhin quarante mille hommes, sous Wurmser, qui rallie les restes de l'armée de Beaulieu. L'arrivée de ces renforts soulève en Italie tous les ennemis des Français ; Naples fait des armements et Venise se montre hostile. Wurmser partage son armée, donne vingt mille hommes à Quasdanowich, et marchant avec quarante mille, espère écraser les Français sous Mantoue. Mais Bonaparte va profiter de la séparation des ennemis pour se jeter entre deux, et les écraser les uns après les autres : il lève le siége de Mantoue, culbute deux fois Quasdanowich à *Lonato*, bat complétement Wurmser à *Castiglione* (5 août), et retourne au blocus de Mantoue ; en six jours, l'ennemi avait perdu vingt mille hommes, soixante canons et vingt drapeaux. Une seconde tentative de Wurmser avec une nouvelle armée n'eut pas un meilleur résultat ; battu à *Roveredo* (3 sept.) et à *Bassano*, coupé des routes de l'Allemagne, il fut forcé de se jeter dans Mantoue (12 sept.), après avoir encore perdu vingt-deux mille hommes et soixante-quinze canons.

227. CAMPAGNES DE MOREAU ET DE JOURDAN EN ALLEMAGNE. — RETRAITE DE MOREAU. — Le Milanais soumis, le Tyrol ouvert à nos troupes, il ne restait plus qu'à envahir l'Autriche pour accomplir les projets de Carnot. Mais le désaccord de Jourdan et de Moreau, chargés de la guerre d'Allemagne, vint arrêter la réalisation de ce plan gigantesque et empêcher la marche de Bonaparte sur Vienne.

Jourdan avec cinquante-six mille hommes avait passé le Rhin à Dusseldorf et à Neuwied, Moreau avec soixante-dix mille hommes l'avait franchi devant Strasbourg, et s'avançait parallèlement ; mais Jourdan, heureux dans ses premières opérations, fut battu par l'archiduc Charles, faute de s'être concerté avec Moreau, et fut rejeté au delà du Rhin (2 sept. 1796). Moreau, vainqueur d'abord, mais privé de l'appui nécessaire de son collègue, dut opérer, en combattant chaque jour sans se laisser entamer, cette retraite fameuse qui suffirait seule à sa gloire, mais qui ne pouvait réparer l'échec de Jourdan. Il rentra en Alsace par Brisach, le 26 octobre, ne laissant à l'ennemi ni un homme ni un canon.

228. ADMIRABLE CAMPAGNE DE BONAPARTE EN ITALIE (1796-1797. *Suite*). — Bonaparte retenu en Italie, employait le reste de la campagne à organiser le pays conquis, lorsque tout à coup une nouvelle armée autrichienne de soixante mille hommes paraît sous Alvinzi ; les positions des Français sont enlevées, et un instant, leurs avantages semblent compromis ; mais Bonaparte sort en toute hâte de Vérone, traverse les marais de l'Adige, passe l'Alpon au pont d'*Arcole* (17 nov.), après un combat acharné où, trois fois repoussé, il revient trois fois à la charge, et s'élance le premier un drapeau à la main sur le pont criblé de la mitraille ennemie ; enfin l'ennemi tourné et enfoncé se retire. Six semaines après, il reparaît avec de nouvelles forces, mais Bonaparte l'attend au plateau de *Rivoli* (14 janvier 1797). Les corps qui les uns après les autres essayent de le débusquer sont refoulés avec une perte énorme, battus de nouveau à *la Favorite*, puis poursuivis sous Mantoue (16 janvier) où s'achève leur destruction. Toutes les anciennes positions sont reprises, l'Autriche avait perdu vingt-quatre mille prisonniers, douze mille morts, soixante canons, cinquante-quatre drapeaux. Enfin Mantoue elle-même tombe au pouvoir des vainqueurs et leur livre encore avec treize mille prisonniers trois cent cinquante canons. Une courte et décisive campagne soumet le centre de l'Italie. Bonaparte est rappelé au Nord par l'arrivée de nouvelles troupes sous l'archiduc Charles

L'armée d'Italie renforcée par le corps de Bernadotte, amené du Rhin, se trouve portée à soixante-quinze mille hommes. Bonaparte court à l'ennemi, l'enfonce partout, le chasse devant lui à travers les Alpes, et poussant en avant, malgré le soulèvement du Tyrol et les armements de Venise qui menacent ses communications, il arrive à *Léoben* (15 avril), à 45 lieues de Vienne.

229. MOREAU ET HOCHE EN ALLEMAGNE. —

TRAITÉ DE CAMPO-FORMIO. — L'Autriche effrayée s'empressa de signer les préliminaires qui furent ratifiés par le traité de *Campo-Formio* (17 octobre 1797). La France obtenait la rive gauche du Rhin, elle organisait en Italie, aux dépens de l'Autriche, dans la Lombardie, la république *Cisalpine*, à l'imitation de laquelle allaient se former, sous la protection de la France, les républiques *Batave*, *Ligurienne* et *Romaine*. L'antique république de Venise qui avait déployé contre la France une hostilité acharnée et perfide, fut donnée à l'Autriche en dédommagement. — Au moment même où Bonaparte signait les préliminaires de Léoben, les armées du Rhin entraient en campagne sous Hoche et Moreau, menaient devant elles les Autrichiens battus, et allaient se réunir sur le Mein, lorsque arrivèrent les courriers annonçant la suspension d'armes, et bientôt la conclusion de la paix.

Bonaparte, ayant dicté le glorieux traité de Campo-Formio, revint à Paris, où le Directoire lui fit une réception triomphale ; le peuple entier prit part à l'ovation décernée au jeune héros ; mais lui, fuyant les honneurs, se retira à l'écart pour vivre obscurément au milieu de quelques amis. Un siége à l'Institut lui ayant été offert, le vainqueur de l'Italie alla partager les paisibles travaux de cette savante assemblée dont il aimait à porter le costume en public.

250. EXPÉDITION D'ÉGYPTE. — Cette modeste et prudente conduite ne dissipa point les alarmes que la gloire et la popularité naissante du jeune et brillant général inspiraient au Directoire. Aussi accepta-t-il avec empressement le projet que Bonaparte lui soumit d'aller conquérir l'Égypte et préparer ainsi la destruction de la puissance anglaise dans l'Inde. De puissants moyens d'exécution furent préparés avec le plus grand secret, et tout à coup, on apprit que Bonaparte s'embarquait à Toulon 20 floréal an VI, 19 mai 1798) avec trente-six mille hommes, tirés la plupart de sa vaillante armée d'Italie, commandés sous lui par *Berthier*, *Kléber*, *Desaix*, *Lannes*, *Murat*, *Davoust*, et portés sur une flotte de 400 voiles. Avec eux partaient un grand nombre de savants (*Monge*, *Berthollet*, *Larrey*, *Dubois*, *Geoffroy Saint-Hilaire*, etc.), qui devaient étudier les monuments de l'antiquité égyptienne.

L'expédition s'empare, en passant, de l'île de *Malte*, et débarque (1er juillet) auprès d'*Alexandrie*, qui est enlevée d'assaut. Dè là, les Français marchent sur le Caire; mais les Mamelucks, commandés par *Mourad-Bey*, les attendent en avant de la ville, dans la plaine des *Pyramides* : « Sol- » dats, dit Bonaparte en montrant à ses troupes ces anti- » ques monuments, *songez que du haut de ces pyramides* » *quarante siècles vous contemplent !* » Disposés en carré, les Français essuient sans s'émouvoir les charges réitérées des Mamelucks. Ces vaillants cavaliers viennent inutile- ment expirer sous les baïonnettes et les balles françaises; puis enfin, après des efforts désespérés, les débris de cette belle troupe s'éloignent à travers le désert avec leur géné- ral blessé.

Entré au Caire, Bonaparte s'annonça comme le libé- rateur du pays, fit respecter la religion musulmane et chercha à se concilier les habitants par sa conduite à la fois ferme et prudente. Desaix fut envoyé dans la haute Égypte qu'il soumit rapidement. Tout semblait réussir au gré du vainqueur, lorsqu'un désastre inattendu vint chan- ger la face des événements. L'amiral *Brueys*, malgré les ordres de Bonaparte, était resté avec la flotte française dans la rade d'Aboukir ; assailli par toute la flotte anglaise commandée par Nelson, il fut contraint de livrer une effroyable bataille dans laquelle la flotte fut détruite et lui- même perdit la vie.

Bonaparte ne voit dans ce désastre, qui rend la retraite impossible, que la nécessité de vaincre, et ne songe qu'à s'établir plus solidement dans ses possessions en organi- sant l'Égypte pendant l'hiver. Au printemps, il entre- prend une campagne en Syrie. Maître de Gaza, puis de Jaffa, où son armée est atteinte de la peste, il brave le fléau, console les pestiférés, relève le courage des soldats consternés, les électrise par la brillante journée du *Mont- Thabor*, où quatre mille Français font mordre la poussière à trente-cinq mille Turcs (avril 1799), et marche sur *Saint-Jean d'Acre* qu'il espère enlever d'assaut ; mais la ville était abondamment munie de troupes, approvisionnée par les Anglais, pourvue par eux d'ingénieurs distingués ; Bonaparte manquait de grosse artillerie, de munitions suffisantes : après plusieurs attaques demeurées inutiles, il dut lever le siége. A peine avait-il ramené en Égypte ses troupes épuisées qu'il remporta sur la plage d'*Aboukir* une glorieuse revanche de la défaite de Brueys en écrasant ou en jetant à la mer dix-huit mille janissaires débarqués par la flotte anglaise. Mais bientôt, de sinistres nouvelles arrivent coup sur coup. L'Italie, sa première, sa plus belle conquête est perdue; nos armées reculent devant une coalition nouvelle, la France va être envahie. Bonaparte remet à Kléber le commandement de l'Égypte, se jette dans une frégate, traverse avec un bonheur égal à son audace une mer couverte de croisières anglaises et débarque le 9 octobre à Fréjus sur la côte de Provence.

251. SECONDE COALITION. — REVERS DES ARMÉES FRANÇAISES EN EUROPE. — L'ITALIE RECONQUISE PAR LES ALLIÉS. — L'Angleterre, sous l'impulsion de Pitt, avait réussi à rallumer la guerre sur le continent; l'Autriche, irritée des pertes qu'elle avait subies, entra dans une coalition à laquelle adhérèrent la Russie et le roi de Naples. La France ne pouvait compter sur aucun appui extérieur ; les républiques qu'elle avait créées ou qu'elle soutenait sur ses frontières n'étaient que des embarras, loin de pouvoir lui être utiles. L'Espagne, en proie à une désorganisation complète, ne pouvait être d'aucun secours. Le Directoire augmenta les impôts pour remplir le trésor, et pour avoir des soldats, il établit la conscription qui soumettait au service militaire tous les citoyens de vingt à vingt-cinq ans. Deux cent mille hommes furent appelés sous les drapeaux.

Les premiers événements de la guerre furent favorables à la France. La cour de Naples, qui commença les hostilités, vit son armée battue par *Championnet*, et le royaume, conquis en peu de jours, fut transformé en république *Parthénopéenne* (25 janvier 1799). En même temps, Joubert occupait le Piémont, et entrait dans Turin. Pour répondre aux efforts de la coalition, qui mettait en ligne trois cent cinquante mille hommes, le Directoire ordonna à ses généraux de prendre partout l'offensive. Aussitôt Jourdan passa le Rhin pour venger le meurtre des plénipotentiaires français assassinés au *Congrès de Rastadt* par des hussards autrichiens; mais il rencontra l'archiduc Charles qui lui fit essuyer à *Stokach* une sanglante défaite. En Italie, Schérer fut battu à *Magnano*. Seul, Masséna, en Suisse, bien que forcé par l'échec des armées d'Italie et d'Allemagne à reculer devant des forces supérieures, fit payer cher sa retraite à l'ennemi. Moreau, envoyé pour remplacer Schérer, trouva en Italie les Russes qui étaient **venus rejoindre les Autrichiens**, sous la conduite du

meilleur de leurs généraux, Souwarow. Il fut battu à
Cassano, et bientôt Macdonald, qui accourait en toute
hâte du fond de l'Italie au-devant de son collègue, perdit,
après une lutte de trois jours, la sanglante bataille de la
Trébie. L'armée, réorganisée rapidement, fut confiée à
Joubert, qui se fit tuer à *Novi* (15 août). Moreau, qui
reprit alors le commandement, fut obligé à son tour de
battre en retraite. L'Italie était perdue ; les frontières
étaient menacées de toutes parts.

**252. Victoire de Masséna a Zurich et de
Brune a Bergen.** — Au nord, une armée de quarante mille Anglais et Russes, commandée par le duc
d'York, débarquait sur les côtes de Hollande. A l'ouest,
soixante-quinze mille Russes et Autrichiens s'avançaient
avec Souwarow. Deux grandes victoires remportées
presque en même temps vinrent sauver la France d'une
double invasion.

Le général *Brune*, qui commandait en Hollande, n'avait
à opposer à l'armée anglo-russe que vingt-cinq mille
hommes à peine. Mais il avait un redoutable auxiliaire,
l'air insalubre des marais au milieu desquels étaient débarqués ses ennemis ; il laissa la fièvre les décimer, les
affaiblir, et tomba sur eux à l'improviste ; il gagna la
bataille de *Bergen* (19 sept. 1799), qui força le duc
d'York à regagner précipitamment ses vaisseaux.

En Suisse, Souwarow, tout fier de ses trophées d'Italie, se vantait d'anéantir Masséna à la première rencontre.
Celui-ci, par ses savantes manœuvres, parvient à isoler les
corps de l'armée austro-russe, et employant avec succès
une méthode familière au général Bonaparte, il les surprit séparément à *Zurich*. Il remporta une victoire complète (25 sept. 1799), et cette mémorable journée
termina glorieusement une campagne dont l'issue semblait
devoir être désastreuse. Le czar, imputant sa défaite à la
trahison des alliés, se hâta d'abandonner la coalition.

253. Faiblesse du Directoire. — **Tiraillements intérieurs.** — **Journées du 18 fructidor
contre les royalistes et du 30 prairial contre
le Directoire.** — Le danger le plus pressant était
conjuré au dehors. Mais au dedans, le gouvernement,
condamné par son organisation même à une incurable
faiblesse, se débattait misérablement contre l'anarchie
croissante et le discrédit qui l'accablait de jour en jour. Dès

les premiers temps de son installation, le Directoire s'était vu assailli de mille difficultés que compliquaient de nombreuses conspirations tramées d'un côté par les jacobins qui voulaient le retour de la terreur, d'un autre côté par *Gracchus Babœuf*, le père du communisme, qui prêchait au peuple le partage des biens, d'autre part enfin, par les royalistes qui cherchaient à relever le trône au profit du comte de Provence, oncle et héritier de l'infortuné Louis XVII. La crise financière s'aggravait de jour en jour par le discrédit des assignats, par les souffrances du commerce, et par suite de l'effroyable corruption de cette société dépravée comme celle de Louis XV, et qui de plus professait l'athéisme grossier établi par la terreur. Le Directoire, lui-même profondément divisé par des opinions extrêmes, s'épuisait en vains efforts et en tiraillements inutiles.

L'anarchie devenait menaçante. Le brigandage, bravant de tous côtés une administration sans vigueur, désolait les provinces et s'organisait sur une vaste échelle. Les royalistes multipliaient leurs menées, acquéraient une influence considérable dans les élections et parvenaient à faire entrer un des leurs, Barthélemi, dans le Directoire, tandis que Pichegru et Barbé-Marbois, qui leur étaient dévoués, obtenaient la présidence du Conseil des Cinq-Cents et du Conseil des Anciens. On annonçait hautement le prochain retour du frère de Louis XVI, qui avait pris le nom de *Louis XVIII.*

Le Directoire sentit qu'il fallait frapper un coup d'éclat ou périr. L'armée lui était dévouée encore. Trois de ses membres, Barras, Rewbell et Laréveillère-Lépaux, se concertant avec une partie des membres des Cinq-Cents et des Anciens, appelèrent dans la nuit du 18 fructidor an V (4 septembre 1797) le général Augereau, ardent républicain, qui cerna avec ses troupes le lieu des séances des deux Assemblées. La minorité des Conseils, appuyée sur la force armée, rétablit la plupart des lois révolutionnaires, et condamna à la déportation deux directeurs (Carnot et Barthélemi), onze membres du Conseil des Anciens et quarante-deux membres du Conseil des Cinq-Cents. Sinnamary, dans la Guyane, reçut la plupart des proscrits, parmi lesquels figuraient avec Pichegru, Barbé-Marbois Portalis, Boissy-d'Anglas, beaucoup de personnages éminents du parti royaliste. *Merlin de Douai* et *François de*

Neufchâteau entrèrent au Directoire, dont le traité de Campo-Formio (229) vint pour quelque temps raffermir le crédit et qui exerça une véritable dictature.

Les embarras financiers, les intrigues des partis n'avaient pas cessé, et le Directoire, menacé de nouveau dans son existence, eut recours à des mesures arbitraires et impolitiques. La loterie fut rétablie, l'impôt du timbre augmenté et la réduction de la dette à un tiers, qu'on appela *le tiers consolidé*, avec remboursement des deux autres tiers en bons sur les biens nationaux qui n'avaient guère qu'une valeur nominale, ne fut autre chose qu'une banqueroute déguisée. La nécessité de tenir la balance entre les divers partis amenait dans la politique intérieure des variations incessantes qu'on qualifia par dérision du nom de *système de bascule*. L'annulation de l'élection des députés *patriotes* fut un nouveau coup d'État contre les Conseils (22 floréal an VI) ; mais le 30 prairial an VII, ce furent les Conseils à leur tour qui désorganisèrent le Directoire en expulsant trois de ses membres et en y introduisant Siéyès, l'ennemi déclaré de la Constitution de l'an III. La loi de *l'emprunt forcé*, celle des *otages* qui forçait les familles d'émigrés à donner des garanties au gouvernement, vinrent aigrir les ressentiments et ranimer dans l'ouest la guerre de la Chouannerie. Les jacobins de leur côté s'agitaient pour ressaisir le pouvoir.

254. RETOUR DE BONAPARTE EN FRANCE. — JOURNÉE DU 18 BRUMAIRE. — Le gouvernement tombait en dissolution, l'anxiété était générale, quand on apprit tout à coup que Bonaparte venait de débarquer à Fréjus (230). Il parcourut en triomphateur les provinces de la Méditerranée à Paris. Les revers essuyés en son absence, le discrédit où était tombé le Directoire, le prestige de ce retour soudain quand on le croyait perdu au fond de l'Orient, tout contribuait à le faire recevoir comme un libérateur ; chaque parti espéra trouver en lui un puissant auxiliaire, et à peine arrivé à Paris, il se vit l'objet des avances les plus empressées. Le Directoire qui le redoutait n'osa pourtant se dispenser de lui faire un brillant accueil. Les généraux, les membres des Conseils, les républicains le recherchèrent. Impassible, silencieux, il observait sans se livrer, laissant un parti considérable se former autour de lui et habituant à l'idée de son pouvoir la France, qui, avec un égal éloignement pour l'ancien ré-

gime et pour l'anarchie, était prête à accueillir un régime nouveau qui maintiendrait les principes de la révolution sans en renouveler les désordres.

Bientôt, l'un des nouveaux directeurs, Siéyès, qui n'attendait qu'une occasion pour changer une forme de gouvernement dont il méprisait la faiblesse, se rapprocha de Bonaparte, et tous deux arrêtèrent le renversement de la Constitution de l'an III. Les membres les plus influents du Conseil des Anciens promirent leur appui. Le 18 brumaire an VIII (9 novembre 1799), les Anciens, convoqués extraordinairement, décidèrent la translation des Conseils à Saint-Cloud, et donnèrent au général Bonaparte le commandement de toutes les troupes. Aussitôt Siéyès donna sa démission avec Roger-Ducos, complice de ses desseins; Barras suivit quoiqu'à regret leur exemple; les deux autres directeurs furent gardés à vue : le Directoire était dissous. Les proclamations de Bonaparte, affichées dans tout Paris, firent connaître au peuple les grands événements qui venaient de s'accomplir dans un langage fier et nouveau qui électrisait l'armée et indignait les représentants opposants. L'agitation était extrême dans tous les esprits, quand le lendemain 19 brumaire, les Conseils se rassemblèrent à Saint-Cloud. Le général parut d'abord au Conseil des Anciens, qui applaudit à ses vives et énergiques paroles. Mais les dispositions étaient tout autres au Conseil des Cinq-Cents, bien qu'il fût présidé par *Lucien*, frère de Napoléon Bonaparte. A peine Bonaparte s'est-il présenté à l'Orangerie où les députés sont réunis, que le Conseil se lève d'un commun mouvement : « Hors la loi ! à bas le dictateur ! » s'écrie-t-on de toutes parts. Plusieurs députés s'élancent en menaçant à la rencontre du général ; il pâlit, il recule, et ses grenadiers l'arrachent aux groupes qui l'entourent et le pressent. Un tumulte effroyable éclate aussitôt; Lucien, après de vains efforts pour rétablir le calme, quitte l'Assemblée, harangue les soldats, et ceuxci, sous les ordres du général Leclerc, s'avancent au pas de charge, au bruit du tambour, pour faire évacuer la salle. Les députés s'échappent par toutes les issues.

Le même jour, le Conseil des Anciens, resté en séance, décrète l'abolition du Directoire exécutif, le remplace par un Consulat provisoire composé de trois membres : Bonaparte, Siéyès et Roger-Ducos, et charge deux commissions de reviser la Constitution.

QUESTIONNAIRE. — 225. Comment s'établit le gouvernement du Directoire, et dans quel état trouva-t-il la France? — 226. Quelles guerres eut à soutenir la France à cette époque et quel homme illustre fut chargé de l'organisation militaire? — Quelle armée fut confiée au général Bonaparte? — Dans quel état trouva-t-il les troupes? — Racontez les événements qui amenèrent la paix de Paris.— Comment fut détruite l'armée autrichienne? — Racontez les victoires qui signalèrent ensuite la fameuse campagne de Bonaparte en Italie. — 227. Quel fut le sort des armées de Jourdan et de Moreau? — Comment ce dernier s'illustra-t-il? — 228. Racontez la fin de la campagne de 1796 et celle de 1797. — 229. Où furent signés les préliminaires de la paix entre la France et l'Autriche? — Quand fut conclu le traité de Campo-Formio? — Quels avantages la France tira-t-elle de ce traité? — Comment Bonaparte fut-il reçu à son retour d'Italie et quelle fut sa conduite? — 230. Qui est-ce qui conseilla l'expédition d'Egypte et dans quel but? — Racontez les premiers événements de cette expédition. — Comment fut détruite la flotte française? — Quel succès eut l'expédition de Bonaparte en Syrie? — A qui laissa-t-il le commandement en partant? — 231. Que s'était-il passé en France pendant l'expédition d'Egypte? — Comment s'était formée la seconde coalition? — Comment le Directoire se prépara-t-il à la guerre? — Quels furent les principaux événements de la guerre en Allemagne et en Italie? — Quels généraux eurent le commandement des armées en Italie? — 232. Quelle expédition eut lieu en Hollande? — Quelle victoire y fut remportée? — Comment et par qui fut gagnée la bataille de Zurich? — 233. Quelle était la situation morale et politique de la France à cette époque? — Donnez une idée de la faiblesse du Directoire et des divisions auxquelles ce gouvernement était en proie. — Quelle était la situation du parti royaliste? — Quel coup d'Etat le Directoire accomplit-il contre les royalistes et par quels moyens? — Quelles mesures violentes et funestes prit-il? — Quel coup d'Etat fut opéré contre les patriotes, puis contre le Directoire lui-même par les Conseils? — 234. Comment Bonaparte fut-il reçu à son retour d'Egypte? — Avec qui se mit-il en rapport? — Comment fut renversé le gouvernement du Directoire? — Quelle dernière mesure prit le conseil des Anciens?

CHAPITRE QUATRIÈME.

CONSULAT.

(1789—1804.)

BONAPARTE PREMIER CONSUL. — RÉORGANISATION. — NOUVELLE CAMPAGNE D'ITALIE. MARENGO. — CAMPAGNE DE MOREAU EN ALLEMAGNE. HOHENLINDEN. — TRAITÉ DE LUNEVILLE. — PAIX D'AMIENS. — ACTIVITÉ ET GLORIEUSE ADMINISTRATION DU PREMIER CONSUL. — CONCORDAT. — LÉGION D'HONNEUR. — CODE CIVIL. — CONSULAT A VIE.

235. BONAPARTE PREMIER CONSUL.—Trois consuls provisoires, Siéyès, Roger-Ducos et Bonaparte, avaient

remplacé le directoire aboli. Siéyès proposa un plan de
constitution trop compliqué pour pouvoir être appliqué
en entier, mais dont les parties principales furent cependant adoptées. Homme d'État autant qu'homme de guerre,
Bonaparte élabora en quelques jours, de concert avec ses
collègues, la constitution de l'an VIII, qui substituait le
gouvernement consulaire au système anarchique de l'an III.
Cette constitution conservait en le modifiant le principe
du suffrage universel. Les citoyens formaient au moyen
d'un scrutin à plusieurs degrés des listes de notabilités, et
les divers fonctionnaires devaient être nommés par le gouvernement, parmi les citoyens portés sur ces listes. La
constitution conservait les trois consuls provisoirement
établis par les Anciens (n° 234), en leur donnant des
attributions diverses et d'inégale importance. Le premier
consul, nommé pour dix ans, véritable chef du gouvernement, eut la réalité du pouvoir exécutif avec le concours
des deux autres consuls qui n'avaient que voix consulta-
tive ; à lui appartenaient la nomination aux fonctions publiques, l'initiative des lois, le commandement des armées,
la direction de toutes les affaires intérieures et extérieures.
Cette dignité suprême fut déférée à Bonaparte, devenu
sous le titre de premier Consul, un véritable souverain. Il
s'adjoignit comme second et troisième consuls Cambacérès
et Lebrun, qui étaient pour lui des conseillers ou des
auxiliaires, non des collègues. Le pouvoir législatif, auquel
participait le premier consul par la présentation des lois,
fut exercé à titres divers par quatre grands corps, dont
l'un, le *conseil d'État*, appartenait encore au pouvoir exécutif, et les autres, le *tribunat*, le *corps législatif*, le *sénat*,
formaient la représentation nationale.

Le Conseil d'État, dont les membres étaient nommés
par le premier Consul et révocables à son gré, prenait une
part active à l'administration en donnant son avis sur les
principales affaires administratives: sa plus importante attribution était d'élaborer les lois en préparant tous les projets
qui devaient être soumis aux corps investis du pouvoir de
les adopter ou de les rejeter.

Le Tribunat, composé de cent membres, eut seul la faculté de discuter publiquement les lois ; mais il ne pouvait
les adopter ni les rejeter définitivement, il se bornait à
émettre un vote favorable ou défavorable au projet de loi,
pour savoir s'il en poursuivrait, devant le Corps législatif,

l'adoption ou le rejet. Le corps législatif, composé de trois cents membres, entendait la discussion sans y prendre part et votait silencieusement sur l'adoption ou le rejet du projet de loi.

Le Sénat conservateur dut veiller au maintien de la constitution, avec pouvoir d'annuler les lois ou les votes inconstitutionnels; il devait en outre nommer sur les listes de notabilités les membres des grands corps de l'État. Composé de quatre-vingts membres, il était principalement chargé de défendre la Constitution.

258. Réorganisation départementale, judiciaire et financière. — Sans attendre la mise en vigueur de la nouvelle Constitution, et à peine investi du titre de consul provisoire, Bonaparte avait déployé dans l'administration une activité inouïe et une aptitude merveilleuse. La composition d'un ministère formé des hommes les plus exercés à la pratique des affaires, Cambacérès, Laplace, Fouché, Talleyrand, Berthier, Gaudin ; l'adoption d'habiles mesures financières qui, en ranimant la confiance, relevèrent le crédit ; l'inauguration d'une politique à la fois ferme et conciliante, remplirent la durée de l'administration la plus féconde et la plus laborieuse qui fut jamais. A peine les corps de l'État furent-ils entrés en fonctions, que Bonaparte proposa et fit adopter ses plans de réorganisation générale. Les départements sont dès lors administrés par des préfets avec un conseil général de département et un conseil de préfecture ; les arrondissements, par des sous-préfets avec un conseil d'arrondissement ; les communes, par des maires avec un conseil municipal. — Les tribunaux de première instance sont institués dans chaque arrondissement ; vingt-neuf tribunaux d'appel sont créés ; au-dessous sont établis les juges de paix dans chaque canton, au-dessus le tribunal de cassation. — L'administration financière est organisée par la création des receveurs particuliers par arrondissement, des receveurs généraux par département, des directeurs et contrôleurs des contributions, de la caisse d'amortissement, La Banque de France est instituée.

Bonaparte accueille tous les hommes de mérite sans acception d'opinions ni de partis. Le personnel du ministère, du conseil d'État, du sénat, témoignent de son esprit de rapprochement et de conciliation. Il n'a de rigueur que contre les anarchistes. La pacification s'opère au dedans et on peut un instant l'espérer au dehors. Bonaparte offre la paix à l'Angleterre et à l'Autriche.

257. Nouvelle campagne d'Italie. — Marengo. — L'événement démentit ces heureux présages. Les ouvertures du premier Consul furent repoussées par l'Angleterre et l'Autriche, qui reprirent leurs armements avec une nouvelle activité. Aussitôt le premier Consul lance Moreau sur le Rhin, et part lui-même pour l'Italie, où Masséna, obligé de lutter avec trente-six mille hommes contre les cent trente mille Autrichiens de Mélas, avait vu son armée écrasée par cette masse énorme, et s'était enfermé dans Gênes, où sa magnifique défense allait préparer tous les prodiges de cette campagne. Tandis qu'avec une poignée de soldats, de héros, il retenait sous les murs de Gênes toute l'armée autrichienne et tuait plusieurs milliers d'hommes aux assaillants, Bonaparte arrivait en toute hâte au pied des Alpes (17 mai 1800).

En quatre jours, tous les obstacles opposés par ce rempart de l'Italie sont vaincus, les bagages, l'artillerie, sont portés à bras d'hommes jusqu'aux sommets du Saint-Bernard à travers les rocs et les glaciers, et l'armée française, comme jadis celle d'Annibal, salue du haut des monts ces plaines de l'Italie, où de nouveaux triomphes vont l'immortaliser.

Elle traverse rapidement les vallées de l'Italie septentrionale, entre en triomphe à Milan, et se trouve ainsi, par une manœuvre hardie, transportée en arrière des troupes ennemies dont elle coupe les communications. En vain Mélas tente de se rouvrir un passage. Battu à *Montebello*, par Lannes, dans une brillante affaire d'avant garde (9 juin), il est forcé de livrer bataille dans la plaine de *Marengo* (14 juin). Bonaparte, engagé d'abord avec dix-huit mille hommes contre toute l'armée, voit quatre de ses divisions fléchir sous la masse des Autrichiens. La bataille semble perdue, et Mélas rentre à Alexandrie pour expédier les courriers qui vont dans toute l'Europe annoncer sa victoire. Mais Desaix, de retour d'Égypte, et dirigé la veille vers un point éloigné, a deviné au bruit du canon le danger de son général ; il accourt sur le champ de bataille, et fait une charge terrible contre le front de la colonne autrichienne, pendant que Bonaparte, ranimant ses troupes, leur ordonne un dernier et victorieux effort. Desaix, atteint d'un coup mortel aux premières décharges,

tombe sous ses lauriers. Mais sa manœuvre a décidé le sort
de la bataille, et bientôt Mélas, consterné, voit ses soldats
en déroute repasser la Bormida ; il perd dix mille hommes
et quarante canons. Réduit à vingt mille hommes et coupé
de sa retraite, le général autrichien signe l'armistice d'A-
lexandrie, qui refoule les Autrichiens derrière le Mincio,
leur enlève ainsi en un jour le fruit de dix-huit mois de
succès. Les Français recouvraient la Lombardie, le Piémont, la Ligurie, avec les places et un matériel immense.
Bonaparte rétablit la république Cisalpine, crée une con-
sulta chargée d'organiser le gouvernement, et, laissant le
commandement au général Berthier, il revient recueillir
au milieu de l'enthousiasme universel le prix de cette merveilleuse campagne de quarante jours.

238. CAMPAGNE DE MOREAU EN ALLEMAGNE. —
HOHENLINDEN. — Moreau, pendant ce temps, agissait
sur le Danube. L'ennemi, battu à Hochstedt, avait été
successivement chassé de position en position jusque derrière l'Inn. La guerre, suspendue un instant par la convention d'Alexandrie, recommença bientôt (12 nov. 1800)
et Moreau, vainqueur à la grande bataille de Hohenlinden
(3 déc.), s'avança au centre des États autrichiens
jusqu'à Léoben. L'ennemi avait en vingt jours perdu
quarante mille hommes, cent cinquante canons et six
mille voitures ; la terreur était dans Vienne, et l'archiduc
Charles lui-même, envoyé à l'armée, conseilla à l'Empereur de traiter. Moreau arriva à Steger, signa un armistice
moyennant la cession des places du Tyrol et de la Bavière.
En Italie, Brune avait profité de la victoire de Moreau, en
forçant à battre en retraite l'ennemi découvert sur sa
gauche. Enfin, Murat, s'avançant vers le sud avec trente
mille soldats, avait réduit la cour de Naples à signer un
armistice.

239. TRAITÉ DE LUNÉVILLE. — PAIX D'AMIENS.
— La seconde coalition, battue partout, se voyait forcée
de demander la paix au moment où une dernière prise
d'armes des Vendéens, énergiquement comprimée, était
suivie de la soumission définitive du chef de l'insurrection
en Vendée et en Bretagne (traité de Montluçon, 17 janvier 1800). Le fameux traité de Lunéville (9 février 1801),
conclu sur les bases de celui de Campo-Formio, termina
la guerre, non-seulement avec l'Autriche, mais aussi avec
tout l'Empire Germanique. La France conservait la rive

gauche du Rhin, en stipulant la sécularisation des États ecclésiastiques d'Allemagne pour indemniser les princes dépossédés en deçà du Rhin. Les républiques Helvétique, Cisalpine, Batave et Ligurienne étaient reconnues, et la Toscane érigée en royaume d'Étrurie pour le fils du duc de Parme. Le roi de Naples, par le *traité de Florence*, s'obligea à fermer tous ses ports aux Anglais et à laisser *Soult* occuper avec dix mille hommes Otrante et Tarente.

Au milieu de ces succès sur le continent, l'occupation de l'Égypte avait été péniblement maintenue. Le découragement avait gagné ces troupes isolées de tous rapports avec la France et qui ne retrouvaient plus leur ancienne énergie que sur le champ de bataille, en face du danger. La brillante victoire d'*Héliopolis*, remportée par Kléber sur les Turcs et suivie de la reprise du Caire insurgé, avait pu relever un instant le prestige de nos armes. Mais la mort de Kléber, assassiné par un fanatique, détruisit tous les résultats de ce triomphe. *Menou*, faible successeur de Kléber, se laissa vaincre à Canope par les Anglais, et capitula dans Alexandrie. La France dut se résigner à abandonner sa conquête : l'Égypte fut évacuée le 2 septembre 1801.

Cependant l'Angleterre, qui seule était restée en armes, se lassait enfin de continuer la guerre après la pacification de toute l'Europe. William Pitt, notre ennemi le plus irréconciliable, ayant été forcé de céder le ministère à *Fox*, son brillant adversaire, celui-ci s'empressa de traiter à son tour, et les préliminaires de la paix furent signés le 1er octobre 1801. Par le traité définitif conclu à *Amiens* (25 mars 1802), les Anglais rendirent à la France et à ses alliés toutes leurs colonies, excepté la Trinité et Ceylan, l'Égypte était réunie à la Porte. Les Français s'engageaient à évacuer Naples, le Portugal et l'État Romain. Le premier consul s'était fait reconnaître en même temps par la Russie, la Turquie et le Portugal.

La joie causée par la paix glorieuse qui venait couronner tant de succès ne fut troublée que par la perte de Saint-Domingue, où les nègres soulevés avaient massacré tous les blancs (1793), et s'étaient déclarés indépendants. Une expédition envoyée par le premier consul, sous les ordres du général Leclerc, battit les insurgés commandés par *Toussaint Louverture*, *Christophe* et *Dessalines* ; mais les maladies du pays enlevèrent les soldats européens, et la France perdit avec cette belle colonie les trente mille hommes envoyés pour la reconquérir.

240. ACTIVITÉ ET GLORIEUSE ADMINISTRATION DU PREMIER CONSUL. — LÉGION D'HONNEUR. — CODE CIVIL. — CONCORDAT. — Vainqueur de tous les ennemis du dehors, triomphant des partis que comprime son énergie, qu'éblouit sa gloire, que séduit sa générosité, pacificateur de la France et de l'Europe entière, le premier Consul peut appliquer toutes les forces de son génie à développer cette prospérité intérieure dont il avait dès lors rassemblé ou créé tous les éléments. Bonaparte avait couronné ses intitutions financières par l'ouverture du *grand-livre* de la dette publique, où furent inscrits les titres de tous les rentiers de l'État, qui, en facilitant la transmission rapide et sûre de ces titres, donna une vive impulsion au crédit public. La présentation de budgets en équilibre, c'est-à-dire d'un état des dépenses publiques compensées par une somme égale de recettes, vint démontrer l'excellence de la nouvelle organisation des finances et justifier toutes les prévisions du premier Consul.

Tous les services publics étaient à la fois l'objet d'une infatigable sollicitude. Parcourant les départements, Bonaparte faisait réparer ou établir des routes jusque sur les pentes escarpées du Simplon, creuser des canaux, agrandir les ports, relever les fortifications, approvisionner les arsenaux ; la confiance publique, facilitant les aliénations de biens nationaux, accélérait un morcellement des propriétés, utile à l'agriculture. L'industrie nationale se développait et se préparait à lutter plus tard à armes égales contre la production étrangère. Dans une sphère plus haute encore, on voyait tout à la fois l'instruction publique refleurir sous l'influence de mesures réparatrices qui préludaient à une vaste réorganisation, l'Institut réformer ses académies à peine reconstituées par le Directoire, l'école Polytechnique, cette création si belle de la Convention, reprendre avec éclat le cours de ses travaux, et la *Légion d'Honneur*, payant les services par la gloire, faire briller sur la poitrine du fonctionnaire distingué comme sur celle du soldat valeureux, ses décorations enviées, honorer le dévouement, stimuler enfin le patriotisme dans tous les rangs (19 mai 1802). (Voir chap. suiv., n° 243.)

C'est encore au sein du Conseil d'État, composé des jurisconsultes les plus profonds, des administrateurs les plus exercés, qu'il faut voir le premier Consul, prenant une part active à la discussion des lois, formuler avec une netteté singulière les idées qui devaient dominer les institutions nouvelles ; se montrant au milieu d'illustres jurisconsultes un grand législateur, après avoir été sur les champs de bataille un général incomparable, élaborant en un mot le *Code* civil dont la discussion a commencé le 23 juillet 1801 au conseil d'État, sous la présidence de Bonaparte, premier et principal monument de cette législation dont l'achèvement allait être une des gloires de la période impériale. (Voir chap. suivant, n° 255.)

Une œuvre à jamais mémorable avait couronné tout ce travail de régénération universelle. A tout ce nouvel édifice social, il fallait une base, la seule solide, la seule durable : la religion. Après l'athéisme cynique de la terreur, après le culte dérisoire de l'Être suprême, après les niaises inventions de la Théophilanthropie, le vide immense s'était fait dans cette France catholique, depuis dix ans sans culte et sans autels.

Le saint-siége était alors occupé par Pie VII, successeur du vénérable Pie VI que le Directoire avait laissé mourir exilé et captif à Valence. Les négociations avec ce saint et prudent pontife, conduites principalement par le cardinal Gonzalvi et notre illustre Portalis, eurent pour résultat le traité si célèbre sous le nom de *Concordat* (1801), qui rétablissant dans notre patrie la hiérarchie catholique, rendait la paix à l'Église de France, divisée depuis onze ans par le schisme, et déterminant avec une haute sagesse les droits respectifs de l'Église et de l'État, venait ajouter une gloire nouvelle à toutes les gloires du premier Consul.

241. ATTENTATS CONTRE LE PREMIER CONSUL. — CONSULAT A VIE. — Tant de titres à la reconnaissance publique n'avaient pu toutefois désarmer entièrement les factions, et Bonaparte avait poursuivi son œuvre providentielle au milieu des attentats dirigés contre sa vie par d'irréconciliables ennemis : la police venait de découvrir la conspiration tramée par le jacobin Aréna (octobre 1800), quand, le 24 décembre 1800, au moment où Bonaparte traversait en voiture la rue Saint-Nicaise, une *machine infernale*, composée d'un baril de poudre, éclata, ébranlant tout le quartier voisin, sans atteindre le carrosse dont les glaces seulement furent brisées par la commotion.

Les Jacobins furent accusés, sans preuve, et cent trente

d'entre eux furent déportés immédiatement en vertu d'un simple sénatus-consulte ; mais on ne tarda pas à découvrir les véritables auteurs du complot dont plusieurs furent condamnés à mort.

Ces infâmes tentatives n'avaient pour effet que de rattacher plus vivement au premier Consul les affections comme les intérêts du pays. La nation avait vu sans ombrage Bonaparte s'installer dans le palais des rois, et l'opinion publique favorisait elle-même l'agrandissement de son pouvoir. Le tribunat prit l'initiative en émettant le vœu: *Qu'il fût donné au général Bonaparte, premier Consul, un gage éclatant de la reconnaissance nationale.* Le sénat répondit (6 mai 1802) par un premier sénatus-consulte qui prolongeait de dix ans le consulat décennal déféré à Bonaparte; puis deux mois après, sur la décision du tribunat et du corps législatif, avec l'assentiment du peuple consulté par des registres publics, il porta (2 août) un décret ainsi conçu :

Le peuple français nomme, et le sénat proclame Napoléon Bonaparte premier Consul à vie.

Ce décret fut suivi d'une réforme de la Constitution de l'an VIII (*sénatus-consulte organique du 4 août*) qui préparait la transformation définitive du gouvernement, par la substitution de la monarchie à la république déjà abolie de fait. Ces mesures, soumises à l'approbation du peuple français, furent adoptées par la presque unanimité des suffrages (3,578,885).

Les menées des partis, aussi bien que l'hostilité implacable de l'Angleterre, allaient précipiter le dénoûment. Inquiète des développements rapides de l'industrie et du commerce français qui la menaçaient d'une prochaine et redoutable concurrence, la Grande-Bretagne se hâta de rompre une paix plus féconde que la victoire pour sa glorieuse rivale ; refusant, malgré les traités, de rendre l'île de Malte, elle fit tout à coup enlever sans déclaration de guerre, par une violation odieuse du droit des gens, tous les navires français et bataves, au nombre de douze cents, que ses flottes purent atteindre sur toute l'étendue des mers.

Bonaparte répondit en faisant arrêter tous les Anglais voyageant en France, en fermant tous nos ports aux marchandises anglaises, en occupant le Hanovre, domaine du roi d'Angleterre. William Pitt était revenu au ministère; il se hâta de renouer tous les fils de la coalition, donnant l'appui et l'or de l'Angleterre à tous les ennemis du premier Consul, même aux conspirateurs de l'intérieur. Un vaste complot fut ourdi à Londres par Pichegru et Georges Cadoudal, ancien chef des chouans de Bretagne, avec le concours de Moreau qui s'était laissé gagner au parti royaliste. Tout fut découvert au moment où les conjurés, réunis secrètement à Paris, allaient exécuter leurs projets. Georges Cadoudal fut exécuté ; Pichegru fut trouvé mort dans sa prison ; Moreau, condamné à la détention. Cette tentative n'eut d'autre résultat que de donner un nouvel élan à l'enthousiasme national, mais elle fit naître dans l'âme du premier Consul une irritation qui se manifesta par un acte à jamais déplorable. Voulant à son tour intimider les partis par un coup terrible et en finir avec les conspirations, Bonaparte fit enlever sur le sol étranger, juger, condamner et fusiller en une nuit, dans les fossés de Vincennes, le dernier héritier d'une race héroïque, le *duc d'Enghien*, qu'il croyait au nombre des conjurés.

La nation détourna les yeux de ce drame sanglant. Elle ne vit et ne voulut voir que les services rendus, la gloire acquise par tant de hauts faits : le Consulat à vie allait faire place à l'Empire.

QUESTIONNAIRE. — 235. Quel gouvernement établit la Constitution de l'an VIII ? — Quels furent les trois Consuls ? — Comment était partagé le pouvoir ? — A qui était conféré le pouvoir législatif ? — Faites connaître les attributions du conseil d'État, du tribunat et du corps législatif. — Quelle était la principale fonction du sénat ? — Quels furent les premiers actes du gouvernement de Bonaparte ? — 236. Expliquez en quoi a consisté la réorganisation administrative, judiciaire et financière. — Faites connaître les efforts que fit Bonaparte pour rapprocher les partis. — 237. Comment fut préparée la seconde campagne d'Italie ? — Racontez-en les événements. — Quelle glorieuse victoire la termina ? — Quelles en furent les conséquences ? — 238. Racontez la campagne de Moreau en Allemagne. — Par quelle victoire la couronna-t-il ? — 239. Quel traité fut conclu avec l'Autriche, et quelles en furent les conditions ? — Quel fut le sort de l'armée d'Égypte ? — Comment la paix fut-elle faite avec l'Angleterre ? — Quels autres traités furent encore conclus ? — Quelle perte essuya la France dans ses colonies ? — 240 Quelles mesures prit le premier consul pour rendre à la France sa prospérité ? — Comment l'industrie fut-elle favorisée ? — Comment se manifesta le rétablissement de l'ordre dans les finances ? — Quels grands travaux législatifs s'élaborèrent et quelle part y prit Bonaparte ? — Quand la Légion d'honneur fut-elle créée ? — Comment le culte catholique fut-il rétabli en France ? — 241. Quels complots se formèrent à cette époque ? — Comment furent-ils punis ? — Quelles dispositions furent prises successivement pour accroître et prolonger le pouvoir du premier Consul ? — Quand fut décrété le consulat à vie ? — Comment éclata la rupture avec l'Angleterre ? — Quel complot fut alors découvert ? — Comment fut-il réprimé ?

16.

CHAPITRE CINQUIÈME.

EMPIRE.

(1804-1812.)

NAPOLÉON EMPEREUR.—GUERRE CONTRE L'AUTRICHE ET LA RUSSIE. ULM. AUSTERLITZ. — CONFÉDÉRATION DU RHIN. — GUERRE CONTRE LA PRUSSE ET LA RUSSIE. IÉNA. EYLAU. FRIEDLAND. — TRAITÉ DE TILSITT. — SYSTÈME CONTINENTAL.— GUERRE D'ESPAGNE. — GUERRE D'AUTRICHE. WAGRAM. — DIVORCE ET SECOND MARIAGE DE NAPOLÉON. — ÉTENDUE DE L'EMPIRE EN 1810.

242. SÉNATUS-CONSULTE ORGANIQUE DE L'AN XII. — NAPOLÉON EMPEREUR. — A la communication du complot qui, de nouveau, inquiétait la France sur la durée d'un pouvoir réparateur, le sénat avait répondu en sollicitant le premier Consul d'affermir par l'hérédité de la magistrature suprême l'ère nouvelle qu'il avait fondée (27 mars 1804). Le Tribunat, malgré l'opposition vive, mais isolée, de Carnot, émit le même vœu d'un commun accord. Le Corps législatif s'unit à cette manifestation par un vote unanime, et le Sénat, en vertu des pouvoirs dont il était investi (Décret du 4 août 1802), proclama solennellement, le 18 mai 1804 (28 floréal an XII), NAPOLÉON *Bonaparte, empereur héréditaire des Français.*

Le même jour, un sénatus-consulte modifia la Constitution pour l'adapter à la nouvelle forme du gouvernement. L'empire fut déclaré transmissible de mâle en mâle, et par ordre de primogéniture, dans la descendance directe, naturelle ou adoptive, de Napoléon, ou dans celle de ses frères *Joseph* et *Louis.* Ses frères et sœurs devenaient princes et princesses de la famille impériale. L'Empereur réglait avec une autorité souveraine la situation et les devoirs des *princes français,* dont chacun recevait une dotation d'un million. La liste civile de l'Empereur était fixée à vingt-cinq millions.

Le sénatus-consulte entourait le pouvoir impérial de tout l'éclat des institutions monarchiques. Il créait sous le nom de *grandes dignités* de l'Empire, les charges de *grand électeur*, d'*archichancelier de l'Empire*, d'*archi chancelier d'État*, d'*architrésorier*, de *connétable*, de *grand amiral*, des *maréchaux de l'Empire*, dont le nombre ne pouvait excéder seize, sans compter des *maréchaux honoraires* pris parmi les sénateurs, des *inspecteurs généraux de l'artillerie et du génie*, et des *colonels généraux de la cavalerie*; puis des *grands officiers civils de la couronne* venaient, avec le titre de *grands officiers de l'Empire*, après les grands dignités (1).

Le *Sénat* conserva le droit de s'opposer, sauf l'ordre exprès de l'Empereur, à la promulgation des lois contraires aux principes consacrés par les constitutions françaises. Le Corps législatif, réunissant à ses anciennes attributions

---

(1) On créa *grand électeur*, Joseph Bonaparte, frère de l'Empereur ; le titre d'*archichancelier de l'empire*, chargé d'une surveillance générale sur l'ordre judiciaire, fut donné à Cambacérès, le second consul; Lebrun, troisième consul, reçut celui d'*architrésorier*. Louis Bonaparte, frère de l'Empereur, fut nommé *connétable*. Les charges d'*archichancelier d'État*, chargé de la direction de la diplomatie, et de *grand amiral*, furent réservées pour récompenser des services ultérieurs. « Les quatre maréchaux » honoraires pris parmi les sénateurs furent Kellermann, Le- » febvre, Pérignon et Serrurier. Quatorze maréchaux d'empire » seulement furent nommés, ce furent : Jourdan, Berthier, Mas- » séna, Lannes, Ney, Brune, Augereau, Murat, Bessières, Moncey, » Mortier, Soult, Davoust et Bernadotte. Gouvion Saint-Cyr fut » colonel général des cuirassiers, Junot des hussards, Baraguay- » d'Hilliers des dragons, Marmont des chasseurs. Enfin les géné- » raux Songis et Marescot furent nommés inspecteurs généraux » de l'artillerie et du génie.
» Dans la marine, Bruix reçut le bâton d'*amiral*, avec le titre » d'inspecteur général des côtes de l'Océan, le vice-amiral De- » crès fut nommé inspecteur général des côtes de la Méditer- » ranée. » M. THIERS.
Quant aux hautes charges créées à la cour pour les personnes attachés au service du souverain, le cardinal Fesch, oncle de Napoléon, fut nommé *grand aumônier*, M. de Talleyrand reçut la charge de *grand chambellan*; Berthier, celle de *grand veneur*; de Caulaincourt, celle de *grand écuyer*; M. de Ségur, celle de *grand maître des cérémonies*, et Duroc, celle de *grand maréchal du palais*.
L'Impératrice eut une maison à la tête de laquelle fut placée madame de La Rochefoucauld comme *première dame d'honneur*.

une partie de celles du Tribunat, qui devait disparaître bientôt comme inutile (1807), demeura chargé de voter les lois, avec le droit nouveau de les discuter, mais en comité secret. Le conseil d'État conservait avec plus d'éclat encore ses anciennes et importantes prérogatives. Une haute cour était instituée pour juger les délits commis par les principaux dignitaires de l'Empire et les complots dirigés contre la sûreté de l'État.

Napoléon, empruntant à l'antique royauté française son plus majestueux souvenir, voulut encore augmenter, par une imposante solennité religieuse, le prestige qui entourait son autorité. Il demanda au pape Pie VII de venir sacrer à Paris le nouveau Charlemagne. Le souverain pontife, reconnaissant de tant d'efforts heureux pour rétablir en France la religion catholique, se rendit aux vœux de l'Empereur, et la splendide cérémonie du sacre eut lieu le 2 décembre 1804 dans l'église Notre-Dame, en présence des cardinaux, des princes de la maison impériale et de tous les grands ordres de l'État. Napoléon reçut l'onction sainte des mains du chef de la chrétienté, puis plaça lui-même sur sa tête et sur celle de Joséphine la couronne impériale. Aussitôt un héraut d'armes cria d'une voix forte : *Le très-glorieux et très-auguste empereur des Français est couronné et intronisé. Vive l'Empereur !* Ce cri fut répété dans toute l'église, et le pape entonna le *Te Deum*.

243. NOUVELLE NOBLESSE. — LÉGION D'HONNEUR. — Les hautes dignités de l'empire créées par le sénatus-consulte organique de l'an XII et celles qui leur furent subordonnées devaient former les éléments d'une nouvelle noblesse. Comptant dans ses rangs tous les hommes qui, depuis dix ans, avaient joué le premier rôle dans l'histoire du pays, cette aristocratie devait suppléer par la gloire de ses membres à cette illustration que l'antiquité donnait à la noblesse ancienne, et se confondre d'ailleurs avec elle par le principe de la transmission héréditaire des titres. L'Empereur, qui d'ailleurs avait rattaché à lui un grand nombre de familles de l'ancienne noblesse, mais qui n'avait pu vaincre l'attachement de beaucoup d'autres pour la dynastie des Bourbons, réalisa pendant les années suivantes la création de la noblesse nouvelle aux dépens de l'ennemi. Après chaque conquête, l'Empereur distribua les donations et les titres ; c'est ainsi que, tandis qu'il constituait des royaumes à ses frères avec les débris des monarchies européennes, il fit Berthier prince de Neufchâtel, Talleyrand prince de Bénévent et Bernadotte prince de Ponte-Corvo, pour le laisser plus tard devenir roi de Suède (1).

Un sénatus-consulte déclara que les titres de duc, de comte, de baron, etc., seraient transmis héréditairement de mâle en mâle, à condition d'un certain revenu attaché à ces titres et déclaré inaliénable sous le nom de *majorat* (août 1807) (2).

La légion d'honneur, créée comme on l'a vu sous le Consulat (240), reçut, après la proclamation de l'Em-

---

(1) Il créa des ducs qui furent, parmi les maréchaux : Duroc, créé duc de Frioul; Soult, de Dalmatie; Bessières, d'Istrie; Victor, de Bellune; Moncey, de Conegliano; Mortier, de Trévise; Oudinot, de Reggio; Lannes, de Montebello; Macdonald, de Tarente; Ney, d'Elchingen, plus tard prince de la Moskowa; Davoust, d'Auerstædt, puis prince d'Eckmühl; Masséna. duc de Rivoli, puis prince d'Essling, etc. Parmi les généraux : Savary, duc de Rovigo; Clarke, de Feltre; Caulaincourt, de Vicence; Arrighi, de Padoue; Junot, d'Abrantès, etc. Ces titres avaient été accompagnés de donations, qui s'élevèrent souvent à plusieurs millions d'argent placés en rentes, et en domaines pris sur les domaines royaux des pays conquis. Dans l'ordre civil, les administrateurs éminents furent également ennoblis et dotés : Cambacérès fut fait duc de Parme; Lebrun, duc de Plaisance; le grand juge Régnier devint duc de Massa. Les ministres : Maret, ministre d'État, duc de Bassano; Fouché, duc d'Otrante; Gaudin, duc de Gaëte; Champagny, duc de Cadore, etc., etc.

(2) Les grands dignitaires comme le grand électeur, le connétable, l'architrésorier, durent porter le titre *d'altesse*. Leurs fils aînés durent porter le titre de *duc*, si leur père avait institué en leur faveur un majorat de deux cent mille livres de rente. Les ministres, les sénateurs, les conseillers d'État, les présidents du Corps législatif, les archevêques furent autorisés à porter le titre de *comte* et à le transmettre à leurs fils ou neveux sous la condition d'un majorat de trente mille livres de rente. Enfin, les présidents des colléges électoraux, avec les premiers présidents, les procureurs généraux et évêques, les maires des trente-sept bonnes villes de l'empire, furent autorisés à porter le titre de *barons*, et à le transmettre à leurs fils aînés, sous la condition d'un majorat de quinze mille livres de rente. Les simples membres de la Légion d'honneur purent s'appeler *chevaliers*, et transmettre ce titre moyennant un majorat de trois mille livres de rente (M. THIERS.)

Du reste, la possession de ces titres ne constitua aucun privilége particulier et en dehors de la loi commune; la seule modification qu'ils avaient était relative aux partages entre les descendants, à cause de la fondation des majorats.

pire, son organisation définitive. Un décret du 11 juillet 1804 régla la forme de la décoration et les statuts de l'ordre. La croix remplaçait les anciens ordres royaux supprimés par la révolution et permettait les échanges de décoration dont la diplomatie a établi l'usage entre les souverains (1).

Le 16 août 1804, les croix furent solennellement remises à l'armée peu de temps après la proclamation de l'Empire, au milieu d'une imposante cérémonie, dont le camp de Boulogne (245) fut témoin. Toute l'armée destinée à envahir l'Angleterre avait été réunie dans un immense amphithéâtre, près de la mer, au pied du trône impérial. Les officiers et les soldats signalés par leur bravoure eurent, en présence de Napoléon, cette croix si justement enviée et dont tant de hauts faits allaient encore rehausser l'éclat.

244. NAPOLÉON ROI D'ITALIE, MÉDIATEUR DE LA SUISSE, PROTECTEUR DE LA CONFÉDÉRATION DU RHIN. — La république Italienne qui, en 1802, avait reçu des mains de Bonaparte une constitution analogue à celle qui régissait la France, devait ressentir les conséquences de la modification survenue dans la constitution de notre pays. Son gouvernement absolu de fait prit définitivement la forme monarchique. Les délégués de l'Italie étaient présents au sacre de l'Empereur, et MM. de Talleyrand et Cambacérès réglèrent avec eux les points principaux de la nouvelle constitution. La couronne Italienne fut d'abord offerte à Joseph Bonaparte, et à son refus Napoléon prit lui-même le titre de *roi d'Italie*. Toutefois, pour calmer les inquiétudes de l'Autriche, il déclara formellement que cette couronne, qui ne serait pas réunie à celle de France, ne resterait sur sa tête que jusqu'à la paix générale ; dès ce moment même il confia la vice-royauté à

(1) A l'origine, la Légion d'honneur dut être composée de quinze cohortes. Chacune d'elles, qui avait pour chef lieu une des principales villes de l'Empire, dut compter sept grands officiers, vingt commandeurs, trente officiers et trois cent cinquante légionnaires, six mille membres en tout. Un traitement était joint à chaque titre, le légionnaire touchait 250 fr., l'officier 1,000 fr., le commandeur 2,000 fr., et le grand officier 5,000 fr. Les grandes décorations de l'ordre furent distribuées aux premiers dignitaires de l'empire, le 14 juillet 1804, jour anniversaire de la prise de la Bastille.

Eugène de Beauharnais, fils de l'Impératrice Joséphine, qu'il aimait comme un fils et qu'il avait adopté. Le 26 mai 1805, Napoléon fut sacré roi d'Italie dans la cathédrale de Milan, et posa sur son front cette *couronne de fer* des rois Lombards, que Charlemagne avait aussi portée jadis.

Dans le discours solennel par lequel Napoléon avait, en séance extraordinaire (27 mars 1805, 26 ventôse an XIII), annoncé au Sénat qu'il prenait le titre et la couronne de roi d'Italie, il avait tracé un magnifique tableau de la puissance de la France, rappelant en peu de mots les services qu'il avait rendus au pays et le rôle immense qu'il assignait à la France dans les destinées de l'Europe :

« Nous avons conquis la Hollande, les trois quarts de » l'Allemagne, la Suisse, l'Italie. Nous avons été modérés » au milieu de la plus grande prospérité....

» L'Allemagne a été évacuée, ses *provinces ont été res-* » *tituées aux descendants de tant d'illustres maisons* qui » étaient perdus pour toujours, si nous ne leur eussions » accordé une généreuse protection.

» L'Autriche elle-même, après deux guerres malheu- » reuses, a obtenu l'État de Venise....

» A peine conquise, la Hollande a été déclarée indé- » pendante....

» La Suisse était occupée par nos armées : nous l'avons » défendue contre les forces combinées de l'Europe. Sa » réunion eût complété notre frontière militaire. Toute- » fois la Suisse se gouverne par *l'acte de médiation*, au » gré de ses dix-neuf cantons, indépendante et libre.... »

Ces derniers mots faisaient allusion à la constitution donnée par Bonaparte à la Confédération helvétique (19 février 1803), et qui lui reconnaissait le droit de joindre à ses titres celui de *médiateur* de la Suisse.

Les paroles relatives aux princes allemands renfermaient le germe d'une pensée, qui, plus tard, lorsque la campagne d'Austerlitz (246) aura détruit la troisième coalition, donnera naissance à cette confédération organisée par Napoléon contre les États Allemands, sous le nom de *Confédération du Rhin*, dont il doit bientôt se déclarer le *protecteur* (2 juillet 1806). C'est alors qu'à l'apogée de sa puissance il se nommera NAPOLÉON I, EMPEREUR DES FRANÇAIS, ROI D'ITALIE, MÉDIATEUR DE LA SUISSE, PROTECTEUR DE LA CONFÉDÉRATION DU RHIN.

245. CAMP DE BOULOGNE. — TROISIÈME COALITION.

— Au milieu de toutes les fêtes qui dans la capitale et dans les provinces célébraient la proclamation de l'Empire, Napoléon ne perdait pas de vue le grand projet d'une descente en Angleterre, élaboré déjà pendant le Consulat et auquel des études prolongées et des soins assidus donnaient de jour en jour de plus grandes chances de succès. Créée dans tous les ports de l'Océan et sur les rives des fleuves devenues partout des chantiers de construction, une immense flottille avait été réunie dans les ports de la Manche, creusés et agrandis dans ce but, et protégés par une grande quantité de batteries dont les feux terribles valurent à ce rivage le nom de *côte de fer*. Cette flottille devait transporter en quelques heures, au delà du détroit, une magnifique armée de cent trente mille hommes parfaitement exercée et commandée par Napoléon.

Pour protéger et assurer le passage, l'Empereur, par une admirable conception, avait imaginé d'amener dans la Manche une flotte de cinquante ou soixante vaisseaux français et espagnols sous les ordres des amiraux Villeneuve, Gravina et Gantheaume. Nos escadres étaient bloquées, il est vrai, dans les différents ports; mais si l'une d'elles parvenait à sortir, elle devait débloquer les autres en se présentant successivement devant les croisières anglaises, grossie chaque fois par un renfort. Mais ce plan gigantesque de Napoléon échoua par la timidité de l'amiral Villeneuve : une coalition nouvelle des puissances continentales vint empêcher l'Empereur de réparer la faute de son lieutenant. L'Angleterre détourna sur l'Europe l'orage qui allait fondre sur elle.

L'Autriche, humiliée par le traité de *Lunéville*, servit les desseins de l'Angleterre. La réunion de la ville de Gênes à l'Empire français et le couronnement de Napoléon comme roi d'Italie lui fournirent des prétextes; les intrigues de l'Angleterre et la promesse d'un subside la décidèrent à la guerre. La Russie et la Suède entrèrent dans la coalition. Napoléon depuis quelque temps avait pressenti les préparatifs de l'Autriche. Bien que prêt à partir pour l'Angleterre, il surveillait le continent ; déjà même, il avait fait quelques préparatifs du côté du Rhin et de l'Italie, lorsque tout à coup et sans déclaration de guerre, les Autrichiens entrèrent en campagne et envahirent les États de l'électeur de Bavière, allié de la France. A cette nouvelle, Napoléon décide en frémissant la levée du camp de Boulogne. En un instant, un plan nouveau est formé sur les plus larges bases. La *grande armée* est organisée et divisée en sept corps sous les ordres de *Bernadotte*, *Marmont*, *Davoust*, *Soult*, *Lannes*, *Ney* et *Augereau*. La cavalerie est confiée à *Murat;* elle formait, avec la *garde impériale*, une réserve sous les ordres directs de l'Empereur.

L'ennemi avait projeté quatre attaques : l'une au nord en Hanovre par les Suédois et les Russes, la seconde au centre dans la vallée du Danube par les Autrichiens et les Russes, la troisième en Lombardie par les Autrichiens, la quatrième, enfin, au sud par les Russes, sur le territoire de Naples dont on comptait entraîner le roi à la guerre. Napoléon, ne s'inquiétant pas des points extrêmes, confia cinquante mille hommes à Masséna pour arrêter l'archiduc Charles en Lombardie ; lui-même se réservait d'agir sur le Danube.

246. CAMPAGNE D'AUSTERLITZ. — CONFÉDÉRATION DU RHIN. — TRAFALGAR. — L'Empereur avait dicté d'un seul trait les admirables instructions qui devaient transporter la *grande armée* de l'Océan sur le Rhin, pour inonder l'Allemagne méridionale, et de là pénétrer au centre de la monarchie autrichienne. Son génie avait prévu, réglé d'avance tous les détails de cette marche foudroyante; le 6 octobre 1805, il atteignit le Danube vers Donawerth, au point de concentration qu'il avait assigné à son armée en arrière des Autrichiens, alors que le général Mack avait à peine connaissance de la présence des Français en Allemagne. L'ennemi est pris partout à l'improviste, toute résistance est inutile. Après le brillant combat livré par Ney à Elchingen, le général Mack se trouve enveloppé dans *Ulm*. Deux corps s'échappent vers le Tyrol et la Bohême, mais un troisième, poursuivi par Murat avec acharnement, est dispersé, et le 19 octobre, Mack est contraint de poser les armes avec trente mille hommes sans avoir combattu.

Cette campagne coûtait à l'ennemi soixante mille prisonniers sur quatre-vingt mille hommes, deux cents canons et quatre-vingts drapeaux.

La première armée autrichienne ainsi détruite, la marche de Napoléon n'est plus qu'un triomphe jusqu'à Vienne où il entre le 13 novembre 1805. Les Russes accourent au secours de leurs alliés, mais ils sont obligés de reculer devant le vainqueur, qui les suit jusqu'en Moravie, choisit son champ de bataille, sait y attirer ses adversaires, et le soleil d'*Austerlitz* éclaire la plus mémorable bataille de l'époque impériale (2 décembre). Entraînés par une habile manœuvre vers la droite des Français, dégarnie à dessein, les Russes sont coupés en deux par l'infanterie de Soult, écrasés par la cavalerie, noyés dans des étangs couverts de glace que le canon brise sous leurs pas. Ils laissent quinze mille hommes sur le champ de bataille, perdent vingt mille prisonniers avec cent quatre-vingts canons, et une énorme quantité de bagages. L'armée française avait célébré par cette grande victoire l'anniversaire du couronnement de l'empereur. « *Soldats, je suis content de vous*, leur dit Napoléon dans une de ces proclamations magiques qui commandaient ou récompensaient la victoire; *il vous suffira de dire : J'étais à Austerlitz, pour qu'on vous réponde : Voilà un brave !* » — Les débris de l'armée ennemie étaient dispersés de toutes parts, l'empereur d'Autriche, François II, dut implorer la paix; Napoléon, arrêtant ses colonnes triomphantes, signa (26 décembre) le glorieux traité de *Presbourg*, qui réunit les États vénitiens au royaume d'Italie, agrandi aux dépens de l'Autriche, et érigea en royaume les États des deux électeurs de Wurtemberg et de Bavière, alliés de Napoléon.

Les résultats politiques de la bataille d'Austerlitz furent immenses. Napoléon était devenu l'arbitre de l'Europe, le dispensateur des trônes. Les princes hostiles à la France furent dépossédés. Le roi de Naples, Ferdinand IV, déclaré déchu de ses droits et relégué en Sicile, fut remplacé par *Joseph* Bonaparte, frère de Napoléon (30 mars 1806). Quelques mois après (24 mai), un autre frère de Napoléon, *Louis*, fut proclamé roi de Hollande par les États-Généraux de la république Batave. *Murat*, beau-frère de l'Empereur, reçut la souveraineté des pays de Berg, de Clèves et d'Anspach, avec le titre de *Grand-Duc*, et le maréchal Berthier, le duché de Neufchâtel, avec le titre de prince. Le vieil empire germanique fut détruit, et François II dut se contenter du titre d'empereur d'Autriche. Enfin les trois cent soixante-dix souverainetés qui formaient l'Empire et morcelaient le corps germanique, furent fondues et remaniées, trente-trois nouveaux États furent constitués en une confédération qui prit le nom de *Con-fédération du Rhin*, dont Napoléon se déclara le Protecteur.

TRAFALGAR. — La gloire de cette prodigieuse campagne vint consoler la France d'un grand désastre maritime, suite à jamais déplorable de l'hésitation et des lenteurs de l'amiral Villeneuve. Deux jours après la reddition d'Ulm, le 21 octobre 1805, les flottes française et espagnole avaient été anéanties par Nelson à *Trafalgar*. Villeneuve, réfugié à Cadix, en était sorti avec trente-trois vaisseaux pour aller au-devant des Anglais, qu'il rencontra près du cap de Trafalgar, à l'entrée du détroit de Gibraltar. Nelson n'avait que vingt-sept bâtiments, qui comptaient, toutefois, autant de bouches à feu que la flotte française. Par une disposition vicieuse du plan de bataille, l'avant-garde resta inactive pendant presque toute la durée du combat, le centre seul eut à supporter tous les efforts de l'ennemi. Là, on se battit avec un courage indomptable, mais le nombre l'emporta. Dix-sept vaisseaux furent pris, un sauta, plusieurs autres furent gravement maltraités; Villeneuve fut fait prisonnier. Nelson, atteint d'une balle partie du *Redoutable*, avait trouvé la mort dans son triomphe. Aux horreurs de cette bataille vint se joindre une tempête qui mit en danger les vainqueurs et les vaincus; quelques-uns des bâtiments prisonniers en profitèrent pour s'échapper, et sur huit vaisseaux français qui leur restaient, les Anglais en ayant brûlé la moitié, n'en amenèrent que quatre à Gibraltar.

247. CAMPAGNE DE PRUSSE. — IÉNA. — Napoléon, cherchant un allié sur le continent, avait jeté les yeux sur la Prusse. Il avait prodigué les avances et donné même le Hanovre pour associer la Prusse à ses desseins contre l'Angleterre. Malgré ces libéralités, la Prusse, avant la bataille d'Austerlitz, vivement sollicitée par la coalition, était sur le point d'y accéder, lorsque les foudroyants succès de Napoléon la ramenèrent à la France. Mais l'empereur demanda compte des armements faits pendant la campagne; la Prusse répondit avec hauteur; les relations s'envenimèrent. Le parti de la guerre l'emportait à Berlin; l'ardeur passionnée d'une jeune reine excitait les esprits; la noblesse et l'armée, remplies des souvenirs du grand Frédéric, demandaient la guerre à grands cris : le roi céda, quoique à regret, à cet entraînement général.

Napoléon, suivant sa coutume, prévint son ennemi. La fameuse infanterie du grand Frédéric, divisée en deux armées commandées par le duc de Brunswick, et, sous lui, par le prince de Hohenlohe, paradait depuis quelque temps entre l'Elbe et les forêts de la Thuringe : elle fut abordée à l'improviste avec toute l'intrépidité française, et ne tint pied nulle part contre la grande armée.

En une seule journée, Napoléon écrase dans les plaines d'*Iéna* le corps du prince de Hohenlohe, pendant que Davoust, avec vingt-six mille hommes, soutient à *Auerstædt* un combat terrible contre les soixante mille soldats du duc de Brunswick. La victoire reste à l'intrépide maréchal, qui fit éprouver à l'ennemi des pertes énormes. Le duc de Brunswick et le maréchal de Mollendorf, les élèves de Frédéric et les chefs de l'armée prussienne, étaient au nombre des morts (14 octobre 1806). Vingt mille hommes restés sur ces deux champs de bataille, vingt-un mille prisonniers, trois cent quinze pièces d'artillerie tombées au pouvoir du vainqueur signalent cette mémorable journée. L'armée prussienne, coupée de toutes parts, s'enfuyait au milieu d'un désordre inexprimable. Lançant ses colonnes à la suite de ses ennemis en déroute, Napoléon achève leur destruction ; lui-même marche sur Berlin où il entre peu de jours après et d'où il dicte le bulletin de son triomphe. — Les résultats furent prompts et décisifs : en vingt-quatre jours, tous les corps de l'armée prussienne, dispersés, harassés par une poursuite acharnée, et toutes les garnisons des forteresses de la Prusse furent obligés de se rendre, livrant plus de quatre-vingt mille prisonniers avec leurs drapeaux, leur artillerie, et un énorme matériel de guerre. La Prusse presque entière était au pouvoir du vainqueur et les Français campaient sur la Vistule. Napoléon à Posen avait appelé à lui les Polonais et leur faisait espérer le rétablissement de leur nationalité détruite douze ans auparavant ; il voyait leurs intrépides volontaires se lever à sa voix et grossir les rangs de la grande armée.

248. Eylau. — Friedland. — Le roi de Prusse réfugié à Kœnigsberg, à l'extrémité de ses États, environné de quinze mille hommes, débris de son armée, attendait les Russes qui venaient à son secours. Napoléon marcha contre eux ; mais après une rencontre à *Pultusk* où les Russes furent battus, les hostilités furent suspendues

par les pluies qui rendirent toute manœuvre impossible dans les champs marécageux de la Pologne. L'Empereur forcé de s'arrêter prit ses quartiers d'hiver : il établit un magnifique campement en avant de la Vistule, entre le Bug, la Narew, l'Ukra. Attaqué toutefois dès les premiers jours de février, Napoléon repoussa le général Beningsen, et livra aux forces prussiennes et russes, sous les murs de la ville d'*Eylau* (8 février 1807), une des batailles les plus sanglantes dont l'histoire ait gardé le souvenir. Les Russes résistèrent avec une bravoure et un acharnement incroyable : *Ce sont des bastions*, dit Napoléon, *il faut les détruire*. La victoire demeura indécise. Cependant l'ennemi perdit le champ de bataille et battit en retraite, laissant sur les neiges d'Eylau près de trente mille hommes avec vingt-quatre canons et seize drapeaux.

De part et d'autre, il fallut respirer pendant quelques mois employés par Napoléon à recruter son armée, à organiser le pays conquis, et à se rendre maître des dernières places qui résistaient encore, et parmi lesquelles *Dantzig*, défendue par le maréchal Kalkreut à la tête de dix-huit mille hommes, demanda un siège en règle. Napoléon, à cinq cents lieues de sa capitale, continuait cependant à tout diriger, à tout faire, réglant l'administration, expédiant les affaires de l'État avec une activité qui épuisait les forces de ses subordonnés. En même temps, avec deux cent mille hommes, il empêchait les Russes de secourir Dantzig, dont le maréchal Lefebvre, secondé par le célèbre ingénieur *Chass-loup*, général du génie, se rendit maître le 24 mai 1807. Libre enfin de faire agir toutes ses forces, Napoléon allait frapper de nouveau un de ses terribles coups. Les Russes, chassés du camp retranché d'Heilsberg, furent surpris par Napoléon au moment où ils passaient l'Alle sur les ponts de la ville de *Friedland* (14 juin). Les ponts furent enlevés par Ney, sous une pluie de fer et de feu, et détruits par l'artillerie française ; tout ce qui avait traversé fut mitraillé ou précipité dans les flots : l'ennemi perdit vingt-cinq mille hommes avec quatre-vingts canons. La bataille avait duré depuis trois heures du matin jusqu'à dix heures du soir : c'était le glorieux anniversaire de la victoire de Marengo.

Peu de jours après, Kœnigsberg tombait au pouvoir des Français avec les dernières ressources de la monarchie prussienne. Les Russes, poursuivis avec rapidité, étaient refoulés jusque sur les bords du Niémen, limite de leur empire, et l'empereur Alexandre demandait à traiter en personne. Les deux empereurs se rencontrèrent avec le roi de Prusse sous une tente élevée sur un radeau au milieu du Niémen (25 juin 1807), et de cette entrevue célèbre sortit la paix du continent.

249. TRAITÉ DE TILSITT. — La conduite des Anglais qui, au lieu de secourir les confédérés écrasés par Napoléon, ne songeaient qu'à conquérir des colonies, avait lassé Alexandre de leur alliance. Dès la première rencontre, une secrète sympathie unit les deux souverains. Napoléon, qui avait vainement cherché un allié dans l'Europe centrale, espéra trouver un auxiliaire digne de lui dans le jeune czar, et voulut l'associer à ses grands desseins, en lui offrant le partage de l'Europe. L'autorisation de s'emparer de la Finlande, qui assurait la domination de la Baltique, la promesse d'un partage de l'empire turc, ce but suprême de l'ambition de la Russie, gagnèrent Alexandre à la politique de Napoléon. Les deux empereurs vécurent à Tilsitt dans la plus grande intimité, et s'entretinrent longuement de leurs immenses projets. Alexandre, tout enivré de ces magnifiques espérances, n'oublia pas toutefois son ancien allié, Guillaume de Prusse, qui, totalement dépouillé de ses États, promenait à côté des deux empereurs un front triste et humilié. Napoléon ne consentit à lui rendre que la moitié de ses états, sur la rive droite de l'Elbe, moins les villes de Dantzig et de Magdebourg. Le traité fut signé avec ces conditions officielles le 8 juillet 1807. Les clauses particulières arrêtées entre Napoléon et Alexandre demeurèrent secrètes. Guillaume, mécontent, devait rester hostile et disposé à reprendre les armes à la première occasion favorable. Napoléon donna au roi de Saxe les provinces polonaises enlevées à la Prusse, et organisées sous le nom de *grand-duché de Varsovie*. En même temps de la Hesse-Cassel et des possessions prussiennes, à l'ouest de l'Elbe, il formait le royaume de Westphalie, auquel il appela *Jérôme*, le plus jeune de ses frères (15 novembre 1807).

L'intimité établie à Tilsitt entre les deux empereurs permettait en outre à Napoléon de s'occuper du midi de l'Europe, où sa politique préparait de graves changements. En même temps, la guerre avec l'Angleterre allait recevoir une nouvelle impulsion, mais en prenant une autre forme. Alexandre avait consenti par le traité de Tilsitt à adhérer au système établi par Napoléon sous le nom de *blocus continental*.

250. SYSTÈME CONTINENTAL. — L'Angleterre, par un abus de sa force maritime, avait, contrairement au droit des gens, déclaré toutes les côtes de l'empire français en état de blocus, ne permettant même pas aux navires des nations neutres de pénétrer dans les ports français. Pour répondre à cette violation des principes admis par toutes les nations civilisées, Napoléon résolut de ruiner le commerce de l'Angleterre en empêchant l'écoulement de ses marchandises sur le continent. Le décret du 21 novembre 1806, déclarant à son tour les îles Britanniques en état de blocus, avait proscrit tout commerce avec elles, ordonné la confiscation et la destruction de toutes leurs marchandises; toute relation devait cesser de la part des nations européennes avec les négociants anglais. L'ascendant que Napoléon exerçait sur le continent lui permettait d'espérer que l'Europe entière s'associerait à ces mesures, sinon par sympathie pour sa politique, du moins par crainte de ses armes. L'adhésion de la Russie à ce système en augmentait singulièrement les chances de succès. L'Angleterre, qui sentit toute la portée du coup, ne cessa de travailler dès lors à rompre un accord indispensable au maintien du blocus continental, qui, en ruinant ses finances et son commerce maritime, atteignait dans leur principe sa fortune et sa puissance.

251. GUERRE D'ESPAGNE. — Napoléon voyait avec peine l'Espagne, cette ancienne et riche alliée de la France, appauvrie, avilie et courbée sous le joug honteux d'*Emmanuel Godoï*, prince de la Paix, indigne favori d'un trop faible souverain. Il résolut de relever l'Espagne en la liant plus étroitement à la France, pensant la dédommager, par une complète régénération sociale, de l'humiliation imposée à son orgueil national. Mais au lieu d'élargir ainsi les bases de sa domination, il allait en commencer lui-même l'ébranlement : le patriotisme espagnol devait être l'écueil de cette puissance, qui jusqu'alors avait dominé toutes les résistances et aplani tous les obstacles.

Les circonstances, toutefois, semblaient favorables aux nouveaux desseins de l'Empereur. Déjà, pour assurer l'exécution du blocus continental, il avait fait occuper, par une

armée de trente mille hommes sous les ordres de **Junot**
(novembre 1807), le Portugal, devenu une véritable colonie
anglaise. Un décret impérial (13 novembre 1807) déclara
que la maison de *Bragance* avait cessé de régner en Europe, et l'ancien roi de Portugal, incapable de résister,
dut, sans combattre, aller se réfugier au Brésil. Cette facile
et rapide expédition n'était qu'un acheminement à l'acquisition de l'Espagne, dont la situation politique s'aggravait
chaque jour. La guerre avait éclaté au sein de la famille
royale déchirée par les plus lamentables discordes. **Le fils**
de Charles IV, armé contre son père, s'était fait proclamer
roi sous le nom de Ferdinand VII. Le faible et incapable
Charles IV, forcé d'abdiquer en faveur de son fils rebelle,
courut à Bayonne plaider sa cause auprès de Napoléon qui
rassemblait une armée derrière les Pyrénées et qui déjà
avait lancé Murat au delà des monts avec une puissante
avant-garde. Il y trouva Ferdinand pressé de solliciter à
son tour l'intervention du redoutable arbitre. Les deux
princes, bercés quelque temps d'espoirs chimériques et de
négociations illusoires, se virent tous deux contraints de
renoncer au trône d'Espagne, et reçurent en France une
opulente retraite qui déguisait à peine une véritable captivité. Pendant ces négociations, les troupes françaises,
successivement accumulées dans le midi de la France,
étaient entrées en Espagne. Madrid tombait au pouvoir
des Français, et des corps considérables campaient dans
les provinces.

Napoléon plaça sur le trône (6 juin 1808) son frère
Joseph, qui accepta à regret une trop lourde couronne, et
fut remplacé à Naples par son beau-frère *Joachim Murat*. Mais le sentiment national se souleva en Espagne
contre cette souveraineté étrangère. Tandis que les fonctionnaires s'empressaient à la cour de Joseph, le peuple,
excité par les moines et par tous les ennemis de la France,
prenait les armes de toutes parts, et l'insurrection éclatait
avec une sauvage énergie. Incapables de lutter contre les
soldats qui ont vaincu l'Europe, les révoltés sont battus
chaque fois qu'ils affrontent nos troupes en rase campagne,
mais, bientôt divisés en bandes ou *guerillas*, ils harcellent
nos bataillons, égorgent les soldats isolés, arrêtent les con-
vois, simulent les sentiments populaires et rallument partout l'incendie derrière les pas des colonnes envoyées
pour l'éteindre. Le Portugal a suivi l'exemple de l'Espagne

et se lève à son tour ; soutenu dans toute la péninsule par les subsides et bientôt par les armées de l'Angleterre, le mouvement insurrectionnel est devenu formidable. La fortune impériale va subir son premier revers. Le général *Dupont*, aventuré dans l'Andalousie, cerné par des forces supérieures, est forcé de signer la déplorable capitulation de *Baylen* (20 juillet 1808), qui livre à la merci d'un ennemi perfide dix-huit mille Français bientôt transportés sur le rocher de *Caprera* pour y mourir de souffrance et de misère. En Portugal, Junot, vaincu par les Anglais qui ont débarqué sous les ordres de *sir Arthur Wellesley* (depuis lord *Wellington*), capitule à son tour (convention de *Cintra*), mais du moins à la condition de rentrer en France avec les honneurs de la guerre. — Ces désastres jetèrent le découragement dans cette armée d'Espagne composée en grande partie de nouvelles levées, et surexcitèrent en même temps l'ardeur fanatique de l'ennemi. Chaque jour augmentait les forces de l'insurrection. Il fallut se replier devant elle et évacuer Madrid : bientôt les Français n'occupaient plus en Espagne que le pays compris entre l'Èbre et les Pyrénées.

Napoléon seul pouvait réparer des revers qui l'avaient irrité profondément, sans l'inquiéter toutefois sur l'issue définitive de la guerre d'Espagne ; mais cette expédition même, montrant une fois de plus avec quelle facilité l'Empereur disposait des trônes, avait ranimé toutes les alarmes de ses ennemis. Les échecs, que grossissait la renommée, avaient fait naître de secrètes espérances. Il fallait, avant de s'engager dans la péninsule, assurer la tranquillité de l'Europe en affermissant l'alliance russe devenue la base de la politique de Napoléon. Tandis que de nouvelles conscriptions remplissaient les cadres de nos armées, l'empereur des Français allait rejoindre l'empereur de Russie à *Erfurth* (1808), pour régler avec lui les destinées de l'Europe. Ce fut alors un magnifique spectacle ; les deux souverains, entourés d'un cortège de rois et de princes, se prodiguant les témoignages d'une union, d'une bonne harmonie qui les rendaient les arbitres du monde, discutèrent de nouveau les projets de Tilsitt, et après des fêtes splendides, ils se quittèrent en se jurant une inaltérable amitié. Alexandre avait obtenu quelques adoucissements à la position du roi de Prusse, et pour lui, la promesse de Napoléon de lui laisser occuper la Moldavie et la Valachie que la Russie convoitait depuis longtemps. L'Autriche que les deux empereurs avaient affecté de traiter avec froideur, dut contenir un ressentiment qu'elle n'osait faire éclater.

Sans inquiétude du côté du Nord, Napoléon put reporter son attention et ses forces vers l'Espagne où sa présence devenait de plus en plus nécessaire. Les troupes que l'évacuation de la Prusse rendait disponibles, furent dirigées vers les Pyrénées, et l'Empereur, réunissant tous ses moyens, afin de rendre à la fois courte et décisive une campagne qu'il prévoyait ne pouvoir diriger longtemps lui-même, amena cent cinquante mille soldats de la grande armée pour les joindre aux cent mille hommes qui étaient déjà en Espagne.

Ces renforts, empruntés à des troupes invincibles, et surtout, la présence de Napoléon, changèrent immédiatement la face des affaires ; les ennemis, qui sous *Blake* et *Castanos* s'étaient flattés d'envelopper les Français, furent abordés partout avec vigueur. Attaqués par Napoléon ou ses lieutenants Marmont, Lefebvre, Soult, Ney et Victor, ils furent battus successivement devant *Burgos* qui fut pris, puis à *Espinosa* et à *Tudela*. Le brillant combat de *Sommo-Sierra* ouvrit à l'Empereur les portes de la capitale. La Catalogne se soumettait en même temps au général Sa nt-Cyr. Mais alors aussi commençait ce siège qui devait être l'épisode le plus fameux de cette sanglante guerre, le siège de *Saragosse*. La place fut attaquée et défendue avec un acharnement qui rappelle les luttes de Sagonte et de Numance. Maîtres des remparts, les Français durent prendre et détruire l'une après l'autre chaque rue et chaque maison de cette malheureuse vi le ; près de cent mille hommes avaient péri, et les Français, devenus maîtres de la ville, sous le commandement du maréchal Lannes (21 février 1809), n'y trouvèrent qu'un monceau de ruines. Du reste, au moment où les armements de l'Autriche et bientôt ses agressions ouvertes rappelaient Napoléon au centre de l'Europe, la guerre paraissait terminée. Soult allait forcer l'armée anglaise à se rembarquer à *la Corogne* après lui avoir tué son général Moore, battre les Portugais à Oporto et prendre cette ville ; et pendant que Sébastiani triomphait à *Ciudad-Réal*, Victor à *Médelin*, Mortier était vainqueur à *Ocäna* (1809). Toutefois, l'opiniâtreté des Anglais et le patriotisme des Espagnols rendirent ces succès stériles, et l'éloignement

de l'Empereur ne tarda pas à produire les résultats les
plus funestes. Vainement il avait laissé à ses lieutenants
tout un plan à suivre, et tracé d'avance chacune de leurs
opérations ; il manquait désormais une pensée unique et
souveraine pour en dominer, en diriger l'ensemble, en
conformer les détails aux événements imprévus. La domination française, un instant rétablie par l'Empereur, fut
de nouveau compromise.

Les succès et les revers se balancèrent encore dans les
campagnes de 1810 et de 1811 ; mais l'année 1812 verra
s'anéantir les résultats de tant d'efforts héroïques, la guerre
de Russie (256) viendra enlever à notre armée d'Espagne ses meilleurs soldats, tandis que les troupes espagnoles,
aguerries, disciplinées par la lutte, animées par leurs premiers succès, soutenues plus énergiquement encore par
les Anglais, redoubleront partout de vigueur et d'acharnement. Après la perte du Portugal, vainement défendu par
Masséna contre les Anglais, la bataille de *Salamanque*,
gagnée par Wellington sur Marmont, duc de Raguse (1812),
préludera à la désastreuse journée de *Vittoria* (1813) qui
achèvera la ruine de notre puissance en Espgne, et met-
tra un terme fatal à cette guerre terrible qui depuis 1807
dévorait nos armées et minait la puissance de l'Empereur. Détournons les yeux de ce théâtre de nos revers, et
reportons-les vers le centre de l'Europe, où l'étoile impériale brillait encore de son plus vif éclat.

**252. GUERRE D'AUTRICHE. — ECKMUHL. — WA-
GRAM. —** L'Autriche, irritée de l'état d'abaissement où
l'avait réduite le traité de Presbourg, avait profité de l'é-
loignement de l'Empereur, retenu en Espagne, pour rompre ses engagements et rouvrir les hostilités ; elle s'unit
de nouveau à l'Angleterre, qui lui fournit cent millions de
subsides, et entra en campagne avec trois cent mille hommes. Napoléon, dans la prévision de cette attaque, avait
déjà réuni cent cinquante mille hommes en Allemagne.
Berthier, envoyé sur le théâtre de la guerre, eut ordre
d'organiser ces troupes dont Napoléon vint bientôt lui-
même prendre le commandement. En cinq jours, l'armée
ennemie, composée de cent soixante-quinze mille hommes, sous l'archiduc Charles, dont les corps devaient se
réunir vers Ratisbonne, est attaquée sur tous les points à
la fois, coupée en deux, battue à *Abensberg* (21 avril
1809), à *Eckmühl* (22 avril), où Davoust se couvre de

gloire par la défaite du prince Charles ; enfin devant *Ratisbonne* (23 avril). Quarante mille prisonniers, cent canons, quarante drapeaux , tels étaient les trophées de ces cinq journées. L'ennemi désorganisé fuyait en deux masses : l'une, sous l'archiduc Charles, vers la Bohême ; l'autre, sous le général Hiller, se retirait par la rive droite du Danube pour couvrir Vienne. Napoléon, marchant à la suite de ce dernier corps, le mit en déroute après un combat épouvantable livré dans les rues de la malheureuse ville d'Ébersberg en proie à un violent incendie (3 mai), puis, devançant l'archiduc qui marchait par la rive gauche, il entra à Vienne le 13 mai 1809.

L'Autriche cependant continua la guerre ; l'armée de l'archiduc, rétablie à l'aide des recrues qu'offraient les provinces fidèles de la Hongrie, permettait de tenter encore le sort des armes. Napoléon, pressé d'en finir, résolut de passer le Danube sous Vienne, et d'aller attaquer l'archiduc qui occupait la plaine du *Marchefeld*, sur l'autre côté du fleuve. Des ponts furent jetés avec une précision et une hardiesse merveilleuses, et l'armée franchit le fleuve immense pour livrer, entre Aspern et *Essling* (21 et 22 mai), une sanglante bataille qui coûta la vie au maréchal Lannes, et dont le résultat demeura indécis. Pendant le combat, le Danube, grossi subitement, avait monté de sept pieds en quelques heures et enlevé le pont qui, franchissant son grand bras, unissait la rive droite à l'île *Lobau*, dont l'Empereur s'était servi pour faciliter le passage. L'arrivée des troupes et des munitions étant ainsi arrêtée, l'armée, protégée par la ferme contenance de Masséna, placé à l'arrière-garde, dut rentrer et se cantonner dans l'île Lobau, séparée de la plaine par le petit bras dont le pont avait résisté.

L'Autriche, attaquée au cœur de ses provinces, avait cherché à soutenir, en même temps, la lutte en Italie, où les Français étaient commandés par le prince Eugène. Celui-ci, battu d'abord à *Sacile* (16 avril), avait repris l'offensive au moment où la nouvelle de la bataille d'Eckmühl forçait l'ennemi à la retraite. Poursuivant les Autrichiens avec ardeur, il leur fit essuyer de nombreuses pertes au passage des Alpes ; et enfin, vainqueur à *Raab* (14 juin), il rejeta l'archiduc Jean en Hongrie, loin du théâtre de la guerre, et fit lui-même sa jonction avec l'Empereur.

Napoléon avait employé six semaines à préparer un nou-

veau passage dont il voulait rendre l'effet immanquable.
Établi dans l'île Lobau, dont il avait fait une gigantesque
forteresse au moyen d'immenses ouvrages et de pièces de
gros calibres tirées de l'arsenal de Vienne, renforcé par
Eugène, puis Marmont avec l'armée de Dalmatie, il dé-
boucha de l'île Lobau pendant la nuit du 5 juillet au moyen
de cinq ponts qui livrèrent passage à toute son armée.
Protégée par les batteries de l'île Lobau et par un violent
orage qui joignit son fracas à celui des pièces de gros ca-
libre qui anéantissaient la malheureuse ville d'Enzersdorf,
l'armée passa presque entièrement dans la nuit. Le lendemain, elle se déployait dans la vaste plaine du Marchefeld
au nombre de cent cinquante mille hommes, avec cinq
cent cinquante canons, en présence du prince Charles,
qui, avec une force égale, n'avait pu s'opposer à cette
magnifique opération. L'armée française avait débordé l'aile
gauche de l'ennemi près de *Wagram* et tourné les positions d'Essling et d'Aspern, vainement fortifiées pour empêcher le passage.

La bataille, engagée le 5 au soir, fut suspendue par la
nuit ; les troupes bivouaquèrent sur le champ de bataille.
A quatre heures du matin le feu recommença par la droite,
où commandait Davoust, puis s'étendit sur toute une ligne
d'une longueur de près de trois lieues. Au centre, les Bavarois, commandés par Bernadote, et à la gauche Masséna, qui
n'a que seize mille hommes contre soixante mille, sont un instant ébranlés par la masse qui les écrase. Masséna, meurtri
d'une chute et tout enveloppé de compresses, commande
dans une calèche découverte au milieu d'une grêle de bou-
lets, défend le terrain pied à pied et fait demander secours à
l'Empereur. Celui-ci établit contre le centre ennemi une
batterie de cent bouches à feu qui engage la canonnade
avec la fréquence d'une fusillade. L'ennemi s'étonne, hésite et recule ; aussitôt Napoléon lance Macdonald avec
trois divisions qui les obligent à battre en retraite. A gauche, Masséna, dégagé, a reporté ses troupes en avant, et
Davoust, secondé par Oudinot, a enlevé Neusiedel et Wagram sur la droite : la bataille est gagnée. L'ennemi se
retire de toutes parts devant nos troupes victorieuses. Les
Autrichiens laissaient sur le champ de bataille vingt-quatre
mille hommes et douze généraux, ils avaient perdu douze
mille prisonniers et vingt pièces de canon. Napoléon avait
dix-huit mille morts ou blessés. Les Autrichiens battus se

retirèrent vers la Bohême en plusieurs corps ; poursuivis de près, atteints de nouveau près de *Znaïm*, ils demandèrent une suspension d'armes. La paix fut conclue à *Vienne*, le 14 octobre 1809, moyennant la cession des provinces illyriennes à la France, celle de quelques territoires à la Bavière et de la plus grande partie de la province polonaise de la Gallicie qui devait être réunie au duché de Varsovie, possédé par le roi de Saxe. L'Autriche perdait cinq millions de sujets, et payait quatre-vingt-cinq millions pour les frais de guerre.

Durant les négociations, les Anglais, qui avaient décidé l'Autriche à la guerre, tentèrent une diversion en sa faveur en envoyant aux embouchures de l'Escaut (juillet 1809) une flotte qui portait une armée de quarante mille hommes. Elle devait pousser jusqu'à Anvers et y détruire les vaisseaux, les chantiers, les arsenaux de la marine française ; mais l'expédition, mal dirigée, s'arrêta longtemps dans l'île de *Walcheren*, où les fièvres détruisirent une partie des troupes anglaises. Ce retard permit au maréchal Bernadotte de réunir une nombreuse armée dont l'approche força les Anglais à se rembarquer sans avoir atteint leur but.

C'est pendant le cours de la campagne d'Autriche que Napoléon, se laissant entraîner dans une voie à jamais regrettable de violence et d'oppression contre un souverain, faible matériellement, mais tout-puissant par la force morale, punit la résistance du pape à ses volontés absolues en réunissant la ville de *Rome* à l'empire français. La capitale du monde chrétien devint le chef-lieu d'un de nos départements (17 mai 1809). Le Saint-Père fut transporté à *Savone*, puis quelque temps après, amené à *Fontainebleau*, où il devait demeurer prisonnier pendant quatre ans.

2 3. DIVORCE ET DEUXIÈME MARIAGE DE NAPOLÉON. — NAISSANCE DU ROI DE ROME. — Le résultat le plus important de la paix de Vienne avait été pour Napoléon la promesse de la main de l'archiduchesse *Marie-Louise*, fille de l'empereur d'Autriche. L'Empereur, sacrifiant toute sa tendresse conjugale au désir de perpétuer sa race, songeait depuis longtemps déjà à se séparer de Joséphine qu'il aimait, mais dont il ne devait pas attendre de postérité. Fidèle à la politique de Tilsitt, il avait d'abord demandé à l'empereur Alexandre la main de sa sœur ; mais, fatigué d'attendre une réponse qu'Alexandre hésitait à donner, Napoléon s'était tourné du côté de

l'Autriche, qui s'empressa d'accepter son alliance. Le divorce, alors admis par les lois civiles, fut prononcé, et
Joséphine alla cacher sa douleur à la *Malmaison*, tandis
que la nièce de Marie-Antoinette montait sur le trône impérial (1ᵉʳ avril 1810). Des fêtes magnifiques célébrèrent
ce mariage qui unissait Napoléon à la famille des Césars.
L'année suivante, la naissance d'un fils (20 mars 1811)
qui reçut au berceau le nom de *Roi de Rome*, vint combler tous les vœux de l'Empereur. Napoléon, du faîte de
sa grandeur, salua l'avenir qui semblait enfin ouvrir ses
horizons devant lui.

254. Etendue de l'empire en 1810. — L'Empire, entouré d'une incomparable splendeur, atteignait alors (1810) son plus haut degré de puissance
et de gloire. Bernadotte venait d'être appelé au trône
de Suède. La *Hollande*, enlevée au roi Louis qui n'y
avait pas fait observer exactement le blocus continental,
formait sept nouveaux départements français. Les *villes
Hanséatiques*, incorporées à leur tour (23 décembre 1810)
avec le pays au delà de l'Elbe, portaient nos frontières
jusqu'au Wéser. Toutes ces acquisitions, jointes à celle
du *Valais*, compensaient amplement la perte des colonies dont l'Angleterre s'était emparée. — L'Empire
français, comptant alors cent trente départements et quarante millions d'habitants, s'étend de Hambourg et Dantzig aux Pyrénées, et des rivages de la mer du Nord à
Trieste et Corfou ; il est entouré par une ceinture d'États
alliés qui lui servent de remparts et joignent leurs soldats
aux armées impériales.

Tout a fléchi devant Napoléon. Deux puissances seulement sont restées intactes : l'Angleterre, ennemie acharnée ;
la Russie, alliée encore, mais à la veille d'une rupture
qui va détruire l'équilibre et changer la plus haute fortune
en un immense désastre.

**255. Administration intérieure. — Les codes.
L'Université. — Grands travaux publics.** — Le
grand travail de réorganisation intérieure, commencé dès
l'avénement du premier Consul, s'était continué à travers la
période impériale, et sous l'impulsion d'un génie universel, il avait pris ses derniers développements pendant que
Napoléon promenait dans toute l'Europe ses aigles triomphantes. Parmi les plus belles œuvres entreprises sous le
Consulat et achevées sous l'Empire, il faut placer au pre-

mier rang le vaste édifice de toute notre législation civile, administrative et commerciale. Le *Code civil* ou l'ensemble des lois sur l'état des personnes et la condition des biens, préparé comme on l a vu (240) par les savantes discussions du conseil d'État, enrichi par les observations des Cours d'appel, éclairé par les discussions du tribunat, avait été promulgué jusqu'à ses derniers titres quelques jours avant la proclamation de l'Empire (mars 1804); il reçut alors le nom de *Code Napoléon* en souvenir de la part considérable qu'y avait prise le chef de l'État lui-même.

Les autres codes parurent successivement : le *Code de Procédure civile* adopté en 1806, le *Code de Commerce* en 1807, le *Code Pénal* et le *Code d'Instruction criminelle* en 1810.

Ces codes suivirent nos drapeaux, et furent donnés aux peuples momentanément soumis à la domination française. Par un magnifique hommage rendu à leur sagesse, p'usieurs de ces nations soustraites, après nos désastres, à nos lois politiques, conservèrent ces lois civiles qui eussent suffi à elles seules pour immortaliser Napoléon.

Le premier Consul avait dès 1802 présenté aux Assemblées Législatives un projet de loi concernant l'enseignement, qui, arraché des mains du clergé par la Révolution, était tombé depuis lors dans un désordre inexprimable. La création de trente deux *écoles centrales*, sorte de cours publics, n'avait été qu'un impuissant essai de réorganisation Tout fut constitué sur des bases nouvelles.

L'instruction primaire dut être donnée au sein des écoles établies dans les communes a sez riches pour fournir un local à un instituteur rétribué par les élèves. « Pour l'instruction secondaire, Bonaparte avait projeté trente-deux établissements qu'il nomma *Lycées*, et qui étaient des pensionnats où la jeunesse, casernée, retenue pendant les principales années de l'adolescence, devait subir la double influence d'une forte instruction littéraire et d'une éducation mâle, sévère, suffisamment religieuse, tout à fait militaire, modelée sur le régime de l'égalité civile. (THIERS.)

Pour l'enseignement supérieur et spécial, dix *Écoles de Droit* furent établies. Trois *Écoles de Médecine* existaient : on dut en doubler le nombre. L'*École Polytechnique* dut être rattachée à cette organisation. On y ajouta une école des services publics qui devint l'*École des Ponts et Chaussées*. Une *École des Arts Mécaniques* fut fondée à Compiègne pour être portée ensuite à Châlons-sur-Marne. Enfin on établit à Fontainebleau une *École spéciale Militaire*. « Mais il manquait à ces institutions un complément, c'est-à-dire, un corps enseignant qui fournît les professeurs à tous ces établissements, qui les embrassât dans sa surveillance, en un mot ce que l'on a nommé depuis l'Université : *Ceci n'est qu'un commencement*, disait le premier Consul au savant Fourcroy ; *plus tard nous ferons plus et mieux.* » Il tint parole. Le 17 mars 1808, il organisait le corps enseignant par un décret, qui, créant un *Grand Maître de l'Université*, divisait l'Empire en autant d'Académies qu'il comptait de Cours impériales ; chaque Académie était dirigée par un Recteur surveillant l'enseignement dans les établissements placés sous ses ordres, et responsable lui-même vis-à-vis du Grand Maître. L'*École Normale* reçut la haute mission de former des jeunes gens à la carrière de l'enseignement. L'engagement de se consacrer pendant dix ans au service de l'instruction publique exemptait de l'obligation si pressante alors pour tous du service militaire. Telle fut, dans son essence, l'*Université Impériale*, organisée pour prendre au nom de l'État le rôle des anciennes corporations enseignantes.

Le génie infatigable de Napoléon avait trouvé dans les ressources que lui fournissaient une sage administration des finances, et les tributs levés sur les vaincus, le moyen d'améliorer partout le sort des populations par d'importants travaux d'utilité publique. Des ponts, dont deux à Paris reçurent les noms glorieux d'Austerlitz et d'Iéna, furent construits en grand nombre, les voies de communication furent multipliées de tous côtés ; les Alpes, escaladées par nos armées, furent sillonnées de routes au Simplon, au mont Cenis, au Saint-Bernard ; les villes de l'intérieur furent reliées entre elles ; la Vendée, jusqu'alors inabordable, fut coupée de voies publiques qui firent plus que les armes pour l'introduction des institutions nouvelles dans cette partie de la France où fut créée Napoléonville. Les canaux, cet important moyen de circulation pour le commerce et l'industrie, furent entrepris avec activité, Nantes et Brest furent ainsi rattachées l'une à l'autre, le Rhône et le Rhin mis en communication. La Manche

17.

n'offrait pas de port à nos flottes militaires ; la baie de Cherbourg vit commencer les travaux qui, au moyen d'une digue gigantesque, en ont fait un mouillage de premier ordre ; d'immenses chantiers de construction s'élevaient à Anvers, et des bouches de l'Escaut devait sortir une flotte destinée, dans la pensée de Napoléon, à réaliser l'invasion de l'Angleterre.

Les arts venaient ajouter à ces grands travaux leurs embellissements. Paris voyait s'élever l'arc de triomphe du Carrousel, et commencer celui de l'Étoile ; la colonne Vendôme était fondue avec les canons ennemis, le Panthéon était achevé, la Madeleine commencée, on travaillait à la galerie qui devait joindre le Louvre aux Tuileries du côté du nord, œuvre grandiose qui se termine sous le gouvernement d'un autre Napoléon. A Lyon, les édifices de la place Bellecourt faisaient disparaître les ruines laissées par la révolution dans cette malheureuse cité.

Le pinceau de David, celui de Gros, de Gérard et de Prud'hon embellissaient les palais de l'Empereur. Les sciences s'enorgueillissaient des noms les plus illustres : Laplace, Monge, Cuvier, Berthollet, Geoffroy Saint-Hilaire, Brongniart. Pour remplacer, dans l'industrie, les produits manufacturés de l'Angleterre dont le blocus continental prohibait tout usage, des prix étaient proposés aux inventeurs ; un million à qui trouverait le moyen de filer le lin ; un million à qui remplacerait le sucre des colonies par le sucre extrait d'une plante européenne. *Jacquart* était richement pensionné pour l'invention d'un métier à tisser la soie auquel il a donné son nom. Enfin, les expositions de l'industrie, commencées sous la république, mettaient en lumière les inventions et les produits industriels.

Tel était l'Empire de Napoléon, puissant au dehors, prospère au dedans, jusqu'au jour où, affaibli par sa grandeur même, il devait succomber sous les efforts de l'Europe conjurée.

QUESTIONNAIRE. — 242. Comment Napoléon fut-il proclamé empereur ? — Faites connaître les modifications que le sénatus-consulte de l'an XII apporta à la Constitution. — Comment fut formée la cour de l'Empereur ? — Faites connaître les hauts dignitaires de l'Empire, les grands officiers de l'Empire et les maréchaux. — Quand et par qui fut sacré Napoléon ? — 243. Comment Napoléon fut-il conduit à créer une nouvelle noblesse ? — Quand et comment réalisa-t-il ce projet ? — Faites connaître l'institution de la Légion d'honneur. — Quand les croix furent-elles remises à l'armée ? — 244. Comment Napoléon devint-il roi d'Italie ? — Qui nomma-t-il vice-roi ? — Quels autres titres joignit-il encore à celui d'Empereur des Français et comment les obtint-il ? — Citez quelques fragments du discours prononcé au Sénat le 17 mars 1805. — 245. Quel projet occupait Napoléon lors de son avènement au trône ? — Comment avaient été créées et organisées la flottille et l'armée de Boulogne ? — Quelle conception avait imaginée Napoléon pour favoriser son débarquement en Angleterre ? — Comment échoua ce projet ? — Par qui fut nouée la troisième coalition et quelles puissances y prirent part ? — Comment fut organisée la grande armée ? — Contre qui Napoléon porta-t-il ses coups ? — 246. Racontez la campagne de 1805. — Comment Napoléon s'empara-t-il de Vienne et quelle bataille termina la guerre ? — Quelles furent les conditions du traité de Presbourg ? — Quels royaumes furent alors donnés par Napoléon à ses proches ? — Racontez la bataille de Trafalgar. — 247. Comment Napoléon fut-il amené à faire la guerre à la Prusse ? — Par quelle victoire s'ouvrit cette guerre, et quelles en furent les suites ? — 248. Par qui le roi de Prusse fut-il secouru ? — Quelles batailles fur nt livrées aux Russes ? — Quel siége célèbre fut fait pendant cette campagne ? — 249. Comment fut conclue la paix de Tilsitt ? — Quelles pertes le roi de Prusse fit-il par ce traité, et quels États furent formés par Napoléon des provinces enlevées à ce roi ? — 250. Dans quel but et à quel moment Napoléon conçut-il le système continental et quels en furent les résultats ? — 251. Comment le Portugal fut-il occupé par les Français et que devint le roi de ce pays ? — Comment était gouvernée l'Espagne à cette époque ? — Qui Napoléon plaça-t-il sur le trône d'Espagne, et quelle guerre alluma dans toute la péninsule la résistance des Espagnols ? — Quels revers marquèrent le commencement de cette guerre ? — Racontez l'entrevue d'Erfurth. — Comment la présence de Napoléon rétablit-elle les affaires en Espagne ? — Racontez les événements de ce te guerre. — Quel siége célèbre signala cette expédition ? — Comment les choses se passèrent-elles après le départ de Napoléon pour l'Allemagne ? — Racontez les diverses périodes de la guerre jusqu'en 1813. — Cette guerre n'eut-elle pas une influence funeste sur les destinées de Napoléon ? — 252. Quelles furent les causes de la seconde guerre de Napoléon contre l'Autriche ? — Faites connaître les événements de cette campagne ? — Comment le prince Eugène vint-il se joindre à l'Empereur ? — Racontez les batailles d'Essling et de Wagram. — Quels furent les résultats de la bataille de Wagram et par quel armistice les hostilités furent-elles suspendues ? — A quel prix l'empereur d'Autriche acheta-t-il la paix ? — Quelle diversion tenta l'Angleterre en faveur de l'Autriche ? — Quel fut le résultat de cette expédition ? — Faites connaître la conduite de Napoléon à l'égard du pape. — 253. Quels projets de mariage avait conçus Napoléon ? — A qui s'adressa-t-il d'abord ? — Comment le mariage fut-il conclu avec l'archiduchesse Marie-Louise ? — Quel nom reçut le fils de Napoléon ? — 254 Exposez la puissance de l'Empire français en 1810. — 255. Faites connaître les travaux législatifs de Napoléon. — Comment fut organisée l'instruction publique en France sous le consulat et sous l'empire ? — Qu'est-ce que l'Université et comment était-elle administrée ? — Signalez les grands travaux entrepris par Napoléon. — Quels ports créa-t-il ? — Quels monuments éleva-t-il ? — Quel était l'état des arts sous le règne de Napoléon ? — Citez les savants célèbres de cette époque. — Quels encouragements Napoléon donna-t-il à l'industrie ?

CHAPITRE SIXIÈME.

SUITE DE L'EMPIRE.
(1812-1815.)

GUERRE DE RUSSIE. — LA MOSKOWA. — RETRAITE. —
CAMPAGNE D'ALLEMAGNE, LUTZEN, BAUTZEN,
LEIPSIG. — LEVÉE EN MASSE DE L'EUROPE. —
CAMPAGNE DE FRANCE. — ABDICATION DE L'EM-
PEREUR. — LA FRANCE PRESQUE ENTIÈREMENT
RAMENÉE A SES ANCIENNES LIMITES. — LES CENT
JOURS. — WATERLOO. — TRAITÉS DE 1815.

**2°6. CAMPAGNE DE RUSSIE. — SMOLENSK. — LA
MOSKOWA.** — La Russie resserrée dans des limites qu'elle
ne pouvait étendre, vainement flattée par Napoléon de
l'espoir du partage de la Turquie, inquiète et jalouse des
agrandissements de l'empire français, craignant le rétablissement de la Pologne, dont Napoléon avait absolument
refusé de ratifier le partage; la Russie se rapprochait de
l'Angleterre. Dès la fin de 1810, le blocus continental
moins exactement observé, donnait lieu aux plaintes de
Napoléon. L'année 1811 se passa en négociations inutiles
avec la Russie, puis en récriminations amères qui aboutir-
ent à une rupture ouverte. Napoléon, laissant derrière lui
l'Espagne en feu, alla rejoindre la grande armée affaiblie
par cette diversion fatale, et presser d'immenses préparatifs.
tifs. Il se décidait à porter jusqu'à Moscou les aigles impériales, et les premiers mois de 1812 furent consacrés à
obtenir le concours de la Prusse et de l'Autriche, qui s'engageaient à fournir ensemble cinquante mille hommes; à
organiser en France une puissante réserve à l'aide de la
garde nationale mobilisée, à équiper enfin la plus belle
armée des temps modernes pour la plus gigantesque expédition que son génie ait osé concevoir.

La Russie se préparait à la lutte en formant contre la
France une coalition nouvelle, où entrèrent Bernadotte,
traître à sa patrie, la Turquie oublieuse de tous ses intérêts d'avenir, promettant d'unir leurs efforts à ceux de
l'Espagne et de l'Angleterre déjà en armes. Toutefois, les
premiers pas de l'Empereur ne sont marqués que par des
succès. Au mois de juin 1812, il déclare la guerre à la

Russie, traverse l'Allemagne avec cinq cent mille hommes, au milieu des souverains empressés à le féliciter, réorganise en passant le royaume de Pologne, puis résolu, selon sa coutume, à tout terminer en une campagne, il passe le Niémen à Kovno (22 juin), prend Wilna, Witepsk, *Smolensk* malgré la résistance acharnée des Russes qui avaient, pour la première fois, consenti à livrer bataille; il brave la disette qui le menace, s'enfonce dans un pays dévasté par ses propres défenseurs. Les Russes avaient résolu de livrer bataille en avant de Moscou. La rencontre eut lieu dans la plaine de Mojaïsk, traversée par la rivière de la *Moskowa*. Napoléon y gagne, le 7 septembre, une sanglante victoire, dont le maréchal Ney, le *brave des braves*, conservera le nom glorieux. Murat, Eugène, Davoust, Poniatowski, Gérard, Ney surtout, avaient fait des prodiges de valeur dans cette terrible journée qui coûta la vie à soixante-douze mille hommes. Protégés par une immense redoute, trois fois prise et reprise, le trophée et le tombeau du général Caulaincourt, les Russes quittèrent le champ de bataille couvert de leurs morts, mais, hélas! aussi de nos meilleurs soldats, et de plusieurs de nos généraux.

Sept jours après, l'Empereur entrait dans Moscou, la seconde capitale de l'empire russe.

257. HIVER PRÉCOCE. — DÉSASTREUSE RETRAITE DE MOSCOU. — Mais la Russie a pour sa défense moins encore ses armées que ses vastes solitudes et ses frimas meurtriers. Le jour même de l'entrée des Français à Moscou, un incendie éclate dans la ville abandonnée et consume les neuf dixièmes des maisons. Napoléon, cédant à des conseils timides, attend au milieu des ruines l'issue de négociations illusoires, et l'hiver, que la Russie appelle de tous ses vœux, devance sa marche accoutumée. Dès le 13 octobre, après cinq semaines perdues à Moscou, une neige épaisse, une atmosphère glacée, annonçaient aux Français un ennemi de plus. La Russie avait reformé des troupes. Il fallut donner le signal d'une tardive retraite, où Napoléon allait voir à la fois périr et ses invincibles soldats et ses vastes projets et le prestige de sa fortune.

La retraite commencée le 19 octobre, se fit avec assez d'ordre, grâce aux habiles dispositions de l'Empereur, jusqu'aux bords de la Bérésina. Sous une température qui dès les premiers jours de novembre descendait à 18 degrés, l'armée composée encore de cinquante mille hommes

valides, marchait entraînant avec elle un plus grand nombre
de blessés, de malades, d'employés, de femmes et un immense matériel d'artillerie et de bagages. A Smolensk, où
Napoléon pensait refaire ses approvisionnements, il ne
trouva que des magasins en désordre : la famine se joignit
au froid ; les chevaux mouraient par milliers ; la cavalerie
en quelques jours fut démontée; des nuées de cosaques
arrivaient sans obstacle jusque sur nos colonnes, harce-
laient l'arrière-garde, égorgeaient les traînards. La bravoure de nos généraux et de nos soldats s'épuisait en prodiges qu'il fallait recommencer chaque jour. Tantôt c'était
Napoléon lui-même qui chargeant avec sa garde dispersait
soixante mille Russes pour dégager Davoust ; tantôt c'était
Ney, le héros de la retraite, qui traversait toute l'armée
Russe avec six mille hommes. Quarante mille combattants
arrivèrent sur la Bérésina dont les ponts étaient détruits,
dont le cours rapide, charriant des glaçons énormes, et
défendu par les troupes russes, semblait un obstacle infran-
chissable. On parvint cependant à établir des ponts, à re-
fouler l'ennemi, à faire passer en ordre une partie de l'armée ; le reste, encombré de traînards, pressé par les Russes,
se précipita tout ensemble sur les ponts dans une confusion
épouvantable. La plupart s'étouffèrent ou s'engloutirent,
tandis que le canon ennemi écrasait cette foule éperdue.

Jusqu'au *passage de la Bérésina*, la retraite n'avait été
qu'un combat. Ce n'est plus dès lors qu'une déroute.
L'Empereur, laissant les débris héroïques de sa grande armée se traîner par un froid de 28 degrés jusqu'aux bords du
Niémen, court à travers l'Allemagne prévenir le funeste
effet de nos désastres, et reparaît dans la capitale où l'audacieuse conspiration du général *Mallet*, promptement découverte et réprimée, avait révélé de menaçants symptômes.

258. CAMPAGNE D'ALLEMAGNE. — DÉFECTION DES
ALLIÉS. — LEVÉE EN MASSE DE L'EUROPE. — Napoléon, avec sa prodigieuse activité, se crée, comme par en-
chantement, de nouvelles et puissantes ressources. Une
levée de trois cent mille hommes lui refait une armée, et
il rentre en campagne le 15 avril 1813. Mais les défections
ont commencé avec les revers. La Prusse en donne le signal et forme, avec la Russie et l'Angleterre, une sixième
coalition, à laquelle accède la Suède. L'Autriche, que ses
nouveaux liens de famille ne retenaient déjà plus, favorisait secrètement les desseins des alliés, et partout en Al-

lemagne, un énergique appel au patriotisme, à l'indépendance, préparait contre la France un mouvement universel.

Toutefois l'Empereur, qu'on croyait abattu, reparaît plus
terrible : il prévient les coalisés, conduit en Allemagne
une armée de deux cent mille hommes, et gagne avec des
conscrits la brillante bataille de *Lutzen* (2 mai 1813), qui
refoule l'ennemi au delà de l'Elbe. Tandis qu'en Espagne
les Anglais s'avancent de succès en succès jusqu'aux bords
de la Bidassoa, et menacent le sol français, tandis que
Bernadotte, Moreau lui-même, traître une seconde fois,
dirigent contre leur patrie les ressources de leur expérience,
Napoléon triomphe encore à *Bautzen*, délivre la Saxe, et
au moment où l'Autriche vient de passer elle-même à la
coalition, il gagne sur les armées de Russie, de Prusse et
d'Autriche, fortes de cinq cent mille hommes, la grande
bataille de *Dresde*, où Moreau périt sous le canon français
(5 septembre 1813).

259. Bataille de Leipsig. — Les victoires remportées par l'Empereur en personne étaient compensées par
les défaites de ses lieutenants. Les revers de Vandamme,
d'Oudinot, de Ney, de Macdonald, la défection des Bavarois, obligent l'Empereur à tenter un dernier et terrible effort. Concentrant toutes ses troupes à *Leipsig*, il
engage la lutte contre les forces réunies de la coalition
tout entière. L'action dura trois jours, et les Français,
malgré l'effort d'une armée trois fois supérieure en nombre, balançaient la victoire, quand les Saxons et les Wur-
tembergeois quittèrent nos rangs pour passer à l'ennemi.
Il fallut battre en retraite en franchissant l'Elster. Un ordre mal compris ou exécuté trop tôt, fit sauter le pont
avant que l'arrière-garde ne l'eût traversé, et laissa à la
merci de l'ennemi vingt mille soldats avec le vaillant Poniatowski qui se noya dans le fleuve (16, 17, 18 octobre).

Cette *bataille des nations*, la plus sanglante des temps
modernes, avait coûté la vie à cent vingt-cinq mille hommes. Les restes encore formidables de l'armée française
repassèrent le Rhin, après avoir signalé leur retraite par
la victoire de *Hanau*, où l'Empereur écrasa l'armée dé-
fectionnaire des Bavarois. Mais les alliés marchaient sur
ses pas, et quatre cent mille hommes, Russes, Prussiens,
Autrichiens, Bavarois, Suédois, pénétrèrent après lui sur
le sol français.

260. ADMIRABLE CAMPAGNE DE FRANCE. — A ce moment suprême, Napoléon fait un nouvel et énergique appel aux grands corps de l'État pour les associer à la défense du territoire. Mais une lassitude universelle paralyse ses efforts; au moment où il s'agit de sauver la patrie, une opposition intempestive le force à renvoyer le Corps législatif, et c'est avec les débris de ses armées, soutenues encore par le dévouement du peuple, et par une levée en masse, décrétée trop tard, que Napoléon commence, au cœur de l'hiver de 1814, l'immortelle campagne de France.

Les Anglais qui, vainqueurs à *Vittoria*, ont forcé les Français à évacuer l'Espagne, se montrent au nord des Pyrénées sous Wellington; *Schwartzemberg* amène par la Suisse cent cinquante mille hommes; *Blücher* cent trente mille par le Rhin; un Français, Bernadotte, cent mille par la Belgique.

Les victoires de *Saint-Dizier* et de *Brienne* sur le Prussien Blücher (27, 29 janvier) ouvrent la campagne que suspend un instant l'inutile congrès de *Châtillon*. L'armée de Blücher est écrasée à *Champ-Aubert*. La victoire de *Montmirail* (11 février 1814), où Napoléon défait en quelques heures les Russes et les Prussiens réunis, est un de ses plus glorieux exploits. Vingt mille prisonniers, vingt drapeaux, une nombreuse artillerie enlevés à l'ennemi, brillants trophées de cette magnifique journée, font tressaillir l'armée française d'enthousiasme et d'espérance.

La fortune semble ramenée par tant d'efforts. Blücher est battu encore à *Château-Thierry* et à *Vauchamps* (13, 14 février); les Autrichiens à leur tour sont culbutés à *Montereau* (18 février). Les Russes sont chassés de Reims : douze victoires ont été gagnées en un mois. Mais si Napoléon triomphe dans toutes les rencontres, l'ennemi gagne du terrain partout où il n'est pas. Les Anglais poussant devant eux le maréchal Soult entrent à Bordeaux. Murat abandonne l'Italie aux Autrichiens pour sauver sa couronne; Augereau livre Lyon, et Talleyrand excite les alliés. Au moment où Napoléon va réaliser l'audacieux projet d'enfermer et de détruire les alliés entre son invincible armée et la capitale, Paris, mal commandé, mal défendu, Paris qui en tenant quelques jours doit assurer le succès du plan de l'Empereur, ouvre ses portes par capitulation (31 mars), après une journée d'héroïque et inutile combat.

261. ABDICATION DE FONTAINEBLEAU. — L'EM-

PÉREUR A L'ILE D'ELBE. —Le Sénat, qualifiant de *tyran*, après la défaite, celui dont il adorait naguère la fortune, prononce lui-même la déchéance de l'Empereur et rappelle les Bourbons. Napoléon, qui s'est replié sur *Fontainebleau*, signe son abdication, et tandis que le maréchal *Soult* livre encore à Wellington la glorieuse bataille de *Toulouse*, il se retire dans la petite île d'*Elbe*, qu'il reçoit en échange de son immense souveraineté.

262. PREMIÈRE RESTAURATION DES BOURBONS. — LA FRANCE PRESQUE ENTIÈREMENT RAMENÉE A SES ANCIENNES LIMITES. — Le comte d'Artois rentre le premier en France et signe la *convention de Paris*, qui ramène la France aux limites du 1er janvier 1792 et lui restitue une partie de ses colonies. Cette faible restitution ne compensait pas la perte de l'Italie, de la Hollande, de la Belgique. De tant de conquêtes, la France ne conservait que la Savoie et quelques places dans le Nord. *Louis XVIII,* débarqué à Calais le 24 avril, fait sa rentrée solennelle à Paris, le 3 mai 1814, après avoir donné la veille la *déclaration de Saint-Ouen*, qui pose les principes du gouvernement représentatif. La Charte *octroyée* (4 juin) par le roi établit une *Chambre des pairs,* nommée par le roi, et une *Chambre des députés*, choisie par les électeurs, chargées de voter les impôts et de discuter les lois soumises, avant de devenir obligatoires, à la sanction royale.

La première restauration des Bourbons fut de courte durée. Les imprudentes manifestations des anciens émigrés et des nobles toujours dévoués à l'ancien régime, malgré l'établissement des institutions nouvelles, répandirent l'inquiétude, indisposèrent l'armée et excitèrent l'opinion contre le gouvernement à peine établi. Informé de ces symptômes, Napoléon quitte tout à coup l'île d'Elbe, reparaît en France le 1er mars, et s'avance de Cannes à Paris sans rencontrer de résistance. Les troupes envoyées pour le combattre l'acclament avec transport. Ney, qui marche contre lui, se jette dans ses bras, et Napoléon rentre le 20 mars dans la capitale, tandis que Louis XVIII et son frère repassaient précipitamment la frontière, et allaient se réfugier à Gand.

263. LES CENT JOURS. — Mais aussitôt la coalition se renoue. Un congrès, réuni à *Vienne* auprès du beau-père de l'Empereur, le déclare hors de la loi commune et du droit social; en même temps, la Vendée s'agite et reprend les armes en faveur de la royauté. Napoléon pourvoit à tout. Il dissout la Chambre réunie par Louis XVIII, mais il convoque les colléges électoraux pour élire une chambre de représentants, et propose à l'approbation du peuple l'*acte additionnel* aux constitutions de l'Empire, qui établit une monarchie représentative.

Le gouvernement ainsi reconstitué, il organise la défense nationale. Entraînés dans un mouvement d'enthousiasme qui rappelle l'entraînement patriotique de 92, des fédérés se lèvent de toutes parts et demandent des armes. En moins de deux mois, l'Empereur a équipé trois cent mille soldats, mobilisé cent cinquante mille gardes nationaux, préparé un dernier et magnanime effort.

254. WATERLOO. — Les armées coalisées s'étaient remises en marche vers la frontière qu'elles quittaient à peine. Au mois de juin 1815, tandis que deux cent mille Russes s'ébranlaient au cœur de l'Allemagne, cent deux mille Anglais, sous Wellington, cent trente-trois mille Prussiens, sous Blücher, débouchaient en Belgique.

L'Empereur prévient l'invasion et court au-devant des deux armées, il n'a que cent quinze mille combattants à opposer à des forces doubles des siennes. Par une manœuvre qui lui est familière, il forme le projet de percer la ligne ennemie à son point de jonction, d'isoler ses deux adversaires et de les écraser l'un après l'autre. Napoléon déploie encore une fois cette énergie, cette décision qui ont foudroyé tant d'ennemis ; mais ses lieutenants semblent avoir perdu leur vigueur d'autrefois. Tandis que Ney engage aux *Quatre-Bras* un combat sanglant mais sans résultats importants, l'Empereur livre à Blücher, près de *Ligny* (16 juin), une bataille terrible. Vingt-cinq mille Prussiens tombent sous les coups de nos soldats en furie qui perdent seulement sept mille hommes.

Napoléon charge le maréchal Grouchy de poursuivre sans relâche, avec trente-cinq mille hommes, les Prussiens en retraite ; lui-même se retourne, avec soixante-cinq mille hommes, contre Wellington, qui s'est établi avec quatre-vingt-dix mille soldats sur le plateau du mont Saint-Jean, en avant du village de *Waterloo*.

L'action s'engage le 18, à onze heures du matin, sur un sol détrempé par les pluies, où l'artillerie peut à peine se mouvoir. Tout l'effort de la bataille se concentre autour du plateau où les Anglais ont réuni leur formidable artillerie. Une première attaque sur la droite des Anglais doit dégarnir leur centre et affaiblir leur position ; mais la bataille à peine engagée, trente mille Prussiens, sous *Bulow*, apparaissent à notre droite. Dix mille hommes avec *Lobau* les arrêtent. L'Empereur n'a plus que cinquante-cinq mille hommes à opposer aux Anglais ; il lance Ney sur la ferme de la Haie-Sainte au pied du mont Saint-Jean, pendant que quatre-vingts pièces de canon vomissent la mort sur le centre et la gauche de l'ennemi. Les Anglais s'étonnent et fléchissent. Napoléon croit tenir la victoire. L'artillerie française s'ébranle pour frapper de plus près et multiplier ses ravages. A ce moment Wellington ordonne une charge désespérée de deux régiments de dragons, qui, les chevaux débridés, se précipitent avec une impétuosité irrésistible ; ils désorganisent ces batteries, périssent, mais permettent aux Anglais de raffermir leur position. Toutefois, Ney a continué son héroïque attaque, et il monte toujours sous la mousqueterie et une effroyable mitraille. Pour la seconde fois, les Anglais reculent, et déjà sur la route de Bruxelles les fuyards annoncent la défaite de Wellington.

Repoussés plusieurs fois, les Français reviennent sans cesse à la charge ; électrisés par les paroles de l'Empereur, ils sont encore une fois parvenus sur le plateau, quand tout à coup, une vive fusillade éclate. C'est Blücher qui, échappant à Grouchy, apparaît sur le champ de bataille au moment suprême.

C'était une troisième armée, une troisième bataille à livrer... bataille impossible. L'Empereur au désespoir veut chercher la mort dans les rangs ennemis ; on l'entraîne loin du champ de bataille. La vieille garde se forme en carrés qui s'anéantissent l'un après l'autre sous le feu de trois armées.

265. SAINTE-HÉLÈNE. — Napoléon revient à Paris tandis que les débris de l'armée se rallient aux environs de Laon. Tous les courtisans de sa fortune l'abandonnent. Fouché, ministre de la police, conspire contre lui. La Chambre des représentants, sur la proposition de La Fayette, lui fait demander son abdication. Il abdique à l'Élysée en faveur de son fils, qui est proclamé sous le nom de *Napoléon II*, se retire à la Malmaison où l'hostilité de Fouché le poursuit ; il court à Rochefort réclamer, à bord du vaisseau le *Bellérophon*, l'hospitalité de l'Angleterre, sa mortelle ennemie. L'Angleterre répond à sa confiance en l'envoyant à l'île de Sainte-Hélène pour y mourir prisonnier sur un rocher brûlant et désert, après cinq ans d'humiliations et de tourments, Sainte-Hélène, lieu d'ineffaçable opprobre pour ses persécuteurs, où la victime sait travailler encore pour sa gloire en dictant ses impérissables Mémoires.

265. TRAITÉS DE 1815. — Cependant, Davoust, chargé de la défense de Paris, avait posé les armes et ramené ses troupes derrière la Loire. Les alliés avaient repris possession de Paris, et Louis XVIII était remonté sur son trône (juillet 1815). Mais cette fois, les exigences des puissances furent désastreuses.

Les *traités de Paris* imposèrent à la France le paiement de plus d'un milliard pour contribution de guerre et indemnités, l'abandon de la Savoie, de Landau, du duché de Bouillon, de Sarrelouis, Philippeville, Marienbourg, la démolition des remparts d'Huningue, où cent hommes avaient tenu deux mois après Waterloo, l'occupation de la France par cent cinquante mille soldats étrangers dont la France devait subir et soudoyer la présence pendant trois ans. Après vingt ans de combats, de victoires, de prodigieuses conquêtes, la France rentrait dans les frontières plus étroites que les bornes fixées au royaume par le traité d'Utrecht, qui avait précédé d'un siècle les traités à jamais déplorables de 1815.

QUESTIONNAIRE. — 256. Comment les hostilités éclatèrent-elles entre la France et la Russie? — Quels étaient les alliés des Russes? — Racontez les premiers événements de la campagne de Russie. — 257. Quelle raison obligea Napoléon à la retraite? — Où était-il parvenu? — Comment s'opéra d'abord sa retraite? — Parlez du désastreux événement qui la changea en déroute. — Dans quelles circonstances l'Empereur revint-il à Paris? — 258. Comment Napoléon réorganisa-t-il la défense nationale? — Quelles défections eurent lieu? — Quelles victoires gagna Napoléon en 1813? — 259. Quelle bataille terrible l'obligea à la retraite et quels succès remporta-t-il encore? — 260. Quelles étaient les dispositions de la France? — Comment fut-elle envahie? — Racontez les principaux événements de l'immortelle campagne de France. — Quel en fut le plus célèbre événement? — Comment se termina-t-elle? — 261. Par qui fut proclamée la déchéance de Napoléon? — Où abdiqua-t-il? — Où se retira-t-il? — 262. Quelles furent les limites de la France à la rentrée des Bourbons? — Quel gouvernement fut établi? — Quels sentiments se manifestèrent à l'égard des Bourbons? — Comment Napoléon revint-il à Paris? — 263. Parlez des principales mesures prises par Napoléon pendant les Cent jours. — 264. Faites connaître les premiers événements de la campagne de 1815. — Racontez la bataille de Waterloo. — 265. En faveur de qui Napoléon abdiqua-t-il de nouveau? — Où se réfugia-t-il? — Où fut-il emmené captif? — Quel fut son sort? — 266. Quelles furent les clauses principales des traités de 1815? — Quelles furent dès lors les limites de la France?

TABLE ALPHABÉTIQUE

DES NOMS DES HOMMES ILLUSTRES ET DES LIEUX LES PLUS CÉLÈBRES CITÉS DANS CE VOLUME.

Les chiffres placés à la suite des noms désignent les pages du volume où ils sont cités.

ANVERS, 346.

ARBOGASTE, général franc, 15.

ARCHAMBAULT, de Bourbon, 111.

ARCOLE (victoire d'), 332.

ARGONNE (forêt de l'), 339.

ARIOSTE (l'), poëte, 234.

ARMAGNAC (comte d'), 179, 181.

ARMOIRIES, 67.

ARNAULD, théologien, 283, 293.

ARNAUD DE BRESCIA, 119.

ARNAUD DE VILLENEUVE, 253.

ARNOUL (St), évêque, 38.

— Comte de Flandre, 88.

ANQUES (bat. d'), 250.

ARRAS (traité d'), 186, 198.

ARTEVELLE (Jacq.), brasseur, 160.

— (Philippe), chef flamand, 178.

ARTHUR, duc de Bretagne, 125.

ARTOIS (comte d'), 331.

ASCALON (bat. d'), 103.

ASSAS (d'), 304.

ASTOLPHE, roi des Lombards, 49.

ATTILA, chef des Huns, 19.

AUBIN DU CORMIER (bataille de St-), 203.

AUDOVÈRE, femme de Chilpéric, 34.

AUDRAN, grav., 298.

AUGEREAU, général français, 350.

AUGUSTE, empereur romain, 10.

AUMALE (combat d'), 250.

AURAY (bat. d'), 171.

AUSTERLITZ (victoire), 378.

AVARES, peuple, 32, 56.

AWERSTADT (bataille d'), 380.

AYMON, sire de Bourbon, 111.

AZINCOURT (bataille d'), 179.

BAGAUDES, 14.

BAILLOL, roi d'Écosse, 146.

BAILLY, maire de Paris, 329.

BAJAZET, sultan, 178.

BALE (traité de), 347.

BALUZE, éditeur, 195.

BALZAC, littér., 289, 290.

BANNER, gén. suédois, 266.

BARDES, 7.

BARNAVE, dép. popul., 332.

BARRAS, memb. du Directoire, 349.

BARRICADES (journée des), 246.

BARTHELEMY, littérateur, 309.

BASSOMPIERRE, maréchal, 295.

BATHILDE, fem. de Clovis II, 40, 41.

BAUDOIN, empereur d'Orient, 123.

— V, c. de Flandre, 95, 102, 104.

— VI, id., 104.

— VII, id., 111.

BAUTZEN (bataille de), 399.

BAYARD, 207, 211, 213, 214.

BAYLE, philosophe, 293.

BEAUFORT (duc de), 272, 273.

BEAUHARNAIS (Eugène de), vice-roi d'Italie, 375.

BEAUMARCHAIS, poëte comique, 309.

BEAUVAIS (siége de), 195.

BEAUVILLIERS, gouverneur du duc de Bourgogne, 285.

BEDFORD (duc de), 186.

BELLE ILE (combat de), 303.

BELLIÈVRE, ministre, 258.

BEMBO, cardinal, 233.

BÉNÉFICES, 77.

BÉNÉFICIERS, ib.

BENINGEN, général russe, 381.

BENOIT XI, pape 152.

BENSERADE, poëte, 292.

BÉRÉSINA (passage de la), 398.

BERLIN, 380.

BERNADOTE, maréchal, roi de Suède, 371-400.

BERNARD, roi d'Italie, 59, 61, 62.

BERNARD (St), 115, 117.

— duc de Weimar, gén. prot., 266.

BERNARD SAISSET, évêque, 151.

BERNOUILLI, mathém., 296.

BERQUIN, littérateur, 309.

BERRI (duc de), oncle de Charles VI, 176.

— frère de Louis XI, 193.

— petit-fils de Louis XIV, 283.

BERTAIRE, maire de Neustrie, 43.

BERTHE, femme de Robert II, 89.

— de Hollande, 104.

BERTHIER, général français, 353.

BERTRADE, femme de Pépin le Bref, 48, 49.

— de Montfort, 108, 110.

BERTRAND DE GOT, archevêque de Bordeaux, 152, 153.

BERWICK (maréchal de), 302.

BESSIÈRES, général français, 371.

BETLEM-GABOR, pr. de Trans., 265.

BEZIERS (prise de), 129.

BICHAT, anatomiste, 253.

BIRON (Armand), 251.

FIN DE LA TABLE ALPHABÉTIQUE.

TABLE DES MATIÈRES.

LIVRE TROISIÈME.

LUTTE DE LA ROYAUTÉ CONTRE LA FÉODALITÉ.

LIVRE QUATRIÈME.

ROYAUTÉ ABSOLUE.

LIVRE CINQUIÈME.

RÉVOLUTION, RÉPUBLIQUE, EMPIRE.

FIN DE LA TABLE.

Paris. — Typ. de Mme Ve Dondey-Dupré, rue Saint-Louis, 46, au Marais.

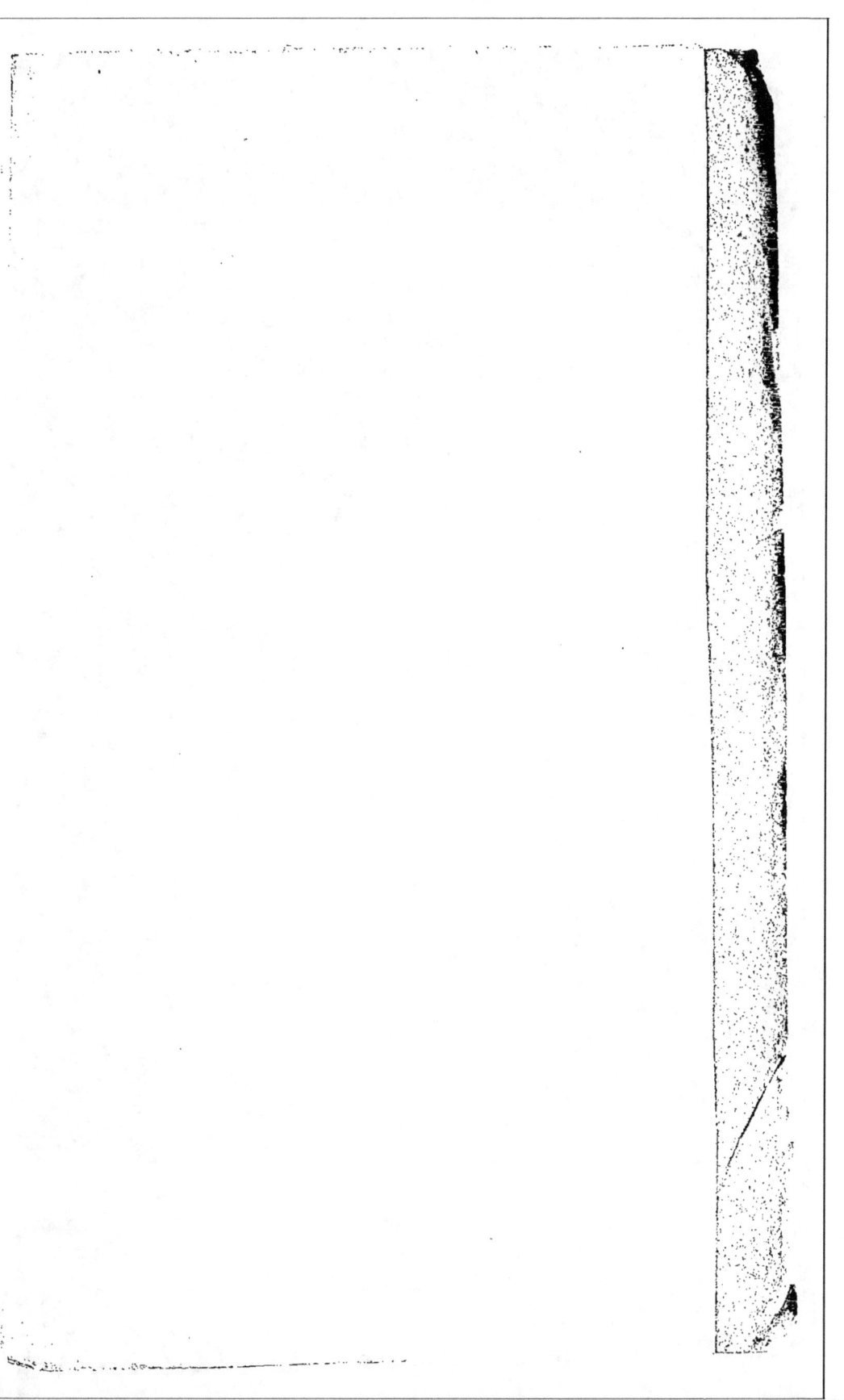

www.ingramcontent.com/pod-product-compliance
Lightning Source LLC
Chambersburg PA
CBHW050734030726
47505CB00002B/250